CRÍTICA À SUBJETIVIDADE JURÍDICA

reflexões a partir de Michel Villey

CONTRACORRENTE

Juliana Paula Magalhães

CRÍTICA À SUBJETIVIDADE JURÍDICA

reflexões a partir de Michel Villey

SÃO PAULO

2022

CONTRACORRENTE

Alameda Itu, 852 | 1º andar |
CEP 01421 002
www.loja-editoracontracorrente.com.br
contato@editoracontracorrente.com.br

Dados Internacionais de Catalogação na Publicação (CIP)
(Câmara Brasileira do Livro, SP, Brasil)

Magalhães, Juliana Paula
Crítica à subjetividade jurídica : reflexões a partir de Michel Villey / Juliana Paula Magalhães. -- 1. ed. -- São Paulo : Editora Contracorrente, 2022.

Bibliografia.
ISBN 978-65-5396-012-1

1. Direito 2. Filosofia do direito 3. Subjetividade jurídica 4. Villey, Michel, 1914-1988 I. Título.

22-109336 CDD-340.12

Índices para catálogo sistemático:
1. Filosofia do direito 340.12
Aline Graziele Benitez - Bibliotecária - CRB-1/3129

@editoracontracorrente
Editora Contracorrente
@ContraEditora

Je ne sais pas pire aberration que d'aborder les questions de justice sociale à partir et du point de vue du prétendu "sujet de droit".[1]

MICHEL VILLEY

---

1 VILLEY, Michel. *Droits et droits de l'homme.* 3ª ed. Paris: PUF, 1998, pp. 96/97.

SUMÁRIO

NOTA DA AUTORA

Esta obra é, originalmente, minha Tese de Doutorado defendida na Faculdade de Direito da Universidade de São Paulo (USP), no Largo de São Francisco, na tarde do dia 19 de março de 2020, e unanimemente aprovada com menção expressa de distinção e louvor, em banca presidida pelo professor Alysson Leandro Barbate Mascaro, orientador da pesquisa, e composta pelos professores Ari Marcelo Solon, Ricardo Musse, Nathaly Campitelli Roque, Camilo Onoda Luiz Caldas e Marcelo Gomes Franco Grillo. Registro meu agradecimento aos membros da banca e, em particular, aos professores Ari Solon e Ricardo Musse, que também compuseram a banca de qualificação, sob a presidência de Mascaro.

Gratidão especial ao meu muito querido mestre Alysson Leandro Mascaro, minha grande inspiração intelectual, de quem fui aluna desde os tempos da graduação, na Faculdade de Direito da USP, e orientanda tanto no mestrado quanto no doutorado, também na USP. Como singela homenagem, dedico-lhe este livro.

PREFÁCIO

O pensamento jurídico do século XX conheceu um avassalador domínio juspositivista, sempre próximo de orientações políticas capitalistas liberais. Para muitos, desde então até hoje, nem haveria outras formas de pensar o direito. O enredo da filosofia do direito em vários países se passa apenas no âmbito reduzido do embate entre variadas acepções de juspositivismos – ecléticos, estritos ou "éticos".

Ocorre que, para muito além desses quadrantes idealistas juspositivistas de louvor da ordem e da lei, a Idade Contemporânea possibilitou efetivas descobertas científicas a respeito do fenômeno jurídico. Proponho, em *Filosofia do Direito* (Ed. GEN-Atlas), que os eixos da filosofia do direito, desde o século XIX até hoje, sejam pensados a partir de três grandes caminhos. O primeiro deles, por mais banal e imediato, é o das tradições juspositivistas. O segundo deles, no entanto, parte de pressupostos bastante distintos e chega a conclusões, muitas vezes, patentemente contrastante em face das prédicas normativistas. Aos pensamentos de tal caminho dou o nome de não juspositivistas. Por fim, num terceiro grande caminho, apresentam-se as descobertas científicas acerca do direito e da sociedade capitalista possibilitadas pelo marxismo, numa vertente que chamo de crítica.

É comum considerar que muitos dos não juspositivistas, exatamente por não tratarem o direito apenas como um conjunto normativo, não compartilham das visões liberais de defesa da legalidade e das instituições – conservação da ordem já dada – e, portanto, postulam horizontes políticos de perfil reacionário. Ocorre que alguns dos não juspositivistas se prestaram não a fins fascistas ou de reacionarismo; partes do pensamento de Michel Foucault, por exemplo, se aproximam grandemente já das leituras críticas. Mas, mesmo no campo tradicionalmente lido como não-liberal – Friedrich Nietzsche, Martin Heidegger, Hans-Georg Gadamer – há alguns potenciais proveitos críticos substanciais.

O jurista e filósofo francês Michel Villey guarda uma posição bastante específica nesse quadro. Pensador destacadamente católico, antagonista dos louvores à modernidade iluminista liberal individualista, perfilhou posições que poderiam ser consideradas antiquadas e, mesmo, serviu de inspiração a alguns movimentos jurídicos reacionários, próximos da resistência ao modernismo de ambientação teológica católica. No entanto, seu não juspositivismo não apenas deu margem a esse proveito teórico e prático: alguns dos intelectuais mais expressivos do pensamento crítico marxista do século XX beberam das fontes de Villey e alguns, diretamente, foram seus orientandos na Sorbonne.

Desvendar os mistérios e as múltiplas facetas desse que é um dos pensadores mais importantes da filosofia do direito contemporânea é a contribuição decisiva deste livro de Juliana Paula Magalhães. Dotada de uma alta capacidade filosófica e de pesquisa, a autora se põe a sistematizar a obra villeyana a partir de ângulos teoricamente rigorosos, permitindo extrair, então, paralelos, contrastes, aberturas e caminhos surpreendentes às velhas recepções a respeito de Villey na França, no Brasil e no mundo. Resultará, daí, a descoberta de um pensador que, além de resistente à modernidade – o que é sobejamente conhecido –, é também um dos de maior potencial de abertura à crítica que o século XX conheceu – e tal conhecimento é raro.

Magalhães propõe desenvolver, neste livro, o mais profícuo ângulo de desenvolvimento das ideias de Villey, aquele que se ocupa de sua reflexão a respeito da subjetividade jurídica. Abre-se aqui, então, guardadas as diferenças, o valoroso paralelo entre Villey e Evguiéni Pachukanis, o maior pensador crítico marxista do direito. Magalhães aponta para o fato de que Villey reconhece que a modernidade mudou estruturalmente o fenômeno jurídico e sua compreensão. A velha arte do justo romana dá lugar a uma tecnicidade normativa lastreada na subjetividade jurídica, nos direitos do indivíduo – o sujeito burguês. Pachukanis, por outra vertente e de modo bastante rigoroso e científico, sustentou, em *Teoria geral do direito e marxismo* (Boitempo Editorial), que somente no capitalismo, quando do assentamento das relações sociais baseadas na forma-mercadoria, dá-se uma específica forma de subjetividade jurídica, tendo em vista que a produção deixa de ser escravizada ou servil e passa a ser contratual, sob forma de salariado. Para Pachukanis, então, há um corte entre o modo de produção capitalista e as manifestações ditas jurídicas do pré-capitalismo. A forma jurídica é derivada da forma mercantil. Para Villey, também há esse corte, ainda que não propugnado do mesmo modo nem exatamente em decorrência dos mesmos fenômenos sociais. Em nomenclatura que se constrói em sentido inverso ao de Pachukanis, Villey chamará de direito ao fenômeno do passado, pré-capitalista, e não o reconhecerá naquilo que a partir da modernidade se chama por direito.

Tal paralelo entre Villey e Pachukanis acerca do nascimento da subjetividade jurídica é exposto por Magalhães tendo por pano de fundo uma vasta erudição de referências sobre os pensadores antigos, medievais e modernos. Platão, Aristóteles, os juristas romanos, Agostinho, Tomás, Ockham, Lutero, Calvino, Vitória, Suarez, Althusius, Grócio, Descartes, Hobbes e Kant são algumas das referências exploradas por Magalhães em sua investigação acerca das diferenças entre o fenômeno jurídico antigo e o moderno. Numa história tortuosa de séculos e milênios, a investigação da autora permeia a leitura villeyana a respeito da dinâmica da filosofia do direito, trazendo-a para ângulos e proveitos críticos hodiernos.

Após tais proposições jusfilosóficas decisivas, Magalhães alcança extrações políticas e jurídicas concretas e candentes aos nossos tempos, como aquelas que envolvem os direitos humanos, reiteradamente considerados a partir de visões juspositivistas liberais. A crítica à subjetividade jurídica é ressaltada na obra de Villey, pondo na berlinda a bandeira do humanismo como correlata do individualismo burguês, remetendo a considerações que Magalhães já empreendera em outro de seus livros, *Marxismo, humanismo e direito: Althusser e Garaudy* (Ideias & Letras). Com base nas mais rigorosas proposições marxistas, o humanismo que se agitava como apanágio da concórdia social do século XX nada mais é do que a manutenção dos direitos do indivíduo burguês e da exploração contratual do trabalho assalariado, ainda que em graus considerados "humanos". No entanto, a potência crítica da filosofia de nosso tempo está justamente em não aceitar qualquer grau da exploração como sendo "humana". Magalhães, apoiada em Marx, Pachukanis e Villey, faz tal trajeto exemplarmente.

Os capítulos finais deste livro, nos quais a autora trata das comparações entre Villey e o marxismo, são de excepcional originalidade. Buscando nos textos villeyanos sua visão a respeito do marxismo e trazendo à baila os importantes discípulos marxistas de Villey, Nicos Poulantzas, André-Jean Arnaud e Michel Miaille, além de sistematizar as potenciais comparações entre Villey e Pachukanis, Magalhães contribui com um enlace dos dois mais ricos teoricamente dos três caminhos da filosofia do direito contemporânea – não juspositivismo e crítica. Resulta, desse entrelaçamento raro, um vigor de energia notável à crítica do direito no século XXI.

Juliana Paula Magalhães se destaca no quadro do pensamento jurídico e filosófico atual, como uma de suas pensadoras mais vigorosas e incontornáveis. Ocupando-se tanto dos debates da filosofia marxista – como foi o caso de seu mestrado a respeito de

Althusser e Garaudy – quanto como de questões especificamente da filosofia do direito, como são aquelas que envolvem Pachukanis e, agora, Villey, tem tido um papel decisivo na batalha das ideias de nosso tempo. Este livro, que ora se publica, é originalmente a Tese de Doutorado da autora, defendida e aprovada unanimemente no ano de 2020 na tradicional Faculdade de Direito do Largo de São Francisco, da Universidade de São Paulo, onde desenvolveu sua formação desde a graduação. Tenho a alegria de tê-la como minha aluna desde os tempos de aluna dos bancos da graduação, tendo sido seu orientador tanto em seu Mestrado quanto em seu Doutorado. Docente de altas qualidades e intelectual pública de projeção, Magalhães entrega, com este livro originalmente sua Tese de Doutorado, um importante contributo para o avanço crítico da filosofia do direito.

Superar os juspositivismos e fazer abeirarem os não juspositivismos da mais rigorosa e radical crítica marxista, eis o delineamento jusfilosófico valioso e raro que o público leitor tem agora em mãos neste livro.

ALYSSON LEANDRO MASCARO

Professor da Faculdade de Direito da USP

INTRODUÇÃO

A presente obra tem como objetivo central buscar compreender a leitura de Michel Villey acerca da subjetividade jurídica, por meio de uma pesquisa minuciosa da produção teórica do pensador francês e, a partir daí, realizar um cotejo com a visão marxista do direito, de modo a extrair possibilidades de ruptura com as leituras tradicionalmente assentadas do fenômeno jurídico que se lastreiam, em geral, na identificação entre direito e norma e que postulam uma continuidade histórica dos conceitos e das práticas jurídicas. Tais leituras se consolidaram e tornaram-se hegemônicas ao longo do tempo, especialmente a partir do momento em que a burguesia adquiriu a supremacia econômica e a sociedade tornou-se capitalista, ou seja, calcada na exploração da força de trabalho transformada em mercadoria, a qual, nesse contexto, passou a ser a forma universalizada a balizar todas as relações sociais.

Michel Villey, jurista, filósofo, romanista e historiador do direito, professor da *Université de Paris*, considerado um dos maiores pensadores do direito do século XX, nasceu em Caen, em 1914, faleceu em 1988 e imortalizou-se através de sua vasta produção intelectual, de seus discípulos e do renomado *Institut Michel Villey*, que tem sua sede em Paris. Villey teve como alunos e orientandos célebres pensadores, tais como Nicos Poulantzas e André-Jean Arnaud, por exemplo. O legado intelectual do pensador

Caen é imenso e, de certo modo, ainda pouco explorado, embora constem diversas homenagens, artigos, livros e pesquisas acadêmicas a respeito do pensamento villeyano.

O escopo de nossa pesquisa não é esgotar o estudo da obra de Villey em toda a sua riqueza de facetas e nuances, mas sim tratar de maneira aprofundada de sua inovadora leitura sobre a subjetividade jurídica e sua ruptura com a concepção juspositivista. O pensador francês, contrariamente à postulação de muitos romanistas, não vislumbra uma continuidade entre o direito romano e as atuais leituras juspositivistas e idealistas do fenômeno jurídico. Ele esclarece que, em Roma, o direito estava longe de ser simplesmente um conjunto de normas. A ciência jurídica inventada pelos romanos, cuja matriz pode ser encontrada na obra de Aristóteles, extraía o direito do estudo das realidades. Por sua vez, a noção de subjetividade jurídica estava ausente no direito romano. A gênese filosófica desse conceito, conforme esclarece Villey, ocorreu somente no século XIV, com a obra de Guilherme de Ockham, e apenas se consolidou com as construções teóricas dos pensadores modernos, especialmente, a partir de Thomas Hobbes.

Em relação à gênese material da subjetividade jurídica – embora Villey não trate desse ponto com a especificidade feita pelo marxismo –, podemos inferir da obra do pensador francês que ela se deu somente com a ascensão política e econômica da burguesia. Assim sendo, ainda que tal noção tenha sido concebida no século XIV, ela só ganhou "operacionalidade" em período posterior.

Villey também tece dura crítica ao humanismo que impregnou os meios jurídicos especialmente a partir da modernidade. Na leitura villeyana, a noção de sujeito de direito é oriunda do humanismo e esse, por sua vez, tem raízes no nominalismo, e tem certa ligação com a filosofia moral estoica.

Para ele, o direito não deve ser entendido como uma abstração, mas extraído da natureza das coisas. Assim, a observação da realidade social é fundamental para que o jurista, na condição de sacerdote da justiça – cujo caráter é sempre social –, possa concretizar boas partilhas. O núcleo do direito não pode estar no sujeito – aliás, essa noção, ausente na sua gênese, na ótica villeyana, é produto de uma deformação da ciência jurídica –, porém nas coisas. Destarte, o jurista francês enxerga as concepções do fenômeno jurídico exsurgidas na modernidade como deturpações do próprio conceito de direito.

Na esteira de Aristóteles, Villey entende que as categorias jurídicas não podem ser *a priori* da razão e, nesse ponto, reside uma radical oposição em relação à filosofia de Immanuel Kant. Tampouco a verdade do direito – tal como concebido pelos romanos – reside na norma, como sustenta Hans Kelsen, por exemplo. O direito também não pode ser subjetivo. O direito é objeto (*dikaion*), é um "meio-termo objetivo". O fenômeno jurídico é relacional, é social, é uma proporção. A busca do jurista deve ser a divisão dos bens entre os membros do grupo social, já que nisso reside a essência do direito.

O jurista francês aponta que a modernidade desnaturou o sentido original do direito e, com isso, engendrou uma situação paradoxal, ao erigir liberdade e igualdade como valores universais, pois, se concretizadas em sua plenitude, terminariam por levar à ruína o sujeito de direito e, por conseguinte, todo o sistema jurídico lastreado nessa concepção.

Ele destaca que o termo direito natural foi falseado na época moderna, pois o que se chama por direito natural nesse período é, na realidade, um direito pautado na razão. Na antiguidade, em seu emprego por Aristóteles, significava a intrínseca ligação do direito à natureza das coisas. Além disso, o conceito de homem, tal como apregoado pelos humanistas modernos, não existia. Não se concebia o homem como ser genérico ou como centro da natureza. O ser humano era visto como parte de um todo social. A noção de cosmos – e não a de indivíduo – norteava o pensamento aristotélico.

Embora a subjetividade encontre-se em germe já na filosofia moral estoica, bem como no cristianismo, a gênese filosófica da noção de sujeito de direito, na leitura villeyana, pode ser atribuída a Guilherme de Ockham. Do mesmo modo, as raízes do positivismo jurídico brotam da obra do célebre frade franciscano. As construções teóricas ockhamianas, oriundas de necessidades religiosas e políticas do seu tempo, rompem com as concepções aristotélico-tomistas sobre o direito e engendram um novo sistema teórico que abriu espaço para a *via moderna* de compreensão do fenômeno jurídico.

A modernidade, especialmente a partir de Thomas Hobbes, avança na trilha ockhamiana, consolidando e fornecendo os contornos decisivos à concepção de subjetividade jurídica. O jurista francês salienta que o pensamento hobbesiano vai na contramão da filosofia aristotélica, pois tem como foco o indivíduo e apresenta o homem como "naturalmente livre", de sorte que a natureza e, por conseguinte, a justiça e o direito, perdem seu intrínseco caráter social e passam a ser nucleados na individualidade.

Villey, em alguns de seus escritos iniciais, chega a apontar um processo de decadência da subjetividade jurídica na contemporaneidade, ou seja, ele sustenta que a noção de sujeito de direito deixou de ter um caráter basilar para a grande maioria dos pensadores do direito. Contudo, posteriormente, ele reformula seu posicionamento e percebe que, até os dias atuais, a subjetividade jurídica continua desempenhando um papel fundamental, tanto no aspecto teórico quanto na prática daquilo que se chama por direito nos dias atuais.

O jurista russo Evguiéni Pachukanis, em um caminho teórico diverso do esposado por Villey, avançando por uma trilha marxista, assevera que a subjetividade jurídica apresentava-se em germe entre os romanos, mas que ela somente pôde se desenvolver com o advento da sociedade capitalista, considerando a necessária e intrínseca imbricação entre a forma jurídica e a forma da mercadoria. Ou seja, somente quando a mercadoria adquiriu caráter universal, mediante o advento da mercantilização da força de trabalho, a forma sujeito de direito ganhou seus contornos definitivos.

Pachukanis traz uma contribuição peculiar e fundamental ao pensamento jurídico, com base no método marxista, propiciando o desvendar da forma jurídica em seu caráter material, ou seja, atrelada à concretude das relações sociais. Para Pachukanis, a verdade do direito não está na norma, mas na subjetividade jurídica, que deriva da forma-mercadoria. Assim, tem-se que a norma é somente o produto da chancela estatal, ou seja, o último momento da conformação das formas jurídica e política estatal, conforme esclarece Alysson Leandro Mascaro.[2]

A questão da gênese filosófica da subjetividade jurídica não aparece de maneira clara e esmiuçada na obra de Pachukanis. O jurista russo tem o seu foco principal na materialidade das formas e das formações sociais. Não obstante, ele aponte para uma consolidação do conceito de sujeito de direito, inclusive no plano teórico, apenas com o advento do capitalismo.

Entre as leituras de Villey e Pachukanis acerca do direito há grande diferença. Enquanto Villey segue por uma trilha não juspositivista,[3] Pachukanis avança pelo horizonte marxista. Essa, por si só, já é uma diferença fundamental, pois a ausência do método marxista não permite a Villey enxergar o fenômeno jurídico em toda a sua concretude e profundidade. Contudo, a obra de Villey possui um vigor ímpar, dado que o jurista francês logrou realizar uma reconstrução histórica e filosófica do fenômeno jurídico plenamente frutífera para a compreensão do direito.

Impende ainda salientar que Villey e Pachukanis possuem semelhanças e divergências no que tange à temática da subjetividade

2 Cf. MASCARO, Alysson Leandro. *Estado e forma política*. São Paulo: Boitempo, 2013.

3 Juspositivismo, não juspositivismo e crítica (marxismo) são os três caminhos do pensamento jurídico contemporâneo, conforme a leitura de Alysson Leandro Mascaro (Cf. MASCARO, Alysson Leandro. *Filosofia do Direito*. 7ª ed. São Paulo: Atlas, 2019).

jurídica. Ambos propõem leituras que implicam em uma ruptura com o juspositivismo, na medida em que investigam o direito para além da norma, e apresentam forte oposição às concepções idealistas do fenômeno jurídico. Todavia, enquanto em Pachukanis o foco é a investigação da gênese material da subjetividade jurídica, mediante a aplicação do método marxista, em Villey temos um estudo aprofundado da gênese filosófica da noção de sujeito de direito.

Na realidade, em nosso trabalho, postulamos uma leitura conjugada de Villey e Pachukanis, avançando nos caminhos teóricos propostos por ambos, de modo a lograrmos uma possibilidade de entendimento aprofundado da temática da subjetividade jurídica e, por conseguinte, do próprio direito, em seus aspectos materiais e filosóficos.

No primeiro capítulo do livro, intitulado "O direito em Michel Villey", traremos um panorama geral acerca do pensamento de Villey, abordando seu percurso intelectual, seus estudos da filosofia grega clássica, especialmente de Aristóteles, bem como do direito romano. A formação do pensamento jurídico moderno, sob a ótica do jurista francês, e a leitura villeyana a respeito do cenário jurídico contemporâneo também serão objetos de nossa análise.

Em "Villey e o juspositivismo", o segundo capítulo, apreciaremos a compreensão de Villey sobre o positivismo jurídico, tratando do problema da origem e da consolidação de tal concepção do fenômeno jurídico, bem como de suas implicações.

No terceiro capítulo, "Villey e a subjetividade jurídica", chegaremos ao ponto nodal de nossa tese, que é estudar minuciosamente a leitura villeyana a respeito do sujeito de direito. Para o jurista francês, tal noção estava ausente em Roma, e apenas teve sua gênese teórica em momentos posteriores. Aqui reside uma das peculiaridades principais da obra de Villey e uma radical ruptura com as visões evolucionistas e humanistas do direito.

A relação de Villey com Marx, com o marxismo e com os marxistas será objeto de análise no quarto capítulo de nosso livro, "Villey e o marxismo". Não obstante Villey seja considerado um pensador conservador, em sua obra há momentos em que aparecem fortes críticas sociais, especialmente endereçadas à burguesia. Além disso, embora Villey apresente grandes discordâncias em relação ao pensamento marxista, ele tece considerações bastante elogiosas a Karl Marx, valorizando as suas concepções econômicas, filosóficas e jurídicas. Para Villey, o valor do pensamento marxista reside em sua visão não idealista do fenômeno jurídico, haja vista que nele o direito não se apresenta isoladamente das realidades sociais. Em relação aos juristas marxistas, Villey destaca especialmente a obra de Pachukanis, a qual para ele era a mais consentânea com o pensamento de Marx. Villey, inclusive, chegou a prefaciar obras de orientandos marxistas e próximos ao marxismo, tais como Nicos Poulantzas e André-Jean Arnaud, e sobre isso teceremos algumas considerações. Nesse capítulo, também abordaremos as concepções marxistas do fenômeno jurídico.

O quinto capítulo de nosso trabalho, "Villey e Pachukanis: duas superações do juspositivismo", apresenta uma leitura conjugada das proposições teóricas de Michel Villey e de Evguiéni Pachukanis em relação ao direito, especialmente no que tange à subjetividade jurídica, destacando suas semelhanças e diferenças na abordagem dessa problemática. A respeito desse ponto também traremos à baila obras de outros pensadores marxistas que igualmente se debruçaram sobre a problemática do sujeito de direito. A possibilidade de perecimento da subjetividade jurídica e, por conseguinte, daquilo que se apresenta por direito na atualidade, igualmente será objeto de nossa investigação.

Em síntese, no presente livro, esmiuçaremos a questão da subjetividade jurídica com fulcro na obra de Michel Villey, a qual será abordada a partir de uma ótica marxista, de modo a propiciar avanços teóricos no conhecimento tanto dos aspectos conceituais quanto das manifestações históricas daquilo que se convencionou chamar por direito, demonstrando a evidente especificidade do fenômeno jurídico no capitalismo. Veremos, por fim, que enquanto Villey postula uma retomada do direito natural clássico como antídoto às deturpações atualmente enraizadas na esfera jurídica, Pachukanis propugna a ruptura com as formas sociais que caracterizam nosso tempo, apontando para um horizonte de radical transformação social.

CAPÍTULO I

O DIREITO EM MICHEL VILLEY

1.1 Percurso intelectual

Michel Villey nasce em Caen, França, em 04 de abril de 1914 e falece em 24 de julho de 1988. Não obstante tivesse gosto pela música,[4] torna-se Bacharel e Doutor em Direito, desenvolvendo sólida carreira acadêmica, lecionando na *Université de Strasbourg* e posteriormente na *Faculté du Droit de l'Université de Paris*, atual *Université Paris-II*. Cria o *Centre de Philosophie du droit* e a revista *Archives de Philosophie du Droit*, além de se notabilizar por importantes livros e artigos, nos quais desenvolve uma leitura

---

4 "A qui lui demandait au cours du Colloque organisé en son honneur en novembre de 1984 à l'Université Panthéon-Assas, pourquoi il avait fait de la philosophie du droit, il répondit à la surprise générale: 'Parce que je voulais être musicien. Ma mère ne le voulant pas, je fis du droit puis, voyant de Strasbourg où j'enseignais, des manuels de philosophie du droit en allemand à la devanture des librairies de l'autre côté du Rhin, je m'intéresai à la philosophie du droit'. Ainsi, M. Villey a fait de la philosophie du droit, par amour contrarie par la musique". (VALLANÇON, François. "Mémoire ampliatif en défense de M. Villey". *In*: NIORT, Jean-François; VANNIER, Guillaume (Coord.). *Michel Villey et le droit naturel en question*. Paris: Éditions l'Harmattan, 1994, p. 48).

original do fenômeno jurídico, que se sofistica e elabora ao longo do tempo. Cristão católico, o filósofo e historiador do direito[5] provinha de uma família bastante célebre nos meios intelectuais.[6] Com efeito, seu pai, Pierre Villey, professor universitário, notabilizou-se por seus estudos da obra de Montaigne; seu tio, Jean Villey, também professor, foi notório e premiado cientista. Por sua vez, seu avô paterno, Edmond Villey, igualmente acadêmico, foi conhecido economista, do mesmo modo que o irmão de Michel,

---

5 "Era uma pessoa muito acessível. Digamos: um Cristão que vivia sua cristandade (abertura aos outros, escuta, capacidade de partilhar) – a cada momento. Contou-me ele uma coisa que lhe aconteceu quando foi nomeado Professor na Indochina, no ano 1948. Um dia, sua filha Lucile, de três anos, desapareceu. Houve intensas buscas, mas a Lucile não foi encontrada durante horas. Então, desesperado, ele entrou numa igreja, subiu até o órgão, e começou a tocar Bach de memória, rezando pela filha. Antes que acabasse, vieram dar a boa notícia que haviam encontrado a Lucile, que já estava em casa. Michel Villey era assim! (...) Católico tradicionalista, historiador do Direito Romano e de sua evolução até o século 18, filósofo do Direito, Michel Villey é conhecido universalmente como um dos maiores especialistas das obras de Aristóteles e São Tomás de Aquino". (ARNAUD, André-Jean. "Michel Villey: une tolérance insinuante. Portrait d'un maître". *Revista da Faculdade de Direito da Universidade de São Paulo*, São Paulo, p. 868, jan. 2012. Disponível em: http://www.revistas.usp.br/rfdusp/article/view/67970/70578. Acessado em: 23.06.2018).

6 "Michel Villey – segundo o bem conhecido conceito de Pierre Bourdieu, tinha um imenso 'capital simbólico'. Filho de Pierre Villey o especialista de Montaigne, Michel Villey apresentou o concurso para ser Professor em Direito. Encontrei-o pela primeira vez quando ele ensinava na Universidade de Estrasburgo, um pouco antes de ser sido nomeado para a Faculdade de Direito da Universidade de Paris, em 1961. Tive a honra de publicar muitos artigos na revista fundada em 1952 por Michel Villey, Charles Eisenmann e Henri Motulski, a célebre Revista *Archives de philosophie du Droit*. Do ponto de vista internacional, Michel Villey teve uma grande influência sobre o pensamento jurídico e ao mesmo tempo ele deu um novo impulso à Filosofia do Direito na França". (ARNAUD, André-Jean. "Michel Villey: une tolérance insinuante. Portrait d'un maître". *Revista da Faculdade de Direito da Universidade de São Paulo*, São Paulo, p. 868, jan. 2012. Disponível em: http://www.revistas.usp.br/rfdusp/article/view/67970/70578. Acessado em: 23.06.2018).

Daniel Villey. Já seu avô materno, Émile Boutroux, foi renomado professor de Filosofia da Sorbonne.[7]

O jurista de Caen desenvolve um pensamento bastante rico e original, em um caminho teórico de crítica ao juspositivismo e às leituras evolucionistas do fenômeno jurídico. A marca da originalidade de Villey acerca da história e da filosofia do direito reside em seu distanciamento do juspositivismo e no resgate das leituras de Aristóteles e Tomás de Aquino. Além disso, Villey possui virtudes de romanista e enxerga uma ruptura entre o direito romano e a atual concepção de direito. Ele propugna que o positivismo jurídico e a subjetividade jurídica estavam ausentes do direito romano, o qual se norteava pela casuística. Muito embora já existissem leis escritas, elas não ocupavam a primazia na aplicação do direito. Por sua vez, a noção de sujeito de direito não pertencia ao sistema jurídico romano, cuja prática consubstanciava-se na apreciação dos casos, visando a justa distribuição, de conformidade com as postulações aristotélicas.

Não obstante Villey possa, em certo aspecto, efetivamente ser reportado como um pensador conservador, ele se mostra como

---

7 "Si la mère de Villey lui opposa son refus à as vocation de musicien, ele lui apport ale goût pour la philosophie en héritage. Le grand-père maternel de Villey était le célebre philosophe É. Boutroux. Il serait hâtif de penser que les acerbes critiques de Villey contre la philosophie de Kant soient faites en réaction contre l'ouevre de son grand-père. Tout comme ses distances avec le droit positif ne peuvent s'expliquer par le fait qu'il eût le Doyen de la Faculté de droit de Caen pour grand-père paternel. (...) Né dans une famille d'universitaires, Villey dépasse peut-être une part de son complexe d›Œdipe en attaquant les habitudes universitaires françaises fidèles à l'esprit cartésien, mais à tout le moins il n'a pas le complexe du parvenu qui se coule dans le moule de l'ascencion sociale, ni d'ailleurs la verve stérile d'un esprit rebele. Ses critiques sont longuement méditées, n'en doutons pas, dans ce fécond environnement familial. Mais sourtout, elles sont magistralement soutenues par sa connaissance des pensées d'Aristote et de saint Thomas d'Aquin. Suffissament pour ne pas faire crédit à Descartes, à Hume ou à Kant quando ces auteurs proposent une lecture du monde empreinte de la méthode des mahématiques". (BAUZON, Stéphane. *Le métier de juriste*: du droit politique selon Michel Villey. Québec: Les Presses de l'Université Laval, 2003, p. 3).

um crítico do que ele denomina de conservadorismo de Cícero, Montaigne e Hobbes, por exemplo, no que tange às implicações de suas filosofias para o direito, pois tais concepções do fenômeno jurídico favoreceriam as classes dominantes e engendrariam um sistema de manutenção de privilégios, na medida em que tem como foco o indivíduo e não as relações sociais. Villey postula um retorno ao direito natural clássico, de modo a estabelecer uma verdadeira justiça social, aliás, nas palavras dele: "a expressão 'justiça social' é pleonasmo".[8] Conforme observa Cláudio De Cicco, para Villey, "a fonte do direito natural não é subjetiva, mas objetiva".[9]

O jurista francês, em seus estudos de história e filosofia do direito, percebe a existência de intrínseca peculiaridade daquilo que se chama por direito a partir da modernidade, com a consolidação de um arcabouço teórico lastreado na subjetividade jurídica, tal como a entendemos nos dias atuais. Villey aponta que a noção de sujeito pode ser encontrada em germe na filosofia moral do estoicismo, mas que as raízes filosóficas do sujeito de direito são oriundas das postulações do nominalismo de Guilherme de Ockham e, por sua vez, os desenvolvimentos teóricos desse conceito ganham substância nas filosofias renascentistas, contratualistas e iluministas. O original pensador do direito vislumbrará, de certo modo, que a ascensão social da classe burguesa permitirá que os direitos subjetivos passem a ocupar de maneira hegemônica o terreno da filosofia do direito.

A respeito do percurso intelectual de Michel Villey e das fases de seu pensamento, Renato Rabbi-Baldi Cabanillas faz interessante e didática classificação, dividindo-o em três etapas, quais sejam, a

---

8 VILLEY, Michel. *Questões de Tomás de Aquino sobre direito e política*. Trad. de Ivone C. Benedetti. São Paulo: Martins Fontes, 2014, p. 121.

9 DE CICCO, Cláudio. *História do direito e do pensamento jurídico*. 8ª ed. São Paulo: Saraiva, 2017, p. 307.

etapa "romanista", a etapa de "historiador da filosofia do direito" e a etapa de "filósofo do direito".[10]

A etapa "romanista" floresce entre a década de 1940 e o início dos anos 1950. Acerca dessa fase, Cabanillas destaca as seguintes produções teóricas: *Recherches sur la litterature didactique du droit romain* (1945); "Les Institutes de Gaius et l'idée du droit subjectif", na *Revue Historique du Droit Français et étranger* (1946); "Le 'ius in re' du droit romain classique au droit moderne", na *Publications de l'Institut du Droit Romain* (1950); *Le Droit Romain* (1949); "Sur le sens de l'expression 'ius in re' en droit romain classique", na *Revue International des Droits de l'Antiquité* (1949); "Logique d'Aristote et droit romain", em *Histoire* (1951); "Les origines de la notion du droit subjectif", em *Histoire* (1953); "Marx et le droit romain",[11] em *Etudes de Droit Romain – Institut de Droit Romain de l'Université de Paris* (1958).[12]

A etapa de "historiador da filosofia do direito", segundo Cabanillas, consubstancia-se no período que vai aproximadamente de meados de 1955 até a publicação do primeiro volume da obra *Filosofia do Direito*, em 1975, "volume este que abre o terceiro período, em razão de que se trata, precisamente, de obra de conjunto, de síntese, que resume de modo sistemático o pensamento final do autor sobre o direito e a justiça".[13] As principais obras desse período são *Leçons d'histoire de la philosophie du droit* (1957, 1962), *La formation de*

---

10 CABANILLAS, Renato Rabbi-Baldi. *La Filosofia Jurídica de Michel Villey*. Pamplona: Ediciones Universidad de Navarra, 1990, pp. 39-48.

11 O referido texto encontra-se mencionado na obra de Cabanillas. O próprio Villey também faz referência a esse texto, cf. VILLEY, Michel. "Kant dans l'histoire du droit". *In*: ______. *Leçons d'histoire de la philosophie du droit*. Paris: Dalloz, 2002, p. 253. Contudo, todas as nossas diligências no sentido de localizá-lo restaram infrutíferas.

12 CABANILLAS, Renato Rabbi-Baldi. *La Filosofia Jurídica de Michel Villey*. Pamplona: Ediciones Universidad de Navarra, 1990, pp. 40-42.

13 CABANILLAS, Renato Rabbi-Baldi. *La Filosofia Jurídica de Michel Villey*. Pamplona: Ediciones Universidad de Navarra, 1990, p. 43.

la pensée juridique moderne, fruto de seu curso "História da Filosofia do Direito", ministrado entre 1961 e 1966, na Sorbonne; *Seize essais du philophie du droit* (1969); *Critique de la pensée juridique moderne (douze autres essais)* (1976).[14]

A etapa de "filósofo do direito" é a derradeira. Nela se destacam *Précis de philosophie du droit*,[15] "Des Delits et de Peines dans la Philosophie du Droit Natural", *Archives de Philosphie du Droit*, 1983; *Le droit et les droits de l'homme* (1983); *Questions de Saint Thomas sur le droit et la politique* (1987).

O percurso intelectual de Villey encontra-se devidamente situado na proposta de sistematização das fases de seu pensamento feita por Cabanillas, a qual é bastante coerente, interessante e didática. Contudo, temos que essas etapas não podem ser tomadas de maneira literal e estanque, na medida em que, na prática, elas se interpenetram, haja vista que as construções teóricas villeyanas, ao longo de sua caminhada como estudioso do direito, possuem predominantemente esse tríplice aspecto, considerando que as verves de romanista, historiador do direito e filósofo do

---

14 CABANILLAS, Renato Rabbi-Baldi. *La Filosofia Jurídica de Michel Villey*. Pamplona: Ediciones Universidad de Navarra, 1990, pp. 43-46.

15 "Este último volumen, cuyo subtítulo es 'definición y fines del derecho' y del cual se conocen ya cuatro ediciones, unido al segundo tomo aparecido poco tiempo después bajo el subtítulo 'los medios del derecho' y que cuenta, a la fecha, con dos ediciones, constituyen en conjunto la síntesis del pensamiento ius-filosófico de nuestro autor. A ella se llega llegado luego de casio cuarenta años de un incesante esfuerzo intelectual del que dan cuenta las obras aquí brevemente reseñadas; las innumerables colaboraciones y comentarios bibliográficos aparecidos en diversas revistas filosóficas, filosófico-jurídicas, jurídicas, jurídico-canónicas, histórica, etc., europeas y americanas y las pocas presentaciones de estudios ajenos que hemos podido conocer y que hemos tenido a la vista para la confección de la presente memoria". (CABANILLAS, Renato Rabbi-Baldi. *La Filosofia Jurídica de Michel Villey*. Pamplona: Ediciones Universidad de Navarra, 1990, p. 47).

direito se apresentam de forma conjugada por diversas vezes.[16] Na realidade, pode-se observar a alternância da predominância de cada um desses aspectos ao longo do tempo, embora o aspecto filosófico seja uma constante em sua produção teórica, conforme afirma Stéphane Rials:

> (...) um dos aspectos da personalidade e do modo de pensar de Michel Villey que parece estar entre os mais negligenciados nos dias de hoje é que ele viveu e trabalhou como um grande sábio. (...) O caráter geralmente mais filosófico que propriamente histórico do tom, muitas vezes combativo, de seu discurso, por vezes, um tanto peremptório, na alegria de alcançar a clareira depois de um difícil caminho (...).[17]

Villey, por diversas vezes, reviu seu posicionamento teórico em alguns aspectos e ele não tinha dificuldade para fazer isso, diante de seu espírito de intelectual sério e comprometido com a melhor elucidação possível das questões a que se propunha examinar.[18] Não obstante, é possível encontrar um fio condutor em sua obra, o qual inclusive possui direta ligação com a temática principal de nossa pesquisa, que é a distinção entre a concepção jurídica dos romanos e aquela que eclode no pensamento de Ockham, se consolida e ganha seus contornos definitivos a partir da modernidade. Em alguns textos das primeiras fases de seu pensamento, Villey mostra certo apreço pelas "conquistas jurídicas" modernas, embora com reservas. Porém, ao longo do tempo, seu pensamento

---

16 "Sa philosophie s'est nourrie de l'histoire, car Villey fut un romaniste (...) et un historien du droit moderne (...)". (FREUND, Julien. "Michel Villey et le renouveau de la philosophie du droit". *Archives de philosophie du droit, droit et économie*, nº 37. Paris: Sirey, 1992, p. 5).

17 RIALS, Stéphane. "Apresentação – Michel Villey, história e filosofia, história de uma filosofia". *In*: VILLEY, Michel. *A formação do pensamento jurídico moderno*. Trad. de Claudia Berliner. São Paulo: Martins Fontes, 2009, p. XXX.

18 CABANILLAS, Renato Rabbi-Baldi. *La Filosofia Jurídica de Michel Villey*. Pamplona: Ediciones Universidad de Navarra, 1990, pp. 61-63.

sedimenta-se no sentido de demonstrar a deturpação do direito com a modernidade. O jurista francês insurge-se em face dos modernos "ídolos" jurídicos, tais como: o juspositivismo, o legalismo, os direitos do homem, a subjetividade jurídica.[19]

Ao analisar as obras de Villey poderemos encontrar a repetição de algumas temáticas, contudo, não se trata da mera reiteração de argumentos já esposados como poderia pensar o leitor menos avisado. Na realidade, Villey retoma alguns temas, mas os trata sob aspectos diversos, além disso, em determinados casos, há melhores desenvolvimentos de determinados conceitos, mudanças de posicionamentos teóricos e melhor refinamento das concepções esposadas pelo estudioso francês.

Acerca da filosofia do direito de Villey, interessante destacar as considerações de Stéphane Bauzon:

> O estilo da filosofia do direito de Villey evoca a música sincopada. A harmonia de seu discurso sobre a permanência do direito na comunidade é rompida e se amplifica por suas referências ao movimento do direito natural. No tempo forte do som mais ouvido sobre a necessidade das regras jurídicas, Villey emite sua nota no tom fraco, mas prolongado, sobre a relatividade da regra à natureza das coisas debatida pelos juristas.[20]

---

19 RIALS, Stéphane. *Villey et les idoles*. Paris: PUF, 2000, pp. 17-28.

20 No original: "Le style de la philosophie du droit de Villey evoque la musique syncopée. L'harmonie de son discours sur la permanence du droit dans la communauté est rompue et s'amplifie par ses références au mouvement du droit naturel. Au temps fort du son plus entendu sur la necessite de règles juridiques, Villey émet sa note au ton faible mais prolongé sur la relativité de la règle à la nature des choses débattue par les juristes". (BAUZON, Stéphane. *Le métier de juriste*: du droit politique selon Michel Villey. Québec: Les Presses de l'Université Laval, 2003, p. 1).

Além das obras de Villey publicadas em vida, em 1995 houve a publicação de uma compilação de anotações feitas por Villey ao longo de vários anos, com diversas reflexões sobre a filosofia do direito.[21] A obra recebeu o título de *Réfléxions sur la philosophie et le droit: les carnets* e, conforme aponta Bjarne Melkevik, "veremos que o conteúdo de seus escritos ultrapassa amplamente o próprio marco de uma filosofia do direito, chegando a ser uma reflexão sobre a existência e o homem".[22] Melkevik ainda destaca que o texto revela a forte influência cristã no pensamento villeyano.[23]

No prefácio do referido livro, Blandine Kriegel e François Terré destacam que o texto apresenta, dentre outros pontos, contundentes críticas à filosofia kantiana e grande fidelidade ao pensamento tomista:

> Michel Villey contribuiu poderosamente para a retomada da filosofia do direito na França. Em outros lugares, ele contribuiu muito para sua regeneração. "Ele a tirou da

---

21 "Pendant 30 ans, de 1958 jusqu'à sa mort, Michel Villey a noté, sur des carnets de petit format destinés à sa méditation intérieure et non à l'édition, ses réflexions les plus libres et les lus profondes sur son travail de philosophe, de professeur d'Université et tout simplement d'homme". (CAYE, Pierre. "Michel VILLEY, Les Carnets: Réflexions sur la philosophie et le droit, édités par Marie-Ann Frison-Roche et Christophe Jamim. Paris: PUF, 1995". *Archives de philosophie du droit n° 40 – droit et esthétique*. Paris: Sirey, 1996, p. 454.

22 No original: "Veremos que el contenido de sus escritos desborda ampliamente el marco mismo de una filosofia del derecho, llegando a ser ua réfléxion sobre la existência y el hombre". (MELKEVIK, Bjarne. "Villey y la Filosofía del Derecho. Leyendo 'Les Carnets'". *Anuario de Filosofía Jurídica y Social/ Associación Argentina de Derecho Comparado*, nº 20. Trad. de Patricia Bastidas e Gabriela Quintanilla e revisão da trad. e notas por Renato Rabbi-Baldi Cabanillas. Buenos Aires: Abeledo-Perrot, 2000, p. 181).

23 MELKEVIK, Bjarne. "Villey y la Filosofía del Derecho. Leyendo 'Les Carnets'". *Anuario de Filosofía Jurídica y Social/Associación Argentina de Derecho Comparado*, nº 20. Trad. de Patricia Bastidas e Gabriela Quintanilla e revisão da trad. e notas por Renato Rabbi-Baldi Cabanillas. Buenos Aires: Abeledo-Perrot, 2000, pp. 179-201.

rotina na qual os múltiplos filósofos do direito a afundaram por dois séculos" (J. Freund). O fato está aí, mesmo que não se possa aderir às suas ideias. Seus *Carnets* também esclarecem e prolongam também seu pensamento nessa perspectiva. Sua crítica ao kantismo é ainda mais forte do que aquela que ele expressou durante sua vida. Sua hostilidade à lógica formal e à filosofia analítica também é evidente e bem argumentada. Leremos com grande interesse as objeções ferozes que ele dirige às mais diversas análises do discurso jurídico, do discurso no direito, do direito no discurso. (...) As importantes obras publicadas durante sua vida têm um complemento natural e insubstituível nesses *Carnets* de uma grande riqueza quanto ao fundo e, na forma, de uma qualidade literária à qual Michel Villey estava muito ligado, como testemunha o cuidado de escolher os termos certos. (...) Mais fiel a São Tomás do que a Aristóteles, ao contrário do que se possa acreditar ao ler algumas de suas obras, levando mais Aristóteles a São Tomás do que esse ao estagirita, Michel Villey permaneceu muito próximo do pensamento aristotélico no campo da discussão, controvérsia e dialética...[24]

---

24 "Michel Villey a puissamment contribué au reanouveau de la philosophie du droit em France. Ailleurs, il a fortemente contribué à sa *régéneration.* 'Il l'a sortie de l'ornière dans laquelle les multiplex philosophes du droit l'avaient enfoncée depuis deux siècles' (J. Freund). Le fait est là, même si l'on peut ne pas adhérer à ses idées. Ses *Carnets éclairent et prolongent aussi s*a pensée dans cette perspective. Sa critique du kantisme est encore plus forte que celle qu'il avait exprime de son vivant. Son hostilité à la logique formelle et à la philosophie analyique est aussi evidente et argumentée. On lira avec beaucoup d'intérêt les objections féroces qu'il adresse aux analyses les plus diverses du discours juridique, du discours dans le droit, du droit dans le discours. (...) Les œuvres importantes publiées de son vivant ont leur complément naturel et irremplaçable dans ces *Carnets* d'une si grande richesse quant au fond et, en la forme, d'une qualité littéraire à laquelle Michel Villey était très attaché, comme en témoigne le soin attaché au choix des justes termes. (...) Plus fidèle à saint Thomas qu'a Aristote, contrairement à ce qu'on a pu croire à la lecture de certaines de ses œuvres, tirant plus Aristote vers saint Thomas que celui-ci vers le Stagirite, Michel Villey est au demeurant resté très proche de la pensée aristotélicienne sur le terrain de discussion, de la controverse

Uma faceta interessante presente em alguns textos de Villey é "seu senso de humor frequentemente caústico e original", consoante observa Stéphane Bauzon.[25] Tal se revela em algumas situações destacadas por Bauzon, como, por exemplo, no uso dos pseudônimos Ivon Lin e Hélène Destroyat; na tradução da célebre canção francesa *Le temps ne fait rien à l'affaire* de Georges Brassens para o latim, no anexo II, intitulado Supplementum Thomisticum, de sua obra *Questions de Saint Thomas sur le droit et la politique*; e ainda em "sua própria crítica literária de seu livro *Le Droit et le droits de l'homme*, que Villey apresenta sob a forma de uma carta recebida de um 'muito querido colega e amigo'".[26]

Michel Villey foi uma das grandes referências intelectuais no meio acadêmico dos juristas na França do século XX. Dentre os pesquisadores por ele orientados, figuraram nomes célebres como, por exemplo, Nicos Poulantzas e André-Jean Arnaud, cujas obras de inspiração marxista *Nature des choses et droit- Essai sur la dialectique du fait et de la valeur, Essai d'analyse structurale du Code*

---

et de la dialectique...". (KRIEGEL, Blandine; TERRÉ, François. "Préface". *In*: VILLEY, Michel. *Réflexions sur la philosophie et le droit - les carnets*. Paris: PUF, 1995, pp. VIII–IX).

25 "Quelques mot encore sur la vie universitaire de Villey pour souligner son sens de l'humour souvent caustique et original". (BAUZON, Stéphane. *Le métier de juriste*: du droit politique selon Michel Villey. Québec: Les Presses de l'Université Laval, 2003, p. 5).

26 "Pour premier exemple, nous indiquons sa propre recension de son livre *Le Droit et les droits de l'homme*, que Villey présent sous la forme d'une lettre recue d''un très cher collègue et ami' (...). Pour second exemple, nous citons un extrait de son *supplementum thomisticum* placé à la fin de son livre *Questions de saint Thomas sur le droit et la politique* ou Villey traduit les célèbres paroles du chansonnier français Georges Brassens (...). Par ailleurs, Villey prend le pseudonyme d'Hélène Destroyat, avocat au barreau de Paris pour se moquer du conformisme intellectuel des patriciens du droit (...). Son autre pseudonyme fut celui d'Ivon Lin; rien de neuf, nihil novi. Il lui permit entre autre de dire ses sentiments sur le droit et sur la manière dont il est enseigné". (BAUZON, Stéphane. *Le métier de juriste*: du droit politique selon Michel Villey. Québec: Les Presses de l'Université Laval, 2003, pp. 5/6).

Civil Français – La règle du jeu dans la paix bourgeoise e *Les origines doctrinales du Code Civil Français* são prefaciadas por Villey.

A pecha de reacionário de maneira alguma pode ser aplicada a Michel Villey, na medida em que, em sua perspectiva teórica, o retorno ao direito natural clássico não significa um retrocesso ou um retorno às condições de vida da antiguidade ou muito menos o retorno da escravidão. Sobre esse ponto, interessante destacar as considerações de André-Jean Arnaud:

> Michel Villey decidiu fazer uma provocação, falando mal dos direitos humanos. Por quê? – Porque se nos referirmos ao *to dikaion*, diz ele, não podemos concebê-lo como fonte de direitos subjetivos. O *to dikaion* é um 'juste milieu', um 'justo meio' nas coisas, uma proporção, "uma igualdade, um 'igual' (ison) no sentido da matemática grega, uma busca, uma contemplação da beleza que existe na ordem cósmica. (...) Trata-se de uma equitas que não tem nada que ver com o egalitarismo nascido da igualdade tal como interpretada pelos pensadores do jusnaturalismo moderno, nem dos positivistas que se apropriaram do conceito de igualdade para materializá-lo de maneira sistemática. Daí a reputação de pensador reacionário que foi atribuída ao Mestre! Portanto, não há nada de reacionário neste modo de ver. (...) a crítica de Michel Villey não tem nada que ver com uma nostalgia do passado. Sua crítica é fundada, primeiramente, na dupla leitura que se pode fazer do humanismo, e, em segundo lugar, numa crítica do voluntarismo que pode efetivamente ser objeto de críticas, principalmente por ser cego diante da realidade.[27]

Com efeito, o jurista francês postula uma retomada filosofia do direito de Aristóteles, das construções do direito romano e do tomismo,

---

27 ARNAUD, André-Jean. "Michel Villey: une tolérance insinuante. Portrait d'un maître". *Revista da Faculdade de Direito da Universidade de São Paulo*, São Paulo, p. 875, jan. 2012. Disponível em: http://www.revistas.usp.br/rfdusp/article/view/67970/70578. Acessado em: 23.06.2018.

de modo a romper com as concepções idealistas do direito que tanto o incomodavam. Para Villey, a história não possui um sentido, não há evolucionismo e nem determinismo. Por sua vez, a concepção mais alta do direito, na visão dele, é a busca da boa partilha, mediante a observação da natureza das coisas. Essa é, para ele, a única forma de se realizar o justo. Assim, o jurista francês postula que o direito esteja efetivamente atento às realidades sociais do tempo em que se vive.

Destarte, a obra de Villey não deve ser tomada à conta de um culto aos tempos passados do direito ou de um esforço para simplesmente ressucitar práticas e filosofias da antiguidade. Nesse sentido, Nobert Campagna bem observa:

> Se ele é um historiador do direito, Villey não é o que nós possamos chamar de um "antiquário" do direito, alguém que é feliz de amontoar conhecimentos sobre o que foi o direito. (...) O retorno aos antigos é um retorno de maneira a resolver os litígios e de trazer de volta a ordem na sociedade. Se conservadorismo existe, ele não se situa certamente no nível das soluções jurídicas. (...) Deve-se assim ler a obra de Villey como um convite para repensar nossa concepção de direito antes do que como um convite para substitui-la pura e simplesmente por uma concepção antiga.[28]

Tal como veremos mais adiante, em momento oportuno, o pensamento de Villey segue por uma vertente anti-humanista,

28 No original: "S'il est un historien du droit, Villey n'est donc pas ce que l'on pourrait appeler un 'antiquaire' du droit, quelqu'un qui est heureux d'amasser des connaissances, sur ce que fut le droit. (...) Le retour aux anciens est un retour à une manière de résoudre les litiges et de ramener l'ordre dans la société. Si conservatisme il y a, il ne se situe certainement pas au niveau des solutions juridiques. (...) Il faut ainsi lire l'ouvre de Villey comme une invitation à repenser notre conception du droit, plutôt que comme une invitation à la remplacer purement et simplement par une conception ancienne". (CAMPAGNA, Norbert. *Michel Villey*: le droit ou les droits? Paris: Éditions Michalon, 2004, pp. 10 e 13).

uma vez que se contrapõe às construções acerca da subjetividade jurídica, bem como aos conceitos abstratos de homem e pessoa humana, que desembocaram, por exemplo, na noção de direitos humanos. Insta salientar que o anti-humanismo villeyano é centrado no horizonte jurídico, na medida em que, na esfera da moral, ele faz alguma concessão à subjetividade, embora com restrições.

Aglaé Maryioli propõe uma aproximação entre Michel Villey e Martin Heidegger, no que tange à rejeição de ambos à modernidade, conforme se verifica no seguinte excerto:

> Há no pensamento de Michel Villey (...) uma obscura proximidade com a empresa filosófica de Heidegger. (...) Obscura, pois o ilustre historiador da história da filosofia do direito (...) nunca esclareceu ele próprio essa proximidade com um filósofo no qual não se inspira diretamente e cujas teses nunca analisou na sua obra. Mas uma peturbante convergência de opiniões permite aproximar Villey e Heidegger, pelo menos numa intuição filosófica central: a modernidade seria um declínio, o último avatar da história de um *esquecimento* das origens. Da mesma maneira que a história da filosofia do direito seria, segundo Heidegger, o lugar de esquecimento do Ser, a história do direito e da filosofia do direito seria, para Villey, um esquecimento do próprio direito. A convergência de opiniões entre estes dois diagnósticos extremamente críticos para com a modernidade, bem como a condenação comum da figura do "sujeito", lugar teórico supremo do pensamento metafísico clássico e das teorias do direito "subjetivo", deparam, contudo, com um limite: Heidegger almeja um regresso do pensamento autêntico às origens gregas e pré-socráticas, ao passo que Villey, se bem que fascinado pelo modelo aristotélico da análise do direito, prefere uma origem romana, dado ver no próprio direito romano o lugar por excelência da manifestação daquilo que é "autenticamente"o direito.[29]

29 MARYOLI, Aglaé. "O antimodernismo de Michel Villey". *In*: BILLIER, Jean-Cassien; MARYIOLI, Aglaé. *História da Filosofia do Direito*. Trad.

Albert Brimo sustenta que, na obra *Leçons de philosophie du droit*, de Michel Villey, "o neotomismo existencialista se exprimiu com mais força e lucidez na filosofia do direito" tanto quanto na obra *Vom Gesetzesstaat zum Richtesrtaat* de René Marcic,[30] "discípulo ao mesmo tempo de São Tomás e de Heidegger".[31] Bjarne Melkevik acompanha Brimo em suas reflexões[32] e conclui: "isso nos revela que ainda há um estudo a ser feito sobre a relação entre o anti-humanismo de Heidegger e o de Villey".[33]

O apregoado anti-modernismo de Villey reside em seu combate tanto ao sistema de direitos subjetivos quanto ao juspositivismo. A constante presença de uma postulação de retomada das esquecidas origens greco-romanas do direito rendeu-lhe a alcunha de "paladino

---

Pedro Henriques. Lisboa: Instituto Piaget, 2001, p. 320.

30 No original: "C'est dans l'œuvre fondamentale de Michel Villey: *Leçons de philosophie du Droit* (Dalloz, 1re éd., 1957) et dans l'ouvrage de René Marcic: *Vom Gesetzesstaat zum Richtesrtaat*, paru à Vienne en 1957, que le néothomisme existencialiste s'est exprimé avec le plus de force et de lucidité dans la philosophie du droit". (BRIMO, Albert. *Les grands courants de la philosophie du droit et de l'État*. 3ª ed. Paris: Pedone, 1978, p. 80).

31 No original: "René Marcic, disciple à la fois de Saint Thomas et de Heidegger". (BRIMO, Albert. *Les grands courants de la philosophie du droit et de l'État*. 3ª ed. Paris: Pedone, 1978, p. 81).

32 "Entre los comentadores de Villey, parece que sólo Albert Brimo ha comprendido completamente ese aspecto 'existencial' de la filosofía del derecho villeyana. Brimo describe la teoría de Villey como tributaria de un 'neotomismo para-existencialista'". (MELKEVIK, Bjarne. "Villey y la Filosofía del Derecho. Leyendo 'Les Carnets'". *Anuario de Filosofía Jurídica y Social/ Associación Argentina de Derecho Comparado*, nº 20. Trad. de Patricia Bastidas e Gabriela Quintanilla e revisão da trad. e notas por Renato Rabbi-Baldi Cabanillas. Buenos Aires: Abeledo-Perrot, 2000, p. 183).

33 No original: "Esto nos revela que aún queda por hacer un estudio sobre la relación entre el anti-humanismo de Heidegger y el de Villey". (MELKEVIK, Bjarne. "Villey y la Filosofía del Derecho. Leyendo 'Les Carnets'". *Anuario de Filosofía Jurídica y Social/Associación Argentina de Derecho Comparado*, nº 20. Trad. de Patricia Bastidas e Gabriela Quintanilla e revisão da trad. e notas por Renato Rabbi-Baldi Cabanillas. Buenos Aires: Abeledo-Perrot, 2000, p. 183).

do realismo jurídico clássico".[34] Villey, tal como Heidegger, é um crítico do tecnicismo contemporâneo.[35]

Conforme aponta Michel Bastit, a filosofia do direito de Michel Villey é forjada "a partir de uma reflexão sobre a experiência jurídica romana processual, pretoriana e prudencial" e "sobre a experiência jurídica medieval, costumeira e romano-canônica".[36] Bastit, ao analisar a produção teórica de Villey, ainda destaca:

> Ele procura aclarar essas duas experiências muito diferentes daquelas da modernidade jurídica por suas fontes filosóficas dessas práticas do direito. Esse método histórico-doutrinal é ligado segundo ele a um bastante profundo realismo, segundo o qual as doutrinas filosóficas ou jurídicas não eram ideias no ar, mas inspiravam mais ou menos diretamente as instituições e as práticas. Segundo Villey, o direito romano se aclara, principalmente, pelo recurso a Aristóteles, e o

---

34 CHORÃO, Mário Bigotte. "Michel Villey, o paladino do realismo jurídico clássico". *Persona y derecho: Revista de fundamentación de las Instituciones Jurídicas y de Derechos Humanos*, nº 25, 1991, pp. 31-47.

35 "J'ai peur que nous n'ayons, en philosophie, régressé depuis Epicure. Ce n'est pas parce que nos techniques et sciences positives modernes ont prodigieusement progressé que progresse la philosophie. Le contraire est plus vraisemblable; et que, de même qu'à l'éruption des hauteurs des Alpes correspondit l'effondement de profondeurs méditerranéennes, la formidable éruption des techniques modernes s'accompagne d'une amputation de la philosophie. Ce jugement ne m'est pas personnel, il est celui de Heidegger et quelques autres grands penseurs du XXe siècle". (VILLEY, Michel. "Préface historique". *Archives de philosophie du droit nº 26 – l'utile et le juste*. Paris: Sirey, 1981, p. 7).

36 "C'est a partir d'une réflexion sur l'expérience juridique romaine processuelle, prétorienne et prudentielle (*Recherches sur la littérature didactique du droit romain*, 1945 et *Le droit romain*, 1979) et sur l'expérience juridique médiévale, coutumière et romano-canonique (dans ses cours polycopiés réunis dans *La formation de la pensée juridique moderne*, 2003), que s'est forgée la philosophie du droit de Michel Villey". (BASTIT, Michel. "Michel Villey". *In*: ARABEYRE, Patrick; HALPÉRIN, Jean-Louis; KRYNEN, Jacques. *Dictionnaire historique des juristes français*: XIIe – XXe siècle. 2ª ed. Paris: PUF, 2015, p. 1004).

> direito medieval, principalmente, pela obra de São Thomas. Ele sabe muito bem que a maior parte dos juristas romanos ou medievais não tinham lido esses pensadores, mas a obra deles exprime a verdade dessas duas experiências jurídicas. Mas Villey vai mais longe ainda: elas exprimem a verdade do direito enquanto os filosófos da modernidade a deformam e nós a mascaramos. (...) O coração dessa verdade do direito reside, aos olhos de Villey, na justiça do direito. É o direito o que é justo. Em outros termos, o direito é uma realidade que existe ao redor de nós e que convém conhecer para a compreensão dessa "coisa".[37]

Jeannette Antonios Maman sustenta que, na obra de Villey, está presente o prenúncio de uma ultrapassagem da teoria do direito natural de Aristóteles, na direção da construção de uma "nova ontologia e de uma nova epistemologia".[38] Maman aduz que o pensamento villeyano sobre o direito se caracteriza por um "existencialismo

---

37 No original: "Il cherche à éclairer ces deux expériences très diferentes de celles de la modernité juridique par les sources philosophiques de ces pratiques du droit. Cette méthode histórico-doctrinale est liée chez lui à un très profond réalisme, selon lequel les doctrines philosophiques ou juridiques n'étaint pas des idées en l'air, mais inspiraient plus ou moins directement les institutions et les pratiques. Selon Villey, le droit romain s'éclaire, principalment, par le recours à Aristote, et le droit medieval, principalmente, par l' œuvre de saint Thomas. Il sait très bien que la plupart des juristes romains ou médiévaux n'ónt pas lus ces penseurs, mais leur œuvre exprime la verité de ces deux expériences juridiques. Mais Villey va plus loin encore: elles expriment la vérite du droit alors que les philosophies de la modernité la deforment et nous la masquent. (...) Le coeur de cette vérité du droit reside, aux yeux de Villey, dans la justice du droit. Est droit ce qui est juste. En d'autres termes, le droit est une réalité qui existe en dehors e nous et qu'il convient de connaître par la compréhension de cette 'chose'". (BASTIT, Michel. "Michel Villey". *In*: ARABEYRE, Patrick; HALPÉRIN, Jean-Louis; KRYNEN, Jacques. *Dictionnaire historique des juristes français*: XIIe – XXe siècle. 2ª ed. Paris: PUF, 2015, p. 1004).

38 MAMAN, Jeanette Antonios. *Fenomenologia existencial do direito*: crítica do pensamento jurídico brasileiro. 2ª ed. São Paulo: Quartir Latin, 2003, p. 96.

jurídico" cuja "tendência mostra que temos de partir, nas soluções de direito, da situação existencial, de emergência ou não".[39]

A singularidade das concepções villeyanas sobre o direito e de sua visão acerca das manifestações jurídicas ao longo da história tornaram-no talvez o principal filósofo do direito na França e seguramente um dos maiores pensadores do direito no século XX. Consoante aponta Alysson Leandro Mascaro, Michel Villey estabelece uma "leitura que remonta ao conservadorismo católico, mas que avança para uma vigorosa reconstrução de toda a história do fenômeno jurídico".[40]

1.2 As origens da filosofia grega. Platão

Em sua obra, Michel Villey empreende um mergulho nas origens filosóficas do direito, desde as concepções presentes na Grécia Antiga, especialmente em Aristóteles, que se constitui na grande referência a nortear o caminho teórico do jurista francês.

Villey, de modo geral, não se demora na filosofia dos pré-socráticos nem nos meandros da história grega. Fica patente que, para ele, a obra do célebre estagirita é o que se produziu de mais alto no pensamento da antiga Grécia. Não obstante, ele destaca que um traço unificador em toda a filosofia grega era uma constante ligação com a realidade social, embora alguns movimentos filosóficos, de caráter moralista, tenham se distanciado um pouco dessa preocupação. Direito, política e filosofia apresentavam-se em caminhos que se cruzavam de maneira direta e esse aspecto é

39 MAMAN, Jeanette Antonios. *Fenomenologia existencial do direito*: crítica do pensamento jurídico brasileiro. 2ª ed. São Paulo: Quartir Latin, 2003, p. 96.

40 MASCARO, Alysson Leandro. "Direitos humanos: uma crítica marxista". *Lua nova*, São Paulo, nº 101, p. 114, 2017. Disponível em: http://www.scielo.br/scielo.php?script=sci_arttext&pid=S0102=64452017000200109-&lng=en&nrm-iso. Acessado em: 23.06.2018.

bastante valorizado por Villey, conforme se verifica, por exemplo, no excerto abaixo:

> Quanto aos filósofos, estão intimamente imiscuídos nessa vida cívica: os mais antigos filósofos gregos não são sábios recolhidos na vida privada. Pitágoras, Protágoras, Platão foram legisladores. A filosofia grega do direito é de uma riqueza prodigiosa. (...) É na Grécia que descobriremos os germes da teoria do direito natural; mas também poderíamos encontrar os germes do positivismo jurídico, do relativismo, quando não do sociologismo. (...) O desenvolvimento da filosofia grega é, como já foi dito, um milagre. (...). Contudo, desde o século IV, um ramo da filosofia começa a se desinteressar da vida cívica. As novas condições da vida cívica, depois das conquistas de Alexandre, deixam de ser favoráveis às livres discussões sobre a política. Epicuristas, cínicos e estoicos ocupar-se-ão principalmente da moral individual. (...) As duas obras mais ricas em experiência da vida social, as mais clássicas e que, de fato, exerceram influência direta sobre o mundo do direito (...) são as de Platão e Aristóteles.[41]

O jurista francês divide a filosofia grega anterior a Platão em três períodos principais: "as origens"; "a crise cética do século V" e "a reação de Sócrates".[42] Ele trata de cada uma dessas fases em sua obra *La formation de la pensée juridique moderne.*

Ao tratar das origens da filosofia grega, no período arcaico, Villey destaca o culto "do *nómos* e da justiça".[43] Para o jurista

---

41 VILLEY, Michel. *A formação do pensamento jurídico moderno*. Trad. de Claudia Berliner. São Paulo: Martins Fontes, 2009, pp. 16/17.

42 VILLEY, Michel. *A formação do pensamento jurídico moderno*. Trad. de Claudia Berliner. São Paulo: Martins Fontes, 2009, p. 17.

43 "O Padre Di Francisci (em seus *Arcana Romana imperii*) propôs caracterizar a política grega pela palavra *nomocracia*. Com efeito, é notável, entre o povo grego, desde uma época muito antiga o culto do *nómos*. (...) O grego muitas

francês, a palavra *nómos* "deve ser traduzida, não tanto por lei escrita, mas por: costume próprio a uma pólis; ordem social, direito".[44] Em relação ao sentido da justiça, ele observa que ele se manifesta inicialmente por meio de formas mitológicas, como, por exemplo, na *Teogonia* de Hesíodo. *Themis* e *Dike* são as deusas atreladas à concepção mítica de justiça. Villey descreve que, posteriormente, os "filósofos físicos" laicizarão o conceito de justiça. Não obstante Platão irá retomar, muitas vezes, essa linguagem mítica.[45]

O segundo período abordado por Villey, denominado "crise do século V", é marcado pelo paulatino abandono da fé no *nomos*. Nesse cenário de desconfiança, "opõe-se a *justiça* (*díke*) ou então a *natureza* e sua ordem (*phýsis*)".[46] Os diálogos de Platão exemplificam essa situação, quando abordam, por exemplo, a questão do conflito entre a lei da natureza (*physis*) e a lei da pólis. Os sofistas manifestam-se nesse contexto apontando o caráter convencional da justiça.[47]

---

vezes se opõe aos bárbaros por seu culto consciente do *nómos* e da justiça (como Ulisses na *Odisséia*)". (VILLEY, Michel. *A formação do pensamento jurídico moderno*. Trad. de Claudia Berliner. São Paulo: Martins Fontes, 2009, p. 17).

44 VILLEY, Michel. *A formação do pensamento jurídico moderno*. Trad. de Claudia Berliner. São Paulo: Martins Fontes, 2009, p. 18.

45 VILLEY, Michel. *A formação do pensamento jurídico moderno*. Trad. de Claudia Berliner. São Paulo: Martins Fontes, 2009, pp. 17/18.

46 VILLEY, Michel. *A formação do pensamento jurídico moderno*. Trad. de Claudia Berliner. São Paulo: Martins Fontes, 2009, p. 18.

47 "Mais interessante para nós é a reação de alguns sofistas que parecem ter feito apelo, conforme os diálogos de Platão, à lei da natureza (*phýsis*), contra a lei da *polis*... Já o sofista Protágoras, embora apóstolo da justiça (mito de Epimeteu), tem desta uma concepção completamente subjetiva; a justiça é um sentimento inscrito, segundo esse famoso mito, no coração década um; e cabe a Protágoras tirar consequências democráticas disso. No diálogo *Górgias*, Platão faz intervirem vários sofistas ou políticos corrompidos pela sofística (Polo; Cálicles) que denunciam o caráter convencional da justiça e opõem a ela a lei da natureza que deseja o triunfo do mais forte, do audacioso que não hesita em derrubar as mesas da moral tradicional. Na *República*, teses análogas são defendidas pelo sofista Trasímaco, e depois pelos dois irmãos de Platão, Glauco e Adimanto, representando aqui uma juventude ardente, bem-intencionada, mas perturbada pelo niilismo dos círculos intelectuais de

O célebre exemplo de Antígona pertence a esse momento histórico. A personagem principal da tragédia de Sófocles é vista por muitos como uma referência de apelo ao direito natural. Para Villey, trata-se de uma situação diversa, conforme ele esclarece no seguinte excerto:

> Esse texto é tradicionalmente citado como uma das primeiras declarações a favor do direito natural. Na verdade, a famosa tirada de Antígona não concerne precisamente ao direito, mas ao rito religioso funerário. Por outro lado, Antígona não faz de forma alguma apelo, contra o decreto de Creonte, à ordem natural (*phýsis*), mas expressamente à *Diké* e a Zeus, às leis religiosas, que, aliás, são aqui leis não escritas (ágraphói *nómoi*) que cada um traz em sua consciência. Embora o uso seja esse e nesse sentido exista uma doutrina tradicional da lei da natureza, parece impróprio falar aqui de direito natural.[48]

A "reação de Sócrates" é o período marcado pelo combate do filósofo grego às ideias dos sofistas acerca do caráter convencional da justiça, postulando, de acordo com os relatos de Platão, a extração do justo por meio da razão. Para Villey, "Sócrates parece ter iniciado uma reação a favor do direito e ter tentado,

---

Atenas. No discurso de Trasímaco, pode-se ler uma boa descrição, de aparência muito positivista, do que passou a ser chamado desde então de 'as forças criadoras do direito'. E nas palavras de Glauco, da origem convencional das ideias reinantes sobre o direito. Pode-se encontrar aqui um germe das teses do contrato social. (...) A mesma posição crítica em relação à ordem social tradicional, com apelo à natureza, exprime-se em diversos outros textos da mesma época: assim, em Tucídides, no famoso discurso aos mélios em que os atenienses justificam uma agressão contrária ao direito invocando a lei da natureza. (...) Em suma, a reflexão crítica levou os círculos intelectuais do século V a perder a fé no *nómos*, no direito de Atenas". (VILLEY, Michel. *A formação do pensamento jurídico moderno*. Trad. de Claudia Berliner. São Paulo: Martins Fontes, 2009, pp. 19/20).

48 VILLEY, Michel. *A formação do pensamento jurídico moderno*. Trad. de Claudia Berliner. São Paulo: Martins Fontes, 2009, p. 18.

pela primeira vez, fundar racionalmente a autoridade das regras do direito, em resposta à crise cética da sofística".[49] Contudo, o jurista francês observa o caráter ambíguo da filosofia socrática e indaga: "Terá trabalhado a favor das leis do Estado ou de uma justiça superior? É algo ainda difícil de distinguir". Assim sendo, para o jurista francês, "só encontraremos uma doutrina completa sobre a natureza, as fontes e o verdadeiro conteúdo do direito em Platão e Aristóteles (...) seus mais fiéis continuadores".[50]

Sócrates (470 a.C. - 399 a.C.), conforme ressalta Alysson Leandro Mascaro, é "por muitos considerado a figura simbólica mais alta da filosofia – porque pelas ideias e pela verdade morreu".[51] A recusa de Sócrates à fuga, mesmo diante da injusta condenação proferida pelos juízes de Atenas, faz com que muitos o enxerguem como uma espécie de precursor do juspositivismo. Villey não compactua com tal ponto de vista, embora não traga uma plena elucidação acerca da postura adotada pelo filósofo grego. Sobre essa questão, julgamos fundamentais as seguintes considerações de Mascaro:

> Por não ter fugido à condenação, uma leitura superficial dos textos referentes ao direito em Sócrates poderia até mesmo levar à acusação de um certo pioneirismo juspositivista. No entanto, o pensamento socrático não é, de modo algum, precursor do juspositivismo. Sócrates não se submete às leis por reconhecer seu acerto. Tampouco considera a sua sentença justa. Sua proposta, ao não fugir da execução, não se encaminha pela justeza do direito positivo. Sua visão é muito mais moral e filosófica: acima do direito positivo há um justo, que pode ser compreendido pela razão, e aceitar

49 VILLEY, Michel. *A formação do pensamento jurídico moderno*. Trad. de Claudia Berliner. São Paulo: Martins Fontes, 2009, p. 21.

50 VILLEY, Michel. *A formação do pensamento jurídico moderno*. Trad. de Claudia Berliner. São Paulo: Martins Fontes, 2009, p. 21.

51 MASCARO, Alysson Leandro. *Filosofia do Direito*. 7ª ed. São Paulo: Atlas, 2019, p. 35.

> o justo é um dever. (...) A condenação de Sócrates, sendo injusta, revelaria aos atenienses com clareza o justo, por contraste. Da injustiça do seu caso concreto não decorreria, como os sofistas poderiam imaginar, a inexistência de marcos racionais do justo. Para Sócrates, eles existem, e seu exemplo serviria para demonstrar a injustiça. O fato de Sócrates não ter fugido não quer representar uma admiração aos mecanismos de aplicação imediata das normas jurídicas. Pelo contrário, Sócrates declara a injustiça da pena que contra ele se impõe. Contra a ausência de rigidez moral e de alcance da verdade dos cidadãos atenienses é que ele se opõe, e sua submissão à sentença é, na verdade, uma ação política de abalo e incômodo.[52]

Ao tratar do pensamento de Platão (428/427 a.C. – 347 a.C.), o principal discípulo de Sócrates, Villey destaca que, no ateniense, a filosofia aparecia imbricada à política, de modo que "Platão só chegou à filosofia por e para a política".[53] Assim, a própria fundação da célebre Academia deveu-se à preocupação do filósofo em preparar os futuros cidadãos de elite, por meio da educação, para o exercício de ações políticas que pudessem ser conduzidas de maneira honesta.

Para Villey, "a doutrina de Platão forma um todo", logo, seria um equívoco analisá-la de forma cindida. Contudo, ele assevera que as obras mais fundamentais para o direito são *Protágoras*, *Górgias*, a *República*, o *Político* e as *Leis*.[54] Dentre elas, ele destaca a *República*, acerca da qual o jurista francês afirma "essa maravilhosa obra", "obrigatória para todo o estudante de

---

52 MASCARO, Alysson Leandro. *Filosofia do Direito*. 7ª ed. São Paulo: Atlas, 2019, pp. 42-44.

53 VILLEY, Michel. *A formação do pensamento jurídico moderno*. Trad. de Claudia Berliner. São Paulo: Martins Fontes, 2009, p. 22.

54 VILLEY, Michel. *A formação do pensamento jurídico moderno*. Trad. de Claudia Berliner. São Paulo: Martins Fontes, 2009, p. 22.

direito".[55] Justiça e direito são os temas nela tratados, tanto no seu aspecto individual quanto em relação ao Estado.

A *República* traz uma descrição da pólis ideal, com toda a sua estruturação, passando pelo filósofo-rei, pelos guardiões, pelo sistema educacional, de modo a demonstrar como deveria se dar a formação dos cidadãos dessa pólis e, ao mesmo tempo, aponta as degenerescências do mundo real. A imortalidade da alma também é um dos pontos da obra.

Em relação à filosofia do direito de Platão, tendo por base suas principais obras acerca do tema, Villey observa que ele "esboça uma teoria do direito extraído da natureza (*physikón*)".[56] Para Platão, "a missão do homem político é a descoberta do *justo*, e, acessoriamente, também das *leis*: *díkaion*, *nómoi*".[57] Logo, o caráter das leis no pensamento jurídico platônico ocupava caráter acessório, haja vista que, para o filósofo, "uma lei injusta, uma lei ruim não é uma lei, não é direito", de sorte que "Platão rejeitaria vigorosamente a definição do positivismo jurídico segundo a qual o direito seria o conjunto das regras positivas estabelecidas pelo Estado".[58]

A justiça, cuja busca constituía a tarefa do jurista,[59] apresenta-se, na visão platônica, como "virtude que atribui a cada um a sua parte:

---

55 VILLEY, Michel. *A formação do pensamento jurídico moderno*. Trad. de Claudia Berliner. São Paulo: Martins Fontes, 2009, p. 22.

56 VILLEY, Michel. *A formação do pensamento jurídico moderno*. Trad. de Claudia Berliner. São Paulo: Martins Fontes, 2009, p. 30.

57 VILLEY, Michel. *A formação do pensamento jurídico moderno*. Trad. de Claudia Berliner. São Paulo: Martins Fontes, 2009, p. 25.

58 VILLEY, Michel. *A formação do pensamento jurídico moderno*. Trad. de Claudia Berliner. São Paulo: Martins Fontes, 2009, p. 25.

59 "Para o pensamento de Platão, torna-se muito difícil dissociar direito de justiça, o que é reforçado pelo fato de que a mesma palavra, díkaion, é utilizada de maneira intercambiável no texto platônico para essas duas ideias". (MASCARO, Alysson Leandro. *Filosofia do Direito*. 7ª ed. São Paulo: Atlas, 2019, p. 49).

suum cuique tribuere".[60] Villey nota que o pensamento de Aristóteles se aproximará do de seu mestre, haja vista que para o estagirita, a justiça também era compreendida em seu caráter social. No entanto, para Aristóteles, "a justiça, no sentido mais estrito da palavra, concerne unicamente às relações sociais" já, para Platão, ela também poderia ser exercida no interior do indivíduo.[61] Em relação ao conceito de justiça em Platão, cabe destacar as observações de Werner Jaeger:

> Para o discípulo de Sócrates, já não pode significar a mera obediência às leis do Estado, a legalidade que tinha sido outrora o baluarte protetor do Estado jurídico, perante um mundo de poderes feudais anárquicos ou revolucionários. O conceito platônico da justiça situa-se acima de todas as normas humanas e remonta até a sua origem na própria alma. É na mais íntima natureza desta que deve ter o seu fundamento aquilo que o filósofo denomina justo.[62]

Segundo Villey, Platão, não obstante sua preocupação política, tem uma concepção idealizada acerca do direito, decorrente de uma "confusão entre o direito e a moral".[63] Portanto, para Villey, o direito natural não se apresenta de forma plena no pensamento platônico, embora o jurista francês reconheça que o filósofo grego era bastante atento à realidade social da época em que vivia e que de nenhum modo se aproximava do subjetivismo moderno. Nas palavras de Villey:

---

60 VILLEY, Michel. *A formação do pensamento jurídico moderno*. Trad. de Claudia Berliner. São Paulo: Martins Fontes, 2009, p. 26.

61 VILLEY, Michel. *A formação do pensamento jurídico moderno*. Trad. de Claudia Berliner. São Paulo: Martins Fontes, 2009, p. 26.

62 JAEGER, Werner. *Paideia*: a formação do homem grego. Trad. de Artur M. Parreira. 3ª ed. São Paulo: Martins Fontes, 1995, p. 756.

63 VILLEY, Michel. *A formação do pensamento jurídico moderno*. Trad. de Claudia Berliner. São Paulo: Martins Fontes, 2009, p. 28.

> Platão não procede de forma alguma à maneira de Kant, que pretende tirar de si mesmo, de sua própria razão subjetiva, os princípios da justiça (e desse modo desemboca num *Vernunftsrecht*, num direito racional, e não num *Naturrecht*, num direito natural).[64]

Villey destaca que, em *As Leis* – "o testamento de Platão, sua última obra inacabada" – surge "um tom mais realista".[65] Consoante observa o jurista francês "notam-se diferenças em relação ao retrato da *polis* ideal da *República*".[66] Em *As Leis*, "o comunismo parece ser abandonado assim como o sonho, utópico demais, de confiar o governo apenas ao filósofo".[67]

O idealismo platônico, contudo, ainda permanece em seu texto derradeiro. Enquanto em *A República*, o mito da caverna demonstra a necessidade de "escapar do mundo das aparências sensíveis percebidas pelo corpo, esse entrave ao conhecimento, para elevar-se ao mundo das *ideias* inteligíveis", sendo esse "o método que se impõe ao homem político para a descoberta do justo",[68] em *As Leis*, tal doutrina recebe uma "coloração religiosa", conforme elucida Villey:

> É ao término de uma longa ascese purificadora, sob a inspiração divina (à qual a obra faz constantes alusões), que, apaixonada pelo mundo das ideias, o filósofo descobre as

---

64 VILLEY, Michel. *A formação do pensamento jurídico moderno*. Trad. de Claudia Berliner. São Paulo: Martins Fontes, 2009, p. 29.

65 VILLEY, Michel. *A formação do pensamento jurídico moderno*. Trad. de Claudia Berliner. São Paulo: Martins Fontes, 2009, p. 23.

66 VILLEY, Michel. *A formação do pensamento jurídico moderno*. Trad. de Claudia Berliner. São Paulo: Martins Fontes, 2009, p. 23.

67 VILLEY, Michel. *A formação do pensamento jurídico moderno*. Trad. de Claudia Berliner. São Paulo: Martins Fontes, 2009, p. 23.

68 VILLEY, Michel. *A formação do pensamento jurídico moderno*. Trad. de Claudia Berliner. São Paulo: Martins Fontes, 2009, p. 31.

> leis. O justo reside num outro mundo, mais verdadeiro que o nosso, onde talvez vivemos uma vida anterior, e do qual nos *recordamos*. (...) Portanto, não é dos *fatos aparentes* que nos são oferecidos, num primeiro momento, pelo espetáculo da natureza que Platão pretende extrair o justo; mas sim das *ideias*, às quais, com efeito, nos conduz a observação da natureza, com a condição de que esta seja apenas um ponto de partida e que, por um esforço dialético, tenhamos nos separado dela. O direito de Platão é, antes, um direito *ideal*, que não merece ser qualificado de direito *natural*.[69]

Ao longo de seu percurso intelectual,[70] Platão inicialmente critica as legislações escritas e aponta-as como distantes da justiça, haja vista que as leis, em sua rigidez, não têm o condão de acompanhar as mudanças das circunstâncias e, por conseguinte, do próprio direito. Assim, para ele, na pólis ideal, tem-se o filósofo-rei com poderes absolutos.[71] Contudo, conforme salienta Villey, diante do

---

69 VILLEY, Michel. *A formação do pensamento jurídico moderno*. Trad. de Claudia Berliner. São Paulo: Martins Fontes, 2009, pp. 31/32.

70 "Costuma-se observar que sua doutrina evoluiu. No diálogo da *República*, Platão parece muito hostil à legislação escrita. Ao contrário, nos dois diálogos tardios, o *Político* e, sobretudo as *Leis*, tendo alcançado um maior realismo, ele teria claramente reconhecido a necessidade dela. A nosso ver, não existe uma verdadeira contradição entre as teses dessas diferentes obras. Mas é verdade que a doutrina revela dois aspectos, sucessivamente sublinhados: Platão insistiu primeiro na *imperfeição* das leis, depois na sua *necessidade* prática em nosso mundo tal como ele é". (VILLEY, Michel. *A formação do pensamento jurídico moderno*. Trad. de Claudia Berliner. São Paulo: Martins Fontes, 2009, p. 33).

71 "Foi sobretudo na *República* que Platão mostrou os defeitos de qualquer legislação escrita. Essa crítica é o corolário da tese do filósofo-rei: o filósofo percebe, ao término de uma longa ascensão dialética, de um esforço prolongado de ascese e de contemplação mística, o *êidos*, a ideia de justiça. (...) A justiça não é suscetível de se amoldar a fórmulas escritas, e toda lei escrita revela-se injusta na sua aplicação. Isso porque o mundo dos homens, ao qual deve se aplicar o direito, está em perpétuo movimento, ao passo que a lei é rígida. (...) Mais vale a justiça *viva* e perfeita do filósofo-rei, dotado de poderes absolutos. É essa a tese da *República*, mas encontraremos a mesma doutrina

caráter altamente idealizado dessa concepção platônica – acerca da qual ele próprio reconhecia que tal situação só se poderia realizar excepcionalmente com a fundação de uma nova pólis, em que o tirano aceitasse abdicar de seus poderes em favor do filósofo –, ele termina por trabalhar com a "ideia de *legalidade*", construindo "uma teoria positiva das leis escritas".[72]

Diante da irrealizabilidade da pólis ideal, Platão, tendo em vista a realidade social de seu tempo, passa a recomendar que o povo, ignorante da filosofia e da justiça, obedeça às leis de modo estrito.[73] Ainda aí, peculiarmente, permanece o caráter utópico, na medida em que Platão supõe que as leis sejam elaboradas pelo filósofo e, a partir daí, caberia aos juízes segui-las de maneira literal.[74] Sobre esse ponto, Villey observa:

> (...) depois de ter falado tão bem do *díkaion*, que é o verdadeiro direito, é assim que Platão se resigna (...) a tratar da *dikastiké*, a arte judiciária tal como funciona nas nossas *polis* degeneradas. (...) É digno de nota que Platão, tendo partido de tão alto, acabe terminando, no fim das contas,

---

em o *Político*. Platão chega até a fazer a apologia da ilegalidade – do golpe de Estado contra as leis – praticada pelo ditador (supondo-se que este seja um filósofo); talvez tenha pensado aqui em defender seu amigo Díon, que assassinara o tirano de sua cidade, Siracusa, contra as leis daquela cidade". (VILLEY, Michel. *A formação do pensamento jurídico moderno*. Trad. de Claudia Berliner. São Paulo: Martins Fontes, 2009, pp. 33/34).

72 "As leis não poderiam proceder da vontade popular; nada é mais estranho a Platão que a doutrina do contrato social e o voluntarismo moderno; considera nulos e sem validade os decretos da assembleia do povo. As leis vêm de cima, procedem do filósofo que, por não poder ser rei, faz-se legislador; dita, quanto possível, de uma vez por todas, conjuntos completos de leis, *códigos*". (VILLEY, Michel. *A formação do pensamento jurídico moderno*. Trad. de Claudia Berliner. São Paulo: Martins Fontes, 2009, p. 35).

73 VILLEY, Michel. *A formação do pensamento jurídico moderno*. Trad. de Claudia Berliner. São Paulo: Martins Fontes, 2009, p. 36.

74 VILLEY, Michel. *A formação do pensamento jurídico moderno*. Trad. de Claudia Berliner. São Paulo: Martins Fontes, 2009, p. 36.

> numa espécie de positivismo jurídico bastante grosseiro. (...) É este, com efeito, o defeito dessa doutrina ambiciosa demais, ideal demais. Por ter mirado alto demais, acaba caindo muito baixo. O direito deveria emanar apenas do filósofo; como não há filósofo ou, se o filósofo existe, ele não está no governo, entrega-se o direito à ditadura do príncipe.[75]

Assim, no que tange à filosofia do direito de Platão, não obstante Villey reconheça sua importância, não lhe dedicou muitas linhas, talvez, por considerá-la eivada de um certo caráter idealista.[76] Interessante notar que o exame de algumas considerações de Villey acerca do pensamento platônico tem o condão de revelar o paradoxo presente nas concepções villeyanas, que se caracterizam tanto pelo conservadorismo quanto por um potencial de crítica social e ruptura com o idealismo, conforme se verifica no excerto a seguir:

> Poderíamos verificar esse fracasso examinando o conteúdo do direito ideal de Platão; ele se mostra elevado demais, exigente demais, impraticável. Comunismo perfeito, a fim de que seja radicalmente extirpada qualquer raiz do egoísmo: não seria isso, na prática, uma ausência de doutrina da propriedade e a porta aberta para as piores violências? Supressão da família, a fim de que ninguém tenha preocupação privada: não seria isso, na prática, a desordem sexual? Primado dos sábios, da classe dedicada às tarefas especulativas: não é isso correr o risco, ao abrigo desses belos princípios, da opressão do povo pelas classes mais afortunadas? (...) Pode-se ainda acusar o sistema jurídico platônico de ser unilateral, de só ver um lado das coisas: obnubilado pela ideia de harmonia social, negligencia o indivíduo; obcecado pela ideia do primado da especulação, sacrifica as classes laboriosas. Talvez

---

75 VILLEY, Michel. *A formação do pensamento jurídico moderno*. Trad. de Claudia Berliner. São Paulo: Martins Fontes, 2009, pp. 36/37.

76 Cf. VILLEY, Michel. *A formação do pensamento jurídico moderno*. Trad. de Claudia Berliner. São Paulo: Martins Fontes, 2009, p. 37.

> nossa crítica toque aqui nas raízes do erro, ou seja, a teoria platônica do conhecimento, a filosofia das ideias, geradora de abstrações falsas.[77]

Villey destaca a importância da doutrina do direito platônica, a qual exerceu influência em muitas construções filosóficas posteriores, contudo, ele é expresso ao declarar sua preferência pelo pensamento de Aristóteles.[78]

1.3 A filosofia do direito de Aristóteles

Aristóteles, nascido em Estagira, na Macedônia, viveu de 384 a 322 a.C., foi discípulo de Platão, na Academia, e posteriormente criou seu próprio Liceu. Imortalizou-se por uma produção teórica vasta e original, na qual aborda assuntos diversos. Teve entre seus alunos Alexandre, o Grande.[79] Para Michel Villey, a filosofia do direito

---

77 VILLEY, Michel. *A formação do pensamento jurídico moderno*. Trad. de Claudia Berliner. São Paulo: Martins Fontes, 2009, p. 37.

78 "A doutrina do direito de Platão é de extrema importância na história do direito; representativa de uma tendência permanente do espírito humano, ela é o ancestral de muitas doutrinas revolucionárias, utópicas, de todas as doutrinas caracterizadas por fortes exigências ideais (e especialmente das doutrinas aristocráticas). Quanto a nós, preferimos a de Aristóteles". (VILLEY, Michel. *A formação do pensamento jurídico moderno*. Trad. de Claudia Berliner. São Paulo: Martins Fontes, 2009, p. 37).

79 "Discípulo de Platão, Aristóteles (384-322 a.C.) estava também envolvido no ambiente filosófico que ensejou o socratismo e o platonismo, ainda que a seu modo. A acentuada tendência platônica a uma construção filosófica ideal passa a ser amenizada no pensamento de Aristóteles, na medida em que a experiência é elemento fundamental de sua reflexão. Filho de médico, desde a infância em contato com a empiria dos casos clínicos, Aristóteles construiu sua filosofia tendo por base as realidades que se apresentavam ao seu estudo. (...) No Liceu, sua própria escola filosófica, Aristóteles desenvolveu sua pesquisa por várias áreas do conhecimento. Após o período discente na Academia de Platão e após a experiência de ter sido o professor de Alexandre, o Grande, na Macedônia, sua terra natal, Aristóteles, na sua volta a Atenas, organizou, no Liceu, uma série de reflexões em vários campos do saber. Tal conhecimento, que alcançou várias áreas, consolidou-se

aristotélica possui importância capital. Nas palavras dele: "a única filosofia do *direito* que a Antiguidade grega produziu (se tomarmos a palavra direito em seu sentido estrito) foi a de Aristóteles".[80]

A obra *Ética a Nicômaco* é apontada por Villey como fundamental para o pensamento jurídico, "sobretudo o Livro V, onde encontramos uma doutrina completa da justiça e do direito".[81] Importante aqui ressaltar que esse é um texto basilar para a própria compreensão villeyana acerca do fenômeno jurídico.[82] Nele Aristóteles explora as diversas acepções do termo *díkaion*, que pode ser entendido tanto como direito quanto como justo, conforme salienta o jurista francês.[83] Ele também destaca as obras *Política* e *Retórica* de Aristóteles, as quais, ao lado da Ética, trazem o desenvolvimento de conceitos essenciais para o âmbito

---

de modo bastante sistemático. Aristóteles é mesmo considerado o maior sistematizador de toda a filosofia em sua história, pelo caráter estruturado e lógico de seu pensamento. Não só na filosofia geral Aristóteles brilhou. Na lógica, naquilo que hoje denominamos por ciências, como a própria biologia, botânica, zoologia, nas questões relacionadas a todos os campos das ciências humanas, política, sociologia, ética, Aristóteles representou o que houve de melhor no pensamento clássico". (MASCARO, Alysson Leandro. *Filosofia do Direito*. 7ª ed. São Paulo: Atlas, 2019, pp. 59/60).

80 VILLEY, Michel. *Filosofia do Direito*: definições e fins do direito: os meios do direito. Trad. de Márcia Valéria Martinez de Aguiar. São Paulo: Martins Fontes, 2008, p. 90.

81 VILLEY, Michel. *A formação do pensamento jurídico moderno*. Trad. de Claudia Berliner. São Paulo: Martins Fontes, 2009, p. 39.

82 "(...) la *Etica a Nicómaco*, su obra más importante en lo que se refiere al derecho, nos enseña en su célebre libro V la teoría de la justicia (*dikaiosuné*), dentro da cual emerge el concepto de derecho (*to dikaion*) (...). (...) Para Villey, la influencia que estas últimas páginas han tenido en la formación de la ciencia jurídica europea merecen un estudio más que detallado, por lo que no debe sorprender que sea a la luz del mismo que nuestro autor estructure todo su pensamiento". (CABANILLAS, Renato Rabbi-Baldi. *La Filosofia Jurídica de Michel Villey*. Pamplona: Ediciones Universidad de Navarra, 1990, p. 109).

83 VILLEY, Michel. *A formação do pensamento jurídico moderno*. Trad. de Claudia Berliner. São Paulo: Martins Fontes, 2009, p. 41.

jurídico, como, por exemplo, a noção de direito natural, sobre a qual esclarece Villey:

> Aristóteles é o "pai da doutrina do direito natural"; ele deu destaque ao termo (*díkaion physikón*); construiu sua teoria e a pôs em prática; é o fundador dessa doutrina à qual inúmeros juristas, ao longo dos séculos, viriam a aderir. Mas o direito natural de Aristóteles é algo bem diferente do que a maioria dos nossos contemporâneos imagina. As soluções de direito natural seriam, pensam eles, *deduzidas* de princípios *a priori* da razão prática (escola kantiana) ou de definições abstratas da "natureza do homem" (direito natural moderno). (...) para o fundador da doutrina isso não é assim. Realista e nem um pouco idealista, pratica um método de observação: à maneira de um botânico, colhe as experiências dos impérios e das *polis* do seu tempo. (...) *O direito natural é um método experimental.*[84]

Ainda no que se refere ao direito natural, Villey nota que não existia a oposição entre o justo positivo e o justo natural, tal como se sustenta nos dias atuais. Na visão aristotélica, na qual "a solução de direito deve ser alcançada conjuntamente por essas suas fontes, que não são opostas mas complementares".[85] Logo, diante do caso concreto, o modo de proceder do jurista deveria ser "por um lado o estudo da natureza e, em seguida, numa segunda etapa, a determinação precisa do legislador".[86]

A concepção aristotélica do direito natural não preconiza um total desprezo pelas leis positivas ou a ausência delas, mas sim

---

84 VILLEY, Michel. *A formação do pensamento jurídico moderno*. Trad. de Claudia Berliner. São Paulo: Martins Fontes, 2009, pp. 53/54.

85 VILLEY, Michel. *A formação do pensamento jurídico moderno*. Trad. de Claudia Berliner. São Paulo: Martins Fontes, 2009, p. 47.

86 VILLEY, Michel. *A formação do pensamento jurídico moderno*. Trad. de Claudia Berliner. São Paulo: Martins Fontes, 2009, p. 47.

valoriza a sua existência como necessária para o funcionamento do direito e para a harmonia da pólis, não obstante reconheça o primado do justo natural. Portanto, na prática, as leis não tem caráter absoluto, como apregoa o positivismo jurídico moderno, porém devem amoldar-se ao caso concreto e, em tal operação por parte do jurista, tem-se que o justo natural ocupa uma posição de primazia, de modo a estabelecer uma limitação ao poder das leis.[87]

O direito natural, para Aristóteles, não se constitui a partir de regras fixas, mas é mutável por essência, assim sendo, não se trata de uma ciência em termos estritos. O estagirita não traz formulações de regras de direito natural, todavia traz o método por meio do qual se pode extraí-lo da "natureza das coisas". Para o filósofo, as leis escritas têm um papel fundamental, diante do caráter incerto do direito natural, contudo elas não se sobrepõem à justiça, aliás, as leis escritas também devem ser elaboradas em observância ao justo natural.[88]

Villey observa que o direito natural constitui a base do pensamento jurídico aristotélico – calcado em uma filosofia realista e, portanto, distanciada tanto das concepções *a priori* quanto das voluntaristas –, cujas características principais consistem na observação da realidade e no estabelecimento de relações justas entre os membros do grupo social. Nesse sentido, esclarece o jurista francês:

> A teoria de Aristóteles que eu havia comentado, que desfrutou de uma fortuna histórica duradoura, é mais ambiciosa: explica qual é a forma principal e originária do direito. (...) Esse conceito de direito só será entendido a partir da filosofia em que nasceu. Filosofia dita *realista*: longe de trabalhar *a priori*, Aristóteles extrai sua doutrina da observação de

87 VILLEY, Michel. *A formação do pensamento jurídico moderno*. Trad. de Claudia Berliner. São Paulo: Martins Fontes, 2009, pp. 54-57.

88 VILLEY, Michel. *A formação do pensamento jurídico moderno*. Trad. de Claudia Berliner. São Paulo: Martins Fontes, 2009, pp. 54-57.

realidades exteriores. Mas observação *integral*: ao contrário dos nominalistas, para quem teria realidade apenas substâncias individuais – e no extremo oposto de Kant –, Aristóteles estima perceber no espetáculo do real das *relações* entre essas substâncias ou, como as coisas da natureza estão se movendo e sempre em processo de aperfeiçoamento ou corrupção, ele acredita discernir no mundo pelo menos uma *tendência* a essas relações harmoniosas que são constitutivas de uma ordem. O universo inteiro, tal como ele se oferece ao nosso olhar, contém ordem: ordem cósmica, *leitmotiv* do pensamento grego. Entendido em um sentido muito amplo "*to dikaion*", o justo, o "direito" algumas vezes designou essa ordem cósmica. (...) Mas, no sentido estrito, significa a ordem das sociedades humanas. Porque aqui está o fato: a observação realista nunca revela, mais do que um animal, um homem independente, isolado, à maneira de Robinson; mas grupos de homens organizados: como (acima da família) o grupo político, a cidade. Discerne-se ali uma multidão ordenada de órgãos, entre esses órgãos de relações, das proporções entre os cargos atribuídos respectivamente aos governadores e governados, aos jovens e idosos, etc.; entre os bens ou encargos acumulados para esse e aquele grupo familiar; ou, quando esses bens são trocados: quando um cidadão ofende outro, segue-se uma vingança e que tende a ser igual ao dano infligido; ao crime vem uma penalidade, restaurando o equilíbrio rompido. No caso de emprestar uma quantia em dinheiro, o credor espera que seja restituída, ou algum gênero equivalente, etc. (...) Essas relações justas entre funções ou bens ou dívidas entre membros do grupo político constituem o direito natural no sentido estrito. Um direito que é primeiro *natural* (*phusikon*), esta palavra significa que não é um efeito da arte, de um projeto voluntário dos homens.[89]

---

89 No original: "La théorie d'Aristote que j'avais commentée, laquelle a joui d'une fortune historique durable, est plus ambitieuse: elle explique quelle est la forme principale et originaire du *droit*. (...) On ne comprendra ce concept du droit qu'à partir de la philosophie dans laquelle il a pris naissance.

Em relação ao conceito de natureza, Villey destaca que Aristóteles leva em consideração suas múltiplas acepções, de maneira que, para o estagirita, "a observação da natureza é portanto mais do que a observação dos *fatos* da ciência moderna", pois "não é neutra e passivamente descritiva", já que "implica o discernimento ativo dos valores".[90] Na visão aristotélica, "o mundo não é constituído apenas por essas causas 'eficientes', ou por essas causas 'materiais' que só os estudiosos modernos se preocupam em explorar; mas

---

Philosophie dite *réaliste*: loin de travailler *a priori*, Aristote extrait sa doctrine de l'observation des réalités extérieures. Mais observation *intégrale*: à l'éncontre des nominalistes, pour qui n'auraient de réalité que des substances individuelles – et à l'extrême opposé de Kant –, Aristote estime percevoir dans le spectacle du réel des *relations* entre ces substances, ou, comme les choses de la nature sont mouvantes et toujours en train de se parfaire ou de se corrompre, il croit discerner dans le monde au moins une *tendance* à ces relations harmonieuses qui sont constitutives d'un ordre. L'univers entier, tel qu'il s'offre à nous regards, recèle de l'*ordre*: ordre cosmique, leitmotiv de la pensée grecque. Entendu dans un sens très large '*to dikaion*', le juste, le 'droit' a quelquefois désigné cet ordre cosmique. (...) Mais au sens strict, il signifie l'ordre des sociétés humaines. Car voici le fait: l'observation réaliste ne révèle jamais, non plus que d'animal, d'homme indépendant, isolé, à la manière de Robinson; mais des groupes d'hommes organisés: tel (au-dessus de la famille) le groupe politique, la Cité. On y discerne une multitude ordonné d'organes, entre ces organes des relations, des proportions entre les offices respectivement assignés aux gouvernants et gouvernés, aux jeunes et aux vieux, etc.; entre les biens ou charges revenant à tel ou tel groupe familial; ou, quand ces biens sont échangés: lorsqu'un citoyen en offense un autre, s'ensuit une vengeance et qui tend à se fair égale au tort infligé; au crime vient correspondre une peine, restaurant l'équilibre rompu. En cas d'emprunt d'une somme d'argent, le pretêur escompte qu'elle soit restituée, ou quelque denrée équivalente, etc. (...) Ces justes rapports entre les fonctions ou biens ou dettes entre membres du groupe politique constituent le droit naturel au sens strict. Un droit qui est d'abord *naturel* (*phusikon*), ce mot signifiant qu'il n'est pas un effet de l'art, d'un projet volontaire des hommes". (VILLEY, Michel. "Le droit naturel". *In*: ______. *La nature et la loi*: une philosophie du droit. Paris: Les éditions du Cerf, 2014, livro digital Kobo).

90 VILLEY, Michel. *A formação do pensamento jurídico moderno*. Trad. de Claudia Berliner. São Paulo: Martins Fontes, 2009, p. 49.

também por causas 'formais', ou causas 'finais'".[91] Desse modo, "a ciência completa da natureza (...) é também uma ciência da ordem e das causas finais".[92]

No que se refere à atuação do legislador e do juiz, Aristóteles destaca a importância da prudência (*phronêsis*), que "é precisamente essa virtude intelectual que decide, com vistas à ação, sobre situações contingentes".[93] Com isso, o filósofo distancia-se das concepções idealistas e abstratas do direito e da justiça, haja vista que a prudência se mostra como virtude necessariamente imbricada à prática social. Acerca do conceito de prudência em Aristóteles, interessante destacar as elucidações de Pierre Aubenque:

> Parte-se do uso comum, constata-se que é chamado *phronimos* o homem capaz de deliberação; lembra-se que só se delibera sobre o contingente, enquanto a ciência diz respeito ao necessário, portanto a prudência não é ciência. A prudência seria então arte? Não, pois a prudência visa à ação, e a arte à produção, logo, a prudência não é arte. Se, pois, a prudência não é nem ciência nem arte, resta (...) que seja uma *disposição* (o que a distingue da ciência) *prática* (o que a distingue da arte). Mas isso provaria, no máximo, que ela é uma virtude. Para distingui-la de outras virtudes, em particular das virtudes morais, é preciso acrescentar outra diferença específica: enquanto a virtude moral é uma disposição (prática) que concerne à escolha (...), a prudência é uma disposição prática que concerne à *regra* da escolha. Não se trata da retidão da ação, mas da correção do critério (...).[94]

---

91 VILLEY, Michel. *A formação do pensamento jurídico moderno*. Trad. de Claudia Berliner. São Paulo: Martins Fontes, 2009, p. 48.

92 VILLEY, Michel. *A formação do pensamento jurídico moderno*. Trad. de Claudia Berliner. São Paulo: Martins Fontes, 2009, p. 49.

93 VILLEY, Michel. *A formação do pensamento jurídico moderno*. Trad. de Claudia Berliner. São Paulo: Martins Fontes, 2009, p. 47.

94 AUBENQUE, Pierre. *A prudência em Aristóteles*. Trad. de Marisa Lopes. 2ª ed. São Paulo: Discurso Editorial, Paulus, 2008, p. 61.

No que tange à autoridade das leis, Aristóteles observa que ela se funda também no justo natural, logo, da elaboração legislativa devem ser encarregados os homens prudentes. Destarte, caso as leis não sejam concebidas dessa maneira, o juiz não é obrigado a cumpri-las, haja vista que compete a ele como julgador, usar de prudência e observar o justo natural acima de tudo.

Ao enxergar o homem como animal político (*zôon politikón*), Aristóteles desenvolve uma concepção da justiça e do direito de caráter relacional, social. Assim sendo, diferentemente das construções do subjetivismo moderno, a busca do direito e do justo deve se dar por meio da atuação de cada um no corpo social e não isoladamente no indivíduo. A medida do justo se dá no caso concreto e não se constitui numa construção apriorística da razão.

A concepção de direito no pensamento aristotélico é objeto de tratamento cuidadoso por parte de Villey. A preocupação do jurista francês com relação à linguagem, de modo a delimitar e esclarecer os conceitos, transparece em vários momentos, contudo, essa busca de precisão se acentua de maneira especial quando ele aborda a distinção existente na língua grega entre *to dikaion* (direito, coisa justa), *dikaios* (indivíduo justo), *dikaiosunê* (virtude da justiça).[95] Assim, Villey deixa claro que o direito – inclusive, a partir da própria construção da língua grega –, deve ser pensado no interior da justiça, no caso, da justiça particular. Para Villey, o mérito de Aristóteles reside justamente aí, ou seja, em conceber originalmente essa noção fundamental para o direito. Acerca dessa temática, ele esclarece:

> Uma boa proporção na divisão dos bens entre os membros de um grupo, tal é pois a essência do direito, mesmo que esta definição possa atualmente causar espanto. Mas

95 VILLEY, Michel. *Filosofia do Direito*: definições e fins do direito: os meios do direito. Trad. de Márcia Valéria Martinez de Aguiar. São Paulo: Martins Fontes, 2008, pp. 70/71.

> quando pensamos o direito no interior da justiça, como a língua grega nos convida a fazer, o direito como *dikaion*, somos necessariamente conduzidos à justiça, pelo menos à justiça "particular". (...) Quanto ao substantivo *Dikaion*, devo concordar que teve na língua grega acepções diversas. Significou por vezes esta ordem total do cosmos, ou da cidade, que a justiça geral busca, como em Platão, na sua República, e por vezes mesmo em Aristóteles. Mas no final de sua pesquisa, no livro V das Éticas, este último definiu-a precisamente como boa proporção dos bens exteriores divididos entre os habitantes da mesma cidade. O *Dikaion* só é concebido em seu sentido rigoroso no interior da justiça *particular*.[96]

Aqui cabem algumas considerações com relação ao conceito de justiça em Aristóteles. Para o filósofo grego, a justiça poderia ser concebida tanto em sentido universal quanto particular, essa última, segundo Villey, "é a maior invenção que a cultura jurídica deve à Aristóteles".[97]

Na primeira acepção, de caráter geral, temos a justiça como virtude em sentido lato, aproximando-se, de certa maneira, da moral, embora com ela não se confunda. Nessa significação, a justiça é a virtude que acompanha todas as demais virtudes.[98] Sobre o conceito de justiça universal em Aristóteles, cumpre destacar as didáticas considerações de Alysson Leandro Mascaro:

---

96 VILLEY, Michel. *Filosofia do Direito*: definições e fins do direito: os meios do direito. Trad. de Márcia Valéria Martinez de Aguiar. São Paulo: Martins Fontes, 2008, p. 74.

97 VILLEY, Michel. *Questões de Tomás de Aquino sobre direito e política*. Trad. de Ivone C. Benedetti. São Paulo: Martins Fontes, 2014, p. 123.

98 "Designa-se às vezes por justo (é com essa observação que se inicia a investigação de Aristóteles) toda conduta que parece conforme à lei moral; e, nesse sentido, a justiça inclui todas as virtudes, é uma virtude universal". (VILLEY, Michel. *A formação do pensamento jurídico moderno*. Trad. de Claudia Berliner. São Paulo: Martins Fontes, 2009, p. 41).

> Na sua perspectiva universal, a justiça é tomada num sentido lato. Ela tanto é uma manifestação geral da virtude quanto uma apropriação do justo à lei que, no geral, é tida por justa. O respeito à lei é a característica desse justo que é tomado no sentido lato. Para Aristóteles, diferentemente dos modernos, a lei, produzida na pólis a partir de um princípio ético, é diretamente relacionada ao justo, mas não por conta de sua forma (ou seja, não é justa somente porque é formalmente válida), e sim em razão de seu conteúdo. Para Aristóteles, uma má lei não é lei. Sendo a lei somente a lei justa, a justiça tomada no seu sentido universal não deixa de ser, também, o cumprimento da lei. Ainda enquanto justiça universal, a justiça é a virtude que está em todas as demais virtudes. A caridade ou a paciência, por exemplo, e todas as virtudes demandam um conteúdo específico que as tipifica. (...) A caridade não é uma virtude em si própria sem que se lhe acresça a virtude da justiça. O mesmo com a paciência. Mas alguém pode ser justamente caridoso e impaciente. A caridade presume justiça, a paciência presume justiça, mas a caridade não presume paciência. A justiça está em todas as demais virtudes, e por isso é a única virtude universal.[99]

Por sua vez, na segunda acepção, temos a justiça em sentido estrito, "a quintessência da justiça",[100] consubstanciada na ação de dar a cada um o que é seu. Nas palavras de Villey:

> (...) destaquemos uma acepção mais precisa da palavra, seu sentido primeiro, que merece mais atenção: a *justiça particular*. O objeto próprio dessa virtude é atribuir a cada um o que é seu – *suum cuique tribuere* – conforme a fórmula tradicional já mencionada por Platão e que será retomada

---

99 MASCARO, Alysson Leandro. *Filosofia do Direito*. 7ª ed. São Paulo: Atlas, 2019, pp. 60/61.

100 VILLEY, Michel. *Filosofia do Direito*: definições e fins do direito: os meios do direito. Trad. de Márcia Valéria Martinez de Aguiar. São Paulo: Martins Fontes, 2008, p. 64.

> por toda a literatura clássica: que se efetue a partilha adequada, em que cada um não recebe nem mais nem menos do que a boa medida exige. Aristóteles encontra, portanto, uma aplicação de sua teoria geral da virtude como busca do meio-termo: mas, aqui, o meio-termo está nas próprias *coisas*, que são distribuídas a cada um em quantidades nem grandes nem pequenas demais, mas médias entre esses dois excessos (*medium rei*). (...) o objeto da justiça não se confunde mais com o conjunto da moral. (...) O objetivo é obter ou preservar uma certa harmonia social; procurar conseguir o que Aristóteles chama a igualdade, um igual (íson). (...) Mas não devemos esquecer (como se costuma fazer equivocadamente) que, no fim das contas, a função da justiça é manter uma distribuição sadia, que, em caso de troca, caberá apenas manter. A "igualdade" com que definimos o objetivo da justiça é, em sentido estrito, uma igualdade entre *proporções*.[101]

Em relação à justiça particular, Aristóteles destaca suas manifestações nas formas distributiva e corretiva.[102] A "justiça

---

101 VILLEY, Michel. *A formação do pensamento jurídico moderno*. Trad. de Claudia Berliner. São Paulo: Martins Fontes, 2009, pp. 41-43.

102 "Uma das espécies de justiça em sentido estrito e do que é justo na acepção que lhe corresponde é a que se manifesta na distribuição de funções elevadas de governo, ou de dinheiro, ou das outras coisas que devem ser divididas entre os cidadãos que compartilham dos benefícios outorgados pela constituição da cidade, pois em tais coisas uma pessoa pode ter uma participação desigual ou igual à de outra pessoa; a outra espécie é a que desempenha uma função corretiva nas relações entre as pessoas. Esta última se subdivide em duas: algumas relações são voluntárias e outras são involuntárias; são voluntárias a venda, a compra, o empréstimo a juros, o penhor, o empréstimo sem juros, o depósito e a locação (estas relações são chamadas voluntárias porque sua origem é voluntária); das involuntárias, algumas são sub-reptícias (como o furto, o adultério, o envenenamento, o lenocínio, o desvio de escravos, o assassínio traiçoeiro, o falso testemunho), e outras são violentas, como o assalto, a prisão, o homicídio, o roubo, a mutilação, a injúria e o ultraje". (ARISTÓTELES. *Ética a Nicômacos*. Trad. de Mário da Gama Kury. 4ª ed. Brasília: Editora Universidade de Brasília, 2001, p. 95).

distributiva trata da distribuição de riquezas, benefícios e honrarias"[103] e nela o justo "pressupõe no mínimo quatro elementos, pois as pessoas para as quais ele é de fato justo são duas, e as coisas nas quais ele se manifesta – os objetos distribuídos – são também duas".[104] Logo, "a distribuição compreende uma espécie de função matemática tal qual uma regra de três, uma proporção geométrica" e "a justa distribuição, para Aristóteles, é um justo meio-termo entre duas pessoas e duas coisas", sendo que "o critério fundamental para tal distribuição justa é o mérito", "ainda que Aristóteles reconheça que o critério do mérito possa ser variável".[105] Já a justiça corretiva, "também chamada *diortótica*", "trata-se de uma proporção aritmética, no dizer de Aristóteles" e constitui-se em "uma reparação do quinhão que foi, voluntária ou involuntariamente, subtraído de alguém por outrem".[106]

Aristóteles também menciona a reciprocidade como caso especial na justiça particular. Trata-se da busca de um padrão capaz de garantir a justiça das trocas[107] e "sua aplicação mais importante

---

103 MASCARO, Alysson Leandro. *Filosofia do Direito*. 7ª ed. São Paulo: Atlas, 2019, p. 62.

104 ARISTÓTELES. *Ética a Nicômacos*. Trad. de Mário da Gama Kury. 4ª ed. Brasília: Editora Universidade de Brasília, 2001, p. 96.

105 MASCARO, Alysson Leandro. *Filosofia do Direito*. 7ª ed. São Paulo: Atlas, 2019, p. 62.

106 MASCARO, Alysson Leandro. *Filosofia do Direito*. 7ª ed. São Paulo: Atlas, 2019, p. 63.

107 "Tem de haver então um padrão, e este deve ser convencionado mediante acordo (por isto ele se chama dinheiro); é ele que torna todas as coisas comensuráveis, já que todas as coisas podem ser medidas pelo dinheiro. Seja A uma casa, B dez minas e C um leito. O termo A vale a metade de B, se a casa vale cinco minas (ou seja, se ela é igual a cinco minas); o leito (C) vale um décimo de B; vê-se claramente, então, quantos leitos equivalem a uma casa (ou seja, cinco). É evidente que as permutas se efetuavam desta maneira antes de existir o dinheiro, pois é indiferente permutarmos uma casa por cinco leitos ou pelo equivalente em dinheiro aos cinco leitos". (ARISTÓTELES. *Ética a Nicômaco*. Trad. de Mário da Gama Kury. 4ª ed. Brasília: Editora Universidade de Brasília, 2001, p. 101).

se dá no caso da produção".[108] Diante disso, Aristóteles "aponta que o dinheiro faz o papel de uma equivalência universal entre produtos e serviços", pois "ele possibilita a reciprocidade entre tais elementos".[109] Consoante salienta Alysson Leandro Mascaro, "tal forma de justiça, muito sensível, porque não diretamente atrelada a bens ou a correções, mas à produção, é a ligação mais profunda já feita até então, na filosofia do direito, entre direito e economia".[110] Nesse sentido, inclusive, manifesta-se Karl Marx, destacando Aristóteles como "o grande pesquisador que primeiro analisou a forma do valor", embora esclareça que a realidade do modo de produção escravagista impediu o estagirita de "prosseguir na análise", de maneira a desvendar o conceito de valor, o qual lhe permaneceu interditado.[111]

---

108 MASCARO, Alysson Leandro. *Filosofia do Direito*. 7ª ed. São Paulo: Atlas, 2019, p. 64.

109 MASCARO, Alysson Leandro. *Filosofia do Direito*. 7ª ed. São Paulo: Atlas, 2019, p. 64.

110 MASCARO, Alysson Leandro. *Filosofia do Direito*. 7ª ed. São Paulo: Atlas, 2019, p. 64.

111 "As (...) propriedades da forma de equivalente ficam ainda mais compreensíveis, se voltarmos ao grande pesquisador que primeiro analisou a forma do valor, além de muitas formas do pensamento, da sociedade e da natureza: Aristóteles. (...) O próprio Aristóteles nos diz, assim, o que o impede de prosseguir na análise: a ausência do conceito de valor. Que é o igual, a substância comum que a casa representa perante a cama na expressão do valor da cama? Tal coisa 'não pode, em verdade, existir', diz Aristóteles. Por quê? A casa representa, perante a cama, uma coisa que a iguala à cama, desde que represente o que é realmente igual em ambas: o trabalho humano. Aristóteles, porém, não podia descobrir, partindo da forma do valor, que todos os trabalhos são expressos, na forma dos valores das mercadorias, como um só e mesmo trabalho humano, como trabalho de igual qualidade. É que a sociedade grega repousava sobre a escravatura, tendo por fundamento a desigualdade dos homens e de suas forças de trabalho. Ao adquirir a ideia da igualdade humana a consistência de uma convicção popular é que se pode decifrar o segredo da expressão do valor, a igualdade e a equivalência de todos os trabalhos, por que são e enquanto são trabalho humano em geral. E mais, essa descoberta só é possível numa sociedade em que a forma-mercadoria é a forma geral do produto do trabalho, e, em consequência, a relação dos homens entre si como possuidores de mercadorias é a relação social dominante.

No que tange ao âmbito da justiça na visão aristotélica, cumpre destacar que "o justo meio (*mesotés*) é a equilibrada situação dos agentes numa posição mediana de igualdade, seja proporcional, seja absoluta, em que ambos compartilham de um *status* de coordenação, sem que um tenha sua esfera individual invadida ou lesada pela ação do outro", conforme esclarece Eduardo Carlos Bianca Bittar.[112]

O direito, para Villey, emerge da justiça particular, ou seja, é dela que deriva o conceito de direito,[113] o qual, por sua vez, possui três critérios, três atributos fundamentais: um objeto, uma proporção, um meio entre dois extremos. Por sua vez, o método a ser utilizado pela arte jurídica é o dialético, ou seja, impõe-se ao juiz ouvir as partes em conflito e a partir daí buscar a partilha justa no caso.[114] Assim, acerca da concepção de direito de Aristóteles, Villey conclui:

> Retenhamos este ponto: segundo a análise de Aristóteles, descobre-se o direito mediante a observação da realidade

---

O gênio de Aristóteles resplandece justamente na sua descoberta da relação de igualdade existente na expressão do valor das mercadorias. Somente as limitações históricas da sociedade em que viveu impediram-no de descobrir em que consistia, 'verdadeiramente', essa relação de igualdade". (MARX, Karl. O *Capital*, Livro I. Trad. de Reginaldo Sant'Anna. vol. 1 e 2, 31ª ed. Rio de Janeiro: Civilização Brasileira, 2016 (e-book).

112 BITTAR, Eduardo Carlos Bianca. *A justiça em Aristóteles*. São Paulo: Almedina, 2016, livro digital Kindle.

113 "Na *Ética a Nicômaco*, havíamos encontrado a análise precisa do conceito de Direito, derivado da noção de justiça (dikaiosýne). Aristóteles chegara a ele distinguindo, da justiça no sentido muito geral da palavra, uma justiça específica ou 'particular', atividade que tinha por finalidade estabelecer boas proporções entre os bens e outras vantagens que os homens devem partilhar entre si no âmbito de uma pólis e salvaguardar essas proporções. O 'objetivo' dessa atividade, a justa partilha realizada ou a justa parte de cada um, constituía o direito (*tò díkaion*)". (VILLEY, Michel. *A formação do pensamento jurídico moderno*. Trad. de Claudia Berliner. São Paulo: Martins Fontes, 2009, p. 458).

114 VILLEY, Michel. *O direito e os direitos humanos*. Trad. de Maria Ermantina de Almeida Prado Galvão. 2ª ed. São Paulo: Martins Fontes, 2016, pp. 44-52 e 91.

> social e confrontação de pontos de vista diversos sobre essa realidade, porque o direito, objeto da justiça no sentido particular da palavra, é precisamente esse meio, a proporção certa das coisas partilhadas entre membros do grupo político.[115]

O pensador francês destaca o caráter objetivo do direito de Aristóteles, em contraposição às concepções subjetivistas do fenômeno jurídico surgidas posteriormente. Destarte, tem-se que "o direito (*to dikaion*) é objeto (...), o direito é um 'meio-termo', é um meio termo objetivo, 'nas coisas', *in re*".[116] Desse modo, distinguem-se as esferas do direito e da moral, haja vista que essa última trata da esfera subjetiva do indivíduo. O direito por sua vez, "não se encontra no sujeito, está 'nas coisas', no real externo".[117]

Assim, a percepção do direito deve se dar de maneira relacional, portanto, ele apenas pode ser pensado socialmente, na perspectiva de Aristóteles, de modo que "não existe ciência do direito *a priori*".[118] Esse ponto é fundamental para compreendermos a profunda influência do estagirita na teoria villeyana, pois aí reside o cerne da divergência de Villey com a filosofia do direito moderna, lastreada na figura do sujeito de direito. Sobre essa questão ele se manifesta por diversas vezes expressamente como podemos observar, por exemplo, no excerto abaixo:

---

115 VILLEY, Michel. *O direito e os direitos humanos*. Trad. de Maria Ermantina de Almeida Prado Galvão. 2ª ed. São Paulo: Martins Fontes, 2016, p. 52.

116 VILLEY, Michel. *Filosofia do Direito*: definições e fins do direito: os meios do direito. Trad. de Márcia Valéria Martinez de Aguiar. São Paulo: Martins Fontes, 2008, p. 72.

117 VILLEY, Michel. *Filosofia do Direito*: definições e fins do direito: os meios do direito. Trad. de Márcia Valéria Martinez de Aguiar. São Paulo: Martins Fontes, 2008, p. 72.

118 VILLEY, Michel. *A formação do pensamento jurídico moderno*. Trad. de Claudia Berliner. São Paulo: Martins Fontes, 2009, p. 80.

> O direito é *relação*, fenômeno social; repito mais uma vez que não existe direito de Robinson em sua ilha. O *Dikaion* não é o "direito subjetivo" do indivíduo, pensado em função de um sujeito único, engendrado em um sistema inteiramente diferente de pensamento pelo individualismo moderno.[119]

Importante observar que, para Aristóteles, não se pode falar propriamente em justiça no âmbito familiar, bem como entre senhores e escravos, pois "o *justo* é antes o equilíbrio realizado, numa *polis*, entre os diversos cidadãos que nela se reúnem, se associam".[120] Por conseguinte, "só existe *díkaion*, direito, no sentido mais próprio da palavra, nas relações entre cidadãos".[121]

Um dos pontos essenciais do pensamento aristotélico, conforme também aponta Villey é a "célebre teoria da *equidade*

---

119 VILLEY, Michel. *A formação do pensamento jurídico moderno*. Trad. de Claudia Berliner. São Paulo: Martins Fontes, 2009, p. 73.

120 "A *polis* é formada de homens livres, com interesses distintos, disputando entre si honrarias e bens: entre eles funciona o justo político *(díkaion politikón)*, principal tipo do justo. (...) Não é que não se possa, de modo mais ou menos impróprio, falar de uma justiça que se exerce em grupos mais restritos e sobretudo na família. Também na família há uma certa repartição de bens feita pelo chefe de família entre a mulher, os filhos e os empregados. Pode-se dizer que também essa repartição visa a justiça (*díkaion patrikón, oikonomikón*). Mas o emprego desses termos é impróprio: pois na família não há interesses realmente separados que imponham proceder a uma repartição rígida. O filho 'é algo do pai', ele não é 'outro que o pai', eles não têm patrimônios distintos; e o mesmo se aplica ao empregado, segundo as concepções antigas. A família é, como diríamos, comunidade, não sociedade; dentro dela não há direito, nem justiça no sentido estrito da palavra. E tampouco nos grupos de amigos, aos quais Aristóteles dedica os últimos livros da *Ética*. Nem numa *polis* ideal, platônica, onde reinasse a caridade". (VILLEY, Michel. *A formação do pensamento jurídico moderno*. Trad. de Claudia Berliner. São Paulo: Martins Fontes, 2009, p. 44).

121 VILLEY, Michel. *A formação do pensamento jurídico moderno*. Trad. de Claudia Berliner. São Paulo: Martins Fontes, 2009, p. 45.

(*epieíkeia*)", "desenvolvida na *Ética a Nicômaco* e na *Retórica*".[122] A equidade consubstancia-se em uma "*superjustiça*", na "plena realização do igual", "preenchendo a função de um *corretivo* da lei escrita".[123] Comparável à "régua de Lesbos", uma espécie de régua de chumbo flexível utilizada pelos construtores da ilha grega de Lesbos, a equidade permite ao julgador que tenha a justa medida das especificidades do caso concreto.

A filosofia aristotélica é o momento culminante do pensamento grego a respeito do direito, na ótica villeyana. Conforme aponta o jurista francês, é com base nela que irá se desenvolver o direito romano. As construções teóricas do estagirita permeiam toda a produção intelectual de Villey e é claramente sob essa ótica que ele seguirá em toda a sua leitura acerca do fenômeno jurídico.

1.4 O direito romano

Michel Villey sustenta que "nossa ciência do direito procede de Roma; é uma *invenção* dos romanos, como a filosofia é uma invenção dos gregos" e, assim sendo, para ele, "eliminar o direito romano é ter vergonha da própria mãe".[124] Contudo, para Villey, essa genitora foi parcialmente abandonada a partir da modernidade e, em certa medida, traída pelas interpretações e enxertos dos pandectistas.[125]

---

122 VILLEY, Michel. *A formação do pensamento jurídico moderno*. Trad. de Claudia Berliner. São Paulo: Martins Fontes, 2009, p. 62.

123 VILLEY, Michel. *A formação do pensamento jurídico moderno*. Trad. de Claudia Berliner. São Paulo: Martins Fontes, 2009, p. 62.

124 VILLEY, Michel. *Filosofia do Direito*: definições e fins do direito: os meios do direito. Trad. de Márcia Valéria Martinez de Aguiar. São Paulo: Martins Fontes, 2008, pp. 87/88.

125 "O ressurgimento do direito romano data do fim do século XI. Então, à Universidade de Bolonha foram postos à consideração o *Digesto* e as *Institutas*, o conjunto do Corpus Juris Civilis. Os textos romanos foram estudados com um ardor surpreendente, na Igreja e entre os laicos, e em breve em

Importante salientar que Villey não utiliza o vocábulo ciência no sentido positivista e, inclusive, em diversos momentos, refere-se ao direito romano como "arte jurisprudencial romana".[126] Outra questão interessante é observar que a leitura de Villey acerca do direito romano ganhou maior refinamento ao longo do tempo, acompanhando a evolução de sua produção teórica.

---

toda a Europa (...). Foi a época dos glosadores (séculos XII e XIII), em seguida a dos pós-glosadores e *conciliadores* (séculos XIV e XV) (...). Do século XVI ao XIX, o direito romano mantém-se o fundamento da educação dos juristas. Mas é preciso aqui notar que uma nova classe de professores tende a apoderar-se do ensino e da teoria do direito: pessoas na maior parte desprovidas da experiência dos juristas romanos, ou do sentido de observação das realidades jurídicas, que era o método de Aristóteles. Tal foi a fraqueza dos autores da Escola, dita de direito natural moderno, os Pufendorff, Thomasius, Wolff, etc., que eram bem mais professores de filosofia, de moral ou de teologia (alguns outros, de matemáticas) que juristas autênticos. Sobretudo, esses autores alimentaram-se de toda uma outra filosofia que não era aquela na qual se haviam inspirado os juristas romanos. Eles tendem para o racionalismo, e mais tarde para o idealismo, o subjectivismo, metem-se a pensar o direito a partir do indivíduo. Sacrificam à admiração do seu século pelas ciências exatas. Até em França, Jean-Baptiste Domat, jansenista amigo de Pascal, que foi o autor das *Leis civis postas na sua ordem natural*, se preocupou mais em reduzir o direito a sistema, à maneira cartesiana, do que em cultivar o gênio próprio à jurisprudência romana. (...) Seguidamente, vieram os *Pandectistas*, no decurso do século XIX, imbuídos da filosofia kantiana, e que realizaram na Alemanha um imenso trabalho, criando novas definições da pessoa, dos direitos, dos contratos, levando-nos inconscientemente, e sob o pretexto de nos apresentar a ciência jurídica romana, uma 'teoria geral' radicalmente diferente. Pela obra desses teóricos, a doutrina jurídica romana foi objeto duma completa reforma, e submeteu-nos à sua influência. Por exemplo, o que o grande público costuma hoje entender por 'direito natural', não tem senão remotas relações com o antigo direito natural; e os nossos conceitos de propriedade, de contrato, de pessoa jurídica, não são mais as noções romanas; os nossos manuais não nos transmitem mais do que um direito romano falsificado, porque visto sob ótica diferente, sob novas categorias. O desenvolvimento do direito romano não é um progresso contínuo. Sofreu, a partir do século XVII, um grave desvio". (VILLEY, Michel. *Direito Romano*. Trad. de Fernando Couto. Porto: Rés-Editora, 1991, p. 86).

126 VILLEY, Michel. *Direito Romano*. Trad. de Fernando Couto. Porto: Rés-Editora, 1991, p. 87.

Villey aponta que a influência da filosofia grega foi decisiva na formação do direito romano, consoante se verifica no seguinte excerto:

> A ciência jurídica romana, quanto aos princípios, parece ser um produto da cultura grega. Mas os romanos fizeram empréstimos simultâneos de diversas escolas. O *estoicismo*, principal formação de Cícero e ao qual adere um bom número de jurisconsultos clássicos, deixou no direito romano uma marca muito evidente. Tampouco o *platonismo* lhe foi estranho. Mas, a nosso ver, foi da doutrina de *Aristóteles* que, no começo do período clássico, ele recebeu seus princípios constitutivos e seu excepcional valor.[127]

O jurista francês afirma que "a doutrina do direito de Aristóteles parece ter presidido à gênese da ciência jurídica romana".[128] Assim, como observa Norbert Campagna, a partir da leitura villeyana: "é em Roma que se elabora um conceito rigoroso de direito", "os jurisconsultos romanos desenvolvem o direito como uma arte", "se Aristóteles concebeu a teoria, os jurisconsultos romanos a aplicaram".[129]

Villey observa que a intelectualidade romana era caracterizada pelo ecletismo,[130] não obstante, no que tange ao direito, a influência

---

127 VILLEY, Michel. *A formação do pensamento jurídico moderno*. Trad. de Claudia Berliner. São Paulo: Martins Fontes, 2009, p. 67.

128 VILLEY, Michel. *Filosofia do Direito*: definições e fins do direito: os meios do direito. Trad. de Márcia Valéria Martinez de Aguiar. São Paulo: Martins Fontes, 2008, p. 89.

129 No original: "C'ést à Rome qu'est elabore un concept rigoreux du droit (...). Sourtout, les jurisconsultes romains développent le droit comme un art. Si Aristote a conçu la théorie, les jurisconsultes romains l'ont appliquée". (CAMPAGNA, Norbert. *Michel Villey*: le droit ou les droits? Paris: Éditions Michalon, 2004, p. 66).

130 "La filosofía grega penetró, como se dijo, en el mundo romano contribuendo a la mayor creación de este pueblo: su derecho. (...) En relación a lo dicho,

aristotélica prevaleceu.[131] A justiça ganhou destaque na concepção jurídica romana, tal como formulada por Aristóteles, no sentido de "virtude que tem por objeto atribuir a cada um a parte que lhe corresponde '*jus suum cuique tribuere*'".[132] Além disso, "aceitaram a doutrina de que o direito deriva da justiça", "que a jurisprudência é a ciência do justo e do injusto" e que "o direito é 'aquilo que é justo'".[133]

---

conviene no olvidar que, a juicio de Villey, la influencia griega sobre el ámbito jurídico es, propiamente hablando, aristotélica y no, como a veces suele pensarse, de índole estoica. Esta última opinión encuentra asidero en el hecho que los romanos fueron filosóficamente 'eclécticos', por lo que no debe extrañar que ese punto de vista, resultado de la generosa apertura hacia las distintas escuelas griegas, haya repercutido de modo directos en las obras de los juristas (...). Sin embargo, con acierto nos perviene nuestro autor en el sentido que el gran libro romano es hijo de muchas épocas, por lo que en él dejan su sello no pocas corrientes filosóficas. Lo decisivo no es, pues, el número de frases de contenido estoico que puedan detectarse en el *Digesto*, sino el espíritu del derecho romano y, más precisamente, los rasgos filosóficos predominantes en ese espíritu. (...) Ante esto, Villey considera que la médula del derecho romano encuentra su origen en el pensamiento de Aristóteles ya que (...) la idea del derecho entendido como cosa justa, la estructuratión del *ars iuris* o la delimitación del mismo al ámbito de la ciudad responden a su inequívoca inspiración". (CABANILLAS, Renato Rabbi-Baldi. *La Filosofia Jurídica de Michel Villey*. Pamplona: Ediciones Universidad de Navarra, 1990, pp. 113/114).

131 "Comme Aristote, les jurisconsultes romains conçoivent le droit comme un juste partage des choses. Dire le droit, ce n'est pas dire aux hommes comment ils doivent se comporter, mais c'est leur dire quelle part leur revient. Mais celle-ci n'est pas determinée *a priori* et de manière arbitraire, elle est découverte dans le monde, en observant les relations entre les hommes et les tendances qu'elles nous permettent de voir. Si Villey crédite le droit romain d'une 'vision inhumaine des choses' (...), c'est parce que ce droit ne se fonde pas sur les exigences des individus, mais sur un ordre des choses qui existe indépendamment des hommes. Le droit n'est pas pour là pour entériner les exigences des individus, mais pour dire quelle part revient à chacun". (CAMPAGNA, Norbert. *Michel Villey*: le droit ou les droits? Paris: Éditions Michalon, 2004, p. 67).

132 VILLEY, Michel. *A formação do pensamento jurídico moderno*. Trad. de Claudia Berliner. São Paulo: Martins Fontes, 2009, p. 71.

133 VILLEY, Michel. *A formação do pensamento jurídico moderno*. Trad. de Claudia Berliner. São Paulo: Martins Fontes, 2009, p. 71.

Uma das grandes virtudes do direito romano, na ótica villeyana, era deixar bastante clara a fronteira entre direito e moral, na esteira do pensamento de Aristóteles, distanciando-se assim de outras civilizações e de outras filosofias que confundiam as duas esferas. Destarte, eventuais noções de ordem moral, advindas, por exemplo, do estoicismo, jamais tiveram primazia na ciência jurídica romana.[134]

A filosofia aristotélica que embasava o pensamento jurídico romano[135] fundava-se em uma perspectiva cósmica, na qual as noções de direito e justiça mostravam-se ligadas à "natureza das coisas", de sorte que a concepção do fenômeno jurídico não se

---

134 "Esses juristas parecem estar em plena posse de uma filosofia que distingue o justo do 'honesto' (...), se aceitaram dar lugar às noções morais estoicas de *pietas*, de *bona fides* ou de *humanistas*, fazem-no apenas a título de algo secundário (...). Creio ser esta uma das características específicas do direito romano, uma das principais razões de sua fortuna na história. Outras civilizações organizam sua ordem social confundindo direito e moral, misturando na mesma arte as prescrições relativas à religião, às boas intenções morais, à educação, e a estreita definição das relações sociais, foi essa a tendência de Platão na *República*, foi esse o caso do direito judaico, e será o da sociedade da alta Idade Média, inspirada no agostinianismo. Talvez somente o direito romano (que nós mesmos adotamos) seja exceção: porque os juristas do começo da época clássica, a quem coube a iniciativa de construí-lo como ciência, souberam dar a essa ciência fronteiras precisas, discernir sua autonomia, graças a Aristóteles". (VILLEY, Michel. *A formação do pensamento jurídico moderno*. Trad. de Claudia Berliner. São Paulo: Martins Fontes, 2009, p. 72).

135 A influência aristotélica no direito romano apontada por Villey é objeto de críticas por parte de alguns, como, por exemplo, Pierre-Yves Quiviger, que assevera: "L'hypothèse est audacieuse, et il ne paraît pas raisonnable d'accorder autant d'importance à la pensée d'Aristote dans l'architecture d'ensemble du droit romain. L'histoire du droit est là pour montrer les limites d'une telle analyse, évidemment rédutrice. Néanmoins, pour la philosophie du droit, telle que je la conçois, un tel raccourci peut s'avérer heuristique à la condition de voir dans le texte d'Aristote la mobilisation de *concepts* philosophiques qui permettent de proposer une description utile et plausible du monde observable du droit". (QUIVIGER, Pierre-Yves. *Le Secret du droit naturel ou Après Villey*. Paris: Classiques Garnier, 2012, p. 19).

constituía em uma abstração, mas intrinsecamente atrelada à realidade social.[136] Sobre esse ponto, destaca Cabanillas:

> Assim, pode-se dizer que a ciência jurídica romana é um bom exemplo da aplicação ontológica grega, já que no caso de um povo de agricultores, a visão desse é voltada para o real, para as coisas. E a ideia, transferida para o campo jurídico, supõe a descoberta do justo, do *aequum*, nas circunstâncias peculiares de cada caso. Essa ligação com o real é claramente vista no fato de que, apesar do célebre corpo de juristas que eles contaram, os romanos nunca buscaram uma definição precisa de direito. Para esses, ao contrário, bastava a experiência jurídica, isto é, a prática cotidiana realizada no fórum para inferir que o *ius* – o justo – é

---

136 "Le postulat fundamental en est qu'à Rome, à l'âge classique, les jurisconsultes contemplaient le monde tel qu'il est: méthode naturaliste enseignée par Aristote, redécouverte par Saint-Thomas (...). De la nature, les juristes auraient tiré les bonnes solutions, regroupées en institutions immédiatement déchiffrables. Nature sociale, faut-il préciser, et politique: la communauté – et par conséquent le droit – est une réalité que la pensée ne construit pas, mais compreend. Au législateur lui-même cette nature s'impose, êut-il la folle prétention de se substituer à elle, puisqu'elle le produit et le place à son insu en charge des cités pour y formuler les règles arbitraires qu'y requiert l'imperfection du savoir humaine (...). Du plan de la nature, le juriste n'a bien sûr qu'une vision incomplète. A la certitude déductive des droits fondés en raison, s'oppose l'approche dialectique de droits inscrits dejà dans une cité riche de rélations juridiques. Il révient au juriste de les circonscrire nettement, de les isoler, de les classer. (...) De cette méthode témoigneraient quelques texts programmatiques affichés a titre du premier Digeste. Le droit serait issu de la 'connaissance des choses divines et humaines' (*Digeste*, 1, 1, 10). Au service de cette verité où l'art de fabriquer les solutions s'inspire d'un savoir qui est au moins technique qu'ontologique, les 'prêtres' de la justice auraient professé la 'connaissance du bon et du juste', 'séparant le juste et l'injuste', 'distinguant le licite de l'illicite' (*Digeste*, 1, 1, 1, 1). Sectateurs du vrai, les juristes auraient eu du droit une approche qui leur aurait fait assigner, dans le principe, leur pratique à une découverte". (THOMAS, Yan. "Michel Villey, la romanistique et le droit romain". *Droit, Nature et Histoire - VIme Colloque de l'Association Française du Droit (Paris II – 23-34 Novembre 1984), "Michel Villey, Philosophe du droit"*. Paris: Presses Universitaires d'Aix-Marseille, 1985, pp. 31/32).

> dificilmente perceptível *a priori*, de modo que é necessária uma busca aleatória e constante de seu significado último, nas complexas e mutáveis realidades da vida.[137]

A subjetividade jurídica era ausente na teoria e na prática jurídica em Roma. O vocábulo *jus* não se reportava a noção de direito subjetivo. Nesse sentido, observa Norbert Campagna, ao comentar o pensamento de Villey:

> Contra os romanistas que tentam mostrar que a ideia de direitos subjetivos tem origens mais antigas do que a filosofia política do século XVII e que nós já a vemos no direito romano, Villey não cessa de insistir na ausência dessa categoria jurídica moderna nos textos de referência do direito romano, como, por exemplo, o *Digesto*. Encontram-se certamente os termos de *ius* e *iura*, mas o *ius* de que falam os autores romanos não é um atributo do sujeito: o *ius* é a parte que retorna a cada membro do grupo.[138]

---

137 No original: "Así las cosas, puede decirse que la ciencia jurídica romana es un buen ejemplo de la aplicación ontológica griega ya que tratándose de un pueblo de agricultores, la mirada de éste se encuentra volcada hacia lo real, hacia las cosas. Y la ideia, trasladada al campo jurídico, va a suponer el descubrimiento de lo justo, de lo *aequum,* en las peculiares circunstancias de cada caso. Este vínculo con lo real se ve con claridad en el hecho de que, a pesar del célebre cuerpo de juristas con el que contaron, los romanos nunca buscaron una définitión precisa del derecho. A estos, por el contrario, les bastó la *experiencia* jurídica, es decir, la práctica diaria realizada en el foro para colegir que el *ius* – lo justo – es difícilmente perceptible *a priori*, de suerte que es necesaria una búsqueda azarosa y constante de su sentido último, en las complejas y cambiantes realidades de la vida". (CABANILLAS, Renato Rabbi-Baldi. *La Filosofia Jurídica de Michel Villey*. Pamplona: Ediciones Universidad de Navarra, 1990, p. 115).

138 No original: "Contre les romanistes qui tentent de montrer que l'idee de droits subjetifs a des origines plus anciennes que la philosophie politique du XVIIe siècle et que nous la retouvons dejà dans le droit romain, Villey n'a cessé d'insister sur l'absence de cette catégorie juridique moderne des textes de référence du droit romain, comme par exemple le *Digeste*. On y trouve certes les termes de *ius* et de *iura*, mais le *ius* dont parlent les auteurs romains

Nessa esteira, o direito subjetivo não era uma noção presente na concepção jurídica dos romanos, de modo que as leituras empreendidas comumente pelos romanistas restam profundamente equivocadas ao enxergarem a existência desse conceito nos textos e práticas jurídicas de Roma.[139] No que tange aos estudos romanísticos, essa grave deturpação, aos olhos de Villey, iniciou-se com os pandectistas. Nas palavras dele:

> O "direito subjetivo" (essa linguagem cheira à filosofia alemã) é um produto dos pandectistas. (...) Eles o criaram no início do século XIX e dissertaram sobre ele ao longo do tempo. Para Savigny ou para Windscheid, o direito subjetivo é *Willensmacht*, ou potência de agir concedida ao indivíduo. Outra definição, de Ihering: tratar-se-ia de um "interesse juridicamente protegido". Sempre "subjetivo", ligado a algum sujeito, a alguma pessoa individual, por extensão pessoa moral, ou os beneficiando.[140]

Logo, é patente a impropriedade de se atribuir ao direito romano a existência dos direitos subjetivos, como os direitos reais e os direitos pessoais, por exemplo. Villey argumenta que se trata de um grave equívoco da maioria dos romanistas, que não encontra respaldo nas fontes.[141] Nesse sentido, ele destaca:

---

n'est pas un attibut du sujet: le *ius* est la part qui revient à chaque membre du groupe". (CAMPAGNA, Norbert. *Michel Villey*: le droit ou les droits? Paris: Éditions Michalon, 2004, p. 69).

139 "L'ouvre de Michel Villey, assurément, rompt avec les contenus de la romanistique moderne". (THOMAS, Yan. "Michel Villey, la romanistique et le droit romain". *Droit, Nature et Histoire - VIme. Colloque de l'Association Française du Droit (Paris II – 23-34 Novembre 1984) – "Michel Villey, Philosophe du droit"*. Presses Universitaires d'Aix-Marseille, 1985, p. 31).

140 VILLEY, Michel. *O direito e os direitos humanos*. Trad. de Maria Ermantina de Almeida Prado Galvão. 2ª ed. São Paulo: Martins Fontes, 2016, p. 69.

141 "Villey acuse en effet les romanistes d'avoir trahi l'esprit originaire du droit romain". (CAMPAGNA, Norbert. *Michel Villey*: le droit ou les droits? Paris: Éditions Michalon, 2004, p. 67).

Acabamos de encontrar, sob a pena de Paulo, no *Digesto*, uma lista dos sentidos da palavra *jus*. Há outros na Idade Média. Nunca se encontra mencionada, assim como no texto de Paulo, a acepção de "direito subjetivo".[142]

Ao tratar das *Institutas de Gaius*, "única obra de direito clássico cujo conjunto se conservou", Villey explica que "não são formadas de um conjunto de 'regras de conduta'; são uma tentativa de descrição da ordem social existente em Roma"[143] e, portanto, divergem completamente dos "tratados da Escola moderna de direito natural", cujo método é "partir de uma definição do ser humano individual, da qual se deduziria o sistema de direito".[144] Ele esclarece que "não há lugar nas *Institutas* para essa abstração, a 'Pessoa' humana; não há direitos do 'Homem'".[145]

Isso não significa que, em Roma, não se apresentasse uma distinção entre os seres humanos e os demais animais, contudo, a abstração "pessoa humana" como indivíduo dotado de direitos subjetivos não existia. Assim sendo, o que diferenciava senhores e escravos não era a subjetividade jurídica, ou seja, o senhor de escravos não era sujeito de direito – figura inexistente naquele

---

142 VILLEY, Michel. *O direito e os direitos humanos*. Trad. de Maria Ermantina de Almeida Prado Galvão. 2ª ed. São Paulo: Martins Fontes, 2016, p. 70.

143 "Assim como se poderia descrever e analisar a estrutura de uma peça de teatro: com suas *pessoas*, ou papéis (*persona* significa a máscara, o papel do ator). Como não há comédia sem papeis diversos, Gaius subdivide as diversas espécies de pessoas: livres, escravos, libertos, adultos, crianças etc. Em seguida, as espécies de *coisas* que estão em disputa, enfim as *ações* que os atores exercem. O que é o direito senão uma proporção na partilha das *coisas* distribuídas entre *pessoas*, essa ordem que as *atividades* do homem justo tendem a servir?". (VILLEY, Michel. *O direito e os direitos humanos*. Trad. de Maria Ermantina de Almeida Prado Galvão. 2ª ed. São Paulo: Martins Fontes, 2016, p. 72).

144 VILLEY, Michel. *O direito e os direitos humanos*. Trad. de Maria Ermantina de Almeida Prado Galvão. 2ª ed. São Paulo: Martins Fontes, 2016, p. 72.

145 VILLEY, Michel. *O direito e os direitos humanos*. Trad. de Maria Ermantina de Almeida Prado Galvão. 2ª ed. São Paulo: Martins Fontes, 2016, p. 72.

sistema jurídico – e tampouco o escravo. O abismo existente entre ambos residia no fato de que o escravo era alguém excluído da esfera do direito, conforme elucida Villey:

> Em Roma não se encontra direito nas relações entre o pai de família e seus filhos, como tampouco entre o senhor e o escravo. E que isso não sirva de razão para tachar o regime romano de inumano: isso não quer dizer que o filho de família ou o escravo não sejam protegidos por outros modos de "controle social"; nenhum texto romano dizia que o escravo não era uma "pessoa"; ao contrário, Gaio conta-o entre as pessoas. Só que a proteção do escravo não concerne à arte do *direito*, conforme a linguagem de Aristóteles, cuja precisão devemos admirar mais uma vez.[146]

Com efeito, a classicista Eva Cantarella aponta que Gaio reconhecia "a distinção entre livres e escravos" como a "*summa divisio de iure personarum*" e isso se devia justamente ao fato de que:

> Na experiência jurídica romana (assim como naquelas muitas outras realidades antigas) a escravidão representou verdadeiramente um "fato total", que deixou sua marca nas múltiplas esferas da vida, da economia à forma de sociedade, da literatura até obviamente ao direito.[147]

---

146 VILLEY, Michel. *A formação do pensamento jurídico moderno*. Trad. de Claudia Berliner. São Paulo: Martins Fontes, 2009, p. 45.

147 "Centrale appare, al riguardo, soprattutto quella che vedremo (§ 2.3) essere assunta da Gaio comme '*summa divisio de iure personarum*', ossia la distinzione fra liberi e schiavi. Nell'esperienza romana (cosí come in quella di molte altre realtà antiche) la schiavitú rappresentò davvero un 'fato totale', che segnò di sé molteplici ambiti della vita, dall'economia alle forme di socialità alla letteratura fino ovviamente al diritto". (CANTARELLA, Eva. "III. Persone, família e parentela". *In*: SCHIAVONE, Aldo (Coord.). *Diritto privato romano – Um profilo storico*. Nuova edizione. Torino: Piccola Biblioteca Einaudi: 2010, p. 168).

Diante da crescente importância da escravidão como base da economia romana, a própria disciplina jurídica articulou-se no sentido de equiparar escravos a meras coisas, "negando-lhes o que veremos em breve como modernamente referido como subjetividade e capacidade jurídica", contudo, por outro lado:

> (...) reconhecia neles a atitude (que hoje denominamos capacidade de agir) para cumprir atos juridicamente relevantes, de cujos resultados inicialmente apenas os patrões poderiam obter vantagem, porém mais tarde (...) serão chamados também a responder.[148]

Importante salientar que, se olharmos o sistema jurídico romano com as lentes atuais, poderemos, grosso modo, afirmar que o escravo seria uma pessoa desprovida de subjetividade jurídica. Contudo, isso seria uma impropriedade em face da realidade do direito romano, que não contemplava tais termos em suas modernas acepções.[149]

---

148 "A fronte di um ruolo che, almeno dagli ultimi secoli della republica all'età dei Severi, assunse tante rilevanza sulla scena economica, del mondo servile venne elaborata un'articolata disciplina giuridica, che da un lato muoveva dall'assunzione degli schiavi in termini di mere cose (*res* (...)) – negando loro quella que tra breve vedremo modernamente indicata come soggettività e capacità giuridica –, ma dall'altro riconosceva in essi l'attitudine (che oggi denominiamo capacità dia gire) a compieri atti giuridicamente rilevanti, dai cui esiti inizialmente il padrone poteva trarre solo i vantaggi, mentre più tarde (in forza di alcuni interventi del pretora (...)) sarà chiamato anche a rispondere, in forme e misure diversi, dei relativi debiti". (CANTARELLA, Eva. "III. Persone, família e parentela". *In*: SCHIAVONE, Aldo (Coord.). *Diritto privato romano – Um profilo storico*. Nuova edizione. Torino: Piccola Biblioteca Einaudi, 2010, p. 169).

149 "Per comprendere le peculiarità di un simile assetto, e piú in generale di tutte le norme che regolavano gli *status* personali, converrà soffermarsi brevemente próprio sulla terminologia moderna (soggetività e capacità giuridica, capacità di agire) che abbiamo appena richiamato. In effetti, secondo le vedute odierne, soggetto di diritto è, in primo luogo, l'essere umano che un sistema giuridico considera destinatario delle sue regole e assume come titolare di situazioni giuridiche soggettive (ossia, in primo luogo, di diritti

Em Roma o vocábulo *jus* possuía uma pluralidade de sentidos, mas que apresentavam uma "continuidade" entre si, sendo que, em nenhuma de suas acepções, essa palavra designava direitos

---

e doveri giuridici). Ma va súbito messo in rilievo che l'essere umano non è soggetto di diritto automaticamente, per il fato stesso di essere nato. Il soggeto di diritto è uma creazione dell'ordinamento. Di conseguenza, si può verificare (cosí come si è verificato nella storia, e tutora si verifica, in sistemi diversi da quelli occidentali) che alcuni essere umani non siano soggetti di diritto. (...) D'altro canto, così come um essere umano può non essere soggetto di diritto, possono esistere soggetti di diritto diversi dall'essere umano. In questo caso, il soggetto di diritto è un ente astratto, punto di imputazione artificiale di situazioni giuridiche soggestive, e viene definito 'persona giuridica', incontrapposizione all'essere umano soggeto di diritto, chiamato 'persona física'. (...) Dell'essere umano riconosciuto come soggetto di diritto si disse che há la capacità giuridica, vale a dire che è idôneo a essere titolari di diritti e di doveri, o di altri situazioni giuridiche soggetive. Con referimento alle persone giuridiche, inveche, si preferisce parlare di personalità. (...) Dalla capacità giuridica si distingue la capacità di agire, intesa come idoneità dell'individuo a compieri atti capaci di produrre gli effetti che il diritto vi recollega. Negli ordinamenti moderni, la capacità dia gire viene riconosciuta a chi há la capacità di intendere e di volere. (...) Tutto coloro che non hanno la capacità di intendere i di volere (e quindi non hanno la capacità dia gire) sono posti sotto la protezione di un'altra persona. (...) Comme è evidente, dunque, l'elenco degli incapaci dipende dalle valutazionu dei diversi ordinamenti, che possono variare non solo da paese a paese, ma anche nello stesso Stato, in momenti diversi. (...) E ora torniamo a Roma. Nel suo diritto, i concetti sin qui esposti non sono espressamente formulati, e a volte, quando appaiono alcune delle parole alle quali fa ricorso la moderna terminologia, esse hanno un significato diverso. Ad esempio, il termine *persona* (che originariamente significava 'maschera teatrale') indica l'essere umano, indipendente dal fato che sia o meno soggetto di diritto: designa cioè, come facendo riaffiorare il suo piú risalente campo semantico, l'uomo sulla scena del diritto, col ruolo che egli vi incarna (in primo luogo, stando Gaio, o quello di libero o quello di schiavo). E la parola *caput* (originariamente 'testa', poi in senso traslato 'individuo'), che per secoli indica anche gli schiavi e a volte gli animali, acquista il valore di 'capacità' solo nelle *Instituzioni* di Giustiniano, nell'unico passo nel quale il latino usa un termine tecnico che esprime una nozione generale paragonabile a quelle moderne". (CANTARELLA, Eva. "III. Persone, família e parentela". *In*: SCHIAVONE, Aldo (Coord.). *Diritto privato romano – Um profilo storico*. Nuova edizione. Torino: Piccola Biblioteca Einaudi: 2010, pp. 169-171).

subjetivos tais como os concebidos na época moderna, conforme observa Villey.[150] Ele salienta que, "de uma extremidade a outra da corrente", "o *jus* é *res justa*, 'o objeto da justiça', relação com os outros, com quem nos comunicamos a partir da partilha das coisas exteriores".[151]

Por conseguinte, "o *jus* das *Institutas* não é atributo adjacente ao sujeito, liberdade de agir (a liberdade não se partilha), porém a parte das coisas que cabe a cada pessoa dentro do grupo relativamente às outras".[152] Assim, esclarece Villey que a "ciência do direito" construída em Roma não se assentava na concepção de sujeito, de indivíduo "isolado numa ilha", mas, na condição de "herdeira da filosofia realista da Antiguidade", enxergava o indivíduo em sua situação social.[153]

Villey é categórico ao afirmar "a inexistência do conceito de direito subjetivo em Roma".[154] Nesse sentido, o jurista francês argumenta:

> A linguagem de Gaius ignorava a noção moderna de direito subjetivo, que nasce de outra filosofia, e todas as classificações de nossos tratados de direito civil alicerçadas no conceito de direito subjetivo. Não há "direito real" em direito romano nem

---

150 VILLEY, Michel. *O direito e os direitos humanos*. Trad. de Maria Ermantina de Almeida Prado Galvão. 2ª ed. São Paulo: Martins Fontes, 2016, pp. 77-80.

151 VILLEY, Michel. *O direito e os direitos humanos*. Trad. de Maria Ermantina de Almeida Prado Galvão. 2ª ed. São Paulo: Martins Fontes, 2016, pp. 79/80.

152 VILLEY, Michel. *O direito e os direitos humanos*. Trad. de Maria Ermantina de Almeida Prado Galvão. 2ª ed. São Paulo: Martins Fontes, 2016, p. 79.

153 VILLEY, Michel. *O direito e os direitos humanos*. Trad. de Maria Ermantina de Almeida Prado Galvão. 2ª ed. São Paulo: Martins Fontes, 2016, p. 79.

154 VILLEY, Michel. *O direito e os direitos humanos*. Trad. de Maria Ermantina de Almeida Prado Galvão. 2ª ed. São Paulo: Martins Fontes, 2016, p. 77.

> "direito pessoal", não há "direito de propriedade" nem "direito de crédito". E nele não encontramos "direitos humanos".[155]

A referida constatação de Michel Villey é objeto de acirrados debates. O romanista brasileiro José Carlos Moreira Alves aponta Villey como nome destacado entre aqueles que sustentam ausência da noção de direito subjetivo no sistema jurídico romano, conforme se verifica no excerto a seguir:

> Os autores, embora acentuem que os jurisconsultos romanos, por não serem dados a abstrações não fizeram, teoricamente, distinção entre direito objetivo e direito subjetivo, reconhecem, em geral, que eles tinham noção da existência de atribuições jurídicas às pessoas, ou seja, do que hoje denominamos *direito subjetivo*. (...) Nos últimos tempos, no entanto, alguns – entre os quais se destaca Villey, que na formação de sua teoria se baseou em ideias de Monier – têm procurado demonstrar que, no direito romano, não havia sequer lugar para o que chamamos direito subjetivo, porquanto, para seus jurisconsultos, no mundo jurídico somente se distinguiam as *personae* (pessoas), as *res* (coisas) e as *actiones* (ações); e o que hoje consideramos *direito subjetivo* se enquadrava entre as *res* (coisas). Em síntese, os romanos só teriam conhecido *instituições jurídicas objetivas* (*personae, res, actiones*); eles encaravam o direito sob um ângulo puramente objetivo, não conferindo às pessoas as faculdades que, para os modernos, são *direitos subjetivos*.[156]

Moreira Alves filia-se ao posicionamento adotado pelo romanista italiano Giovanni Pugliese no sentido de afirmar a existência da noção de direito subjetivo em Roma, com base em um

---

155 VILLEY, Michel. *O direito e os direitos humanos*. Trad. de Maria Ermantina de Almeida Prado Galvão. 2ª ed. São Paulo: Martins Fontes, 2016, p. 79.

156 ALVES, José Carlos Moreira. *Direito Romano*. 19ª ed. Rio de Janeiro: Forense, 2019 (edição do Kindle), pp. 88/89.

fragmento de Ulpiano (D. I, 3, 41), no qual o vocábulo *ius* teria sido empregado em acepção subjetiva.[157] Contudo, o próprio Moreira Alves destaca que o romanista espanhol Alvaro D'Ors observa a presença de interpolação no aludido fragmento.

Villey sublinha a ocorrência de problemas de tradução nos textos do *Digesto* e, como exemplo, cita os fragmentos D. VII, 2, 2 e D. VII. 6, 5. Ele destaca que o vocábulo *jus*, nessas passagens, é empregado no sentido de *coisa* e, em nenhum momento, faz referência a um pretenso direito subjetivo, ressaltando que os

---

157 "Analisando essa concepção, Pugliese refutou-a, a nosso ver, de maneira irrespondível. Com efeito, a tese de Villey somente poderia ser demonstrada se ficasse provado que os romanos, além de não haverem conceituado o direito subjetivo, desconheceram a realidade dele, não tendo a ordem jurídica de Roma atribuído às pessoas as faculdades em que, modernamente, se traduz o direito subjetivo. E Villey não conseguiu caracterizar esse fato. Basta – como salienta Pugliese – atentar-se para este fragmento de Ulpiano (D. I, 3, 41), onde, irrefutavelmente, a palavra ius é empregada em acepção subjetiva: '*Totum autem IVS consistit aut in adquirendo aut in conseruando aut in minuendo: aut enim hoc igitur quemadmodum quid cuiusque fiat, aut quemadmodum quis rem uel IVS suum conseruet, aut quomodo alienet aut amittat*' (Todo direito consiste ou na aquisição, ou na conservação, ou na diminuição, pois ou se trata de como alguém adquire alguma coisa de outrem ou de como conserva a coisa ou seu direito, ou de como aliena ou perde). (...) Com efeito, o *ius* que *consistit aut in adquirendo aut in conseruando aut in minuendo* é o direito objetivo que se constitui de normas para a aquisição, conservação ou perda do *ius suum* (expressão que, no texto, é empregada em oposição a *res*, coisa: *rem uel ius suum*), isto é, do direito subjetivo. (...) Nas próprias Institutas de Gaio (IV, 3), lê-se que a *actio é in rem* quando se afirma na fórmula *rem corporalem nostram esse aut ius aliquod nobis competere* ('ser a coisa corpórea nossa ou competir a nós algum direito'), o que mostra que, para Gaio, o ius não tinha a mesma natureza da *res*, ainda que coisa incorpórea, pois, caso contrário, teria dito ele que na *actio in rem* se afirmava na fórmula *rem corporalem uel incorporalem nostram esse*. Com isso, observa Pugliese, Gaio nos mostra que a expressão *res incorporalis* constituía simplesmente um modo de indicar o ius, modo útil sob certos aspectos, mas incapaz de subverter a realidade". (ALVES, José Carlos Moreira. *Direito Romano*. 19ª ed. Rio de Janeiro: Forense, 2019, edição do Kindle, pp. 89/90).

equívocos interpretativos das fontes romanas foram resultado das obras dos romanistas modernos.[158]

Acerca da concepção villeyana do direito romano, revestem-se de propriedade as observações de Norbert Campagna:

> O interesse de Villey pelo direito romano não é um interesse puramente científico. O retorno ao direito romano originário é para ele um meio de propor uma interpretação diferente do direito, para oferecer um paradigma que contrasta com o paradigma moderno. Daí a preocupação de expurgar o direito romano de qualquer vestígio que pudesse recordar a modernidade. O direito romano só pode servir ao projeto de Villey se ele for o mais diferente possível do paradigma moderno do direito. Se os partidários da modernidade buscam no direito romano o que torna possível estabelecer uma ligação entre Roma e a modernidade, Villey procura o que pode criar uma distância entre os dois. Os Modernos partem de uma hipótese continuísta: o direito moderno faz apenas prolongar uma tendência já presente no direito romano. Villey, por outro lado, parte de uma hipótese descontinuísta: o direito moderno marca uma ruptura radical com o direito romano. E esse descontinuísmo está associado a um decadentismo: a ruptura prejudicou o direito.[159]

---

158 VILLEY, Michel. *O direito e os direitos humanos*. Trad. de Maria Ermantina de Almeida Prado Galvão. 2ª ed. São Paulo: Martins Fontes, 2016, pp. 77/78.

159 No original: "L'intérêt que Villey porte au droit romain n'est pas un intérêt purement scientifique. Le retour au droit romain originaire est pour lui un moyen de proposer une interprétation différent du droit, d'offrir un paradigme qui tranche avec le paradigme moderne. D'où le souci d'expurger le droit romain de toute trace qui pourrait rappeler la modernité. Le droit romain ne peut servir le projet de Villey qu'à la condition d'être aussi différent que possible du paradigme moderne du droit. Si les partisans de la modernité recherchent dans le droit romain ce qui permet d'etablir un lien entre Rome et la modernité, Villey y recherche ce qui peut créer une distance entre les deux. Les Modernes partent d'une hypothèse continuiste: le droit moderne ne fait qui prolonger une tendance déjà présente dans le droit romain. Villey, de son coté, part d'une hypothèse discontinuiste: le droit moderne marque une

A leitura do romanista italiano Aldo Schiavone vai ao encontro da visão de Michel Villey acerca do direito romano, no sentido de sustentar que a concepção subjetivista daquele sistema jurídico é típica da modernidade, conforme se verifica no seguinte excerto:

> No mundo antigo, uma concepção autenticamente individualista da pessoa e da subjetividade social nunca se radicou efetivamente. Quando afloraram tentativas nessa direção – de Epicuro, a Zenão, Marco Aurélio e ao neoplatonismo místico entre os séculos III e IV – sempre tiveram um caráter periférico e minoritário (...). Acabaram sugerindo apenas uma fuga para o interior da alma, não o nascimento de uma autêntica pressão emancipatória. O impulso para a competição própria da sociedade aristocrática romana tinha outros fundamentos – a cidadania, não a individualidade – e o direito romano construído pelos juristas nunca foi – como vimos – um direito dos indivíduos, mas um direito primeiro dos cidadãos, que regulavam, através dele, os pressupostos patrimoniais e familiares de sua condição civil e, em seguida, de súditos possuidores, ancorados em sua própria comunidade ou na elite que governava o império: e é, por isso, que sempre se mostrou mais centrado na propriedade do que no contrato; um direito de *status* e não de indivíduos "econômicos" que tinham colocado o trabalho no centro de suas próprias vidas. Será somente a modernidade a interpretá-lo em chave individualista, forçando seus caracteres originais – também através da lição do pensamento cristão medieval, que fizera uma contribuição essencial nesse sentido – para permitir sua atualização burguesa.[160]

---

rupture radicale avec le droit romain. Et ce discontinuisme se double d'un décadentisme: la rupture a nui au droit". (CAMPAGNA, Norbert. *Michel Villey*: le droit ou les droits? Paris: Éditions Michalon, 2004, p. 70).

160 "Nel mondo antico, una concezione autenticamente individualista della persona e della soggettività sociale non si radicò in effetti mai. Quando affiorarono tentativi in questa direzione – da Epicuro, a Zenone, a Marco Aurelio, al neoplatonismo misticheggiante fra III e IV secolo – ebbero sempre un carattere periferico e minoritario (...). Finivano con il suggerire soltanto

Villey observa que "o público qualifica de romanas as expressões '*direito real*', '*direito pessoal*', que são chamadas em latim de cozinha de *jura in re, in personam*".[161] Contudo, ele ressalta que "a ideia de um direito de propriedade absoluto do proprietário" não fazia parte do direito romano e que apenas se apresentou na modernidade, com John Locke.[162] Villey também salienta que a "teoria geral dos contratos e obrigações consensuais" ensinadas pelos civilistas contemporâneos não tem sua matriz na tradição jurídica romana, mas na modernidade.[163]

---

una fuga nell'interiorità dell'anima, non la nascita di un' autentica pressione emancipatrice. La spinta alla competizione propria della socialità aristocratica romana aveva altri fondamenti – la cittadinanza, non l'individualità – e il diritto romano costruito dai giuristi non fu mai – come abbiamo visto, un diritto di individui, ma un diritto prima di cittadini, che regolavano atraverso di esso i pressuposti patrimoniali e familiari della loro condizione civile, e poi di sudditi possidente, ancorati alla propria comunità o all'élite che governava l'impero: ed è perciò che esso risultò sempre centrato piú sulla proprietà che sul contrato; un diritto di *status* e non di individui 'economici' che avevano messo il lavoro al centro della propria vita. Sarà solo la modernità a interpretarlo in chiave individualistica, forzandone i caratteri originali – anche attraverso la lezione del pensiero cristiano medievale, che avrebbe apportato in questo senso um contributo essenziale – per consentirne l'atualizzazione borghese". (SCHIAVONE, Aldo. *Ius*: l'invenzione del diritto in Occidente. Nuova edizione. Torino : Einaudi, 2017, pp. 438/439).

161 No original: "Le public qualifie de romaine les expressions de '*droit réel*', de '*droit personnel*', que l'on appelle même en latin de cuisine *jura in re, in personam...*". (VILLEY, Michel. "Signification philosophique du droit romain". *Archives de philosophie du droit*, nº 26 – *l'utile et le juste*. Paris: Sirey, 1981, p. 385).

162 No original: "L'idée d'um droit de propriété absolue du propriétaire tel qu'il est dans le Code civil, on comment la faute de l'appeler la 'notion romaine' de la propriété. Elle n'est pas romaine. Elle vient de LOCKE, et du mythe de l'état de nature individualiste". (VILLEY, Michel. "Signification philosophique du droit romain". *Archives de philosophie du droit*, nº 26 – *l'utile et le juste*. Paris: Sirey, 1981, p. 385).

163 No original: "Nos civilistes nous enseignent une théorie générale des contrats et obligations, consensualiste, qu'ils disent romaine. Mais elle est *moderne*, un produit de la philosophie et de la morale chrétienne-humaniste, peut être stoïcienne (principe du respecte des promesses), étrangère à la tradition romaine *juridique*". (VILLEY, Michel. "Signification philosophique

Ao encontro das considerações de Villey, em outra perspectiva teórica, tem-se os estudos de Axel Hägeström, analisados por Ari Marcelo Solon, que observa:

> *Consensus* para os juristas romanos clássicos não significava algo como a declaração de vontade da jurisprudência moderna mas simplesmente um ajuste livre de forma, pelo qual uma parte faz uma promessa e a outra a aceita. Nem era necessário que ambas as partes estivessem simultaneamente presentes, pois admitia-se acordo por carta ou mensageiro. (...) Em todo caso, não era a verdadeira vontade comum das partes determinante na obrigação jurídica (...). Tanto não era decisiva a vontade coincidente das partes que o erro não tornava necessariamente nulo o contrato na concepção romana primitiva. Nada mais estranho, portanto, ao direito romano clássico do que a ideia jusnaturalista moderna de que a promessa torna possível constatar a vontade, em outras palavras, a não constatação de uma vontade na declaração torna inválido o contrato. (...) Esta opinião difere muito da teoria dos romanistas modernos que viam no acordo de vontades o elemento constitutivo tanto da *stipulatio* como da *conventio*.[164]

Ainda no que tange à abordagem villeyana do direito romano, interessante destacar que o jurista francês dedicou um texto – publicado na revista *Archives de philosophie du droit* – à refutação de alguns aspectos da leitura do filósofo Georg Wilhelm Friedrich Hegel acerca do direito romano. Villey sustenta que Hegel, ao ter baseado seus estudos na moderna Escola do direito natural, foi conduzido a equívocos quando tratou do direito romano.[165] No

---

du droit romain". *Archives de philosophie du droit*, nº 26 – *l'utile et le juste*. Paris: Sirey, 1981, p. 385).

164 SOLON, Ari Marcelo. *Dever jurídico e teoria realista do direito*. Porto Alegre: Sergio Antonio Frabris Editor, 2000, pp. 30/31.

165 "Bien que Hegel ne le mentionne guère dans sa philosophie du droit, je pense que sa représentation du droit romain procède surtout des lectures d'*histoire*

referido texto, Villey é enfático ao afirmar que o moderno direito natural é completamente distinto do direito romano.[166] Para Villey,

---

générale qu'il fit au temps de sa jeunesse. Même s'il a pris soin par la suite de consulter d'autres auteurs d'histoire romaine (notamment l'erudit Niebuhr, avec combien peu d'enthousiasme) –, les deux ouvrages de *Montesquieu* et de *Gibbon* sur la chute de l'Empire romain, me semblent avoir marqué sa pensée de manière définitive. (...) Ce sont témoins que nous récuserons. En ce qui concerne le *droit* romain, ces livres n'apportaient à Hegel rien que d'extrinsèque ou de fallacieux: livres d'histoire *politique* et qui précisément omettent (y compris celui de Montesquieu) ce phénomène de l'histoire social qu'est l'art juridique des romains. (...) Pour traiter du droit, il devait chercher ailleurs les matériaux de sa construction. Et voici ce qui m'inquiète le plus dans l'information de Hegel: que le plus clair de ce qu'il sait du droit, il l'ait puisé dans des livres de philosophes. Les *Eléments métaphysiques de la Doctrine du Droit*, de Kant, et le *Droit naturel* de Fichte, semblent ses sources principales; il s'y réfère à mainte reprise, il les a sans doute sur sa table, dans le premier tiers de son ouvrage (sur le 'droit abstrait'). Et c'est là (quant à l'essentiel) qu'il s'est instruit du *droit romain.* (...) La grande équivoque qui portait sur le mot de *justice*, qui dans des langues grecque ou latine comme encore dans la langue française, peut à la fois évoquer le droit, l'adminstration de la justice (le 'juste particulier' d'Aristote) ou bien renvoyer à l'étude des vertus morales subjectives (et de la justice dite 'générale') a pu faciliter ce transfert. Quoiqu'il en soit ce phénomène, déjà notable dans un secteur de la 'jurisprudence humaniste' du XVIe siècle, s'accuse surtout en Allemagne dans 'l'Ecole du droit naturel', jusq'aux œuvres de Leibniz et de Wolff. Il se poursuit et probablement trouve sa fin chez Kant et Fichte, qui eurent encore à enseigner le 'droit naturel'. (...) La lecture des Droits Naturels de Kant et de Fichte (peut-être aussi de Wolff) n'a pu constituer pour Hegel qu'une seconde cause d'erreur sur les principes du droit romain". (VILLEY, Michel. "Le droit romain dans la 'Philosophie des Rechts' de Hegel". *Achives de Philosophie du Droit*, nº 16 – *le droit investi par la politique*. Paris: Sirey, 1971, pp. 276-278).

166 "Cet enseignement théorique alors donné sous l'étiquette de droit naturel est en réalité fort libre vis-à-vis des textes romains. Il s'agit plutôt d'un nouveau système de pensée, reconstruit sur des bases nouvelles, sur des postulats inconnus des jurisconsues romains: sur la notion de l'individu libre dans l'Etat de nature et dont il s'agirait dès lors d'affirmer les droits subjectifs et la liberté contractuelle. C'est un système de 'droits privés', comme dira Hegel, usant au reste d'une logique toute différente de celle des juristes romains (...). Il y eut mélange dans les écoles du nouveau système théorique et de la science juridique romaine qui était la base traditionelle de l'éducation des juristes. Les professeurs de droit savant se laissèrent contaminer par le langage des philosophes, triomphant dans le monde scolaire: ainsi en Allemagne avant

faltou a Hegel o estudo do *Corpus Juris Civilis*, em especial do *Digesto*, bem como das *Institutas de Gaio*.[167] Villey sustenta que a incompreensão de Hegel acerca do direito romano é "um defeito que contamina sua obra inteira, e o impediu de alcançar o direito e o Estado tais como eles são".[168] O excerto a seguir é bastante

---

Kant triomphait le systhème de Wolff. Depuis le XVIe. siècle, cette confusion trouve à s'appuyer sur le mythe du droit romain 'raison écrit': on postulait que le droit romain aurait d'abord revêtu la forme, à l'époque 'classique', d'un système logiquement construit, que Justinien l'aurait ensuite défiguré dans le *Corpus Juris Civilis*, mais que la Raison des modernes était en mesure de le restituer, ou de l'amener à la perfection. Leibniz rêve d'un droit romain qui êut été ordonné à la mode 'd'Euclide' et lui-même, comme faisait Domat, se propose de le remettre en ordre. Kant encore affecte de parler le langage technique des juristes romains et il lui arrive de se présenter expressément en romaniste. Pourtant l'abîme qui sépare le droit des *romanistes* modernes du droit des romains ou des glosateurs est encore accru dans les livres de Kant ou de Fichte, mais sens qu'alors l'opinion universitaire pût être très consciente de ce fait". (VILLEY, Michel. "Le droit romain dans la 'Philosophie des Rechts' de Hegel". *Achives de Philosophie du Droit*, nº 16 – *le droit investi par la politique*. Paris: Sirey, 1971, p. 278).

167 "Et le *Corpus Juris Civilis?* Serait-il excessif de demander a un philosophe 'du droit' d'avoir un coup d'œil sur les textes qui constituaient encore le fond de l'éducation des juristes? Comme ils présentent cet avantage de n'être pas qu'un traité abstrait de normes théoriques, mais (sourtout le Digest) le miroir du travail juridique concret – un équivalente de nos recueils de jurisprudence – c'est là surtout qu'il aurait pu saisir l'esprit du droit romain. (...) On nous dit que Napoléon dans sa prision a lu le Digeste. Jamais Hegel ne connut pareille aventure: j'en donnerai la preuve par la suite. Pas plus qu'il ne semble faire attention à la grande redécouverte, par Niebuhr, en 1816, des *Institutes de Gaïus* devenues notre principal moyen de connaissance du droit classique. La littérature juridique rebute ce philosophe du droit: le droit romain étant rempli de détails insipides, de distinctions irrationelles, qui 'offensent le concept' (*das Begriff des Rechts verletzen*), de broutilles sans signification – *Delikatessen*. Le philosphe a mieux à faire que d'aller y perdre son temps. (...) En somme, dans la formation de Hegel, le droit romain des historiens et des praticiens nous paraît à peu près absent". (VILLEY, Michel. "Le droit romain dans la 'Philosophie des Rechts' de Hegel". *Achives de Philosophie du Droit*, nº 16 – *le droit investi par la politique*. Paris: Sirey, 1971, p. 280).

168 "Que la formation de Hegel l'ait induit à des contresens sur les principes du droit romain, qu'il soit passé à côtê de cette expérience, n'est pas qu'un

elucidativo acerca de alguns dos problemas apontados por Villey na leitura hegeliana do direito romano:

> Assim, existe apenas uma relação extremamente distante (e disso o próprio Hegel estava quase perto de suspeitar) entre a noção hegeliana de *pessoa*, sujeito de direito relacionado a uma coisa, e a noção romana clássica: aliás, não existe uma noção de "a pessoa" no direito romano, mas *pessoas* no plural, que são papéis plurais mantidos na cena jurídica, condicionando a *atividade* que cada um deles exerce ali ainda que o escravo não possuísse, como dizemos nós, direito subjetivo, as *Institutas de Gaius* (1, 52 e s.) tratam o escravo entre as pessoas, porque ele desempenha um papel no Fórum e nas trocas. A *escravidão* romana assombrou a mente de Hegel como muitos de seus contemporâneos; ao concebê-lo como objeto de um direito subjetivo de domínio (a famosa relação descrita na *Fenomenologia do Espírito*), creio que, por minha parte, ele cria uma imagem muito inadequada: não é o ponto de vista do *direito* romano de analisar os domínios. (...) O significado romano da palavra *contractus* era muito diferente daquele que Hegel atribui ao contrato, em seu Direito Abstrato. Hegel concebeu o contrato (de acordo com o costume dos modernos) necessariamente como um produto da vontade, o que o levou a subverter toda terminologia romana. – Exemplo: o *contrato "real"* torna-se na sua língua o equivalente ao contrato sinalagmático, implicando prestações mútuas. O contrato real dos romanos foi aquele que surgiu, não pelo consentimento voluntário das partes envolvidas, mas pela entrega (*re*), de uma coisa, de uma ferramenta, de uma soma em dinheiro (o consentimento não era em Roma a alma do contrato

---

detail accessoire dans sa Philosophie du droit mais à notre sens un défaut qui contamine son œuvre entière, et lui interdira de rejoindre le droit et l'Etat tels qu'ils sont". (VILLEY, Michel. "Le droit romain dans la 'Philosophie des Rechts' de Hegel". *Achives de Philosophie du Droit*, nº 16 – *le droit investi par la politique*. Paris: Sirey, 1971, pp. 287/288).

em geral). (...) Poderíamos estender essa lista de proposiões aberrantes para um romanista hoje. Entre o direito abstrato de Hegel e o direito romano como o entendemos hoje, devemos concluir que há uma *heterogeneidade* total. Os pontos de partida dos dois sistemas são radicalmente opostos: para Hegel, a "vontade livre", que busca se realizar e realizar-se-ia primeiramente em "direitos privados". Foi a esse ponto que ele conduziu seu sistema enciclopédico, onde para ele o direito começou. Essa era a perspectiva de Hobbes, Kant ou Fichte e da romanística moderna, mas de maneira alguma do direito romano.[169]

---

169 No original: "Ainsi n'y a-t-il qu'un rapport extrêmement lointain (et de cela Hegel lui même fut presque près de se douter) entre la notion hégelienne de *personne*, sujet de droit portant sur une chose, et la notion romaine classique: il n'est pas d'ailleurs une notion de 'la personne' dans le droit romain mais *des personnes* au pluriel, qui sont pluralité des rôles tenus sur la scène juridique, conditionnant l'*activité* que chacun y exerce encore que l'*esclave* ne possèderait pas, comme nous disons, de droit subjectif, les *Institutes de Gaîus* (1, 52 et s.) traitent de l'esclave parmi les personnes, car il tient un rôle au Forum et dans les échanges. – L'*esclavage* romain a hanté l'esprit de Hegel comme de beaucoup de ses contemporains; en le concevant comme l'objet d'un droit subjectif de maîtrise (la fameuse relation décrite dans la *Phénoménologie de l'Esprit*) je crois pour ma part qu'il s'en fait une image très inadequate: ce n'est pas le point de vue du *droit* romain que d'analyser des maîtrises. (...) La signification romaine du mot *contractus* était fort différente de celle que Hegel assigne au *contrat*, dans son Droit abstrait. Hegel a conçu le contrat (selon l'habitude des modernes) nécessairement comme un produit de la volonté, ce qui le conduit à bouleverser toute la terminologie romaine. – Exemple: le *contrat 'réel'* devient dans sa langue l'équivalent du contrat synallagmatique, impliquant prestations mutuelles. Le contrat réel des romains était celui qui prend naissance, non par le consentement volontaire des parties en cause, mais par la remise (*re*), d'une chose, d'un outil, d'une somme d'argent (le consentement n'étant pas à Rome l'âme du contrat en général). (...) On pourrait allonger cette liste de propositions aberrantes aujourd'hui pour un romaniste. Entre le droit abstrait de Hegel et le droit romain tel qu'on le comprend de nos jours il nous faut conclure qu'il existe *hétérogénéité totale*. Les points de départ des deux systèmes sont radicalement opposés: pour Hegel, la 'volonté libre', qui cherche à se réaliser et se réaliserait d'abord dans les 'droits privés'. C'est à ce point que l'avait conduit sont système encyclopedique, là où pour lui commence le droit. C'était la perspective de Hobbes, de Kant ou de Fichte, et la romanistique moderne,

Os estudos empreendidos por Villey são fundamentais para que possamos compreender a maneira peculiar pela qual o direito se apresentava em Roma, totalmente distanciado das modernas concepções subjetivistas e positivistas. Interessante observar que esse é um dos pontos fundamentais do pensamento villeyano que permite conexão com a leitura marxista acerca do direito.

Não obstante os avanços historiográficos e filosóficos empreendidos por Villey, a linha de pesquisa do jurista francês não permite destrinchar o real motivo pelo qual a noção de sujeito de direito não poderia se apresentar no sistema jurídico romano. A chave teórica que permite elucidar a impossibilidade material da ocorrência da subjetividade jurídica em Roma – a qual se refletia na sistemática jurídica daquele momento histórico – é dada pelo marxismo, conforme veremos nos capítulos 4 e 5, na medida em que nos faz compreeender que, naquele modo de produção baseado nas relações de produção escravagistas, não havia condições materiais para que a forma sujeito de direito pudesse se constituir. Por conseguinte, o direito daquele momento histórico não poderia operar na lógica dos direitos subjetivos, os quais apenas se tornaram possíveis com o advento do modo de produção capitalista. Retornaremos a essa questão mais adiante.

1.5 A filosofia do direito de Tomás de Aquino

Tomás de Aquino (1225-1274), célebre frade dominicano, professor universitário, Doutor da Igreja Católica, canonizado em 1323 pelo Papa João XXII, é uma das maiores referências intelectuais para Michel Villey.[170] Ele afirma que "nunca a cultura dos

---

mais aucunement du droit romain". (VILLEY, Michel. "Le droit romain dans la 'Philosophie des Rechts' de Hegel". *Achives de Philosophie du Droit*, nº 16 – *le droit investi par la politique*. Paris: Sirey, 1971, pp. 285/286).

170 "Um gênio imenso, espantoso por sua capacidade de trabalho, pelo vigor de sua memória, pela extensão gigantesca de sua informação; pela clareza de seu

teólogos atingiu um ápice igual ao do tempo de Santo Tomás".[171] O jurista francês tece grandes elogios à produção intelectual tomista, especialmente à *Suma Teológica*,[172] a qual ele compara a "uma maravilhosa *catedral*", caracterizada por abranger "todas as coisas a partir de Deus", "pela harmonia de sua arquitetura" e "por

---

espírito, seu domínio da arte dialética, a facilidade lúcida com que resolve as antinomias; mas, sobretudo, por sua *honestidade*. Ninguém, exceto seu mestre Aristóteles, teve tanto amor puro pela verdade, tamanho desdém ao brilho, à originalidade, tamanha ausência de escolhas preestabelecidas. Por mais que tivesse alguma ideia das consequências do estudo sobre o destino prático dos homens, são Tomás recusa 'engajar-se', a não ser na única verdade transcendente da fé cristã. Quanto a todo o resto, ele é tolerante, sabe reconhecer suas ignorâncias, compreender e ouvir os outros, acolher todos, quer se trate do árabe Avicena, do judeu Maimônides ou, sobretudo, do pagão Aristóteles. E professa que, nessas matérias, a autoridade é o mais fraco dos argumentos (...). Em suma, durante os trinta anos de sua vida universitária, viveu para a verdade com total independência de espírito: é o que há de mais claro em sua história e um exemplo tão nobre e quanto fora de moda". (VILLEY, Michel. *A formação do pensamento jurídico moderno*. Trad. de Claudia Berliner. São Paulo: Martins Fontes, 2009, pp. 133/134).

171 VILLEY, Michel. *O Direito e os direitos humanos*. Trad. de Maria Ermantina de Almeida Galvão.São Paulo: Martins Fontes, 2007, p. 111.

172 "(...) composta entre 1266 e 1274 (...) é o trinfo de uma vida de buscas e reflexão. Hoje, a obra mais lida, mas que não se percorre em algumas horas ou dias, pois se trata de uma enorme enciclopédia, onde 'todas as coisas' são examinadas do ponto de vista de Deus (*omnia sub ratione Dei*) segundo um novo plano, inspirado pelas grandes sínteses neoplatônicas do mundo. *Parte-se de Deus*, desce-se de Deus para a sua criação, para a natureza do mundo e do homem tal como foram criados (*Prima*), e depois abaixam-se os olhos para a vida presente do homem, tendendo naturalmente para o *retorno a Deus*: estudo dos atos humanos e de seus princípios, das leis, da virtude, do pecado (*Prima Secundae*), depois das virtudes e dos vícios em particular (*Secunda Secundae*). Enfim a terceira parte (*Tertia*) trata das ajudas *sobrenaturais* que esse processo de retorno a Deus pelo Cristo e pela Igreja Cristã traz: encarnação, redenção, vida sacramental. São Tomás não terminou essa terceira parte: os editores a completaram com um *Suplemento* tomado do *Comentário sobre as Sentenças*, onde encontraremos, particularmente, o direito do casamento". (VILLEY, Michel. *A formação do pensamento jurídico moderno*. Trad. de Claudia Berliner. São Paulo: Martins Fontes, 2009, pp. 135/136).

suas *aberturas*, seus vitrais".[173] O método adotado por Tomás[174] é profundamente apreciado por Villey, inclusive por se apresentar de maneira antagônica à estrutura do pensamento hegeliano surgido posteriormente.[175] Nesse sentido, Villey se manifesta:

> A obra de Santo Tomás reflete a curiosidade de espírito insaciável e a arte refinada da controvérsia que fizeram a beleza da Universidade de Paris, então em seu apogeu. Depois de ter feito a *leitura* dos melhores autores, *comentando* seus textos, vinha o exercício da *quaestio*. Método *dialético*: costumavam-se confrontar, sobre um mesmo assunto, opiniões contraditórias, enriquecendo-se de pontos de vista diversos, em vez de ficar rígido num dogma. A *Suma* é tecida de *Questões*. É o exato oposto de Hegel que pretende *deduzir* o real e reduzi-lo ao "racional". Ela é tão rica de problemas quanto de soluções. E deixa muitos problemas abertos. (...) Sua característica primordial? Reunir e conciliar essas duas formas de conhecimento aparentemente

---

173 VILLEY, Michel. *O Direito e os direitos humanos*. Trad. de Maria Ermantina de Almeida Galvão.São Paulo: Martins Fontes, 2007, p. 111.

174 "(...) no que tange ao método, Tomás é um expoente da *escolástica*. Tal escola de filosofia e teologia, no mundo medieval, representou um método particular de leitura, compreensão e exposição dos textos sagrados e das obras que gozavam de reputação e autoridade. Tomás de Aquino se vale dessa grande tradição passada como meio de argumentação. (...) Já nos séculos XI e XII, despontavam na Europa as universidades, com uma disciplina de leitura e comentário da Bíblia e de autores prestigiados, como Pedro Lombardo, que forjava as técnicas dos futuros mestres. Várias manifestações intelectuais decorreram dessas técnicas da escolástica. O respeito ao texto impunha a *lectio*, leitura atenta dos textos. Após isso, a *disputatio*, ou seja, o debate entre ideias, as *quaestio*, questões postas à discussão. Também na escolástica era importante a *praedicatio*, na forma de pregação e sermões. Na parte final da Idade Média, esses procedimentos escolásticos deram surgimento às obras de suma, isto é, de síntese do pensamento, dentre as quais a de São Tomás é a mais importante". (MASCARO, Alysson Leandro. *Filosofia do Direito*. 7ª ed. São Paulo: Atlas, 2019, p. 99).

175 VILLEY, Michel. *Questões de Tomás de Aquino sobre direito e política*. Trad. de Ivone C. Benedetti. São Paulo: Martins Fontes, 2014, pp. 37-50.

heterogêneas: a tradição religiosa e a filosofia pagã; integrar a cultura antiga na teologia cristã.[176]

No que tange às questões jurídicas, Villey observa que Tomás tratou do assunto, dentre outras obras, também na *Suma*, conforme ele esclarece:

> Santo Tomás tratou do direito em sua IIa, IIae, a propósito da virtude moral da justiça, seguindo a ordem de Aristóteles: questão 57, *De jure*; 58, *De justitia* (trata-se, a título principal, da justiça particular); 60, *De judicio* etc. Nelas suas fontes são Aristóteles e o direito romano. (...) *Quaestio* 57, art. 1. Nela encontro condensadas em algumas linhas todas as conclusões do estudo precedente: o direito não é a *lex*. O *Tratado das leis* (Ia, IIae, questões 90 ss.) tinha por objeto a moral, as regras que governam as condutas humanas (*regulae actuum*) na "economia da salvação". A função do *direito* é a mensuração de proporções justas na partilha dos bens exteriores. O homem é, na opinião do jurista, apenas uma *parte* na cidade e recebe das coisas apenas partes limitadas: o direito não tem o que fazer com a infinitude. (...) A *arte* do direito utiliza a observação (*consideratio rei*). Dialéticas, suas conclusões comportam uma dose de arbitrariedade.[177]

Assim, no "tratado das leis", encontram-se as regras diretoras da conduta do homem: "lei eterna, lei natural, lei humana e leis divinas reveladas".[178] Por sua vez, "no tratado da justiça", tem-se

---

176 VILLEY, Michel. *O Direito e os direitos humanos*. Trad. de Maria Ermantina de Almeida Galvão. São Paulo: Martins Fontes, 2007, p. 112.

177 VILLEY, Michel. *O Direito e os direitos humanos*. Trad. de Maria Ermantina de Almeida Galvão. São Paulo: Martins Fontes, 200, p. 118.

178 VILLEY, Michel. *La formation de la pensée juridique moderne*. 2ª ed. Paris: PUF, 2017, p. 153.

a definição do direito.[179] De todo modo, Villey assevera que, para a plena compreensão do pensamento tomista sobre o direito, "é preciso ler a *Suma* inteira", pois "nela encontraremos, em primeiro lugar, dispersa ao longo da obra, uma grande abundância de questões que interessam ao direito".[180]

Para Villey, o pensamento de Tomás não se consubstanciava propriamente em uma inovação, mas em um resgate da filosofia aristotélica e justamente nesse ponto residiria o mérito de Tomás, considerando que tais concepções tinham sido esquecidas pelos pensadores medievais.[181] Em relação ao âmbito jurídico, do mesmo modo, Villey aponta que "a principal contribuição de Tomás para o direito medieval é sua cooperação para o renascimento das instituições antigas".[182] Nesse sentido, ele também observa:

> O mundo dos juristas do século XIII ainda permanecia dominado pelo agostinismo; o direito canônico reivindicava, pelo menos em princípio, a competência universal; a *ideia* de que o único justo verdadeiro é aquele tirado do Evangelho. (...) *na prática*, o direito cristão, de origem puramente

179 VILLEY, Michel. *La formation de la pensée juridique moderne*. 2ª ed. Paris: PUF, 2017, p. 153.

180 "Il faut lire la *Somme* tout entière. On y trouvera d'abord, dispersées au long de l'ouvrage, grande abondance de questions intéressant le droit". (VILLEY, Michel. *La formation de la pensée juridique moderne*. 2ª ed. Paris: PUF, 2017, p. 153).

181 "Era necessário vergastar o agostinismo que, desde a Alta Idade Média, se instalara na Igreja, instilando o desprezo pelos estudos profanos. Santo Tomás é o teólogo desse *Renascimento* intelectual, ao qual se deve o progresso da Europa. (...) Longe de ceder sem resistência ao afluxo da cultura profana renascente (...), ele teólogo verificava seu acordo com a fé cristã. Evitou aceitar tudo da filosofia de Aristóteles. Contudo, a doutrina de Aristóteles pareceu-lhe o ápice do esforço filosófico grego". (VILLEY, Michel. *O Direito e os direitos humanos*. Trad. de Maria Ermantina de Almeida Galvão. São Paulo: Martins Fontes, 2007, p. 113).

182 VILLEY, Michel. *A formação do pensamento jurídico moderno*. Trad. de Claudia Berliner. São Paulo: Martins Fontes, 2009, p. 161.

> sacra, deixara de responder às necessidades sociais. (...) Era preciso que uma teologia e uma filosofia novas justificassem a mudança de direito. (...) para além do direito romano, tinha que ser restaurada sua fonte *viva*, restaurada a *filosofia* que outrora fundamentara sua autoridade e presidira à sua gênese. (...) É nisso que a meu ver, consiste a contribuição de são Tomás para os juristas, mas não apenas nisso. Com efeito, não encontramos nele tão-somente uma restauração pura e simples do direito natural de Aristóteles: pois a missão que são Tomás recebera e aceitara de Roma era batizar Aristóteles, pô-lo de acordo com santo Agostinho, enriquecer essa filosofia refundindo-a no cadinho da fé cristã.[183]

Tomás estabelece uma distinção entre a lei eterna que provém de Deus, a lei natural, oriunda da natureza das coisas, e a lei humana, concebida e posta pelo homem. Ele retoma as concepções aristotélicas acerca do direito natural. Nessa acepção, tem-se que as leis positivas exercem uma função de complementaridade em relação ao direito natural. Villey destaca que "a lei positiva ocupa um lugar preponderante *na* doutrina do direito natural de são Tomás". O jusfilósofo francês ainda acrescenta que:

> O próprio termo *positivus* (*que foi forjado*, conforme o sentido comum do sufixo *ivus* (...)) deve grande parte de seu sucesso na linguagem jurídica moderna a são Tomás, que o extraiu das traduções latinas de Aristóteles.[184]

Na leitura tomista, o direito positivo apresenta-se como uma necessidade inerente à natureza humana política e sociável. A origem da legislação, por sua vez, se dá a partir da autoridade presente que, a depender do regime político, poderá variar.

---

183 VILLEY, Michel. *A formação do pensamento jurídico moderno*. Trad. de Claudia Berliner. São Paulo: Martins Fontes, 2009, pp. 138/139.

184 VILLEY, Michel. *A formação do pensamento jurídico moderno*. Trad. de Claudia Berliner. São Paulo: Martins Fontes, 2009, p. 150.

Assim, ela pode ser de autoria dos monarcas, da classe rica, de uma elite de sábios ou do povo ou, de preferência, advir dessas fontes combinadas, sendo que "sua força repousa, na prática, na aceitação popular".[185]

A autoridade da lei humana positiva deve ser respeitada, na medida em que ela se constitui em uma derivação do direito natural. Contudo, se ela deixar de se apresentar como essa expressão e se dissociar de sua função de realizar o justo, caberá aos juízes modificá-la. Assim, tem-se um completo distanciamento em relação ao juspositivismo concebido na modernidade e consolidado na contemporaneidade, pois "em Tomás de Aquino uma lei que não é voltada ao bem comum não é lei".[186]

A respeito da visão de natureza humana, na perspectiva tomista, insta salientar que ela se distinguia da visão agostiniana, consoante esclarece Villey:

> (...) santo Agostinho tendia (como mais tarde Lutero) a sublinhar a corrupção da natureza humana depois da queda original. Para são Tomás, nossa natureza somente está doente, enfraquecida pelo pecado de Adão e Eva, mas não destruída.[187]

Villey destaca que, no pensamento tomista, havia uma distinção entre as esferas do direito e da moral.[188] A lei moral não

185 VILLEY, Michel. *A formação do pensamento jurídico moderno*. Trad. de Claudia Berliner. São Paulo: Martins Fontes, 2009, p. 151.

186 MASCARO, Alysson Leandro. *Filosofia do Direito*. 7ª ed. São Paulo: Atlas, 2019, p. 101. Cf. VILLEY, Michel. *Questões de Tomás de Aquino sobre direito e política*. Trad. de Ivone C. Benedetti. São Paulo: Martins Fontes, 2014, pp. 112-119.

187 VILLEY, Michel. *A formação do pensamento jurídico moderno*. Trad. de Claudia Berliner. São Paulo: Martins Fontes, 2009, pp. 155/156.

188 "Tomás de Aquino não era 'jusnaturalista'. Os responsáveis por essa medíocre ideologia, de origem moderna, foram seus discípulos infiéis. A primeira eclosão consistiu na obra da *Segunda Escolástica*, sobretudo espanhola, cujo

se confundia com o direito[189] e nela a influência estoica também se fez presente. Por sua vez, o pensamento jurídico de Tomás teve como matriz a filosofia aristotélica, com a concepção de justo natural e tal nada tinha a ver com o moderno jusnaturalismo, de matriz racionalista e idealista. Logo, a "busca do justo conforme a natureza não pode resultar jamais de fórmulas fixas".[190] Nesse contexto, "o direito é o objeto da justiça", a qual, em sentido estrito, "é essa virtude que tem por domínio próprio a partilha entre o meu e o teu no interior de um grupo social",[191] diversa, portanto, da justiça bíblica.[192] Destarte, "tal como definido pela Suma, direito não é liberdade nem 'dignidade da pessoa humana';

---

impacto foi determinante sobre a 'Escola do Direito Natural', como estabeleceram trabalhos históricos recentes. (...) Na *Suma*, a lei natural é *moral* e não tem incidência, pelo menos direta, sobre o direito". (VILLEY, Michel. *Questões de Tomás de Aquino sobre direito e política*. Trad. de Ivone C. Benedetti. São Paulo: Martins Fontes, 2014, pp. 169-171).

189 "(...) Se nos é permitido falar de uma moral cristã, as fontes do *direito* são profanas. (...) Essas necessárias distinções entre a moral e o direito, uma vez que foram conquistadas pelos filósofos da Antiguidade, por que privar-se delas? Porque se é cristão, cumpre voltar à barbárie? Santo Tomás restaura a doutrina rigorosa romana do direito, mostrando que ela em nada se opõe à fé cristã. Devolveu à arte do direito a sua autonomia, e os meios de seu desenvolvimento". (VILLEY, Michel. *O Direito e os direitos humanos*. Trad. de Maria Ermantina de Almeida Galvão. São Paulo: Martins Fontes, 2007, p. 119).

190 VILLEY, Michel. *A formação do pensamento jurídico moderno*. Trad. de Claudia Berliner. São Paulo: Martins Fontes, 2009, p. 149.

191 VILLEY, Michel. *A formação do pensamento jurídico moderno*. Trad. de Claudia Berliner. São Paulo: Martins Fontes, 2009, p. 157.

192 "(...) a justiça bíblica é diferente da 'justiça particular' de Aristóteles. Significa mais santidade, adesão a Deus, a seus mandamentos. Quando lemos na Santa Escritura 'Observai o direito e a justiça', 'Procurai primeiro o reino de Deus e sua justiça, o resto vos será dado a mais', 'A fé justifica', é evidente que esses preceitos não se referem à partilha de 'bens exteriores'. Talvez tenha alguma semelhança com a noção de justiça 'geral' de Aristóteles, a que ele também chamava 'justiça legal': observância da Lei, da Torá. (...) Não creio que o antigo mundo judaico tenha conhecido o conceito de direito, praticado essa arte que Aristóteles e os jurisconsultos de Roma discernirão. Como todos os povos que a invenção romana não tocou, ele era regido por leis, regras de conduta às vezes sancionadas". (VILLEY, Michel. *O Direito e os direitos*

tem por objeto a partilha de bens exteriores".[193] Desse modo, as concepções de justiça e direito de Tomás de Aquino são herdeiras das postulações de Aristóteles, de maneira que não há lugar no tomismo para a moderna noção de sujeito de direito.[194]

Villey entende que os juristas cometem um equívoco ao confundirem a abordagem que Tomás de Aquino faz, em sua *Suma*, acerca das leis com o direito propriamente dito. Nesse sentido, o jurista francês observa, ao referir-se ao "quadro das leis" do texto de Tomás:

> Para os juristas, é um dos mais célebres trechos da *Suma* (Iª IIª, qu. 90 a 108). Mas antes é preciso prevenir um mal-entendido. Não é um tratado de direito (*jus*). Seus leitores de hoje são enganados pela sinonímia introduzida entre leis e direito pela teoria jurídica moderna. Esse não era o uso clássico. O Tratado das leis dos filósofos gregos, ou de Cícero, continham coisa diferente do direito. O mesmo ocorre com o de Tomás de Aquino.[195]

Não obstante a obra de Tomás não se tratar de um tratado jurídico propriamente dito, dela se poderia extrair consequências

---

humanos. Trad. de Maria Ermantina de Almeida Galvão. São Paulo: Martins Fontes, 2007, pp. 114/115).

193 VILLEY, Michel. *Questões de Tomás de Aquino sobre direito e política*. Trad. de Ivone C. Benedetti. São Paulo: Martins Fontes, 2014, p. 4.

194 "Sobre os sentidos do termo *justiça*, Tomás de Aquino pode valer-se das Ética de Nicômaco, comentadas diante de seus estudantes. (...) A justiça particular – escreve Tomás de Aquino – tem sua "*matéria* própria (...). Também tem seu objeto próprio (...), que é retificar: não as qualidades subjetivas dos indivíduos, mas as *relações* existentes entre o bem de uma pessoa singular e o de outra (...). Tem em vista as proporções. Representa, por conseguinte, a figura mais perfeita que conhecemos da Justiça". (VILLEY, Michel. *Questões de Tomás de Aquino sobre direito e política*. Trad. de Ivone C. Benedetti. São Paulo: Martins Fontes, 2014, pp. 119 e 123/124).

195 VILLEY, Michel. *Questões de Tomás de Aquino sobre direito e política*. Trad. de Ivone C. Benedetti. São Paulo: Martins Fontes, 2014, p. 92.

para a esfera do direito, tal como reconhece Villey. Contudo, o jurista francês observa que tais possibilidades de aplicação eram destituídas de autêntica originalidade, pois, no fundo, representavam uma retomada do pensamento da antiguidade no que tange à essas questões. Assim, a profunda veneração de Villey à filosofia tomista não lhe obliterava a visão sobre suas possíveis limitações,[196] bem como das matrizes do pensamento do Doutor da Igreja Católica, no que tange especialmente às suas concepções acerca do direito, conforme se verifica no excerto a seguir:

> No fundo, esse método é muito simples: parte da observação dos costumes, das "inclinações" espontâneas supostas naturalmente boas, mas tenta discernir, entre os costumes ainda naturais, os desvios, passíveis de reconhecimento pelo resultado infeliz, pelo seu fracasso, por deixarem de servir a essa ordem, a essa ligação racional dos atos aos fins que percebemos, ao contrário, em outros exemplos. É um método de bom senso, ao qual talvez só prestemos um desserviço se tentarmos analisá-lo de maneira absoluta. Manejado por são Tomás, conduz a resultados substanciais. Não deixa de ter utilidade compreender bem os perigos que o incesto, o divórcio representam para a criança e a sociedade. É certo que essas verdades carecem de sal e de novidade; e que não são nem um pouco originais as soluções de são Tomás no

196 "Quando tomei conhecimento de Tomás de Aquino, corri para me inscrever na reacionária e cada vez mais esquelética Associação para a Defesa do Latim. Todos sabem que a causa está perdida. As necessidades da técnica impõem que a preferência seja dada à linguagem do computador e ao inglês americano. Toda a política cultural da V República Francesa, mas também, infelizmente, da Europa inteira empenhou-se com afinco na supressão do latim. (...) Tomás de Aquino manejava o latim, não diremos com elegância (não escrevia romances), mas com perfeito domínio. Tinha pelo menos vernizes de grego, pois com bastante frequência lhe ocorre, nos comentários a Aristóteles, referir-se ao original. Tentou restaurar alguns termos gregos: sindérese, *gnome synesis, epieikeia*, (mal traduzida pela paravra *equitas*); sem grande sucesso". (VILLEY, Michel. *Questões de Tomás de Aquino sobre direito e política*. Trad. de Ivone C. Benedetti. São Paulo: Martins Fontes, 2014, p. 19).

que concerne à propriedade privada, à venda, à hierarquia, à servidão ou ao melhor regime político. Em geral, elas retomam as conclusões de Aristóteles, de Cícero ou do direito romano. Tinham pelo menos o valor de serem ditas na época de são Tomás – assim, os resultados da ciência pagã eram restituídos aos juristas europeus, junto com a filosofia da qual eram a aplicação.[197]

1.6 A formação do pensamento jurídico moderno e a contemporaneidade

1.6.1 Antecedentes histórico-filosóficos: o nominalismo de Ockham

Nascido em Ockham, nos arredores de Londres, na Inglaterra, o religioso Guilherme, viveu aproximadamente de 1285 a 1350, celebrizou-se por seu pensamento original e veio a falecer em Munique, vítima da peste negra. Ao longo de sua trajetória, Guilherme de Ockham, cuja formação não era de jurista, foi constrangido a buscar soluções jurídicas para problemas de sua época, especialmente atinentes à relação da Ordem Franciscana com o Vaticano. Segundo Michel Villey, Ockham foi "o escolástico franciscano que deixou a marca mais forte na filosofia do direito – cuja obra demarca a passagem do direito clássico para o direito moderno".[198]

O caminho filosófico trilhado por Ockham chama-se nominalismo,[199] o qual postula a existência tão-somente dos indivíduos

197 VILLEY, Michel. *A formação do pensamento jurídico moderno*. Trad. de Claudia Berliner. São Paulo: Martins Fontes, 2009, pp. 146/147.

198 VILLEY, Michel. *A formação do pensamento jurídico moderno*. Trad. de Claudia Berliner. São Paulo: Martins Fontes, 2009, p. 221.

199 "(...) o nominalismo, por si só, significa em filosofia do direito uma revolução radical". (VILLEY, Michel. *A formação do pensamento jurídico moderno*.

desprovidos de seus predicados relacionais. Logo, "na interpretação de Ockham, só os *indivíduos* existem: só Pedro, Paulo, aquela árvore, aquele bloco de pedra são *reais*, só eles constituem 'substâncias'".[200] Nessa esteira, não há conceitos universais, assim sendo, "quanto ao 'homem', quanto ao vegetal ou ao mineral, isso não existe, e poderíamos dizer o mesmo de todas as noções gerais".[201]

No horizonte nominalista professado por Ockham, a própria concepção de ciência possuía caráter individualista, de modo que, sob essa ótica, "somente o indivíduo é dotado de existência real, é o único centro de interesse, o único objeto autêntico de nossos conhecimentos".[202] Tal perspectiva repercute na leitura ockhamiana do fenômeno jurídico, ensejando a compreensão de que "não pode haver mais ordem jurídica que não proceda da vontade individual".[203] Portanto, a arte jurídica perde seu caráter cósmico e social postulado pela filosofia de matriz aristotélica e passa a gravitar em torno do sujeito.[204]

Villey esclarece que:

Trad. de Claudia Berliner. São Paulo: Martins Fontes, 2009, p. 223).

200 VILLEY, Michel. *A formação do pensamento jurídico moderno*. Trad. de Claudia Berliner. São Paulo: Martins Fontes, 2009, p. 229.

201 VILLEY, Michel. *A formação do pensamento jurídico moderno*. Trad. de Claudia Berliner. São Paulo: Martins Fontes, 2009, p. 229.

202 VILLEY, Michel. *A formação do pensamento jurídico moderno*. Trad. de Claudia Berliner. São Paulo: Martins Fontes, 2009, p. 280.

203 VILLEY, Michel. *A formação do pensamento jurídico moderno*. Trad. de Claudia Berliner. São Paulo: Martins Fontes, 2009, p. 280.

204 "Le nominalisme procède d'une vision individualiste des choses. Rapportée au droit, cette philosophie devient un sistème de permission accordée au pouvoir de l'individu d'adopter tel ou tel comportement ou, a contrario, l'interdiction d'exercer ce pouvouir (...). La philosophie d'Occam préside à la 'naissance de la loi moderne' (...) et son corollaire, l'exaltation dui pouvoir. L'ontologie d'Occam ne situe pas l'homme dans cet ensemble naturel qu'est la Cité. (...) L'individu est l'axe du nominalisme d'Occam". (BAUZON, Stéphane. *Le métier de juriste*: du droit politique selon Michel Villey. Québec: Les Presses de l'Université Laval, 2003, p. 153).

> O próprio termo "direito subjetivo" data apenas do século XIX. Mas a noção de direito concebido como o atributo de um sujeito (*subjectum juris*) e que só existiria para *benefício* deste sujeito, remonta pelo menos ao século XIV. Ela já está presente em Guilherme de Occam, fundador da "nova via". Notamos em seguida seu desenvolvimento na escolástica da baixa Idade Média e do Renascimento espanhol e finalmente, sobretudo a partir do século XVII, nas teorias dos juristas. Ela comanda o sistema de Hobbes. É o signo do triunfo do sistema individualista.[205]

A filosofia de Ockham opõe-se à tradição do realismo clássico de Aristóteles e, por conseguinte, ao pensamento de Tomás de Aquino. A consequência desse pensamento para o âmbito jurídico foi direta, na medida em que o foco passou a estar no indivíduo[206] e não nas relações sociais, de modo que o direito começa a ser atrelado à noção de sujeito e não mais a se identificar à natureza das coisas. Por sua vez, a norma jurídica, nesse contexto, passa ocupar um papel de primazia, pois, diante da impossibilidade de extração do justo a partir da natureza, seu lastro passa a estar nas vontades individuais positivadas.[207] Do ponto de vista do

---

205 VILLEY, Michel. *Filosofia do Direito*: definições e fins do direito: os meios do direito. Trad. de Márcia Valéria Martinez de Aguiar. São Paulo: Martins Fontes, 2008, pp. 140/141.

206 "L'individu est, par définition, ce qui ne peut plus être divisé. Dans une conception physique du monde, nous pouvons dire que la notion latine d'individu correspond à la notion grecque d'atome. Mais la notion d'individu n'est pas qu'une notion physique. Lorsque Guillaume d'Occam parle d'individu, il entend par là le terme dans sa signification logique: l'individu est ce qui peut être conçu par soi-même". (CAMPAGNA, Norbert. *Michel Villey*: le droit ou les droits? Paris: Éditions Michalon, 2004, pp. 31/32).

207 VILLEY, Michel. *A formação do pensamento jurídico moderno*. Trad. de Claudia Berliner. São Paulo: Martins Fontes, 2009, p. 233.

nominalismo, "no real e na 'natureza' não existe nada acima dos indivíduos: não existem universais, estruturas, direito natural".[208]

Villey sustenta que a filosofia de Guilherme de Ockham representa a "inauguração da via moderna",[209] pois nela podem ser encontradas as raízes filosóficas da subjetividade jurídica e do juspositivismo.[210] Nesse sentido esclarece Olivier Jouanjan:

> A saída do mundo clássico dos juristas, que passa pelo aparecimento do "sujeito de direito", produz, ao mesmo tempo, de acordo com Villey, como fruto de um mesmo movimento do pensamento, o direito individual subjetivo, que se torna a "palavra-chave do direito moderno" (...), e o positivismo jurídico. Como sabemos, esse duplo movimento se encontra, para Villey, prefigurado na obra de Ockham: o positivismo seria o "corolário" do nominalismo, já que sua ontologia é estritamente individualista no sentido mais amplo do termo, na medida em que compreende a ciência como aquilo que "gravita" em torno do indivíduo, o que leva a introduzir, na própria base do novo pensamento jurídico, a figura do direito subjetivo. (...) Isso porque, na grande narrativa de

---

208 VILLEY, Michel. *A formação do pensamento jurídico moderno*. Trad. de Claudia Berliner. São Paulo: Martins Fontes, 2009, p. 231.

209 "A principal razão da fama de Ockham é, por certo, o fato de ter inaugurado a via moderna. Ele sem dúvida não foi o primeiro a percorrer essa via. (...) Mas a história pôs em posição de destaque a obra pessoal de Ockham, fez dele o fundador de uma escola de filosofia que atravessará toda a história moderna e ainda sobrevive hoje: o ockhamismo (...). A querela dos universais pode, hoje, parecer arcaica, talvez ultrapassada, ou, de preferência, fora de moda – embora seja eterna. (...) aí de situa a linha divisória entre o direito natural clássico, inseparável do realismo de Aristóteles e de São Tomás, e o positivismo jurídico". (VILLEY, Michel. *A formação do pensamento jurídico moderno*. Trad. de Claudia Berliner. São Paulo: Martins Fontes, 2009, p. 226).

210 "(...) perceberemos na obra jurídica de Guilherme de Okcham a eclosão, quanto às fontes do direito, do positivismo jurídico, e quanto à sua estrutura, da noção de direito subjetivo individual". (VILLEY, Michel. *A formação do pensamento jurídico moderno*. Trad. de Claudia Berliner. São Paulo: Martins Fontes, 2009, p. 225).

> Villey do pensamento jurídico ocidental, o positivismo e o subjetivismo jurídicos se enraízam no nominalismo de Ockham que, no contexto dessa narrativa, é visto como o "momento 'copernicano' da história da ciência do direito".[211]

Guilherme de Ockham foi antecedido por outro importante pensador, Duns Escoto (1266-1308), "o filósofo do primado da *vontade*", autor de uma teologia, e também de uma "psicologia e de uma moral voluntaristas". Desse modo, "à vontade é dada primazia sobre a razão".[212] Os mandamentos divinos tinham o valor de uma ordem decorrente da vontade de Deus. Assim, o amor foi erigido em lei universal exclusivamente por vontade divina, de modo que Deus, por seu poder, poderia ter instituído uma ordem na qual a lei fosse o ódio. Portanto, "todo conteúdo da moral fica pendente da insondável *vontade* divina, da sua vontade *positiva*".[213]

A visão de mundo de Escoto é lastreada no indivíduo, possui caráter personalista. Em sua leitura das escrituras cristãs, ele não

---

211 "La sortie du monde classique des juristes, qui passe par l'avenèment du 'sujet de droit', produit tout à la fois, selon Villey, comme d'un même mouvement de la pensée, et le droit individuel subjectif, qui devient le 'maître-mot du droit moderne' (...), et le positivisme juridique. Comme l'on sait, ce double mouvement est, selon Villey, préfiguré chez Ockham: le positivisme serait le 'corollaire' du nominalisme qui, lui-même, puisque son ontologie est strictement individualiste au sens le plus large de ce terme, ne fonde de science que celle qui gravite autour de l'individu, ce qui introduit, à la base même de la pensée juridique nouvelle, la figure du droit subjectif (...). Parce que, dans le grand récit villeyen de la pensée juridique occidentale, et le positivisme et le subjectivisme juridiques s'enracinent dans le nominalisme ockhamien, cellui-ci peut être dit, à juste titre dans la trame de ce récit, le "moment 'copernicien' de l'histoire de la science du droit"(...)". (JOUANJAN, Olivier. "Les aventures du sujet dans la narration villeyenne de l'histoire de la pensée juridique". *Droit et Societé*, nº 71 – *Dossier Michel Villey, vingt ans déjà!*. Paris: Lextenso Éditions, 2009, p. 32).

212 VILLEY, Michel. *A formação do pensamento jurídico moderno*. Trad. de Claudia Berliner. São Paulo: Martins Fontes, 2009, pp. 207/208.

213 VILLEY, Michel. *A formação do pensamento jurídico moderno*. Trad. de Claudia Berliner. São Paulo: Martins Fontes, 2009, p. 205.

enxerga o "Deus dos filósofos", "essa abstração impessoal", mas sim "Jeová, que se exprime com estardalhaço sobre o Sinai" e "Jesus que dialoga com o coração do místico cristão". Nessa ótica, "o homem de que fala o Evangelho não é apenas o gênero humano", já que "Deus demonstra amor por *cada um* dos indivíduos, como um *pai* ama *distintamente* cada um de seus filhos e de suas filhas".[214]

Para Escoto, o conhecimento se dá a partir do singular, de sorte que conhecemos intuitivamente o indivíduo, dotado de forma particular e distinta dos demais. Logo, tem-se uma valorização da liberdade individual, inclusive, no que tange à possibilidade de escolha. No indivíduo situam-se os pontos de partida e de chegada do conhecimento científico, ou seja, sua própria finalidade. Para Villey, "*toda filosofia moderna*, fundada no individualismo, está em germe nessa doutrina".[215]

Guilherme de Ockham foi bastante influenciado pelo pensamento de Escoto, mas aprofunda consideravelmente essa visão individualista de mundo, impulsionado por controvérsias teológicas e políticas de seu tempo.[216] Ockham se viu envolvido em um cenário no qual o Papa João XXII pretendeu impor aos franciscanos a titularidade da propriedade dos bens de que eles se serviam e

---

214 VILLEY, Michel. *A formação do pensamento jurídico moderno*. Trad. de Claudia Berliner. São Paulo: Martins Fontes, 2009, p. 205.

215 VILLEY, Michel. *A formação do pensamento jurídico moderno*. Trad. de Claudia Berliner. São Paulo: Martins Fontes, 2009, p. 208.

216 "Em se tratando da própria querela dos universais, sabe-se que Duns Escoto tomou, em definitivo, o partido dos 'realistas': excetuando o primado do indivíduo (e da onipotência divina). Duns Escoto admite que as qualidades expressas em termos universais (tais como, no indivíduo Pedro ou Paulo, a humanidade, a liberdade, a animalidade) sejam 'formalmente distintas' no ser; retoma portanto o realismo e até o exagera e será finalmente incluído, nas controvérsias do século XIV, entre os partidários do método antigo de filosofar (*via antiqua*). Ockham, ao contrário, teve a honra de ser considerado o iniciador, o '*inceptor*' da '*via moderna*' – e motivos religiosos não foram os únicos a determinar sua atitude". (VILLEY, Michel. *A formação do pensamento jurídico moderno*. Trad. de Claudia Berliner. São Paulo: Martins Fontes, 2009, p. 228).

isso contrariava os perceitos da Ordem, cujos votos de pobreza constituiam regra fundamental de Francisco de Assis.[217]

Diante desse impasse jurídico, Ockham, que não era jurista de formação, viu-se forçado a tentar dirimir a controvérsia em defesa dos interesses franciscanos e para isso edifica uma teoria dissociada da concepção clássica de direito natural e do direito romano e, por conseguinte, dissociada do tomismo. Seguindo os passos de Escoto e aprofundando a noção individualista daquele, Ockham termina por erigir uma doutrina matricial da subjetividade jurídica e do juspositivismo.

Questões políticas permearam o conflito entre a Ordem Franciscana e o Vaticano. A perseguição aos franciscanos fez com que Ockham buscasse o apoio do imperador Luis da Baviera, o qual, por sua vez, também estava em contenda com o Papado, que pretendia impor-lhe o poder da Igreja em detrimento do poder imperial.

A querela em torno da pobreza franciscana adquiriu proporções consideráveis, inclusive, com controvérsias dentro da própria Ordem, como o chamado "movimento dos espirituais",[218] e a partir dessa situação o próprio conceito de direito passa a ser questionado. O desafio passa a ser o estabelecimento de uma distinção entre o uso e o direito subjetivo de propriedade. Para Villey, essa é "uma controvérsia decisiva", na qual se dará "a eclosão do pensamento jurídico moderno".[219]

---

217 "Saint François a donné pour règle aux frères de son Ordre d'être *pauvres*, à l'exemple du Christ: il ne se souciait pas de définir la pauvreté en termes de droit". (VIILEY, Michel. "Droit subjectif (La genèse du droit subjectif chez Guillaume d'Occam)". *In*: ______. *Seize essais de philosophie du droit*. Paris: Dalloz, 1969, p. 159).

218 "(...) corriente interna de la orden que se afanaba por exaltar la pobreza (...)". (CABANILLAS, Renato Rabbi-Baldi. *La Filosofia Jurídica de Michel Villey*. Pamplona: Ediciones Universidad de Navarra, 1990, p. 457).

219 VILLEY, Michel. *A formação do pensamento jurídico moderno*. Trad. de Claudia Berliner. São Paulo: Martins Fontes, 2009, p. 221.

Com efeito, Ockham engendrará um caminho teórico de ruptura com as antigas concepções de que o direito estava atrelado à natureza das coisas. O direito, na construção ockhamiana, é apartado da noção de coisa e passa a ser atributo do sujeito. Ao mesmo tempo, ele aponta a identificação entre direito e poder. Assim, ele constrói uma teoria do direito subjetivo, o qual passa a ser compreendido como um poder do sujeito. Isso permitirá a Ockham sustentar a posição de que os franciscanos poderiam usar os bens sem ter sobre eles o direito subjetivo de propriedade.

Por outro lado, Ockham também apresentará uma leitura do fenômeno jurídico de caráter juspositivista, seguindo a trilha aberta por Duns Escoto. Nessa esteira, tanto o direito positivo de origem divina, no aspecto teológico, quanto o direito positivo de origem humana, no aspecto temporal, ocuparão a primazia em suas construções filosóficas. O positivismo jurídico será uma decorrência do individualismo e do voluntarismo, haja vista que, ao tratar dos textos jurídicos romanos, Ockham sustentará que "a competência criadora da própria vontade imperial encontra seu fundamento da *vontade* popular".[220]

Acerca das raízes filosóficas da subjetividade jurídica e do juspositivismo na filosofia de Guilherme de Ockham, conforme a leitura de Michel Villey, retornaremos mais adiante.

1.6.2 Os modernos e o direito

Michel Villey observa que o advento da modernidade representa uma ruptura com o pensamento jurídico da antiguidade greco-romana e com o tomismo. O caráter individualista da "via moderna", já apregoada desde o nominalismo, acentua-se gradativamente na mesma medida em que são deixadas para trás

---

220 VILLEY, Michel. *A formação do pensamento jurídico moderno*. Trad. de Claudia Berliner. São Paulo: Martins Fontes, 2009, p. 248.

as contruções teóricas do direito e da justiça típicas do mundo antigo.[221] A "invenção romana", de matriz aristotélica, é deixada de lado e em seu lugar desenvolve-se um pensamento focado cada vez mais na subjetividade, de modo que o sujeito de direito passa a ser a figura central desse novo edifício.

A nova arquitetura do pensamento jurídico teve seus esboços na filosofia do direito de Ockham, mas começou a adquirir seus verdadeiros alicerces na modernidade. Erigida sobre a base da subjetividade jurídica, terá como consequência o positivismo jurídico. Villey, em suas obras, mostra como se deu essa caminhada na contramão da filosofia aristotélica e do direito romano, a partir do estudo pormenorizado de alguns pensadores destacados por ele como mais representativos nessa transição, e também através de um panorama geral de tal processo.

Interessante notar que Villey aponta a modificação, por exemplo, das próprias concepções acerca dos institutos jurídicos romanos, os quais foram falseados pelas leituras dos romanistas. Assim, o direito romano que geralmente se estuda nas universidades é muito mais o resultado de uma impressão do pensamento jurídico moderno, do que propriamente da realidade jurídica romana. Em diversas passagens, ele destaca a atuação dos pandectistas nesse

---

221 "Dans l'élite des savants modernes, un rejet de la philosophie d'Aristote et de sa méthode d'observation intégrale de la réalité. À la suite de Scot, les nominalistes, promoteurs de la *via moderna* – d'une manière de philosopher qui dejà s'affirmait 'moderne' – ont réduit cette réalité à des substances individuelles. C'est nier que soient réelles les *relations* entre ces substances. On tend à n'y voir qu'un produit du travail de notre Raison. (Tendance qui attendra à son paroxysme dans la philosophie de Kant). (...) Or précisément le mot *droit*, pour la philosophie classique signifiait une relation, ordre existente *entre* plusieurs êtres – pris au sens strict, le juste rapporte des biens et charges répartis entre des plaideurs. La doctrine moderne va centrer tous ses discours sur des *sujets*, ou substances individuelles, comme si substances constituaient vraiment les seules réalités". (VILLEY, Michel. "Le droit naturel". *In*: ______. *La nature et la loi*: une philosophie du droit. Paris: Les éditions du Cerf, 2014, livro digital Kobo).

processo de deturpação,[222] bem como da filosofia do direito moderna e contemporânea de modo geral, com algumas exceções.

Ao tratar, por exemplo, do direito de propriedade, Villey observa a intrínseca diferença entre as características da propriedade romana e da propriedade moderna. Em John Locke e no idealismo alemão, por exemplo, tem-se que "a propriedade das coisas exteriores é condição da liberdade e do desenvolvimento da pessoa humana". Por sua vez, em Roma, o foco do direito era a partilha justa dos bens, de sorte que "cada um tenha o seu, *suum cuique*, sua parte *própria* bem determinada".[223] O vocábulo *proprietas*, por sua vez, em seu sentido lato, designava o atributo de uma coisa, como por exemplo, "a *salubritas* de uma terra é sua qualidade de ser sã", e em seu sentido estrito tinha usos muito específicos e de nenhum modo correspondia à moderna ideia de direito subjetivo.[224] Natale Rampazzo, ao comentar os estudos romanísticos de Villey sobre a questão, esclarece:

> Proprietas não é o direito subjetivo de propriedade, mas uma qualidade abstrata da coisa, sua qualidade de ser própria de

---

222 VILLEY, Michel. *Direito Romano*. Trad. de Fernando Couto. Porto: Rés-Editora, 1991, p. 86.

223 No original: "Il est vrai que la propriété des choses extérieures est condition de la liberté et d'épanouissement de la personne humaine, ainsi que l'ont expliqué Locke et l'idéalisme allemand. (...) Quelle est à Rome la fin du droit? Que chacun ait le sien, *suum cuique*, sa part *propre* bien déterminée". (VILLEY, Michel. "Notes sur le concept de propriété". *In*: ______. *Critique de la pensée juridique moderne*: Douze autre essais. Paris: Dalloz: 2009, p. 198).

224 "Le terme *proprietas*, à vrai dire, était d'un usage assez rare dans les textes juridiques romains. Au sens plus strict il désigne l'*objet* de ce qu'on nomme aujourd'hui *nue-propriété*: dans cette hypothèse très particulière où le bénéfice d'une chose est divisée entre deux personnes, l'usufruitier, et d'autre part le 'propriétaire' (*fit ut apud alium usus fructus, apud alium proprietas sit* – Gaius II 33)". (VILLEY, Michel. "Notes sur le concept de propriété". *In*: ______. *Critique de la pensée juridique moderne*: Douze autre essais. Paris: Dalloz: 2009, p. 193).

> alguém, objeto de apropriação. Ela é, portanto, intrínseca às coisas corpóreas. Não se transfere o direito de propriedade, mas a própria coisa, que contém a *proprietas*.[225]

A gênese histórica do capitalismo, no período de acumulação primitiva, coincide com a gênese histórico-filosófica da subjetividade jurídica na modernidade. Não obstante no estoicismo já se encontrasse, de algum modo, os germes da subjetividade, e as raízes da noção de sujeito de direito já estivessem presentes em Ockham, é somente com o advento da filosofia moderna que tal concepção começa a ganhar seus contornos decisivos.

O jurista francês destaca a filosofia de Hobbes como de importância fundamental na construção do pensamento jurídico moderno. Villey salienta que Hobbes "tirou todas as consequências do nominalismo para o direito" e "pode ser chamado de fundador da filosofia do direito individualista moderno, se bem que os princípios de seu sistema já se encontrem em Guilherme de Occam e Duns Scott no século XIV".[226]

Para Villey, da mesma raiz nominalista procedem tanto a subjetividade jurídica quanto o juspositivismo que irão ter repercussões nas filosofias do direito moderna e contemporânea. Ele ressalta que o nominalismo dará origem a diversos sistemas de pensamento, contudo, todos eles de caráter individualista. Desde teóricos do direito natural moderno até utilitaristas, na transição

---

225 No original: "Proprietas n'est pas le droit subjectif de propriété, mais une qualité abstraite de la chose, sa qualité d'être propre à quelqu'un, objet d'appropriation. Elle est donc intrinsèque aux chose corporelles. On ne transfère pas le droit de propriété mais la chose elle-même, qui contient la *proprietas*". (RAMPAZZO, Natale. "Critique de la lecture villeyenne du droit romain". *In*: DELSOL, Chantal; BAUZON, Stéphane. *Michel Villey*: le juste partage. Paris: Dalloz, 2007, p. 119).

226 VILLEY, Michel. *Filosofia do Direito*: definições e fins do direito: os meios do direito. Trad. de Márcia Valéria Martinez de Aguiar. São Paulo: Martins Fontes, 2008, p. 139.

para a contemporaneidade, como Jeremy Bentham, passam pelas concepções do nominalismo.[227] Acerca do pensamento de Bentham, cabe destacar as seguintes considerações de Villey:

> Bentham é curiosamente atual. Representa uma nova linhagem do espírito científico moderno, desafiadora frente às nobres construções da ciência política do século XVII. Teve a audácia de repudiar as teorias do "estado de natureza" e dos "direitos naturais do homem", que chamava de *fictícias* (...) Mas Bentham é *nominalista*, e nominalista ferrenho; afirma, com a dureza do ferro, o dogma de que o universo

---

227 "On enseigne que le fondateur de l'école utilitariste – encore qu'il ait maint précurseur – serait Bentham, à la fin du XVIIIe siècle: à cause du principe de l'utilité qu'il définit au commencement de ces 'Principes de morale et législation'. Puisque tout homme cherche son plaisir – et d'après Bentham cet axiome serait une vérité scientifique – désormais le principe unique de la philosophie morale doit être de centrer ses efforts vers ce but: la maximation des plaisirs. Il ajoute, on voit mal pourquoi, la maximation des plaisirs du plus grand nombre de gens possibles dans un groupe social. Et la morale devient une science, qui aura pour fonction de calculer les moyens capables d'aboutir, avec le plus d'économie, à cet objectif. (...) Notons le terme d'individus. L'individualisme, héritage du nominalisme, est une pièce fondamentale de la doctrine utilitariste. Et le libéralisme: à chaque membre du groupe, à l'individu appartient de choisir ses valeurs, de décider où sont ses 'plaisirs'. Ne reste donc à la morale qu'à bien calculer les moyens de les lui procurer, de servir ses désirs. Ce dogme va demeurer la collone maîtresse de l'utilitarisme de Stuart Mill, disciple de Bentham, qui cependant corrigera certaines grossièretés de sa doctrine: l'idée sourtout que le plaisir puisse être quantifié, et qu'on n'ait pas à tenir compte de ses qualités. Encore d'Austin et de Sidgwick. Aujourd'hui des philosophes néo-utilitaristes, très vivaces en Amérique. Car cette philosophie morale jouit toujours d'une immense fortune aux Etats-Unis. J'ai lu souvent dans des traités de la morale anglais ou américains que c'était la seule philosophie morale qui tienne de nos jours. La plupart des américains me paraissent mal réussir à s'en dégager. Je le dirais même de John Rawls dont la *Théorie de la justice* est un *best seller*. Il a un prétendu dépasser l'utilitarisme. J'en doute pour ma part. Et cette philosophie morale s'est répandue largement à travers le monde". (VILLEY, Michel. "Préface historique". *Archives de philosophie du droit*, nº 26 – *l'utile et le juste*. Paris: Sirey, 1981, pp. 2/3).

> é constituído exclusivamente de indivíduos; o único fim de nossas atividades seria o de servir aos indivíduos.[228]

No utilitarismo de Bentham, o homem tem como finalidade a busca do prazer e, nesse contexto, ele compreende o direito como legislação, a qual é "considerada como um meio de 'maximização do prazer' e de redução da quantidade de pena".[229] Assim, as leis "fabricadas conscientemente com este objetivo (...) terão a vantagem de ser úteis", de modo que "a função do jurista será unicamente a de aplicar – positivismo jurídico".[230] Sobre esse ponto, Villey ainda observa:

> Em suma, a Europa moderna deixará de se interessar pela justiça (no sentido aristotélico da palavra). Passará a ter outros objetivos. Essa metamorfose do direito responderá aos desejos da classe burguesa mercantil, a suas necessidades de segurança na riqueza e nas transações comerciais, à sua vontade de um direito regulamentado, rígido, de soluções previsíveis (...).[231]

O individualismo e a cisão entre direito e objeto apresentam-se como características da filosofia moderna.[232] Ao mesmo tempo,

---

228 VILLEY, Michel. *Filosofia do Direito*: definições e fins do direito: os meios do direito. Trad. de Márcia Valéria Martinez de Aguiar. São Paulo: Martins Fontes, 2008, p. 150.

229 VILLEY, Michel. *Filosofia do Direito*: definições e fins do direito: os meios do direito. Trad. de Márcia Valéria Martinez de Aguiar. São Paulo: Martins Fontes, 2008, p. 151.

230 VILLEY, Michel. *Filosofia do Direito*: definições e fins do direito: os meios do direito. Trad. de Márcia Valéria Martinez de Aguiar. São Paulo: Martins Fontes, 2008, pp. 150/151.

231 VILLEY, Michel. *A formação do pensamento jurídico moderno*. Trad. de Claudia Berliner. São Paulo: Martins Fontes, 2009, p. 661.

232 "La tendance de la pensée moderne en general est d'installer à la place du monde réel, comme fondement de la connaissance, des concepts de l'esprit humain. Ainsi dissocie-t-elle le monde. Dans leur volonté de tout réduire

tem-se o engrendramento do sistema juspositivista.[233] Trata-se de dois movimentos filosóficos simultâneos oriundos da modernidade. Embora com raízes no nominalismo, foi apenas na modernidade que essas concepções ganharam robustez e especificidade, desatrelando-se das concepções escolásticas. Tal mudança de paradigma se dá justamente no momento de ascensão econômica da burguesia, a qual ansiava por liberdade comercial, segurança jurídica e proteção à propriedade privada.

Portanto, tendo como pano de fundo profundas transformações sociais, tem-se uma nova visão filosófica de mundo que impactará no pensamento jurídico. O renascimento representará o resgate da antiga filosofia estoica especialmente, conforme aponta Villey. Daí a sua característica intrinscamente humanista. O homem passa a ser o centro de gravidade do mundo moderno. Não

---

à des *idées* 'claires et distinctes', et compréhensibles, les méthaphysiciens modernes dissèquent analytiquement le monde en éléments simples et fixes, sauf ensuite à le reconstruire, par voie de synthèse, à partir de ces éléments. Ils *séparent*, avec Descartes, d'une part, les âmes, la pensée; d'autre part, les corps et l'éntendue; plus tard le devoir être de l'être, la valeur et le fait, comme appartenant à des règnes radicalement différents. Brisant l'unité de la science, sur ces bases distinctes ils installent autant de doctrines spécialisées. (...) Leur ouvre de dissociation peut être poussée encore plus loin: ils décomposent la nature en substances singulières; par exemple au lieu des cités ou autres groupes sociaux (que la *Politique* d'Aristote se donnait pour tâche d'observer), ils ne tiendront pour naturels que les hommes individuellement et se donneront (comme les Stoïciens) à l'étude de la 'nature de l'homme'". (VILLEY, Michel. "Panorama des philosophies juridiques modernes occidentales et marxistes du monde socialiste". *In*: ______. *Critique de la pensée juridique moderne*: Douze autres essais. Paris: Dalloz, 2009, p. 164).

233 "Le droit cesse d'être *défini* à la manière, assez confuse, mais si realiste, d'Aristote et de saint Thomas, comme la recherche de la solution 'juste' adaptée à chaque cas concret (*dikaion – id quod justum est*); il devient notion claire et distincte; la plupart des auteurs modernes l'indentifient à un 'ensemble de règles' de conduite humaine, assimilent le droit à des *lois*; monde fermé sur soi de *normes* relevant du règne du devoir être, coupé des faits, de l'observation de chaque cas". (VILLEY, Michel. "Panorama des philosophies juridiques modernes occidentales et marxistes du monde socialiste". *In*: ______. *Critique de la pensée juridique moderne*: Douze autres essais. Paris: Dalloz, 2009, p. 165).

obstante, o mundo moderno é profundamente atribulado e procura uma garantia de estabilidade, daí as construções teóricas acerca do Estado moderno. A aliança entre as monarquias e a burguesia engendra o absolutismo e haverá teóricos que buscarão conferir legitimidade a esse sistema. É o caso de Hobbes, por exemplo.

O direito natural moderno nada tem a ver com a noção originária de direito natural, de matriz aristotélica, que se fundava na natureza das coisas. O jusnaturalismo moderno terá o seu foco no sujeito. O indivíduo, nesse sistema, ganha *status* de sujeito de direito, dotado de direitos subjetivos, intrinsecamente atrelados à sua natureza humana.[234] A concepção idealizada de um pretenso estado de natureza é matéria corrente no pensamento de diversos filósofos, bem como a noção de contrato social. Tais concepções, adquirem nuances diversas, não obstante todas elas de caráter subjetivista e voluntarista. Ao mesmo tempo, tem-se a presença do racionalismo, que busca extrair o direito da razão humana.[235]

---

234 "Quant aux *sources* de ces règles de droit les modernes cessent de les situer dans la 'nature' extérieure; Aristote prétendait trouver des modèles d'ordre juridique dans l'observation objective de groups sociaux, 'naturellement' venus à l'existence, comme la cité, la famille, les relations d'échange. Tout autre sera la méthode des auteurs modernes; et s'ils se réfèrent volontiers au thème de la 'nature de l'homme', c'est là prendre le contra-pied du droit naturel d'Aristote, puisque le droit n'est plus tiré de la nature externe, mais produit de l'esprit subjectif". (VILLEY, Michel. "Panorama des philosophies juridiques modernes occidentales et marxistes du monde socialiste". *In*: ______. *Critique de la pensée juridique moderne*: Douze autres essais. Paris: Dalloz, 2009, p. 165).

235 "(...) les règles sont censées dériver des 'lois naturelles' inscrites dans la conscience de chaque être humain et qui lui dictent des devoirs, tels ceux que répète, rappelant à l'homme ce que déjà lui commandait la voix interne de sa conscience, le Décalogue. La pensée juridique moderne se presente ici comme une suite de la morale chrétienne et continue la tradition de l'augustinisme. Elle ne doit pas moins aux doctrines stoïciennes cicéroniennes, dont nous avons dit la renaissance au XVIe siècle. Cicéron affectait déjà de tirer le droit et ses lois des príncipes de moralité qu'édicterait la raison humaine (la 'nature de l'homme' selon lui étant justement spécifiée par la présence de la 'raison'). (...) Ainsi, après Suarez entreprend de reconstruir ele droit

Villey observa que "uma das particularidades da história do direito moderno" – a qual, inclusive, em certa medida, foi percebida por Hegel –, "é que uma grande parte do ensinamento teórico do direito era dominado por professores de '*philosophia moralis*' (às vezes por matemáticos)".[236]

O jurista francês esmiúça o movimento histórico de surgimento e consolidação da subjetividade jurídica, a qual, para ele, representa a antítese do verdadeiro direito, tal como inventado pelos romanos, com base na filosofia aristotélica. O direito passa a se apresentar como atributo de um sujeito, como um poder que lhe é inerente. Para Villey, trata-se, em certa medida, de um resgate da moral estoica. Contudo, os estoicos nunca tiveram a pretensão de que sua filosofia tivesse repercussões jurídicas. Até mesmo Cícero retomava alguns conceitos aristotélicos. Por sua vez, a prática dos jurisconsultos romanos jamais se mostrava calcada na noção de sujeito, sendo essa visão uma deturpação dos pandectistas.

Villey observa que o individualismo e o subjetivismo modernos estão necessariamente atrelados ao idealismo, dissociando o direito da concretude das relações sociais. A visão cindida entre sujeito e objeto, por sua vez, engendra as divisões entre ser e dever ser tão

---

sur des axiomes fondamentaux de la morale stoïcienne: ne point voler – ne point causer de dommage injuste à autrui – tenir ses promesses. Pufendorf bâtit son système em commençant par um traité des devoirs, *De officiis*. Kant édifiera pareillement son prétendu droit 'naturel' (en vérité droit 'rationnel') sur les maximes de moralité de la 'raison pure pratique'". (VILLEY, Michel. "Panorama des philosophies juridiques modernes occidentales et marxistes du monde socialiste". *In*: ______. *Critique de la pensée juridique moderne*: Douze autres essais. Paris: Dalloz, 2009, pp. 165/166).

236 No original: "Une des particularités de l'histoire du droit moderne (dont Hegel même nous paraît avoir pris conscience lorsqu'il décrit le passage du droit dans le monde de la 'moralité') est qu'une grande partie de l'enseignement théorique du droit y devint la proie des professeurs de '*philosophia moralis*' (quelquefois de mathématiques)". (VILLEY, Michel. "Le droit romain dans la 'Philosophie des Rechts' de Hegel". *Achives de Philosophie du Droit*, nº 16 – *le droit investi par la politique*. Paris: Sirey, 1971, p. 278).

caras ao pensamento jurídico moderno e contemportâneo. Assim, o realismo clássico é completamente abandonado. O direito deixa de estar ligado às realidades e passa a ser concebido de maneira apriorística, oriunda da razão e da vontade. Ainda no empirismo, tem-se uma visão idealizada do fenômeno jurídico, na medida em que a cisão entre sujeito e objeto permanece.

Em relação ao positivismo jurídico, suas origens remontam às filosofias contratualistas. O pacto social aceito voluntariamente pelos indivíduos permite que as normas postas adquiram caráter coercitivo. Em Hobbes, por exemplo, temos a figura do soberano e do Leviatã, o Estado que se sobrepõe aos indivíduos. Contudo, ainda assim, em última instância, sua legitimidade reside nas vontades dos sujeitos por ele assujeitados.

A modernidade representa uma caminhada de ruptura com o mundo feudal. Enquanto em Ockham, por exemplo, tinha-se uma espécie de raiz do juspositivismo, lastreada em última instância, na vontade de Deus, na modernidade, a vontade do homem adquire primazia. Trata-se, em certa medida, de um paradoxo, uma vez que o homem, naturalmente sujeito de direito, torna-se sujeito à norma posta por sua própria vontade.

Insta salientar que, na modernidade, o direito ainda se apresentava, de certo modo, imbricado com a moralidade, já que a legitimidade da norma decorria, em última instância, da razão humana. Posteriormente, porém, o paradigma jurídico moderno entrará em crise e dar-se-á um abandono do jusracionalismo, com o pleno triunfo das concepções juspositivistas.

Immanuel Kant, para Villey, aprofundou as bases subjetivistas e juspositivistas do pensamento moderno e, de certo modo, prenuncia o pensamento jurídico contemporâneo, o qual foi bastante influenciado pela filosofia kantiana.

A concepção villeyana acerca do direito é profundamente antagônica em relação às leituras do fenômeno jurídico exsurgidas na modernidade. Para Villey, é descabido se falar em um mítico contrato social, pois tal não guarda nenhuma relação com a realidade do direito. De igual modo, a noção de direito subjetivo, na visão do jurista francês, não está em consonância com a própria lógica que estrutura o direito. Nesse sentido, observa Michel Bastit:

> Para Villey, estamos imediatamente imersos em uma rede de relações jurídicas. Não precisamos remontar ao mítico contrato social para construir essas relações, elas estão sempre mais ou menos presentes. A tarefa própria do jurista é, portanto, buscar a justa partilha das coisas a partir dessas relações. Ele busca o meio-termo que permita a igualdade e a justiça. O reconhecimento de indicações jurídicas nas próprias relações implica que elas se desenvolvam em uma comunidade política, única apta, ao contrário da família ou da comunidade universal, a ser o lugar de uma verdadeira partilha. Ele implica também um conhecimento que descobre na realidade uma indicação orientada para um fim, para sua realização e seu melhor desenvolvimento. (...) Essa maneira de conceber a verdade do direito também se constituiu por meio de uma crítica dos fundadores do pensamento jurídico moderno: Occam, Grotius, Pufendorf, Hobbes e muitos outros. (...) O pensamento de Villey entra deliberadamente em conflito, em primeiro lugar, com o direito subjetivo. Se o direito consiste em uma relação ou na determinação de uma relação já apresentada, não se pode admitir que o direito é um poder existente antes mesmo da constituição dessa relação. No máximo, um indivíduo pode emitir pretensões ou reivindicar, mas não se pode decidir *a priori* sobre a justiça dessa pretensão. A justiça e o direito não nascem de convenções, nem de um pacto social em que o indivíduo já tenha direitos antes da constituição de um estado civil. Para dizer a verdade, não há constituição de um estado civil concebido como a separação de um suposto estado da natureza. Sempre há homens inscritos em uma sociedade que tende a seu desenvolvimento político e na qual se estabelecem relações jurídicas mais ou menos

bem-sucedidas. O direito é, portanto, ao mesmo tempo, natural e político, civil, se preferirmos a expressão latina.[237]

1.6.3 O cenário jurídico contemporâneo

No cenário jurídico contemporâneo, Villey observa um duplo movimento, que se origina a partir das premissas lançadas na modernidade. Ao mesmo tempo em que se apresenta um recrudescimento do juspositivismo, tem-se, por outro lado, a postulação dos

237 No original: "Por Villey, nous sommes d'emblée plongées dans um tissu de relations juridiques. Nous n'avous pas besoin de remonter à um mythique contrat social pour construire ces relations, elles sont toujours plus ou moins presentes. L'ouvre propre du juriste est donc de rechercher le juste partage des choses à partir de ces relations. Il recherce le milieu qui permet l'égalité et la justice. La reconnaissance d'indications juridiques dans les relations elles-mêmes implique que celles-ci se déroulent dans une communauté politique, seule apte, contrairement à la famille ou à la communauté universelle, à être le lieu d'un partage véritable. Elle implique aussi une connaissance que découvre dans la réalité une indication orientée vers une fin, vers son épanouissenent et son développement le meilleur. (...) Cette façon de concevoir la vérité du droit s'est aussi constituée au moyen d'une critique des fondateurs de la pensée juridique moderne: Occam, Grotius, Pufendorf, Hobbes et plusieurs autres (...). La pensée de Villey entre délibérément em conflit, tout d'abord, avec le droit subjectif. Si le droit consiste en une relation ou en la détermination d'une relation déjà presente, on ne peut admettre que le droit soit um pouvoir existant avant même la constitution de cette relation. Tout au plus, un individu peut-il émettre des prétentions ou réclamer, mais rien ne permet de décider *a priori* de la justice de cette prétention. La justice et le droit ne naissent donc pas de conventions, ni d'un pacte social où l'individu possède déjà des droits avant la constitution d'un état civil. À vrai dire, il n'y a pas de constitution d'un état civil conçu comme la séparation d'avec un prétendu état de nature. Il ya toujours des hommes inscrits dans une societé tendant vers son dévellopement politique et dans laquelle se déploient des relations juridiques plus ou moins réussies. Le droit est donc à la fois naturel et politique, civil si l'on préfère l'expression latine". (BASTIT, Michel. "Michel Villey". *In*: ARABEYRE, Patrick; HALPÉRIN, Jean-Louis; KRYNEN, Jacques. *Dictionnaire historique des juristes français*: XIIe – XXe siècle. 2ª ed. Paris: PUF, 2015, pp. 1004/1005).

direitos do homem.[238] Ambas as concepções, na ótica villeyana, representam uma deturpação do verdadeiro sentido do direito.

Não obstante a discordância de Villey em relação a Hegel, no que tange à abordagem do filósofo alemão acerca do direito romano, ele concorda com a percepção hegeliana, no que concerne às bases que erigiram o pensamento jurídico contemporâneo, conforme se verifica no seguinte excerto:

> É verdade na obra de Hegel, essa dependência do pensamento jurídico sobre Roma está entrando em uma fase decrescente. Os grandes doutrinadores da Escola Moderna de Direito Natural, Grotius, Domat, Leibniz ou Wolff, acreditavam que estavam trabalhando na linha do direito romano. Esse também foi o caso de Kant em seu *Rechtslehre*. Certamente menos Fichte. Com Hegel, o ponto de virada decisivo terminou porque Hegel entendeu o sentido da história. Ele vê o que o direito de seu tempo deve ao cristianismo medieval, ao subjetivismo, à ascensão da burguesia, à Revolução Francesa, aos movimentos de restauração que produzem o Estado moderno. O direito cuja racionalidade concreta Hegel definitivamente busca nos fazer compreender é o direito moderno e não o o direito romano. No tocante ao direito romano, encontraremos nos *Grundlinien* muito mais ataques, negações, críticas de sua "abstração", de sua miserável insuficiência, do que confissões de lealdade.[239]

---

238 "Villey pose donc comme excès contraires le positivisme juridique et la théorie des droits de l'homme: le premier conçoit le souverain comme délié de toute loi pour imposer sa volonté aux individus, et la seconde pose l'individu comme délié de toute loi pour imposer sa volonté au souverain et à la communauté politique en général". (CAMPAGNA, Norbert. *Michel Villey*: le droit ou les droits? Paris: Éditions Michalon, 2004, p. 62).

239 No original: "Il est vrai dans l'œuvre de Hegel, cette dépendance de la pensée juridique à l'égard de Rome entre dans une phase décroissante. Les grands doctrinaires de l'Ecole moderne du droit naturel, Grotius, Domat, Leibniz ou Wolff, croyaient œuvrer dans la ligne du droit romain. C'était encore le cas de Kant dans sa *Rechtslehre*. Sûrement moins de Fichte. Avec

Villey observa que o pensamento jurídico contemporâneo se apresenta, em larga medida, uma continuidade do pensamento jurídico moderno. Nesse sentido, ele esclarece:

> A filosofia jurídica dos juristas ocidentais, nos séculos XIX e XX, permanece em grande parte fiel às posições modernas, tanto que elas se solidificaram nos tempos da Revolução Francesa, quando os Códigos e constituições liberais foram redigidos pela primeira vez. Isso pode ser dito sobretudo de todo o pensamento jurídico comum, que se exprime no ensino ordinário das faculdades de direito, do que foi chamado de "filosofia dos manuais" do ensino do direito civil: nas primeiras páginas destes manuais, encontramos repetidas as mesmas noções, que nos legaram o século XVIII: definição de Direito como regras – tiramos o chapéu para as regras morais extraídas apenas da razão, às quais as leis positivas deveriam estar subordinadas – mas, na prática, a soberania de leis positivas do Estado – linguagem do direito subjetivo, objeto entre os pandectistas de um florescimento de teorias. Culto aos direitos do indivíduo, exceto para completar o sistema, adicionando, se necessário, às "pessoas físicas", as "pessoas jurídicas" fictícias. Nossos conceitos gerais permanecem, grosso modo, aqueles dos autores modernos.[240]

Hegel s'est achevé le tournant décisif, parce que Hegel est saisi du sens de l'histoire. Il voit ce que le droit de son temps doit au christianisme medieval, au subjectivisme, à l'essor de la bourgeoisie, à la Révolution française, aux mouvements de restauration qui produisent l'Etat moderne. Le droit dont Hegel en définitive cherche à nous faire saisir la rationalité concrète est droit moderne et non plus du droit romain. Touchant le droit romain nous trouverons dans les *Grundlinien* beaucoup plus d'attaques, de négations, de critiques de son 'abstraction', de sa misérable insuffisance, que d'aveux d'allégeance". (VILLEY, Michel. "Le droit romain dans la 'Philosophie des Rechts' de Hegel". Achives de Philosophie du Droit, nº 16 – le droit investi par la politique. Paris: Sirey, 1971, pp. 275/276).

240 No original: "La philosophie juridique des juristes occidentaux, aux XIXe et XXe siècles, demeure pour la plus large part fidèle aux positions modernes, tels qu'elles se sont solidifiées au temps de la Révolution Française, de la première rédaction des Codes et constitutions libérales. Ceci peut être dit sourtout

Ele ressalta, no entanto, que outros aportes teóricos foram se somando ao pensamento jurídico contemporâneo, substituindo alguns mitos como o do contrato social. Surgiram pensadores, por exemplo, como Hans Kelsen, com seu sistema apoiado na concepção de norma fundamental. Contudo, Villey ressalta que também as bases teóricas do juspositivismo já tinham sido lançadas na modernidade.[241]

Nesse contexto, Villey destaca o pensamento marxista acerca do direito, como dotado de originalidade, na medida em que representa uma insurgência em face dos padrões da filosofia

---

de la pensée juridique commune, qui s'exprime dans l'enseignement ordinaire des facultés de droit, de ce qui a été appelé la 'philosophie des manuels' d'enseignement du droit civil: dans les premières pages de ces manuels, on trouve reprises les mêmes notions, que nous a léguées le XVIIIe siècle: définition du Droit comme règles – coup de chapeau aux règles morales puisées dans la seule raison, auxquelles devraient se subordonner les lois positives – mais en pratique souveraneité des lois positives de l'Etat – langage du droit subjectif qui est l'objet chez les pandectistes d'une floraison de théories. Culte des droits de l'individu, sauf à compléter le système en adjoignant si nécessaire aux 'personnes physiques' des 'personnes morales' fictives. Nos concepts généraux demeurent en gros ceux des auteurs modernes". (VILLEY, Michel. "Panorama des philosophies juridiques modernes occidentales et marxistes du monde socialiste". *In*: ______. *Critique de la pensée juridique moderne*: Douze autres essais. Paris: Dalloz, 2009, p. 169).

241 "(...) cette autre conclusion de la pensée juridique moderne: l'autorité pratiquement absolue des lois positives. Il est devenus plus difficile de justifier cette autorité; le mythe du contrat social, tel qu'il régnait aux XVIIe et XVIIIe siècle, ne trouve plus guère de défenseurs; on cherche à fonder le primat des lois étatiques sur d'autres bases philosophiques qui peut-être ne sont pas plus solides: la souveraine volonté de l'histoire, qui a promu l'Etat au-dessus de l'organisme social (écoles néohegeliennes – doctrines hitlériniennes et fascistes) – le fait de la force brutale. Ou avec Kelsen on l'appuie sur une 'norme fondamentale' commandant au juge d'obeir au système des lois, norme seulement 'supposée'; mais plutôt en définitive fondée sur 'l'efficacité'. En se servant donc de raisons plus ou moins nouvelles, on conserve le même résultat: la soumission du droit aux lois, même l'indentification du droit au contenu des lois étatiques". (VILLEY, Michel. "Panorama des philosophies juridiques modernes occidentales et marxistes du monde socialiste". *In*: ______. *Critique de la pensée juridique moderne*: Douze autres essais. Paris: Dalloz, 2009, p. 170).

do direito assentados desde a modernidade. Ele aponta que Marx busca romper com o subjetivismo inerente à concepção burguesa do direito, bem como traz uma proposta de leitura do fenômeno jurídico conectada à realidade social.[242] Tal perspectiva apresenta-se como bastante valiosa aos olhos do jurista francês, embora ele tenha divergências profundas em relação ao marxismo, conforme veremos mais adiante.

Diante do quadro que se apresenta na contemporaneidade, Villey propõe um resgate da filosofia do direito de Aristóteles, bem como do direito romano. Não se trata simplesmente de transplantar antigos sistemas ao mundo moderno, mas sim de retomar as estruturas de pensamento greco-romanas, porém com vistas à realidade atual, na medida em que, para Villey, o jurista jamais deve pensar o direito dissociado da materialidade das relações sociais nas quais se encontra inserido. Nesse sentido observa Renato Rabbi-Baldi Cabanillas:

> No entanto, não se creia que o propósito que anima Villey nesse ponto seja o de "ressuscitar" as antigas soluções romanas, muitas das quais hoje são obviamente impraticáveis. Pelo contrário, a revalorização feita pelo jurista francês deste direito diz respeito aos *princípios*, isto é, às diretrizes gerais que foram usadas para resolver os casos, os "problemas", os quais esse direito enfrentou. E é, com efeito, a essas "verdades que perduram" e que, (...) em sua opinião, encontram-se magistralmente sintetizadas no primeiro título do primeiro livro do *Digesto* (título ao qual Villey concede mais autoridade do que às "obras de Kelsen, Hart ou Dworkin" (...), as quais parece prudente "reabilitar" hoje.[243]

---

242 VILLEY, Michel. "Panorama des philosophies juridiques modernes occidentales et marxistes du monde socialiste". *In*: ______. *Critique de la pensée juridique moderne*: Douze autres essais. Paris: Dalloz, 2009, pp. 171-186.

243 No original: "Sin embargo, no se crea que el propósito que anima a Villey en este punto es el de 'resucitar' las antiguas soluciones romanas, muchas

O jurista francês tece duras críticas aos ideais burgueses de liberdade e igualdade que nortearam as célebres Declarações de Direitos do Homem e que constituem as bases do pensamento jurídico moderno e contemporâneo. Para Villey, o pensamento jurídico moderno, em seu idealismo, equivoca-se, em larga medida, ao desconsiderar o caráter social intrínseco ao direito e a justiça e, desse modo, apresenta-se em franca oposição à filosofia do direito aristótelica e ao direito romano. Nas palavras do jurista francês:

> Mas o erro dos pensadores modernos tem sido de fazer abstração da dimensão *social* do homem. Já nós somos "com os outros", de acordo com Heidegger – que o homem é *zôon politikon*, dizia Aristóteles – é necessário que o direito, enquanto constituinte de *propriedades*, trace seus *limites*; coloque-as como relativamente estáveis, mas não "invioláveis". O que é admirável no pensamento jurídico romano é que ele não cai em excesso, mas à liberdade do homem atribui sua medida justa. A verdadeira liberdade não seria a pretensão sonhada pelos idealistas, das quais nossas enganosas "Declarações de Direitos Humanos" perpetuam a ideia. Nossa liberdade autêntica não é "absoluta". (...) Nem universal. Diremos, a despeito de Hegel, que a liberdade não é "para todos" – pelo menos aquela da qual se ocupa o direito, propriedade própria dos bens exteriores.[244]

---

de las cuales resultan hoy obviamente impraticables. Por el contrario, la revalorización que realiza el jurista galo de este derecho concierne a los *principios*, esto es a las pautas generales que se emplearon para resolver los casos, los 'problemas', a los que este derecho se enfrentó. Y es, en efecto, a estas 'verdades que duran' (...) y que, a su juicio, se encuentran magistralmente sintetizadas en el título primero del libro primero des *Digesto* (un título al que Villey concede más autoridad que a 'las obras de Kelsen, Hart o Dworkin' (...), a las que parece prudente 'rehabilitar' hoy". (CABANILLAS, Renato Rabbi-Baldi. *La Filosofia Jurídica de Michel Villey*. Pamplona: Ediciones Universidad de Navarra, 1990, pp. 116/117).

244 No original: "Mais le tort des penseurs modernes a été de faire abstraction de la dimension *sociale* de l'homme. Puisque nous sommes 'avec les autres', selon Heidegger – que l'homme est *zôon politikon* , disait Aristote – il est

No que tange à igualdade, Villey sustenta que:

> O pensamento jurídico romano é focado na igualdade; é uma busca pela justiça, que é uma espécie de igualdade entre os membros de uma cidade. Mas aqui ainda não se trata da igualdade *absoluta* dos idealistas modernos.[245]

Villey, como bom cristão, destaca a igualdade de todos perante Deus, no que tange à vida espiritual. No entanto, no aspecto material, na esteira das postulações da filosofia de Aristóteles e do direito romano, aponta que a igualdade deve ser entendida como proporcionalidade, de modo a se "atribuir a cada um o que é seu em proporção de seus méritos ou de suas necessidades ou da função ocupada na sociedade, ou de outros fatores".[246] Assim, não há nivelamento e aceita-se a existência de ricos e pobres. Porém, ele salienta que havia a preocupação de "prevenir na cidade uma desproporção excessiva entre as fortunas dos cidadãos".[247]

---

nécessaire que le droit, tout en constituant des *propriétés*, leur trace des *limites*; les pose comme relativement stables, mais non 'inviolables'. Ce qui est admirable dans la pensée juridique romaine, c'est qu'elle ne tombe pas dans l'excess, mais à la liberté de l'homme assigne sa juste mesure. La vraie liberté ne saurait être cette prétention rêvé des idealistes et dont aujourd'hui nos trompeuses 'Déclarations des droits de l'homme' qui perpétuent l'idée. Notre authentique liberté n'est pas '*absolue*'. (...) Ni *universelle*. Nous dirons, en dépit de Hegel, que la liberté n'est pas 'pour tous' – du moins celle dont s'occupe le droit, possession propre des biens extérieus". (VILLEY, Michel. "Notes sur le concept de propriété". *In*: ______. *Critique de la pensée juridique moderne*: Douze autre essais. Paris: Dalloz: 2009, pp. 198/199).

245 VILLEY, Michel. "Notes sur le concept de propriété". *In*: ______. *Critique de la pensée juridique moderne*: Douze autre essais. Paris: Dalloz: 2009, p. 199.

246 VILLEY, Michel. "Notes sur le concept de propriété". *In*: ______. *Critique de la pensée juridique moderne*: Douze autre essais. Paris: Dalloz: 2009, p. 199.

247 No original: "(...) la pensée juridique romaine est axée sur l'égalité; elle est une quête de la justice, qui est une sorte d'égalité entre les membres d'une cité. Mais là encore il ne s'agit point de l'égalité *absolue* ds idealistes modernes. (...) Nous sommes tous égaux devant Dieu, dans notre vie spirituelle (...). Mais non dans la propriété des biens extérieurs. L'égalité du droit romain

Nessa perspectiva, Villey considera que liberdade e igualdade devem ser vistas de uma maneira não idealizada, mas realista, levando-se em conta as desigualdades entre os indivíduos. Ele julga impossível uma efetiva igualdade material e uma plena liberdade dos homens, considerando-se os diversos fatores sociais e as diferenças intrínsecas entre os seres humanos; além do que, ainda que isso pudesse ser implementado, o direito jamais pode ser apontado como instrumento para tal. Logo, para Villey, tendo-se em mira a concretude das relações sociais, o direito deve promover justas repartições dos bens entre as pessoas, de maneira a estabelecer proporções equitativas das riquezas, sem contudo se alterar estruturalmente a sociedade, haja vista que essa não é a função do direito. Embora, ao mesmo tempo, não pode o direito contemporizar com a injustiça.

Villey se mostra crítico às tentativas da filosofia contemporânea de desconstrução dos esquemas engendrados na modernidade, sem lograrem pleno sucesso em suas empreitadas, gerando apenas um processo destrutivo. Para ele, a chave de tal impasse está na retomada do pensamento aristotélico-tomista, conforme se verifica no excerto a seguir:

> Por outro lado, a insatisfatória balbúrdia das doutrinas que se destroem mutuamente. Só se sabe "desconstruir", um após outro, todos os sistemas herdados da época moderna, racionalismo, historicismo, positivismo, progressismo. Isso dá vontade de procurar em outro lugar. Por que não

---

(celle dont Aristote dans l'Ethique avait apporté l'analyse) erst *proportionelle*, ou 'géométrique'. Elle attribue à chacun le sien *en proportion* de ses mérites ou de ses besoins ou de la fonction qu'il occupe dans la socitété; ou d'autres facteurs. Elle ne nivelle pas. L'un des thèmes des doctrines politiques anciennes est de prévenir dans la cité une disproportion excessive entre les fortunes des citoyens, mais on accepte qu'il existe des riches et de pauvres". (VILLEY, Michel. "Notes sur le concept de propriété". *In*: ______. *Critique de la pensée juridique moderne*: Douze autre essais. Paris: Dalloz: 2009, p. 199).

naquela tradição aristotélico-tomista, que o século XVII descartou com pressa excessiva?[248]

248 VILLEY, Michel. *Questões de Tomás de Aquino sobre direito e política*. Trad. de Ivone C. Benedetti. São Paulo: Martins Fontes, 2014, p. 16.

CAPÍTULO II

VILLEY E O JUSPOSITIVISMO

2.1 Juspositivismo: origens e desenvolvimentos histórico-filosóficos

O juspositivismo, conforme esclarece Villey, significa "o reconhecimento, por fonte exclusiva do direito, das normas postas voluntariamente por um legislador humano; e a recusa de apelar a outros critérios, tais como justiça ou utilidade".[249]

A caminhada de desenvolvimento da concepção juspositivista, para Villey, é longa e remonta à antiguidade. Ele sustenta que "filosoficamente, o essencial do positivismo jurídico também já estava representado na Grécia antiga (por exemplo, entre os

249 No original: "D'après son étymologie (jus positivum scolastique), et selon l'usage plus correct du monde des juristes, l'expression de positivisme juridique signifie: la reconnaissance, pour source exclusive du droit, des normes posées volontairement, par un législateur humain; et le refus d'en appeler à d'autres critères, telles que la nature, la justice ou l'utilité". (VILLEY, Michel. "Kant dans l'histoire du droit". *In*: _____. *Leçons d'histoire de la philosophie du droit*. Paris: Dalloz, 2002, p. 254).

sofistas)"[250] e já se encontrava em germe no estoicismo professado por Cícero. Nesse sentido, ele aponta no seguinte excerto:

> Do direito natural de Aristóteles, Cícero mantém o rótulo, mas perdeu a substância. *Na prática*, ele está mais próximo de seus adversários voluntaristas, de Górgias ou de Cálicles, que de um autêntico direito natural. Entrega o direito ao querer de uma certa elite culta, sob pretexto de que ela seria racional. Na prática, o direito é formulado pelos dirigentes da pólis, os grandes homens, os grandes oradores. O "direito natural", confinado a nada mais ser senão a "Razão", não passa de um biombo que esconde esta realidade cínica: o direito é obra dos ricos, dos homens mais influentes – digamos, da "classe dominante" –, na verdade mais arbitrário que justo e racional. Admiremos esse truque de prestidigitação, digno de um advogado astucioso, que conseguiu transferir o prestígio do "direito natural" para as leis positivas existentes. (...) Portanto, o próprio "homem" produziu seu direito. E ele o desenvolve e modifica ao longo da história, sem que nenhum limite seja imposto pela natureza exterior ao seu poder criador. Oradores arrancaram os primeiros agrupamentos humanos da selvageria primitiva, das desgraças do estado de natureza, como chamarão os filósofos da Europa moderna. Mais progressos, mais invenções podem ser esperados da mente humana. Eis o que, da minha parte, chamo de positivismo jurídico – um positivismo jurídico ao qual conduz o estoicismo. Um dia, essa filosofia dominará o pensamento dos juristas.[251]

Villey observa, contudo, que a filosofia estoica tinha um caráter eminentemente moral e, não obstante ter sido encampada por Cícero, não chegou a influenciar a prática jurídica romana, que

---

250 VILLEY, Michel. *A formação do pensamento jurídico moderno*. Trad. de Claudia Berliner. São Paulo: Martins Fontes, 2009, p. 451.

251 VILLEY, Michel. *A formação do pensamento jurídico moderno*. Trad. de Claudia Berliner. São Paulo: Martins Fontes, 2009, pp. 485/486.

não contemplava a identificação entre direito e lei, os quais eram considerados de maneira distinta, embora complementar. Assim, em Roma, a lei estava longe de ser a única fonte do direito.[252]

Aos poucos, no entanto, em certa medida, a situação foi se modificando, por influência das tradições hebraica e cristã, que tendiam para uma identificação entre *ius* e *lex*.[253] Contudo, será apenas com o advento da filosofia de Guilherme de Ockham, no período medieval, que o positivismo terá suas mais sólidas raízes, conforme esclarece Villey:[254]

---

252 "Como es sabido, ésta no era la situación en el derecho romano clásico, el cuál había distinguido las nociones de *ius* y *lex* como dos realidades de naturaleza y finalidad distintas (aunque complementarias), que provenían asimismo de fuentes diferentes: el *ius* era producto de quien tenía *auctoritas* (del que respondía ante una consulta porque *sabía* derecho); la *lex*, en tanto, era lo propio del que 'podía', de aquel que tenía *potestas*". (CABANILLAS, Renato Rabbi-Baldi. *La Filosofia Jurídica de Michel Villey*. Pamplona: Ediciones Universidad de Navarra, 1990, p. 377).

253 "Así, la tesis de Villey tiende a atribuir a ese hecho – es decir, a la llegada de los módulos de pensamientos judeo-cristianis – el salto decisivo para la consideración de *ius* como *lex*". (CABANILLAS, Renato Rabbi-Baldi. *La Filosofia Jurídica de Michel Villey*. Pamplona: Ediciones Universidad de Navarra, 1990, p. 379).

254 "Com uma coerência perfeita, o Ockham jurista segue a via do Ockham filósofo. Direi com isso que ele foi o inventor do positivismo jurídico? Eis um tipo de afirmação que um historiador dificilmente ousa proferir. O método jurídico de Ockham tem por certo seus precedentes, na sua ordem ou no seu passado na história do direito. Mas, antes da renascença tomista do direito natural, o agostinismo jurídico não se atinha apenas aos textos positivos divinos, sem, aliás, interpretá-los de uma maneira rigorosa. E tampouco existe positivismo jurídico na Roma clássica nem na Grécia (os sofistas gregos, por exemplo, negadores do direito natural, não pretendiam construir, a partir dos textos positivos, uma ordem jurídica substancial: o pensamento deles era apenas negativo, destruidor da ordem). O que se deve concluir disso? No mínimo que, antes da obra de Guilherme de Ockham, não se conhece aplicação consciente e sistemática do positivismo jurídico, mas que, na obra deste último, nota-se esse tipo de positivismo *brotar* de uma *lógica*, do culto da dialética e do gosto levado ao extremo pelo raciocínio mais estrito, solidário, na verdade, de uma metafísica e primeiro efeito, no direito, do *nominalismo*". (VILLEY, Michel. *A formação do pensamento*

> O que é positivismo jurídico? A expressão *direito positivo* (*jus positivum*; *justitia positiva*) nasceu, como vimos, na escola humanista, em Chartres, depois em Abelardo, em seguida entre os glosadores e na linguagem de são Tomás. É, aliás, a tradução do grego *díkaion nomikón*, porque a essência das leis (*nomói*) de onde deriva esse justo consiste em serem *dispostas* (*legem ponere*), *positivas*. A ideia do direito positivo é, aliás, uma das peças do sistema clássico do direito natural. Mas, nesse sistema, embora exista um *justo* que deriva da *lei*, um justo disposto, positivo, é apenas uma fonte subsidiária, já que a primeira fonte do direito continua sendo a ordem da *natureza*, da qual o trabalho da jurisprudência extrai regras jurídicas. O *positivismo* jurídico é, ao contrário, a doutrina que exalta o direito positivo a ponto de pretender edificar sobre a lei, e apenas sobre a lei, *conjunto da ordem jurídica*. E é nesse sentido, o mais claro e autêntico, que o positivismo jurídico é produto do *nominalismo*.[255]

Com efeito, Ockham, ao tratar, por exemplo, do *Decálogo*, sustenta que os mandamentos possuem caráter obrigatório simplesmente por serem o resultado da vontade de Deus positivada. Nesse sentido, esclarece Villey:

> (...) não são verdadeiramente naturais, não são absolutamente necessários em si, mas apenas obrigatórios pelo fato de serem positivos, dispostos por Deus. (...) Deus teria podido fazer do ódio a Deus uma virtude, poderia ter-nos ordenado a adoração dos ídolos. Nenhuma "razão" limita seu "poder absoluto" (como em Deus a razão e a vontade não são separáveis, nossa inteligência nada conhece da essência divina: a "razão" e a "vontade" são apenas termos "conotativos", não aplicáveis a ele). Os preceitos do decálogo impõem-se

jurídico moderno. Trad. de Claudia Berliner. São Paulo: Martins Fontes, 2009, pp. 249/250).

255 VILLEY, Michel. *A formação do pensamento jurídico moderno*. Trad. de Claudia Berliner. São Paulo: Martins Fontes, 2009, p. 236.

> a nós por terem sido *dispostos*, *ordenados* por Deus; o roubo; o adultério, o perjúrio e o próprio ódio a Deus só são pecados porque ele os proibiu (*mala quia prohibita*) – e não o contrário: proibidos porque em si mesmos ruins.[256]

Esse raciocínio ockhamiano, oriundo de seu nominalismo filosófico, espraia-se por vários setores de seu pensamento, culminando por eivar sua concepção do direito, descaracterizando, inclusive, a noção clássica acerca do direito natural, cujo significado, para ele, passou a ser simplesmente "as consequências racionais das regras positivas".[257]

Villey destaca obras como *Breviloquium*, na qual Ockham avança em suas construções de caráter juspositivista, em diversos aspectos. Para o célebre frade franciscano, a palavra *jus* "significa lei, ordem, mandamento", de modo que "a antiga concepção do *jus*, que designava relação justa, não tem mais sentido para o nominalismo".[258]

Ockham, ao se debruçar sobre controvérsias teológicas e políticas da época, aponta que a exegese dos textos da "Sagrada Escritura" deveria ser literal. Ao mesmo tempo, ele avança para uma "exaltação das *leis positivas humanas*". Assim, ao seguir por esse caminho teórico, ter-se-á, por exemplo, apenas "*leis* romanas, não mais *direito* romano".[259]

---

256 VILLEY, Michel. *A formação do pensamento jurídico moderno*. Trad. de Claudia Berliner. São Paulo: Martins Fontes, 2009, pp. 236/237.

257 VILLEY, Michel. *A formação do pensamento jurídico moderno*. Trad. de Claudia Berliner. São Paulo: Martins Fontes, 2009, p. 240.

258 VILLEY, Michel. *A formação do pensamento jurídico moderno*. Trad. de Claudia Berliner. São Paulo: Martins Fontes, 2009, p. 245.

259 "Há em Ockham, uma tendência – de próspero futuro, embora contrária à verdade histórica – a conceber o direito romano como de origem imperial, como decorrente da vontade positiva dos imperadores romanos; por conseguinte, também a interpretação do *Corpus juris civilis* deve ser praticada de maneira estrita e literal, e não mais da maneira flexível recomendada

O jurista francês destaca que, na concepção ockhamiana, "o direito humano, assim como o direito divino de origem divina, agora é concebido apenas como positivo; ele procede em última análise das vontades individuais".[260] Assim sendo, tem-se aí "o verdadeiro contrato social individualista", de forma que "o direito tem uma única fonte, a vontade individual: seja a do indivíduo Deus, seja a dos indivíduos homens".[261] Nesse sentido também observa Alysson Leandro Mascaro:

> Não sendo possível ver atributos ou relações na própria natureza das coisas (tais atributos ou relações são meros nomes), não sendo possível, pois, medir a justiça das relações e das situações, Ockham põe-se pioneiramente a sepultar o direito natural clássico e a instituir, como única via possível ao direito e à justiça, a autoridade da norma.[262]

A trajetória de consolidação da concepção juspositivista será longa, passando por pensadores e religiosos como Martinho Lutero, João Calvino, Francisco de Vitória, Francisco Suárez, dentre outros. Nesse processo, Villey confere especial destaque à participação de Lutero, que segundo o jurista francês, "deixa de conceber o direito como algo a ser *buscado* e descoberto, o *id*

---

por são Tomás e que corresponde à doutrina do direito natural. (...) para Ockham, o direito romano é *legislativo* e sua interpretação deve, portanto, seguir rigorosamente as fórmulas positivas dos textos e procurar descobrir a vontade do legislador, uma vez que trata de direito positivo (...)". (VILLEY, Michel. *A formação do pensamento jurídico moderno*. Trad. de Claudia Berliner. São Paulo: Martins Fontes, 2009, pp. 246-248).

260 VILLEY, Michel. *A formação do pensamento jurídico moderno*. Trad. de Claudia Berliner. São Paulo: Martins Fontes, 2009, p. 249.

261 VILLEY, Michel. *A formação do pensamento jurídico moderno*. Trad. de Claudia Berliner. São Paulo: Martins Fontes, 2009, p. 249.

262 MASCARO, Alysson Leandro. *Filosofia do Direito*. 6ª ed. São Paulo: Atlas, 2018, pp. 121/122.

quod justum est".[263] Assim, no pensamento do célebre reformador protestante, "não se trata mais de encontrar o justo, pois não há lugar para justiça no reino terrestre, e a verdadeira justiça, que é a do reino de Cristo, só é acessível à fé".[264] Destarte, para Lutero, "trata-se de fazer respeitar as *leis*, sejam as leis positivas contidas na Sagrada Escritura; sejam as leis positivas dos príncipes".[265] Diante desse quadro, Villey conclui que "a identificação moderna do *direito* com o conjunto de leis já feitas, impostas de fora, já aparece inteira em Lutero".[266]

Contudo, será com Thomas Hobbes que, segundo Villey, o edifício juspositivista começará a consolidar-se, pois inovará "no fato de colocar a lei civil como única fonte de todo o ordenamento jurídico", de maneira diversa, portanto, de Ockham, Lutero e Calvino, por exemplo, para os quais "todo o ordenamento jurídico depende da lei divina".[267] Na realidade, Villey aponta Hobbes como responsável pela instalação do positivismo jurídico na Europa. Nesse sentido, ele se manifesta no excerto a seguir:

> Thomas Hobbes instala na Europa o positivismo jurídico. Ele significa a exclusão do direito natural. Para Hobbes, toda ordem jurídica é um produto *artificial*. De onde vem

263 VILLEY, Michel. *A formação do pensamento jurídico moderno*. Trad. de Claudia Berliner. São Paulo: Martins Fontes, 2009, p. 317.

264 VILLEY, Michel. *A formação do pensamento jurídico moderno*. Trad. de Claudia Berliner. São Paulo: Martins Fontes, 2009, p. 317.

265 VILLEY, Michel. *A formação do pensamento jurídico moderno*. Trad. de Claudia Berliner. São Paulo: Martins Fontes, 2009, p. 317.

266 VILLEY, Michel. *A formação do pensamento jurídico moderno*. Trad. de Claudia Berliner. São Paulo: Martins Fontes, 2009, p. 317.

267 No original: "la novedad del pensamiento de Hobbes no reside, es claro, en lo recién dicho, sino, más bien, en el hecho de poner a la ley civil como fuente única de todo el ordenamiento jurídico. En efecto, en Occam – como en Lutero y Calvino – todo el ordenamiento jurídico depende de la ley divina (...)". (CABANILLAS, Renato Rabbi-Baldi. *La Filosofia Jurídica de Michel Villey*. Pamplona: Ediciones Universidad de Navarra, 1990, p. 402).

> o direito? Da vontade de um legislador, ele mesmo produto do consentimento voluntário dos assujeitados. O direito reside inteiramente nas *leis* do príncipe.[268]

Com efeito, o sistema hobbesiano partirá de uma concepção de direito natural antagônica ao pensamento aristotélico. Segundo o filósofo inglês, o estado de natureza é um estado de guerra de todos contra todos. Essa situação de insegurança constante engendra o medo nos indivíduos, os quais, portanto, para o estabelecimento da paz e da segurança, renunciam, em parte, aos seus direitos subjetivos naturais e firmam um contrato social. A partir desse pacto, resultante do acordo de vontades, surge a figura do Estado, gerido pelo soberano, que terá poderes absolutos para impor a norma.[269] Assim, no sistema de Hobbes convivem o

---

268 No original: "Thomas Hobbes installe en Europe le positivisme juridique. Il signifie l'exclusion du droit naturel. Pour Hobbes, tout ordre juridique est un produit *artificiel*. D'où sort le droit? De la volonté d'un législateur, lui-même produit du consentement volontaire des assujettis. Le droit réside tout entier dans les *lois* du prince". (VILLEY, Michel. "Le droit naturel". *In*: ______. *La nature et la loi*: une philosophie du droit. Paris: Les éditions du Cerf, 2014, livro digital Kobo).

269 "Hobbes, nous le savons, a posé un droit originaire illimité de chaque individu à se servir de tous les moyens qu'il juge appropriés pour se mantenir en vie. Vu l'état de méfiance généralisée qui règne dans l'état de nature, les individus en appelleront à ce droit illimité pour justifier – devant leur conscience et devant Dieu – des attaques préventives contre les individus dont ils estiment qu'ils pourraient leur causer du tort – c'est-à-dire en principe contre tous les autres individus, car la méfiance est posée comme universelle. L'état de nature devient ainsi un état de guerre de chacun contre chacun, un état dans lequel chacun individu est constantemment prêt à se lancer dans une 'guerre chaude' contre ses semblables. Cet état de guerre généralisé a pour effet de mettre en péril la vie et les biens de chacun, c'est-à-dire précisément ce que le droit naturel illimité de chacun devait servier à protéger. Le droit naturel illimité met donc en péril ce qu'il était censé protéger. (...) C'est parce qu'il a clairement perçu cette dialectique inscrite au coeur du droit naturel fondamental que Hobbes a estimé que les hommes devaient abandonner ce droit s'ils voulaient échapper à la guerre de chacun contre chacun. Cet abandon du droit naturel originaire par chacun se double d'un transfert: le droit que chacun a abandonné passe au souverain, dont la fonction est de veiller à ce

jusracionalismo e o juspositivismo, de modo que o direito posto é, em última instância, fundado no contrato social. A respeito do pensamento de Hobbes, esclarece Stéphane Bauzon:

> A lei do soberano é uma ordem unitária que assegura a cada um o conhecimento de seus direitos e a objetividade de seu reconhecimento; aqui entendida como uma referência ao texto que constitui a maior parte da qualificação jurídica, percebida então como a garantia de sua igual aplicação. (...) A vontade e a segurança formam o coração do pensamento de Hobbes. As páginas mais famosas desse autor giram em torno desses dois conceitos. A vontade permite legitimar a submissão dos homens às leis, e a segurança é a causa dessa vontade.[270]

---

que personne – sauf lui, bien sûr, qui doit conserver son droit naturel naturel afin de pouvoir assurer la tâche qui lui a été confiée – ne se serve du droit naturel originaire qui est supposé avoir été abandonné par chacun. Initialement libres, les hommes doivent donc se soumettre por échapper à la guerre et à la misère produites par leur illimitée. Parce qu'ils sont conçus comme absolument les libres, les hommes doivent être conçu comme soumettant à un pouvoir absolu. (...) Le droit subjectif naturel illimité est donc la cause de l'instauration du Léviathan. Ce dernier deviendra, dans la lecture que Villey fait de Hobbes, la seule source de normativité, de sorte que les individus qui ont abandonné leur droit naturel au profit du souverain se trouvent sans le moindre recours contre les décisions du législateur. Avec Hobbes, et toujours la lecture que Villey fait du philosophe anglais, est inaugurée l'ère du positivisme juridique, c'est-à-dire de cette théorie qui réduit le droit à la loi positive et qui ne voit dans cette dernière que le commandement du pouvoir politique. Il n'y a alors plus d'autre droit que celui que souverain impose par sa volonté. (...) Cette réduction du droit à la loi positive est une conséquence de la conception moderne du monde (...)". (CAMPAGNA, Norbert. *Michel Villey*: le droit ou les droits? Paris: Éditions Michalon, 2004, pp. 59-61).

270 No original: "La loi du souverain est un ordre unitaire qui assure à chacun la conaissance de ses droits et l'objectivité de leur reconnaissance; entendue ici comme un renvoi au texte qui constitue la majeure de la qualification juridique, perçue donc comme la garantie de leur égale application. (...) La volonté et la sécurité forment le coeur de la pensée de Hobbes. Les pages plus célèbres de cet auteur gravitent autour de ces deux concepts. La volonté permet de légitimer la soumission des hommes aux lois, et la sécurité est la cause de cette volonté". (BAUZON, Stéphane. *Le métier de juriste*: du droit politique selon Michel Villey. Québec: Les Presses de l'Université Laval, 2003, p. 36).

Destarte, em um aparente paradoxo, o individualismo moderno, com sua visão de mundo centrada no sujeito, termina por engendrar o positivismo jurídico. Nesse contexto, as teorias contratualistas, embora com nuances e peculiaridades, desempenham papel fundamental. Villey observa que:

> Quando esvaeceu-se a crença no contrato social (no próprio Kant ele não era mais do que uma ideia pouco realizável), perdida a ilusão de que a lei seria a "vontade geral", ou o "imperativo da Razão", suas consequências ainda persistiram.[271]

Immanuel Kant, o último dos modernos, para Villey, teve papel fundamental na consolidação do juspositivismo, influenciando, inclusive, o pensamento jurídico que lhe sucedeu por largo período, inclusive, no século XX. Acerca do pensamento de Kant, Villey assim se manifesta:

> Kant faz um dever aos juristas de aplicar imediatamente as leis existentes. Kant retorna periodicamente ao caráter *irresistível* das ordens do Estado *tal como ele é*, das ordens do Estado prussiano; ou da monarquia francesa antes da Revolução; depois da Revolução, do governo republicano (...). Posição perfeitamente lógica, e seria errado atribuir a algum tipo de oportunismo, ou tratar como uma parte aberrante da obra de Kant (...). De acordo com essa filosofia, nosso dever de obediência não é diminuído porque o Estado ainda não é a expressão de uma vontade integralmente racional; que o contrato social não é totalmente realizado. (...) Não pode ser inteiramente no plano da experiência; porque o contrato social de Kant não é mais um fato, é uma "ideia", um modelo do qual se aproxima. Contra as paixões individuais, nosso Estado é pelo menos a única realização existente da vontade

271 VILLEY, Michel. *Filosofia do Direito*: definições e fins do direito: os meios do direito. Trad. de Márcia Valéria Martinez de Aguiar. São Paulo: Martins Fontes, 2008, p. 381.

> geral: portanto, a partir de agora, desobedecer às leis positivas seria indevidamente fazer prevalecer uma vontade particular contra o que realmente existe de fato da vontade geral; a partir de agora, é uma máxima de pura razão prática, você deve agir no respeito ao Estado e às leis presentes.[272]

O desenvolvimento teórico do juspositivismo seguiu seu curso, durante o século XIX, e adentrou com força no século XX, sendo que sobre tal situação, afirma Villey: "o triunfo desse método me parece em relação direta com a filosofia kantiana".[273] Ele considera ainda que a crença na necessidade de assegurar direitos subjetivos, bem como a moral individualista foram determinantes para "a persistência do culto à lei".[274] Nesse sentido, ele esclarece:

---

272 No original: "Kant fait un devoir *aux juristes* d'appliquer immédiatement les lois existentes. Kant revient périodiquement sur le caractère *irresistible* des ordres de l'Etat *tel qu'il est*, des ordres de l'Etat prussien ; ou de la monarchie française avant la Révolution ; après la Révolution, du gouvernement républicain (...). Position parfaitement logique, et qu'on aurait tort d'imputer à je ne sais quel opportunisme, ou de traiter comme une partie aberrante de l'ouvre de Kant (...). Selon cette philosophie, notre devoir d'obéissance n'est point diminué parce que l'Etat n'est pas encore l'expression d'une volonté intégralement rationnelle; que le contrat social n'est pas intégralement réalisé. (...) Il ne peut l'être tout à fait sur le plan de l'expérience ; car le contrat social chez Kant n'est plus un fait, c'est une 'idée', un modèle dont on s'approche. Contre les passions individuelles, notre Etat est du moins la seule réalisation existant de la volonté générale: donc, dés maintenant, désobéir aux lois positives serait indûment faire prévaloir une volonté particulière contre ce qui existe effectivement en fait de volonté générale ; dès maintenant, c'est une maxime de la raison pure pratique, tu dois agir dans le respect de l'Etat et des lois présentes". (VILLEY, Michel. "Kant dans l'histoire du droit". *In*: ______. *Leçons d'histoire de la philosophie du droit*. Paris: Dalloz, 2002, pp. 258/259).

273 No original: "le triomphe de cette méthode me semble en relation directe avec la philosophie kantienne". (VILLEY, Michel. "Kant dans l'histoire du droit". *In*: ______. *Leçons d'histoire de la philosophie du droit*. Paris: Dalloz, 2002, p. 254).

274 VILLEY, Michel. *Filosofia do Direito*: definições e fins do direito: os meios do direito. Trad. de Márcia Valéria Martinez de Aguiar. São Paulo: Martins Fontes, 2008, p. 382.

> Na época das Luzes triunfa uma filosofia da finalidade do direito, voltada para o "serviço dos homens", em princípio de todos, na prática de uma minoria (...). O direito tem por finalidade assegurar direitos subjetivos (que não eram assegurados no estado de natureza). Sendo este seu objetivo, a submissão rigorosa à lei escrita parece ser seu instrumento necessário. (...) A lei, por seu caráter "geral", tem a aparência de prometer a todos um tratamento igual; por ser escrita, permanente, torna as sentenças previsíveis, é um fator de "certeza", facilita o jogo do comércio e confere segurança. Devido a estas vantagens práticas, o jurista deve permanecer um estrito servidor da lei. (...) Não tendo cessado de aderir em seu inconsciente, a esta mesma filosofia, a esta mesma moral individualista (hoje tingida de igualitarismo), entende-se por que grande parte de nossos contemporâneos se agarra ao positivismo legal. Como é o caso deste grupo de autores habituados a criticar o direito natural: Hart, na Inglaterra, na Itália, os partidários de Bobbio ou recentemente Kelsen.[275]

2.2 A ilusão do juspositivismo

Na leitura proposta por Alysson Leandro Mascaro, a qual adotamos na presente tese, o pensamento jurídico contemporâneo pode ser dividido em três grandes caminhos: juspositivismo, não juspositivismo e crítica. No juspositivismo, "a mais reducionista das visões jusfilosóficas contemporâneas", "há uma tentativa de redução do direito apenas aos limites da sua manifestação e elaboração estatal", de modo que "o jurídico se confina ao normativo estatal".[276] Por sua vez, nas visões do não juspositivismo, "o direito

---

275 VILLEY, Michel. *Filosofia do Direito*: definições e fins do direito: os meios do direito. Trad. de Márcia Valéria Martinez de Aguiar. São Paulo: Martins Fontes, 2008, p. 382.

276 MASCARO, Alysson Leandro. *Filosofia do Direito*. 7ª ed. São Paulo: Atlas, 2019, p. 272.

não é mais tido no mero limite das normas jurídicas estatais", já que "por detrás das normas jurídicas, há as relações de poder, que são concretas, históricas, sociais, desde as maiores decisões da vontade estatal até a microfísica do poder".[277] Já na vertente crítica, representada pelo marxismo, tem-se não somente a ampliação do "espectro de análise do direito do campo da norma jurídica para o poder", como também o desvendar dos "nexos mais profundo das relações de poder", sendo que "a totalidade das relações sociais está em análise na filosofia do direito marxista".[278]

Ainda na trilha de Mascaro, o juspositivismo se apresenta em três correntes fundamentais: eclética, estrita e ética. O juspositivismo eclético, de caráter "pré-reducionista", "alcança um número infinito de possíveis composições", pois para a compreensão do fenômeno jurídico, "alguns outros aspectos da vida social entram em cena, somando-se à norma".[279] O juspositivismo estrito, "reducionista", postula "o encerramento científico em seus limites normativos".[280] Por fim, o juspositivismo ético, "pós-reducionista", busca "compreender o fenômeno jurídico a partir de uma determinada moralidade intrínseca, ou, pelo menos, extrínseca mas provável e objetivamente calculável", logo, "tais teóricos são os novos moralistas do direito".[281] Em relação à vertente juspositivista ética, Mascaro acresenta que os pensadores de tal vertente, ainda juspositivista, formam um arco que vai desde pensadores

277 MASCARO, Alysson Leandro. *Filosofia do Direito*. 7ª ed. São Paulo: Atlas, 2019, p. 272.

278 MASCARO, Alysson Leandro. *Filosofia do Direito*. 7ª ed. São Paulo: Atlas, 2019, pp. 272/273.

279 MASCARO, Alysson Leandro. *Filosofia do Direito*. 7ª ed. São Paulo: Atlas, 2019, p. 282.

280 MASCARO, Alysson Leandro. *Filosofia do Direito*. 7ª ed. São Paulo: Atlas, 2019, p. 294.

281 MASCARO, Alysson Leandro. *Filosofia do Direito*. 7ª ed. São Paulo: Atlas, 2019, pp. 309/310.

"potencialmente pós-positivistas quanto os pré-positivistas que insistem em se manter na atualidade".[282]

Na fase inicial do juspositivismo contemporâneo, no século XIX, a chamada *Escola histórica do direito*[283] apresenta-se como "o maior exemplo de juspositivismo eclético".[284] Para Mascaro, "o grande corpo de pensadores da Escola Histórica é revelador dessa espécie de ecletismo juspositivista", pois "para tais juristas, o direito é expressão do 'espírito do povo' (*Volksgeist*)". Assim, "de uma pretensa origem no povo há de se explicar o juspositivismo existente".[285] Ainda na esfera eclética do juspositivismo, em momentos posteriores, apresentaram-se correntes distintas, com destaque para o jurista brasileiro Miguel Reale.[286]

---

282 MASCARO, Alysson Leandro. *Filosofia do Direito*. 7ª ed. São Paulo: Atlas, 2019, p. 311.

283 Acerca da Escola Histórica, cumpre destacar as considerações de Gilberto Bercovici: "O sucesso na concepção de Direito Romano-burguês e do paradigma científico formalista e privatista da escola de Savigny coincide com o triunfo da burguesia, não mais revolucionária, na Europa. A razão jurídica burguesa era considerada inerente à forma jurídica. A Escola Histórica, a partir de 1840, praticamente abandona as suas explicações históricas e orgânicas e se preocupa com a construção de um sistema de direito privado que garanta a calculabilidade e a racionalidade do direito. A construção do direito é entendida como abstrata e formal. A Pandectística busca reaproximar os juristas alemães da legislação, seguindo a concepção de ciência jurídica de Savigny, mas abandonando sua visão unilateral contrária à lei. O direito legislado passa a ser entendido também como fruto da evolução histórica da experiência jurídica". (BERCOVICI, Gilberto. *Soberania e Constituição*: para uma crítica do constitucionalismo. 2ª ed. São Paulo, Quartier Latin, 2013, p. 191).

284 MASCARO, Alysson Leandro. *Filosofia do Direito*. 7ª ed. São Paulo: Atlas, 2019, p. 281.

285 MASCARO, Alysson Leandro. *Filosofia do Direito*. 7ª ed. São Paulo: Atlas, 2019, p. 281.

286 "Durante todo o século XIX e em especial no meado inicial do século XX, uma série de outras tentativas de explicação do juspositivismo por causas externas ao próprio Estado se constituem. Visões psicologistas do direito, perspectivas que situavam o direito no seio da cultura e abordagens que insistiam em valores morais intrínsecos ao direito positivo foram caminhos verificados por tal juspositivismo eclético. De todas essas vertentes, um dos

O jurista austríaco Hans Kelsen (1881-1973) pode ser apontado como o maior representante da vertente estrita do positivismo jurídico[287] e como principal expoente do juspositivismo contemporâneo.[288] Foi professor da Universidade de Viena, da Universidade

---

pensamentos mais bem assentados do ecletismo jurídico é o do brasileiro Miguel Reale. Se para Kelsen o direito se reduz ao um, e este um é a norma estatal, para Reale o direito se manifesta em três frentes, norma, fato e valor. Daí a sua teoria tridimensional do direito. Na verdade, a tridimensionalidade foi uma consideração sobre o fenômeno jurídico muito comum aos pensadores do século XX. Reale não é o único jusfilósofo tridimensional do direito, mas é certamente o mais conhecido e mais importante deles". (MASCARO, Alysson Leandro. *Filosofia do Direito*. 7ª ed. São Paulo: Atlas, 2019, p. 282).

287 "O juspositivismo estrito, embora tendo em Kelsen seu símbolo e auge, não se refere apenas a ele. Uma série de pensadores do direito pode ser classificada segundo tal perspectiva. Alf Ross, Herbert Hart e Norberto Bobbio são alguns dos mais exemplares juspositivistas estritos do século XX que criticam, secundam ou dialogam com Kelsen. A chamada corrente do realismo jurídico, que é típica dos países nórdicos e do mundo anglo-saxão, em suas mais importantes implicações, é também exemplar do juspositivismo estrito. Suas variadas críticas internas não apagam uma visão comum sobre o direito". (MASCARO, Alysson Leandro. *Filosofia do Direito*. 7ª ed. São Paulo: Atlas, 2019, p. 294).

288 "O pensamento de Hans Kelsen representa o máximo engenho e o auge da construção do modelo juspositivista, que, lastreado na operacionalização das normas estatais, fez da prática jurídica uma técnica que se reputou universal. De fato, no pensamento de Kelsen está a possibilidade de compreensão mais singela e, por isso mesmo, mais espraiada do fenômeno jurídico: a sua identidade científica é total e inexorável com a norma estatal. A universalidade da compreensão do fenômeno jurídico advém de uma técnica universal. (...) Hans Kelsen (1881-1973), nascido em Praga mas criado em Viena, no pós-Primeira Guerra, a convite do socialista Karl Renner, foi um dos principais responsáveis pela redação da Constituição da Áustria, concebendo inclusive a técnica de controle de constitucionalidade por meio de um tribunal específico, do qual se tornou magistrado. Judeu, perseguido pelo nazismo, apoiou a República de Weimar e teve de abandonar sua cátedra em Colônia, na Alemanha, passando a parte final de sua vida nos EUA. Sua obra principal é a *Teoria pura do direito*, publicada em 1934, com uma segunda edição alterada de 1960. Além dessa, muitas outras obras importantes constituem a trajetória do pensamento kelseniano, como *Teoria geral do direito e do Estado* e a *Teoria geral das normas*, obra publicada postumamente, que reúne a sua peculiar produção dos últimos anos de vida". (MASCARO, Alysson Leandro. *Filosofia do Direito*. 7ª ed. São Paulo: Atlas, 2019, p. 295).

da California, em Berkeley, dentre outras. Suas obras adquiriram repercussão internacional, como destaque para *Teoria Pura do Direito*, a qual influenciou e ainda influencia inúmeros juristas e pensadores do direito pelo mundo, sendo leitura obrigatória para os estudantes de direito na maioria das faculdades brasileiras. Na referida obra, Kelsen esclarece:

> Quando a si própria se designa como "pura" teoria do Direito, isto significa que ela se propõe garantir um conhecimento apenas dirigido ao Direito e excluir deste conhecimento tudo quanto não pertença ao seu objeto, tudo quanto se não possa, rigorosamente, determinar como Direito. Quer isto dizer que ela pretende libertar a ciência jurídica de todos os elementos que lhe são estranhos. Esse é o seu princípio metodológico fundamental.[289]

Destarte, em Kelsen, é possível estabelecer uma diferenciação entre direito e ciência do direito,[290] de maneira que a compreensão científica acerca do direito é que se deve dar a partir do arcabouço normativo.[291] Assim, "a proposta kelseniana reside numa ciência normativa, isto é, do *dever-ser*", de modo que "o direito não é analisado pelo campo de sua manifestação concreta, como ser", logo,

---

289 KELSEN, Hans. *Teoria Pura do Direito*. Trad. de João Baptista Machado. 6ª ed. São Paulo: Martins Fontes, 2000, p. 1.

290 "Ele diz de fato que a ciência do direito é um triângulo fechado, hierarquizado pelas normas constitucionais e pela hipotética norma fundamental. Mas Kelsen fala de algo que todos não leram ou esquecem: há uma diferença entre a ciência do direito e o próprio direito. Para Kelsen o direito, como fenômeno que se manifesta socialmente, não é fechado, é aberto. As normas se criam a partir de outras, mas por ato de vontade do legislador e do juiz. A ciência do direito é que é fechada, como unidade lógica". (MASCARO, Alysson Leandro. *Lições de Sociologia do Direito*. 2ª ed. São Paulo: Quartier Latin, 2009, p. 125).

291 "Para Kelsen, o direito só pode ser entendido cientificamente a partir de uma especificidade que é normativa, do campo do dever-ser". (MASCARO, Alysson Leandro. *Filosofia do Direito*. 7ª ed. São Paulo: Atlas, 2019, p. 298).

"o que ele é, em termos factuais concretos, pode ser uma reflexão da sociologia ou da história, mas não da ciência do direito", pois "tal ciência alcança e se limita ao âmago normativo do direito".[292] Ainda nessa perspectiva, o Estado, também é pensado a partir da esfera normativa, configurando-se, portanto, "uma relação imediata entre Estado e direito, de tal modo que o dever-ser normativo é que fundamenta a compreensão científica de ambos".[293]

Conforme observa Villey, "a primeira fonte de Kelsen é Kant, depois outros filósofos de seu tempo – como os neopositivistas".[294] Com efeito, o pensamento jurídico de Kelsen possui caráter neokantiano, na medida em que a inspiração no filósofo de Königsberg resta patente na tentativa kelseniana de expurgar o direito de todos os elementos ligados à materialidade das relações sociais, que lhe seriam estranhos, em prol da construção de um conhecimento objetivo do direito, na esteira da teoria do conhecimento kantiana expressa em sua *Crítica da razão pura*.[295]

Da "postulação de uma teoria puramente normativa do direito", decorre a utilização da analítica "como ferramenta filosófica kelseniana".[296] A partir daí, busca-se um entendimento isolado acerca do direito, que interdita, inclusive, valorações em relação ao justo, bem como as de cunho moral. Tampouco se trata de uma

---

292 MASCARO, Alysson Leandro. *Filosofia do Direito*. 7ª ed. São Paulo: Atlas, 2019, p. 298.

293 MASCARO, Alysson Leandro. *Filosofia do Direito*. 7ª ed. São Paulo: Atlas, 2019, p. 298.

294 No original: "la première source de Kelsen est Kant, puis d'autres philosophes de son temps – comme les néopositivistes". (VILLEY, Michel. "Nos philosophes en face du droit (Philosophies et théories générales du droit)". *Archives de philosophie du droit*, nº 17 – *l'interprétation dans le droit*. Paris: Sirey, 1972, p. 292).

295 MASCARO, Alysson Leandro. *Filosofia do Direito*. 7ª ed. São Paulo: Atlas, 2019, p. 299.

296 MASCARO, Alysson Leandro. *Filosofia do Direito*. 7ª ed. São Paulo: Atlas, 2019, p. 299.

verificação empírica ou de uma "reconstituição histórico-sociológica como forma de explicitar cientificamente o fenômeno jurídico".[297] Para Kelsen, "trata-se de uma ciência que opera como lógica".[298]

No que tange à teoria geral do direito kelseniana, as normas jurídicas são abordadas em suas esferas estática e dinâmica. Na perspectiva do jurista austríaco, a estática "representaria o entendimento objetivo das normas em si mesmas, na medida em que todas têm uma certa universalidade que as constitui".[299] Para ele, "o conhecimento advindo da estática permite extrair consequências das normas apenas pelas inferências lógicas internas a elas mesmas".[300]

No âmbito da estática, Kelsen estabelece a distinção entre normas jurídicas e "normas da natureza", apontando que "as normas jurídicas têm funcionamento lógico similar ao das demais *normas sociais*", sendo que o caráter distintivo das normas jurídicas reside no "substrato estatal".[301] Ele aponta que "o vínculo entre uma hipótese e sua consequência, para o direito, é de imputação, e não de causalidade", de modo que "a sanção surge como um dever ao imputado, não como uma necessidade".[302] Logo, a célebre "distinção entre ser (*Sein*) e dever-ser (*Sollen*) é fundamental para as pretensões teóricas kelsenianas".[303]

---

297 MASCARO, Alysson Leandro. *Filosofia do Direito*. 7ª ed. São Paulo: Atlas, 2019, p. 300.

298 MASCARO, Alysson Leandro. *Filosofia do Direito*. 7ª ed. São Paulo: Atlas, 2019, p. 299.

299 MASCARO, Alysson Leandro. *Filosofia do Direito*. 7ª ed. São Paulo: Atlas, 2019, p. 302.

300 MASCARO, Alysson Leandro. *Filosofia do Direito*. 7ª ed. São Paulo: Atlas, 2019, p. 302.

301 MASCARO, Alysson Leandro. *Filosofia do Direito*. 7ª ed. São Paulo: Atlas, 2019, p. 302.

302 MASCARO, Alysson Leandro. *Filosofia do Direito*. 7ª ed. São Paulo: Atlas, 2019, p. 302.

303 MASCARO, Alysson Leandro. *Filosofia do Direito*. 7ª ed. São Paulo: Atlas, 2019, p. 302.

Importante destacar que, na esfera da dinâmica jurídica, Kelsen observa que "as normas não são produzidas apenas pela lógica", mas "existem por atos de vontade do legislador", dentro de determinados limites,[304] conforme ele próprio esclarece:

> Como, dado o caráter dinâmico do Direito, uma norma somente é válida porque e na medida em que foi produzida por uma determinada maneira, isto é, pela maneira determinada por uma outra norma, esta outra norma representa o fundamento de validade daquela. A relação entre a norma que regula a produção de uma outra e a norma assim regularmente produzida pode ser figurada pela imagem espacial da supra-infraordenação. A norma que regula a produção é a norma superior, a norma produzida segundo as determinações daquela é a norma inferior.[305]

Kelsen concebe o arcabouço normativo, no contexto de um ordenamento jurídico caracterizado pela hierarquia e pela validade das normas. Assim, estabelece-se um escalonamento normativo, uma espécie de pirâmide, em cuja base se situam "as normas individualizadas", como "sentenças ou portarias, por exemplo", caminhando para um patamar superior, no qual se encontram as leis, tendo no cume a Constituição.[306] Por sua vez, "a validade é a qualidade da norma que revela sua adequação formal e material ao ordenamento", de modo que "uma norma só é válida porque normas hierarquicamente superiores lhe dão esse manto".[307]

---

304 MASCARO, Alysson Leandro. *Filosofia do Direito*. 7ª ed. São Paulo: Atlas, 2019, p. 303.

305 KELSEN, Hans. *Teoria Pura do Direito*. Trad. de João Baptista Machado. 6ª ed. São Paulo: Martins Fontes, 2000, pp. 246/247.

306 MASCARO, Alysson Leandro. *Filosofia do Direito*. 7ª ed. São Paulo: Atlas, 2019, p. 304.

307 MASCARO, Alysson Leandro. *Filosofia do Direito*. 7ª ed. São Paulo: Atlas, 2019, p. 304.

Diante desse quadro, surge a questão acerca do fundamento de validade do próprio ordenamento e para dar conta da solução desse impasse, Kelsen, em um procedimento que o aproxima mais uma vez de Kant,[308] apresenta sua controversa concepção de norma fundamental,[309] tal como se verifica o excerto a seguir:

---

308 "Assim como Kant pergunta: como é possível uma interpretação, alheia a toda metafísica, dos fatos dados aos nossos sentidos nas leis naturais formuladas pela ciência da natureza, a Teoria Pura do Direito pergunta: como é possível uma interpretação, não reconduzível a autoridades metajurídicas, como Deus ou a natureza, do sentido subjetivo de certos fatos como um sistema de normas jurídicas objetivamente válidas descritíveis em proposições jurídicas? A resposta epistemológica (teorético-gnoseológica) da Teoria Pura do Direito é: sob a condição de pressupormos a norma fundamental: devemos conduzir-nos como a Constituição prescreve, quer dizer, de harmonia com o sentido subjetivo do ato de vontade constituinte, de harmonia com as prescrições do autor da Constituição". (KELSEN, Hans. *Teoria Pura do Direito*. Trad. de João Baptista Machado. 6ª ed. São Paulo: Martins Fontes, 2000, p. 225).

309 "O pensamento de Kelsen se encaminha para a resolução do problema postulando a utilização de uma ferramenta teórica original, a norma fundamental. Como para Kelsen, logicamente, a validade da norma se dá apenas sob o albergue das normas superiores hierarquicamente, é preciso indagar a respeito de qual norma dá validade às normas constitucionais, já que estas são as mais altas dentro do ordenamento. Para não dar margem a identificar o poder, as relações concretas, como sendo a base que impõe o ordenamento – o que faria uma ciência pura depender de fatos sociais para sua explicação –, Kelsen lança mão de um recurso não concreto, mas apenas teórico. A norma fundamental é um imperativo da ciência do direito: é preciso pensar que se devem considerar válidas as normas constitucionais, e delas começar o escalão hierárquico do ordenamento. (...) Para Kelsen, na *Teoria pura do direito*, a norma fundamental é uma hipótese que permite pensar o ordenamento jurídico. Não se trata de uma reflexão teórica do jurista que diga se tal ordenamento é bom ou ruim, justo ou injusto. Trata-se apenas de uma condição para o entendimento da cadeia lógica das validades de um ordenamento. É necessário ter como pressuposto desse escalão hierárquico de normas jurídicas que, a partir do topo, deve-se seguir a Constituição. Sendo uma condição do pensamento, Kelsen procede, nesse ponto, como Kant, quando, afastando-se dos conhecimentos prontos da metafísica, que dizia o certo e o errado conforme mandamentos exteriores – vontade de Deus, por exemplo –, passou a pensar nas condições pelas quais se podia conceber o conhecimento. (...) Para o último Kelsen, da *Teoria geral das normas*, a norma fundamental não é uma condição teorética para pensar o todo do ordenamento – uma pressuposição, ao molde kantiano –, mas sim

> A norma que representa o fundamento de validade de uma outra norma é, em face desta, uma norma superior. Mas a indagação do fundamento de validade de uma norma não pode, tal como a investigação da causa de um determinado efeito, perder-se no interminável. Tem de terminar numa norma que se pressupõe como a última e a mais elevada. Como norma mais elevada, ela tem de ser *pressuposta*, visto que não pode ser *posta* por uma autoridade, cuja competência teria de se fundar numa norma ainda mais elevada. A sua validade já não pode ser derivada de uma norma mais elevada, o fundamento da sua validade já não pode ser posto em questão. Uma tal norma, pressuposta como a mais elevada, será aqui designada como norma fundamental (*Grundnorm*).[310]

No que tange à interpretação das normas jurídicas,[311] para Kelsen, não se trata de "um processo de extração de sua verdade lógica", mas de interpretações que podem ser autênticas ou não autênticas, sendo que a autencidade da interpretação se dá pelo fato de ter sido "produzida pela autoridade competente".[312] Assim, "a interpretação feita pelo órgão aplicador do Direito é sempre

---

uma ideia que não está conectada em termos lógicos à própria estrutura do ordenamento. Apontando para uma ficção, poder-se-ia acusar Kelsen de abandonar o neokantismo, de que foi grande expoente no campo jurídico, em prol de uma certa introdução de elementos externos à própria logicidade normativa da teoria pura". (MASCARO, Alysson Leandro. *Filosofia do Direito*. 7ª ed. São Paulo: Atlas, 2019, pp. 305-307).

310 KELSEN, Hans. *Teoria Pura do Direito*. Trad. de João Baptista Machado. 6ª ed. São Paulo: Martins Fontes, 2000, p. 217.

311 "Na sua teoria hermenêutica, Kelsen renuncia ao extremo logicismo, em prol de uma relativa indeterminação da interpretação normativa que não se pergunta sobre a sua correção ou verdade. A objetividade formal, isto é, o vínculo hierárquico ao intérprete competente, fala mais alto, em Kelsen, que a verdade existencial da hermenêutica". (MASCARO, Alysson Leandro. *Filosofia do Direito*. 7ª ed. São Paulo: Atlas, 2019, p. 309).

312 MASCARO, Alysson Leandro. *Filosofia do Direito*. 7ª ed. São Paulo: Atlas, 2019, p. 308.

autêntica", "ela cria Direito".[313] Por conseguinte, "da interpretação através de um órgão aplicador do Direito distingue-se toda e qualquer interpretação pelo fato de não ser autêntica, isto é, pelo fato de não criar Direito".[314]

O juspositivismo ético se faz representar por uma ampla gama de pensadores do direito[315] que, nos dizeres de Mascaro, "hão de buscar mecanismos pelos quais, normativamente, se atinja o virtuoso na relação entre o direito e a sociedade".[316] Assim, "se as normas jurídicas eram tidas por neutras na concepção mais técnica dos juspositivistas, nessa nova visão as normas jurídicas são reencantadas".[317] Portanto, "não se trata de uma moralidade nova, para além das normas, mas a moralidade nas normas".[318]

Importante destacar que todas essas visões juspositivistas do direito – eclética, estrita e ética – conferem primazia ao arcabouço normativo e suas nuances representam apenas modulações de um núcleo comum de entendimento acerca do fenômeno jurídico, de caráter estruturalmente conservador.[319]

---

313 KELSEN, Hans. *Teoria Pura do Direito*. Trad. de João Baptista Machado. 6ª ed. São Paulo: Martins Fontes, 2000, p. 394.

314 KELSEN, Hans. *Teoria Pura do Direito*. Trad. de João Baptista Machado. 6ª ed. São Paulo: Martins Fontes, 2000, p. 395.

315 "John Rawls, Ronald Dworkin, Robert Alexy e Jürgen Habermas, dentre tantos outros mais, todos esses pensadores, cada qual ao seu modo, criaram escolas para uma espécie de reintrodução da moral no fenômeno jurídico". (MASCARO, Alysson Leandro. *Filosofia do Direito*. 7ª ed. São Paulo: Atlas, 2019, p. 310).

316 MASCARO, Alysson Leandro. *Filosofia do Direito*. 7ª ed. São Paulo: Atlas, 2019, p. 310.

317 MASCARO, Alysson Leandro. *Filosofia do Direito*. 7ª ed. São Paulo: Atlas, 2019, p. 310.

318 MASCARO, Alysson Leandro. *Filosofia do Direito*. 7ª ed. São Paulo: Atlas, 2019, p. 310.

319 O conservadorismo inerente ao juspositivismo será descortinado com mais clareza e profundidade no Capítulo 5 do presente livro.

Mascaro situa expressamente Villey no horizonte não juspositivista e isso evidencia a absoluta incompatibilidade do pensamento do jurista francês com o positivismo jurídico, aproximando-o, em certa medida, de pensadores como Heidegger, Schmitt, dentre outros:

> A segunda grande vertente da filosofia do direito é aquela que não se conforma com o reducionismo do fenômeno jurídico ao mero normativismo estatal. Como há de buscar a manifestação do direito a partir da concretude dos fatos e das relações sociais, pode-se, em sentido vago, denominar essa vertente de caminho existencialista do direito. De fato, Heidegger é sua melhor inspiração, saindo do fetiche metafísico da lei para o ser-aí jurídico. Um grande pensador que foi ao fenômeno bruto do poder, da decisão soberana, que funda o direito e portanto está acima da norma estatal, é Carl Schmitt, o melhor pensador da teoria geral do direito nesta vertente. A busca do ser jurídico é uma corrente minoritária em face da grande corrente juspositivista; pode-se nela também ver, ao seu modo, grandes historiadores do direito como o francês Michel Villey, na sua volta a Aristóteles.[320]

O antagonismo de Villey em relação ao juspositivismo é evidente em todo o seu percurso intelectual, sendo que "ninguém precisa insistir no fato de que a crítica do 'positivismo' constituiu um dos grandes *leitmotiv* da obra de Michel Villey".[321] Contudo, cumpre destacar que a crítica villeyana ao positivismo jurídico contemporâneo não o leva a negar a importância das normas

---

320 MASCARO, Alysson Leandro. "A filosofia do direito e seus horizontes". *Revista Cult*. Disponível em: https://revistacult.uol.com.br/home/a-filosofia-do-direito-e-seus-horizontes/. Acessado em: 13.10.2019.

321 No original: "nul n'est besoin d'insister sur le fait que la critique du 'positivisme' a constitué l'un des grands leitmotiv de l'ouvre de Michel Villey". (NIORT, Jean-François. "Entre positivisme et réalisme: la modernité de Michel Villey?". *In*: NIORT, Jean-François; VANNIER, Guillaume (Coord.). *Michel Villey et le droit naturel en question*. Paris: Éditions l'Harmattan, 1994, p. 77).

postas pelo Estado,[322] mas a contrapor-se à visão reducionista do direito, que busca identificá-lo com o arcabouço normativo, com impacto deletério direto tanto na formação dos juristas quanto na aplicação do direito. A desconsideração à realidade social, à "natureza das coisas" e à busca da justiça, e, por conseguinte, o engessamento das possibilidades de atuação do magistrado, constituem-se nos motivos principais que levam Villey a se insurgir em face do juspositivismo.

Michel Bastit destaca que Villey, em suas críticas ao juspositivismo, segue, em certa medida, a trilha do jurista francês François Gény,[323] porém destaca que o pensamento de Villey reveste-se de maior radicalidade. Nas palavras de Bastit:

> Uma vez que o direito surdo à natureza através do trabalho de juristas e legisladores, teria a lei como única fonte. Ela desempenha certamente um papel indicativo importante, mas ela está muito longe de ser a única fonte do direito. O costume, o jurisconsulto e a jurisprudência intervêm, cada um em seu lugar, para especificar e determinar um direito cuja fonte primária está na natureza. Deste ponto de vista, Villey é, em alguns aspectos, um herdeiro da crítica de Gény

---

322 "Il polémiquait contre le positivisme juridique (non contre le droit positif) (...)". (FREUND, Julien. "Michel Villey et le renouveau de la philosophie du droit". *Archives de philosophie du droit*, nº 37 – *droit et économie*. Paris: Sirey, 1992, p. 8).

323 No excerto a seguir, Villey faz expressa referência a Gény: "Je n'ai pas davantage prétendu que tout juriste soit inapte en philosophie. La nature peut aussi produire par accident de ces êtres hybrides. Même un Gény, bien que ses livres me semblent s'emprêtrer souvent dans d'inutiles complications (la philosophie de son temps lui était d'un medíocre secours) tend à se dégager des carcans de la pensée juridique moderne". (VILLEY, Michel. "Nos philosophes en face du droit (Philosophies et théories générales du droit)". *Archives de philosophie du droit*, nº 17 – *l'interprétation dans le droit*. Paris: Sirey, 1972, p. 297). Cf. VILLEY, Michel. "François Gény et la renaissance du droit naturel". *In*: ______. *Seize essais de philosophie du droit*. Paris: Dalloz, 1969, pp. 121-139).

> ao positivismo, mas lhe dá uma força e um impacto bem maior graças a uma reflexão filosófica muito mais radical. O direito natural moderno, que também se desenvolveu como um sistema, (...) não permite conhecer a natureza e dela extrair o direito. Pelo contrário, desenvolvendo-se como um sistema a partir de alguns axiomas, ele perde contato com as coisas jurídicas sobre as quais estende um véu de ignorância da mesma maneira que o positivismo legalista. Historicamente e sistematicamente, ele, aliás, revela-se seu pai. A esse respeito, a linhagem que vai de Grotius a Kant não encontra mais graça nos olhos de Villey do que aquela que vai de Hobbes a Rousseau e Kelsen (...).[324]

Com efeito, a crítica villeyana ao positivismo jurídico é dotada de grande profundidade teórica. Villey observa que a filosofia e a teoria geral do direito modernas e contemporâneas postulam uma separação entre fato e valor, tratando-os como mundos apartados e incomunicáveis. Essa linha de pensamento, que vai desde

---

324 No original: "Puisque le droit sourd de la nature à travers le travail des juristes et des législateurs, la source unique du droit ne saurait être la loi. Celle-ci joue certainement un rôle indicatif important, mais elle est très loin d'être la seule source du droit. La coutume, le droit savant, la jurisprudence interviennent, chacune à leur place, pour préciser et determiner un droit dont la source première est dans la nature. De ce point de vue, Villey est à certains égards un hériter de la critique du positivisme conduit par Gény, mais il lui donne une force et une portée bien supérieure grâce à une réflexion philosophique beaucoup plus radicale. Le droit naturel moderne, qui s'est lui aussi développé en système, (...) ne permet pas non plus de connaître la nature et d'y puiser du droit. Au contraire, en se développant comme un système à partir de quelques axiomes, il perd le contact avec les choses juridiques sur lequelles il étend un voile d'ignorance au même titre que le positivisme légaliste. Historiquement et systématiquement, il se révèle d'ailleurs en être le père. À cet égard, la lignée qui va de Grotius à Kant ne trouve pas plus grâce aux yeux de Villey que celle que va de Hobbes à Rousseau et Kelsen (...)". (BASTIT, Michel. "Michel Villey". *In*: ARABEYRE, Patrick; HALPÉRIN, Jean-Louis; KRYNEN, Jacques. *Dictionnaire historique des juristes français*: XIIe – XXe siècle. 2ª ed. Paris: PUF, 2015, p. 1005).

Kant até Kelsen,[325] não obstante tenha alguns germes na filosofia grega, especialmente na obra de Platão, ganhou moldes definitivos e proeminência apenas na contemporaneidade. Villey assevera a necessidade de uma ultrapassagem dessa dicotomia, conforme se verifica no excerto abaixo:

> Nós temos o hábito de fazer entre o que é e o que deve ser uma distinção, cuja utilidade, na verdade, não é questionável, e que parece corresponder bem às necessidades de nossa lógica, mas que os modernos tendem a *hipostasiar*, até separar inteiramente como pertencente a dois mundos incomunicáveis, a observação do mundo real e o conhecimento de valores. O valor seria uma contribuição autônoma do espírito humano, um "sentido" que o homem voluntariamente introduz nas coisas, acrescentando às coisas, que toma forma em "normas" separadas das coisas; ele não é "imanente" às coisas e, consequentemente, não há direito natural. Kelsen expressa isso da maneira mais absoluta e sem que lhe pudesse surgir disso a menor dúvida, com o abismo que ele acredita ter que estabelecer entre o *Sein* e o *Sollen*, entre o conhecimento dos fatos e a produção das normas. E por trás de Kelsen há Kant e as separações kantianas entre fenômenos e númenos e entre razão especulativa e razão prática; e a decisão cartesiana de conceber a natureza e a mente como dois mundos totalmente separados. Tal dualismo tem aliás raízes ainda mais antigas, até na filosofia grega. (...) Ora seu efeito foi mergulhar a doutrina do direito em todo tipo de dificuldades e de impasses inextricáveis. Por culpa deste dualismo, toda uma escola de inspiração kantiana e neokantiana acreditou dever situar a fonte do direito justo (de um novo tipo de "direito natural") na "razão pura". (...) permanece por esse método apenas um direito natural

325 "La première source de Kelsen est Kant, puis d'autres philosophes de son temps – peut-être néopositivistes". (VILLEY, Michel. "Theorie generale du droit et philosophie du droit". *In*: ______. *Critique de la pensée juridique moderne*: Douze autres essais. Paris: Dalloz, 2009, p. 227).

ilusório (...). (...) Por reação, e para devolver ao direito alguma substância e solidez, chega-se a entregar o direito ao império do *fato* separado, o fato bruto, separado do valor, que as ciências teóricas estudam: atitude do sociologismo, do realismo americano e da maioria dos positivismos, que, privando o direito da sua justiça e do seu valor, abalam sua força normativa e tornam o direito apenas uma carcaça de textos e de arestos de jurisprudência (...). Não há saída a não ser superar este dualismo.[326]

326 No original: "Nous avons l'habitude de faire entre ce qui 'est' et ce qui 'doit être' une distinction dont l'utilité n'est à vrai dire pas contestable, et qui paraître bien correspondre aux besoins de notre logique, mais que les modernes ont tendence à hypostasier, jusqu'à séparer entièrement comme appartenant à deux mondes incommunicables, l'observation du monde réel et la connaissance des valeurs. La valeur serait un apport autonome de l'esprit humain, un 'sens' que l'homme vient introduire volontairement dans les choses, ajouter aux choses, qui prend forme dans des 'normes' séparées des choses"; elle n'est pas 'immanente' aux choses et par conséquent il n'y a pas de droit naturel. Kelsen exprime cela de façon la plus absolue et sans qu'il puisse à ce sujet pour lui surgir le moindre doute, avec l'abîme afranchissable qu'il croit devoir instituer entre le Sein et Sollen, entre la connaissance des faits et la production des normes. Et derrière Kelsen il y a Kant, et les séparations kantiennes entre phénomènes et noumènes et entre raison spéculative et raison pratique; et la décision cartésienne de concevoir la nature et l'esprit comme deux mondes entièrement distincts. Un pareil dualisme a d'ailleurs des racines encore plus anciennes, jusque dans la philosophie grecque. (...) Or son effet fut de plonger la doctrine du droit dans toutes sortes de difficultés et d'impasses inextricables. Par la faute de ce dualisme toute une école d'inspiration kantienne et néokantienne a cru devoir situer la source du droit juste (d'une nouvelle espèce de 'droit naturel') dans la 'raison pure'. (...) on ne reste par cette méthode qu'un droit naturel illusoire (...). (...) Par réaction, et pour rendre au droit quelque substance et solidité, on en vient à livre le droit à l'empire du *fait* séparé, du fait brut, coupé de la valeur, qu'étudient les sciences théoriques: attitude du sociologisme, du réalisme américain, et de la plupart des positivismes, qui, privant le doit de sa justice et sa valeur, ébralent sa force normative, et ne font du droit qu'une carcasse de textes et d'arrêts de jurisprudence (...). Il n'est d'issue que dans le dépassement de ce dualisme". (VILLEY, Michel. "Phénomenólogie et existencialo-marxisme à la Faculté de droit de Paris". *Archives de Philosophie du Droit*, nº 10 – *Philosophes d'aujourd'hui en présence du droit.* Paris: Sirey, 1965, pp. 168/169).

Villey "nega o princípio que anima o positivismo de Kelsen, segundo o qual o Dever-Ser não poderia derivar do Ser. Nos antípodas deste postulado, o direito é claramente, segundo Villey, um *Sollen* tirado do *Sein*".[327] Ele sustenta que "Kelsen ludibria-nos quando quer fazer do jurista um cientista puro".[328] Villey também destaca que a teoria kelseniana, dentre outras insuficiências, não traz informações suficientes acerca da fonte da autoridade da norma fundamental.[329] Aduz ainda que a doutrina de Kelsen é irrealista e fadada ao fracasso em sua busca por preservar a "unidade da ordem normativa", na medida em que não logra seu intento de eliminação das antinomias.[330]

---

327 MARYOLI, Aglaé. "O antimodernismo de Michel Villey". *In*: BILLIER, Jean-Cassien; MARYIOLI, Aglaé. *História da Filosofia do Direito*. Trad. de Pedro Henriques. Lisboa: Instituto Piaget, 2001, p. 321.

328 VILLEY, Michel. *Filosofia do Direito*: definições e fins do direito: os meios do direito. Trad. de Márcia Valéria Martinez de Aguiar. São Paulo: Martins Fontes, 2008, p. 65.

329 "Kelsen funda a validade das leis, no sentido estrito, nas prescrições da norma constitucional, e de uma 'norma fundamental' que tornaria válida a Constituição. Não nos informa suficientemente de onde esta norma fundamental ('*hipotética*', necessária para uma ciência do direito possível) tira, por sua vez, sua autoridade". (VILLEY, Michel. *Filosofia do Direito*: definições e fins do direito: os meios do direito. Trad. de Márcia Valéria Martinez de Aguiar. São Paulo: Martins Fontes, 2008, p. 381).

330 "Kelsen, mais do que qualquer outro, procura salvar 'a unidade da ordem normativa', a fim de preservar a 'pureza do direito', sua capacidade de resistência às opções ideológicas subjetivas dos indivíduos – e o positivismo jurídico. Segundo sua famosa *Stufentheorie* (criação do direito por degraus), o direito é uma hierarquia de normas, presidida pela chamada norma 'fundamental' e pelas normas constitucionais. Da Constituição nasce o poder dos órgãos legislativos, e a validade das leis. Das leis nascem os órgãos do governo e da administração pública, e os juízes recebem competência para proceder à produção de 'normas' no interior do quadro traçado pelas leis, com a condição de não contradizê-las. E assim por diante para outros textos, emanando de instâncias inferiores. (...) Não precisamos mais advertir o quanto esta doutrina é irrealista (...). Impossível eliminar do 'direito positivo' as antinomias. Estas paralisarão o jurista: este nada encontra no sistema que o ajude a sair desta dificuldade". (VILLEY, Michel. *Filosofia do Direito*:

O jurista francês retoma as tradições greco-romanas e define o direito como "medida da divisão dos *bens*", de modo que o papel da arte jurídica é "atribuir a cada um o que é seu. *Suum cuique tribuere* (de *tribuere*: repartir)".[331] Ele, inclusive, rebate as críticas kelsenianas à tal postulação, conforme se verifica no excerto a seguir:

> Kelsen, entre outros, criticou a fórmula greco-romana (*suum cuique tribuere*), acusando-a de ser tautológica e perfeitamente inútil, por não esclarecer sobre o que cabe a cada um. O que significa enganar-se sobre o seu sentido. Ela visa somente ajudar-nos a não confundir a função da arte jurídica com a função do cientista ou do técnico: uma confusão na qual Kelsen, por seu lado, caiu.[332]

Diferentemente do jurista moderno, a concepção jurídica dos romanos não estava lastreada nas regras, de sorte que não havia a postulação de uma identidade entre direito e norma, tal como ocorre nos dias atuais. Essa construção conceitual era completamente desconhecida na prática jurídica romana, a qual, profundamente influenciada pela filosofia aristotélica, pautava-se pela casuística, ou seja, o mister do jurista romano consistia na busca do justo no caso concreto. Nas palavras de Villey:

> Para nós, modernos, o direito consiste em regras gerais; sob o império bem estabelecido do positivismo jurídico, o juiz está submetido aos textos em qualquer circunstância (...).

---

definições e fins do direito: os meios do direito. Trad. de Márcia Valéria Martinez de Aguiar. São Paulo: Martins Fontes, 2008, p. 387).

331 VILLEY, Michel. *Filosofia do Direito*: definições e fins do direito: os meios do direito. Trad. de Márcia Valéria Martinez de Aguiar. São Paulo: Martins Fontes, 2008, p. 66.

332 VILLEY, Michel. *Filosofia do Direito*: definições e fins do direito: os meios do direito. Trad. de Márcia Valéria Martinez de Aguiar. São Paulo: Martins Fontes, 2008, p. 66.

> Que podemos fazer se, para nós, o direito é a lei? Os juízes romanos, por sua vez, não estavam submetidos às regras que nossos manuais modernos de direito romano codificam. O juiz romano não estava preso ao jugo das regras gerais. O direito romano reservava às leis o lugar reduzido que lhes designa a doutrina clássica do direito natural: servem para determinar certos preceitos particulares, cuja certeza é de ordem pública. O resto conserva mais liberdade, pode mover-se em ziguezague, não em linha reta. As situações estão bem classificadas, mas o direito continua problema, aberto. Isso porque, diferentemente da moral privada do sábio estoico, o direito se descobre no contingente. (...) Em princípio, o jurista romano não tira o direito da regra: *Non ex regula jus sumatur.* A regra é apenas um auxiliar na busca dialética do direito. Nesse sentido, esse jurista não dispõe de um sistema, pelo menos de um sistema de leis, assim como tampouco dispõe desses direitos subjetivos que são a consequência das leis. Podemos, se quisermos, construir um sistema de regras pretensamente romanas, próximas de nosso próprio direito: mas elas não tinham vigência em Roma.[333]

Villey enxerga o pensamento jurídico contemporâneo como marcado pelo engodo juspositivista, que ilude o jurista e deturpa o verdadeiro sentido do direito ao postular a simplista identificação do direito a um conjunto de normas postas pelo Estado. O próprio culto ao Estado burguês que, na leitura villeyana, é oriundo da filosofia de Hegel, constitui uma das mazelas da atualidade.[334] Para Villey, a consolidação do sistema juspositivista enseja o conservadorismo

---

333 VILLEY, Michel. *A formação do pensamento jurídico moderno.* Trad. de Claudia Berliner. São Paulo: Martins Fontes, 2009, pp. 579/580.

334 Villey critica o louvor ao Estado, oriundo da filosofia hegeliana, a qual, para ele, não obstante tenha o mérito de ter buscado uma ruptura com as visões individualistas, terminou por não se libertar do idealismo, por ter seguido por um caminho diverso do realismo clássico. (Cf. VILLEY, Michel. *Filosofia do Direito*: definições e fins do direito: os meios do direito. Trad. de Márcia Valéria Martinez de Aguiar. São Paulo: Martins Fontes, 2008, pp. 166-169).

das relações sociais e vem ao encontro aos anseios da burguesia. Nas palavras dele:

> É o conformismo em política o que melhor parece corresponder aos desejos secretos da burguesia. O burguês ama a ordem, remeter-se à autoridade para as questões de governo, e, em matéria de direito, remeter-se à legislação do príncipe e à justiça instituída (...).[335]

A mera aplicação das normas, sem qualquer preocupação com a realidade social e com a justiça do caso concreto, é passível de causar os piores abusos e arbitrariedades, em um sistema no qual o jurista se distancia de suas verdadeiras funções. Assim, a visão kelseniana acerca do direito é objeto de fortes críticas por parte de Villey. Sobre o jurista austríaco, ele afirma: "Kelsen – quaisquer que fossem suas convicções democráticas –, subordinando o direito às normas do poder mais 'efetivo', punha os juristas alemães a serviço da ordem hitleriana".[336] Em relação ao positivismo kelseniano, ele ainda acrescenta:

> Poucos juristas se preocupam em saber a que eles servem; eles obedecem. O positivismo entregou a vida jurídica à letra morta de leis ou textos de jurisprudência, ou à arbitrariedade da força. O testemunho mais extremo dessa degradação voluntária é que alguns dos mais ouvidos pelos nossos teóricos professam essa monstruosidade, que a escola kelseniana trouxe ao seu paroxismo, que o direito seja uma *ciência*, uma ciência neutra, uma ciência objetiva.[337]

---

335 VILLEY, Michel. *A formação do pensamento jurídico moderno*. Trad. de Claudia Berliner. São Paulo: Martins Fontes, 2009, p. 438.

336 VILLEY, Michel. *Filosofia do Direito*: definições e fins do direito: os meios do direito. Trad. de Márcia Valéria Martinez de Aguiar. São Paulo: Martins Fontes, 2008, p. 331.

337 No original: "Peu de juristes se préoccupent de savoir ce à quoi ils servent; ils obéissent. Le positivisme a livré la vie juridique à la lettre morte des lois ou

Villey sustenta que o positivismo jurídico é intrinsecamente incongruente e condena a si próprio, tanto por negligenciar as fontes da legislação quanto por deixar de lado a arte judiciária, como ocorre, por exemplo, com Hans Kelsen.[338] Ele ainda acrescenta: "ao definir o direito como consequência lógica das leis, o positivismo reconhece que a arte jurídica é, por conseguinte, muito mais ampla que o direito", "assim a operação se reduz uma mudança ruim de linguagem".[339]

Não obstante suas críticas ao juspositivismo, Villey não é partidário da visão daqueles que postulam uma superação do positivismo jurídico por meio do humanismo, defendendo que acima do direito posto estariam os "direitos do homem". Para o jurista francês, essa posição é igualmente falaciosa, na medida em que se situa em um horizonte totalmente idealista, confundindo direito e moral. O único modo eficaz de se superar o juspositivismo, na ótica villeyana, reside na retomada do realismo clássico.

Em relação ao direito natural, Villey salienta que se deve ter cuidado com as deturpações que essa concepção sofreu ao longo do tempo, que a distanciaram de sua origem clássica. Ele considera um grave equívoco a tentativa de codificação do direito natural em contraposição às normas postas. Importante também destacar

des textes de jurisprudence, ou à l'arbitraire de la force. Le témoignage le plus extrême de cet avilissement volontaire est que certains des plus écoutés de nos théoriciens professent cette monstruosité, que l'école kelsénienne a portée à son paroxysme, qui le droit soit une *science*, une science neutre, une science objective". (VILLEY, Michel. "Abrégé du droit naturel classique". *In*: ______. *Leçons d'histoire de la philosophie du droit*. Paris: Dalloz, 2002, p. 113).

338 VILLEY, Michel. *Réflexions sur la philosophie et le droit - les carnets*. Paris: PUF, 1995, p. 26.

339 No original: "tout en définissant le droit les conséquences logiques des lois, le positivisme reconnaît que l'art juridique est dès lors beaucoup plus large que le droit", "ainsi l'opération se réduit à un mauvais changement de langage". (VILLEY, Michel. *Réflexions sur la philosophie et le droit - les carnets*. Paris: PUF, 1995, p. 26).

que Villey não nega a importância das leis escritas, mas observa que elas devem existir em uma relação de complementaridade ao direito natural, tal como concebia Aristóteles. O excerto a seguir é bastante esclarecedor nesse sentido:

> Há uma razão mais profunda para que o direito natural jamais se amolde a regras fixas. É que o direito é adequação a circunstâncias moventes. (...) O direito é, por essência, móvel. Ninguém proclamou mais resolutamente que Aristóteles essa verdade, sobretudo no texto mais célebre da Ética a Nicômaco onde ele define o direito natural. Texto difícil, que desconcerta os intérpretes impregnados do Espírito moderno e para o qual os editores franceses dão traduções divergentes. Mas o sentido geral é claro: "Embora exista um justo natural, nem por isso todas as regras estão menos sujeitas à mudança" – "O fogo arde da mesma maneira na Pérsia e na Grécia, mas o direito é sempre variável". (...) Resulta daí que o "justo segundo a natureza" não está circunscrito a textos. Hoje, no mundo católico, publicam-se periodicamente "tratados de direito natural", contendo regras que pretendem ser definitivas. Para o jurista, elas poderiam ser causa de embaraço, na medida em que se justapõem às regras ditas de "direito positivo": em caso de contradição, quais escolher? Kelsen tem razão quando denuncia esse dualismo importuno. Mas a pretensão de Aristóteles não foi formular *regras* de direito natural. "O justo" natural (*díkaion*) não tem forma de lei expressa. (...) Numa *polis* ordenada e civilizada, Aristóteles considera necessário que aos dados teóricos informes do direito natural seja acrescentado este complemento: a redação de leis precisas. (...) A filosofia de Aristóteles funda a autoridade das leis, algo em que os positivismos sempre fracassaram. (...) Mas ali onde a teoria de Aristóteles suplanta acima de tudo os positivismos é quando atribui *limites* ao poder das leis.[340]

---

340 VILLEY, Michel. *A formação do pensamento jurídico moderno*. Trad. de Claudia Berliner. São Paulo: Martins Fontes, 2009, pp. 55-61.

Importante também destacar que, para Villey, o jusnaturalismo de matriz racionalista exsurgido na modernidade nada tem a ver com a noção clássica de direito natural. É possível, inclusive, afirmar, na esteira do pensamento de Villey, que o jusnaturalismo moderno e o juspositivismo operam na mesma lógica, pois compartilham "a crença na intangibilidade de uma fonte única do direito".[341]

Cumpre salientar que todas as vertentes do juspositivismo são objeto da crítica villeyana. Logo, não obstante o modelo kelseniano seja o exemplo mais paradigmático do juspositivismo contemporâneo e por isso evidentemente atacado por Villey, as concepções ecléticas da Escola Histórica e os juspositivismos éticos também foram alvo do incômodo do jurista francês.[342]

---

341 "L'École moderne du droit naturel est généralement considérée comme étant traversée par deux courants, l'un rationaliste, inauguré par Grotius, l'autre volontariste, promu par Suarez. Toutefois, malgré sa pertinance intrinsèque, cette division peut dissimuler l'essentiel pour notre propos. En effet, bien que ces deux tendences soient en désaccord sur la nature de l'obligation juridique, elles partagent l'idee d'un droit naturel composé de règles universelles, éternelles et obligatoires. Le droit est ainsi conçu dans une perspective fondalementalement légaliste (ce qui justifiera l'analogie avec le positivisme 'ordinaire'). (...) Ainsi, selon Michel Villey, le jusnaturalisme partage avec le positivisme 'ordinaire', la croyance dans l'intangibilité d'une source unique du droit. Or cette conception semble fondamentalement contraire au véritable esprit juridique qui s'épanouit dans un effort d'adaptation à une réalité sociale complexe et mobile. Au contraire, le jusnaturalisme croit à la pertinance de règles générales immuables, engendrant ainsi le mythe d'un code écrit en peu de mots, simple et compréhensible par tous. Le jusnaturalisme est foncièrement statique car s'il peut favoriser la modification du droit positif pour le rapprocher du droit naturel, il rêve à un droit parfait et immobile. Cette croyance dans l'absolu (dont la réalisation peut être étalée dans le cours de l'histoire) repose selon Michel Villey sur la confusion souvent dénoncée entre le droit et la morale". (SÈVE, René. "Qu'est-ce que le positivisme? Qu'est-ce-que le positivisme?". *Droit, Nature et Histoire - VIme. Colloque de l'Association Française du Droit (Paris II – 23-34 Novembre 1984) – "Michel Villey, Philosophe du droit"*. Presses Universitaires d'Aix-Marseille, 1985, p. 111).

342 Cf. VILLEY, Michel. *Filosofia do Direito*: definições e fins do direito: os meios do direito. Trad. de Márcia Valéria Martinez de Aguiar. São Paulo: Martins Fontes, 2008, pp. 380-394.

Villey entende que o positivismo jurídico tem impacto direto na atuação dos magistrados, pois "assim como neglicencia explorar a gênese das leis, o juspositivismo legalista escamoteia o ofício do juiz".[343] Nesse contexto, "o juiz foi rebaixado a simples executante; a funcionário da lei" e, por sua vez, "o processo tornou-se, em nossos programas, um parente pobre, o criado do 'direito material'".[344] Tal se dava de maneira bastante distinta na concepção aristotélica e na prática jurídica romana, tão apreciadas por Villey.[345]

No que tange à questão criminal, Villey também busca tratá-la fora do horizonte juspositivista, utilizando-se, para isso, das filosofias de Aristóteles e Tomás de Aquino. Ele critica "o sistema de ideias que preside nossa doutrina penal oficial, obra de Beccaria, Bentham ou de Feuerbach", que "porta ainda a marca do pensamento moderno", "assujeitado aos seus demônios: o individualismo e o subjetivismo" e "tributário do mito do estado de natureza".[346] Para Villey, é preciso se afastar da separação entre os

---

343 VILLEY, Michel. *Filosofia do Direito*: definições e fins do direito: os meios do direito. Trad. de Márcia Valéria Martinez de Aguiar. São Paulo: Martins Fontes, 2008, p. 441.

344 VILLEY, Michel. *Filosofia do Direito*: definições e fins do direito: os meios do direito. Trad. de Márcia Valéria Martinez de Aguiar. São Paulo: Martins Fontes, 2008, p. 441.

345 "Aristote, lui, parvenait à déterminer le sens ou les sens du mot droit – c'est un second apport capital de sa philosophie juridique – par l'analyse de la justice: toute espèce d'activité – la justice est activité – vise une espèce de *fin* propre. La vertu de justice (*dikaiosunè*) vise cet objet (*to dikaion*). C'est sa cause finale, l'objet recherché, ce que le juge (*dikastès*), la justice incarnée vivante, a pour fonction d'élucider. De même que le *judex* à Rome a pour office de dire le droit (*judex* vient de *jus dicere*), reconnaître et dire le juste". (VILLEY, Michel. "Signification philosophique du droit romain". *Archives de philosophie du droit*, nº 26 – *l'utile et le juste*. Paris: Sirey, 1981, p. 390).

346 No original: "Le système d'idées qui preside à notre doctrine encore officielle, œuvre des Beccaria des Bentham ou des Feuerbach, porte encore la marque de la pensée 'moderne'. Assujeti à ses démons: l'individualisme, le subjectivisme. Tributaire du mythe de l'état de nature". (VILLEY, Michel. "Des délits et peines dans la philosophie du droit naturel classique". *Archives*

mundos do *Sollen* e do *Sein*, inclusive no que se refere à temática penal, sustentando que as concepções contratualistas, humanistas e subjetivistas engendraram a "crise da *ciência* do direito penal" e, por conseguinte, o caos.[347]

O jurista francês ressalta que "os criminólogos provaram por meio de enquetes e estatísticas que a criminalidade resulta prioritariamente de fatores *externos* à pessoa do delinquente: da educação que ele recebeu – seu entorno, seu modo de vida", e "os sociólogos nos ensinaram a colocar o grupo acima do indivíduo".[348] Assim, "eis que estamos curados da ilusão de que o homem seria livre, 'responsável por sua conduta'".[349] Nesse contexto, "o conceito de pena também está doente",[350] de modo que é preciso dissociá-lo do positivismo jurídico e retomá-lo a partir do realismo de Aristóteles e de Tomás.[351] Nessa perspectiva, Villey sustenta que "a pena não é um artifício forjado totalmente pelo Estado, pelo conjunto

---

de philosophie du droit, nº 28 – *philosophie pénale*. Paris: Sirey, 1983, p. 181).

347 Cf. VILLEY, Michel. "Des délits et peines dans la philosophie du droit naturel classique". *Archives de philosophie du droit*, nº 28 – *philosophie pénale*. Paris: Sirey, 1983, pp. 181-183.

348 No original: "Les criminologues l'ont prouvé à coup d'enquêtes et de statistiques, la criminalité resulte par priorité de facteurs *externes* à la personne du délinquant: l'éducation qu'elle a recue – son entourage, son mode de vie. Non moins compromise la définition des composantes matérielles de l'acte délictueux: les sociologues nous ont appris à placer désormais le groupe au-dessus de l'individu". (VILLEY, Michel. "Des délits et peines dans la philosophie du droit naturel classique". *Archives de philosophie du droit*, nº 28 – *philosophie pénale*. Paris: Sirey, 1983, p. 183).

349 No original: "nous voici guèris de l'illusion que l'homme serait libre, 'responsable' de as conduite". (VILLEY, Michel. "Des délits et peines dans la philosophie du droit naturel classique". *Archives de philosophie du droit*, nº 28 – *philosophie pénale*. Paris: Sirey, 1983, p. 183).

350 No original: "le concept de peine est aussi malade". (VILLEY, Michel. "Des délits et peines dans la philosophie du droit naturel classique". *Archives de philosophie du droit*, nº 28 – *philosophie pénale*. Paris: Sirey, 1983, p. 183).

351 Cf. VILLEY, Michel. "Des délits et peines dans la philosophie du droit naturel classique". *Archives de philosophie du droit*, nº 28 – *philosophie pénale*. Paris: Sirey, 1983, p. 184.

de suas leis", mas "ela existe na natureza, antes de se tornar direito positivo".[352] Portanto, para Villey, o princípio da legalidade é fictício, de modo que "o tribunal de Nuremberg teve razão ao punir *Goering* sem que seu veredito pudesse se fundar em algum texto".[353] Cumpre observar que Villey não desconsidera totalmente a legislação, mas, na esteira de Aristóteles, ressalta a importância da *epieikeia* na apreciação dos casos criminais, insurgindo-se, inclusive, contra a visão puramente repressiva da justiça penal.[354] Ele critica, por exemplo, "a doutrina penal kantiana, que exclui toda indulgência e nega a equidade".[355]

A crítica de Villey ao juspositivismo consubstancia-se em um dos principais aspectos de sua obra e uma das marcas de sua originalidade reside justamente na postulação da imbricação entre juspositivismo e subjetivismo, na medida em que ele aponta que a figura do sujeito de direito subjaz ao arcabouço normativo, tal como concebido pelo positivismo jurídico, demonstrando, inclusive, como tal se deu historicamente. Por outro lado, ele observa

---

352 No original: "La peine n'est pas un artifice forgé de toutes pièces par l'Etat, avec l'ensemble de ses lois. Elle existe dans la nature, avant d'envahir le droit positif". (VILLEY, Michel. "Des délits et peines dans la philosophie du droit naturel classique". *Archives de philosophie du droit*, nº 28 – *philosophie pénale*. Paris: Sirey, 1983, p. 190).

353 No original: "Il n'est pas requis qu'une loi positive en ait prévenu les justiciables: nous avons vu combien fictif est le 'príncipe de légalité' des délits et peines; qu'il est de fait souvent tourné (...). Le tribunal de Nüremberg eut raison de punir *Goering* sans que son verdict puisse se fonder sur aucun texte". (VILLEY, Michel. "Des délits et peines dans la philosophie du droit naturel classique". *Archives de philosophie du droit*, nº 28 – *philosophie pénale*. Paris: Sirey, 1983, p. 199).

354 Cf. VILLEY, Michel. "Des délits et peines dans la philosophie du droit naturel classique". *Archives de philosophie du droit*, nº 28 – *philosophie pénale*. Paris: Sirey, 1983, pp. 200/201.

355 No original: "la doctrine pénale kantienne, exclusive de toute indulgence et négatrice de l'équité". (VILLEY, Michel. "Des délits et peines dans la philosophie du droit naturel classique". *Archives de philosophie du droit*, nº 28 – *philosophie pénale*. Paris: Sirey, 1983, p. 201).

que a apregoada atitude objetivista do juspositivismo estrito engendrou, em contrapartida, um florescimento cada vez maior do humanismo, que desembocou na temática dos direitos humanos, conforme trataremos posteriormente.

CAPÍTULO III

VILLEY E A SUBJETIVIDADE JURÍDICA

3.1 A gênese filosófica da noção de sujeito de direito

Michel Villey propugna que a noção de subjetividade jurídica não é uma constante na história do pensamento jurídico. A gênese de tal noção, no âmbito filosófico, pode ser encontrada no século XIV, na obra de Guilherme de Ockham,[356] "o pai do direito subjetivo".[357] Antes desse momento, tal noção era ausente nos textos jurídicos, de modo que é um equívoco imputá-la ao direito romano, conforme já tratamos. O sujeito de direito, ou seja, aquele capaz

356 "La première définition claire et complète du droit subjectif, à ma connaissance on la trouve dans un ouvrage de Guillaume de Occam". (VIILEY, Michel. "Droit subjectif (La genèse du droit subjectif chez Guillaume d'Occam)". *In*: ______. *Seize essais de philosophie du droit*. Paris: Dalloz, 1969, p. 158).

357 No original: "le père du droit subjecif". (VIILEY, Michel. "Droit subjectif (La genèse du droit subjectif chez Guillaume d'Occam)". *In*: ______. *Seize essais de philosophie du droit*. Paris: Dalloz, 1969, p. 141).

de portar direito subjetivo, não existia na antiguidade clássica. A filosofia aristotélica e a prática jurídica romana não contemplavam tal conceito, pois eram lastreadas na concepção clássica de direito natural. Acerca do termo direito subjetivo, cabe destacar o esclarecimento de Villey:

> O que me parece característico da expressão direito subjetivo, se a entendermos no sentido autêntico e originário, é que ela aplica o selo, a rubrica do jurídico (a força normativa do *direito*), a uma faculdade do sujeito, a um de seus *poderes*. O direito subjetivo de propriedade é, por exemplo, o *poder* de usar, de desfrutar, de dispor da coisa, atribuído ao proprietário, ele mesmo reconhecido, garantido, sancionado *juridicamente*. Essa noção complexa resulta da associação de duas ideias, a de *direito* e a de *poder*.[358]

O jurista francês chegou a atribuir o surgimento da subjetividade jurídica ao egoísmo humano, à falta de cultura, bem como à aplicação extensiva dos preceitos cristãos e seu transbordamento para a esfera jurídica.[359] Villey ressalta, porém, que tal noção era ausente no pensamento tomista e atribui as bases de tal noção ao nominalismo de Ockham, embora também aponte a existência de alguns vestígios precursores no estoicismo. Contudo, para ele, "o direito subjetivo é, de fato, uma invenção moderna", consoante esclarece Julien Freund com base em Villey.[360]

---

358 VILLEY, Michel. *A formação do pensamento jurídico moderno*. Trad. de Claudia Berliner. São Paulo: Martins Fontes, 2009, p. 253.

359 VIILEY, Michel. "Droit subjectif (La genèse du droit subjectif chez Guillaume d'Occam)". *In*: ______. *Seize essais de philosophie du droit*. Paris: Dalloz, 1969, pp. 140/141.

360 "La pensée juridique gréco-romaine et thomiste ignorait le droit subjectif, bien que l'on puisse découvrir aujourd'hui, après coup, quelques balbutiements de ce droit dans la philosophie ancienne, par exemple celle des stoïciens, et dans certains textes du Bas Empire. Ce contre quoi Villey s'élevait, c'est contre l'interprétation que les romanistes donnent de nos jours du droit classique au nom de critères du droit subjectif moderne. Il s'agit d'un contresens qui

O pano de fundo trazido por Villey para a consolidação da subjetividade jurídica exsurgida na era moderna são as transformações econômicas que culminaram com a ascensão da burguesia. Tal processo histórico teve influência direta nas construções filosóficas que passaram a lastrear-se na figura do sujeito e, no campo do direito, na figura do sujeito de direito, que passa a ser o núcleo em torno do qual gravita todo o sistema jurídico. Vive-se um momento em que se inicia uma ruptura com o mundo antigo, no âmbito filosófico, e no qual ainda ressoam ecos do feudalismo e, por conseguinte, de influência religiosa.

Villey não esmiuça essas transformações econômicas e não as coloca com o devido destaque como poderia ter feito, mas elas se fazem presentes em pontos importantes da obra do jurista francês, a qual se contrapunha ferrenhamente às visões idealistas do fenômeno jurídico. A figura idealizada do sujeito de direito é alvo constante da crítica villeyana.[361] De todo modo, pode-se dizer que, na obra de Villey, não há uma teoria efetivamente estruturada acerca da gênese material da subjetividade jurídica.

Ele, contudo, trata de forma bastante aprofundada da questão da gênese filosófica da subjetividade jurídica, passando por diversos pensadores e apresentando o contexto histórico de cada período. O jurista francês, embora trate desse processo de maneira ampla,

---

constitue à la limite une falsification historique, car il dénature l'esprit du droit romain. Le droit sujectif est, en effet, une invention moderne qui s'est progressivement imposée jusqu'à constituer la conception de nos jours absolument prédominante dans la sphère du droit". (FREUND, Julien. "Michel Villey et le renouveau de la philosophie du droit". *Archives de philosophie du droit*, nº 37 – *droit et économie*. Paris: Sirey, 1992, p. 10).

361 "Villey opõe o objectivismo e o realismo que crê descortinar no modelo romano do direito ao nominalismo e ao individualismo do direito moderno, inteiramente corrompido pela figura central do sujeito". (MARYOLI, Aglaé. "O antimodernismo de Michel Villey". *In*: BILLIER, Jean-Cassien; MARYIOLI, Aglaé. *História da Filosofia do Direito*. Trad. de Pedro Henriques. Lisboa: Instituto Piaget, 2001, p. 320).

tem o seu foco em alguns autores, aos quais atribui um papel mais decisivo na construção conceitual da noção de sujeito de direito, conforme veremos a seguir.

Na ótica villeyana, a característica fundamental da filosofia moderna, de modo geral, é o seu foco na subjetividade e isso tem reflexos no que tange ao direito, de tal sorte que "o direito subjetivo está no âmago do pensamento jurídico da época moderna".[362] Para o jurista francês, o direito subjetivo se apresenta como "esse poder do indivíduo que o ofício da arte jurídica deve reconhecer e garantir".[363] Ele ainda esclarece:

> Nos tratados dos séculos XVI e XVII, o direito subjetivo e suas diferentes espécies são erigidos em categorias principais da ciência do Direito – e os filósofos empregam-no dos mais variados modos, de Hobbes e Spinoza a Locke, e a Pufendorf, a Wolff ou aos fisiocratas, defendendo e ilustrando esse tema: "direitos naturais" que seriam imediatamente deduzidos da essência do homem e que seriam vinculados desde o "estado da natureza" e mais ou menos conservados no estado civil – "Direitos do homem e do cidadão" – às liberdades pessoais, à execução de dívidas, à reparação dos danos sofridos, à propriedade das coisas. E, acima de tudo, a apologia da *propriedade*. Ela se fundou nas regras da moral racional (no dever de não roubar) ou, segundo Locke, em uma análise do conteúdo do contrato social. Tudo isso ainda parece responder bem aos interesses da burguesia.[364]

---

362 VILLEY, Michel. *Filosofia do Direito*: definições e fins do direito: os meios do direito. Trad. de Márcia Valéria Martinez de Aguiar. São Paulo: Martins Fontes, 2008, p. 144.

363 No original: "ce pouvoir de l'individu que l'office de l'art juridique est de reconnaître et de garantir". (VILLEY, Michel. "Panorama des philosophies juridiques modernes occidentales et marxistes du monde socialiste". *In*: ______. *Critique de la pensée juridique moderne – Douze autres essais*. Paris: Dalloz, 2009, p. 167).

364 No original: "Dans le traités du XVIe et du XVIIe siècles, le droit subjectif et ses diferentes espèces sont érigés en catégories principales de la science

Villey observa também que a noção de sujeito de direito, embora já tenha sido esboçada pelo nominalismo de Ockham, ganha seus contornos decisivos na modernidade. Sobre esse ponto, esclarece o jurista francês:

> Os filósofos dos tempos modernos, obcecados pelo próprio *Eu*, mergulhados no âmago da *subjetividade*, acaso não irão se calar acerca do direito? Ora, é o contrário que se verifica, e podemos entender por quê. Toda filosofia é tentacular, tendendo a produzir uma visão global do mundo (...). A filosofia individualista moderna tinha que dar uma definição do direito que não somente destruísse mas substituísse o antigo conceito clássico de direito.[365]

Cumpre salientar que, inicialmente, Villey chegou a enxergar um processo de decadência da subjetividade jurídica e do voluntarismo jurídico a ela atrelado, consoante se verifica no seu texto *Essor et decadence du voluntarismo juridique*.[366] Assim, após

---

du droit – et les philosophes s'emploient sur les modes les plus variés, de Hobbes et Spinoza à Locke, et à Pufendorf, à Wolff, ou aux physiocrates, à la défense et l'illustration de ce thème: 'droits naturels' qui seraient déduits immédiatement de l'essence de l'homme et qui seraient attachés dès 'l'état de nature' et plus ou moins conservés dans l'état civil – 'Droits de l'homme et du citoyen' – aux libertés personelles, à l'exécution des créances, à la réparation des dommages subis, à la propriéte des choses. Et avant tout apologie de la *propriété*. Elle fut fondée soit sur les règles de la morale rationnelle (sur le devoir de ne pas voler), soit, chez Locke, sur une analyse du contenu du contrat social. Tout cela semble encore bien répondre aux intérêts de la bourgeoisie". (VILLEY, Michel. "Panorama des philosophies juridiques modernes occidentales et marxistes du monde socialiste". *In*: ______. *Critique de la pensée juridique moderne – Douze autres essais*. Paris: Dalloz, 2009, p. 167).

365 VILLEY, Michel. *Filosofia do Direito*: definições e fins do direito: os meios do direito. Trad. de Márcia Valéria Martinez de Aguiar. São Paulo: Martins Fontes, 2008, p. 136.

366 VILLEY, Michel. "Essor et décadence du voluntarisme juridique". *Archives de Philosophie du Droit – La role de la volonté dans le droit*. Paris: Sirey, 1957, pp. 87-98.

um período de apogeu conquistado na era moderna, a noção de sujeito de direito teria experimentado uma suplantação por outras formas de pensar o direito e, de certo modo, um retorno às antigas concepções. Importante destacar que, nessa época, não obstante Villey já salientasse que a noção de sujeito de direito estivesse ausente no sistema aristotélico e no direito romano, ele atribuía certo valor a essa noção moderna. Inclusive, ele chegou curiosamente a afirmar que seria reacionarismo uma insurgência em face dos avanços da modernidade.[367]

Posteriormente, contudo, ele reconhece que a noção de sujeito de direito continua plenamente vigente na atualidade, ainda que os teóricos juspositivistas tenham sérias insurgências em face dela, tal como se nota, por exemplo, na obra de Hans Kelsen. Villey observa também que, paradoxalmente, a gênese teórica da subjetividade jurídica esteve imbricada com a do positivismo jurídico, de modo que o juspositivismo seria uma espécie de derivação da noção de sujeito de direito.

A questão da gênese da noção de subjetividade jurídica é um ponto central na reconstrução histórica do fenômeno jurídico empreendida por Villey, conforme ressalta Olivier Jouanjan:

> Michel Villey reconstruiu a história do pensamento jurídico como uma grande narrativa, uma narrativa de uma perda ou, em uma linguagem mais heideggeriana, de um "esquecimento". (...) o *esquecimento do direito* que está no coração de *A formação do pensamento jurídico moderno* não é alheio ao tema heideggeriano do "esquecimento do ser", e a história villeyana do direito bem poderia contar, em sua própria maneira, algo da "história do ser". (...) Em Villey, certamente, a intrusão da categoria do *sujeito de direito* não se relaciona apenas ao instrumental técnico da

367 VILLEY, Michel. "Essor et décadence du voluntarisme juridique". *Archives de Philosophie du Droit – La role de la volonté dans le droit*. Paris: Sirey, 1957.

dogmática jurídica, mas marca o evento mais importante na história do direito e confirma o esquecimento do direito em sua verdade inaugural como um "objeto".[368]

A respeito dessa questão, também cumpre destacar as considerações de Aglaé Maryioli:

> A pena de Villey exprime uma certa equivalência entre as noções de indivíduo e de sujeito, o que não deixa de afetar de algum modo a coerência de sua teoria, exceto se se assumir, como de resto, faz, uma rejeição em bloco do sujeito prático kantiano e do indivíduo tal como foi apresentado pelo pensamento político, desde o nominalismo de Ockham até as figuras do individualismo contemporâneo. Reconstituindo ele próprio uma história do indivíduo, Villey descreve-o emergindo, em fases sucessivas, de parte do pensamento teológico cristão e do humanismo, antes de se impor nas doutrinas de Hobbes, Locke, Rousseau e Kant e de atingir uma espécie de apoteose na doutrina dos Direitos do Homem.[369]

---

368 "Michel Villey a reconstruit l'histoire de la pensée juridique comme un grand récit, à savoir celui d'une perte ou, dans un langage plus heideggérien, d'un 'oubli'. (...) l'*oubli du droit* qui est au coeur de la *Formation de la pensée juridique moderne* n'est pas sans rapport avec le thème heideggérien de l''oubli de l'être', et l'histoire villeyenne du droit pourrait bien raconter, à sa manière, quelque chose de l''histoire de l'être'. (...) Chez Villey, certainement, l'intrusion de la catégorie du *sujet du droit* ne concerne pas seulement l'outillage technique de la dogmatique juridique mais marque l'événement majeur dans l'histoire du droit et scelle l'oubli du droit en sa vérité inaugurale comme un 'objet'". (JOUANJAN, Olivier. "Les aventures du sujet dans la narration villeyenne de l'histoire de la pensée juridique". *Droit et Societé*, nº 71 – *Dossier Michel Villey, vingt ans déjà!* Paris: Lextenso Éditions, 2009, pp. 28/29).

369 MARYOLI, Aglaé. "O antimodernismo de Michel Villey". *In*: BILLIER, Jean-Cassien; MARYIOLI, Aglaé. *História da Filosofia do Direito*. Trad. de Pedro Henriques. Lisboa: Instituto Piaget, 2001, p. 321.

3.1.1 Cícero e o estoicismo

A filosofia estoica, para Villey, não tem caráter político ou jurídico, mas eminentemente moral. Nesse sentido, ele sustenta que:

> Os fundadores do estoicismo não tinham em vista a partilha dos interesses numa pólis, isso em que consiste a finalidade do direito, porque, conforme o seu modo de ver, o sábio se desinteressava da pólis e de suas convenções.[370]

Acerca da história do pensamento estoico, Villey esclarece:

> Podem-se distinguir cronologicamente três etapas do estoicismo: o *antigo*, o dos fundadores, com Zenão de Cício (332-362), e depois seus sucessores, Cleanto e Crisipo; o *médio*, que sem dúvida conservou pouco a pureza da sua doutrina introduzindo nela ideias tomadas de outras seitas: os mais famosos chefes da escola são então Panécio de Rodes, que se encontra em missão diplomática em Roma no ano de 146, autor de um grande tratado de moral, e Posidônio, que talvez tenha sido mestre de Cícero, cujos tratados de moral pertencem a essa escola (o *De officiis* adapta o tratado de Panécio); é então que, na elite romana, começaram a se multiplicar as adesões à seita; vem, por fim, o *novo* estoicismo, com Sêneca, Epicteto e Marco Aurélio, cuja tendência é voltar às fontes primeiras da doutrina, pelo menos no que se refere ao rigorismo moral de seus fundadores.[371]

O humanismo apresenta-se como uma das características do estoicismo, no sentido da valorização da dignidade humana e essa forma de pensar irá influenciar o cristianismo e, posteriormente, o

---

370 VILLEY, Michel. *A formação do pensamento jurídico moderno*. Trad. de Claudia Berliner. São Paulo: Martins Fontes, 2009, pp. 67/68.

371 VILLEY, Michel. *A formação do pensamento jurídico moderno*. Trad. de Claudia Berliner. São Paulo: Martins Fontes, 2009, p. 454.

movimento renascentista, sendo uma das bases da filosofia moderna. Sobre esse ponto, inclusive, Villey esclarece que o Renascimento não representou uma retomada do pensamento aristotélico, mas sim, especialmente, da moral estoica.

Cícero (106 a.C. – 43 a.C.), o célebre pensador romano, bebeu das fontes da filosofia estoica. Para ele, a "lei verdadeira" era definida como a "reta razão", presente na consciência humana, de maneira imutável e eterna.[372] Essa forma de pensar, esclarece Villey, chegou a influenciar a elaboração de alguns textos constantes no *Digesto* e nas *Institutas de Gaio*. Contudo, tal filosofia estava longe de se consubstanciar na base do direito romano, o qual tinha sua matriz nas concepções de Aristóteles acerca do justo.[373]

Em relação ao pensamento do orador romano, Villey observa que "Cícero não é apenas estoico: ele é *eclético* e presta-se a todas as influências da literatura grega".[374] Inclusive, o jurista francês destaca que, em relação ao próprio estoicismo por ele professado, Cícero acrescentava ideias próprias, imprimindo características de sua personalidade voltada à busca de influenciar as massas, bem como às questões políticas e judiciárias, e é justamente a

---

372 VILLEY, Michel. *A formação do pensamento jurídico moderno*. Trad. de Claudia Berliner. São Paulo: Martins Fontes, 2009, p. 69.

373 "Em suma, não iremos negar que, até mesmo nas soluções do direito romano clássico, houve um afluxo maciço da moral do estoicismo. O direito romano, como dissemos, é feito de muitas peças soltas e heterogêneas. (...) Cabe aos romanistas (não tenho certeza de que até agora eles tenham dado muita importância à questão) avaliar o peso exato dessas influências estoicas. Quanto a mim, continuo com a impressão de que elas são apenas acidentais e às vezes superficiais. São enriquecimentos, às vezes simples enfeites, mas as fundações do edifício não me parecem ser estoicas. Ao contrário, constatamos uma inegável convergência entre a doutrina de Aristóteles e a estrutura do direito romano, ainda que em geral insuspeita". (VILLEY, Michel. *A formação do pensamento jurídico moderno*. Trad. de Claudia Berliner. São Paulo: Martins Fontes, 2009, pp. 500/501).

374 VILLEY, Michel. *A formação do pensamento jurídico moderno*. Trad. de Claudia Berliner. São Paulo: Martins Fontes, 2009, p. 456.

partir daí que começa a aproximação entre estoicismo e direito, muito embora ainda não se possa falar em uma filosofia do direito estoica propriamente dita.

O jurista francês aponta que as concepções filosóficas do estoicismo e do aristotelismo são diversas, de modo que as noções de direito natural oriundas do pensamento estoico nada tem a ver com o direito natural de matriz aristotélica. Enquanto o primeiro se mostra ligado à razão subjetiva do homem, o segundo está ligado à natureza das coisas, conforme salienta Villey:

> O que defenderemos aqui é por certo um paradoxo: não há lugar no estoicismo para a noção de direito natural. Costuma-se ensinar o contrário; que os juristas romanos deveriam o pouco – acrescenta-se – que teriam de jusnaturalismo a seus mestres estoicos; que dessa fonte teria saído a noção de direito natural. (...) O fato é que as expressões *díkaion katá phýsin*, *jus naturae*, *jus naturale* – e, com maior frequência ainda, *lex naturalis* – estão efetivamente presentes nas obras estoicas que chegaram até nós: talvez se encontrem até mesmo nos fundadores (...), em todo caso, estão em Cícero. E, pelo fato de que os mesmos vocábulos se encontram em Aristóteles e na doutrina estoica, tende-se geralmente a crer que se trata da mesma noção. E as pessoas se contentam com essa confusão. Uma das primeiras tarefas da história da filosofia do direito tem de ser a de denunciá-la. É um grande erro histórico, ainda que extremamente disseminado e facilmente explicável, afirmar que a doutrina do direito natural teria sua fonte no estoicismo. Sabemos que ela vem de Aristóteles, que ela está toda contida, expressamente, na sua Ética a *Nicômaco*. Quanto ao estoicismo, não só ele não é o pai autêntico do direito natural, como é a sua negação. No mínimo, duas noções seriam indispensáveis para constituir o *direito* natural:

> primeiro, a de direito; segundo, a de uma *natureza* tal que possa ser a fonte do direito. O estoicismo ignora ambas.[375]

Villey destaca que a filosofia estoica, desde suas origens, possuía o caráter de uma moral privada, portanto, distante do conceito de justiça particular de Aristóteles. As questões públicas não eram objetos das preocupações dos fundadores do estoicismo, haja vista que o foco era o indivíduo. Assim, o estoicismo consubstanciava-se "em uma atitude que implica o desprezo e o olvido do direito; pois a justiça particular tal como a concebia Aristóteles, atividade dos legisladores e dos juízes, era uma função *pública*".[376]

O determinismo é uma característica do pensamento estoico, em sua origem. A resignação, e não a ação transformadora, deve nortear a atitude do sábio. Destarte, a própria ocupação do jurista de buscar a justa partilha dos bens não tem espaço na atitude estoica, a qual se identifica com a aceitação do dado. A filosofia estoica situa-se no nível da moral, não do direito. Logo, "quando os estoicos falavam de 'justiça', ou de homem justo ou reto, era uma justiça que nada tinha de jurídica", já que "o estoicismo *ignorava* congenitalmente o direito".[377]

O "estoicismo médio" abrandou muitas das concepções originais da filosofia estoica, conforme esclarece Villey. Em Panécio, Posidônio e em Cícero tem-se uma relativização do determinismo e a assunção de uma postura mais ativa é contemplada. Isso se deve ao fato da própria diferença das condições de vida dos romanos que terminou por influenciar os pensadores estoicos. Desse modo, uma espécie de "moral intermediária" caracterizou o estoicismo médio:

---

375 VILLEY, Michel. *A formação do pensamento jurídico moderno*. Trad. de Claudia Berliner. São Paulo: Martins Fontes, 2009, pp. 457/458.

376 VILLEY, Michel. *A formação do pensamento jurídico moderno*. Trad. de Claudia Berliner. São Paulo: Martins Fontes, 2009, p. 459.

377 VILLEY, Michel. *A formação do pensamento jurídico moderno*. Trad. de Claudia Berliner. São Paulo: Martins Fontes, 2009, p. 460.

> (...) moral das condutas "preferíveis", dos "deveres" (*de officiis*), acompanhada da prescrição das condutas apropriadas para uma ou outra situação, de "deveres de estado", de uma pluralidade de virtudes particulares e diferentes.[378]

A obra de Aristóteles influenciou o pensamento de Cícero, contudo, o ecletismo do orador romano desnaturou-a e buscou amoldá-la à moral estoica. Portanto, muito embora Cícero repita as fórmulas aristotélicas em seus textos, ele as aborda de conformidade com o estoicismo. Assim, por exemplo, o fundamento da justiça passa a se identificar com "boa-fé". O valor moral dos indivíduos assume primazia em detrimento da concepção social de justiça, a qual passa a ser concebida como "virtude subjetiva moral do indivíduo".[379] Haverá deveres decorrentes da natureza humana que passarão a compor a virtude da justiça, dentre eles, "há dois que se distinguem porque, estritamente, obrigatórios": "trata-se dos deveres de respeitar a propriedade alheia e manter a palavra dada",[380] ou seja, os dois pilares desse sistema estão no direito de propriedade e no contrato.

A "natureza do homem", então, nessa forma de pensar, passa a substituir a "natureza das coisas". O justo natural perde seu caráter cósmico e adquire caracteres individualistas. Por sua vez, a origem da sociedade passa a estar no homem. Cícero desenvolverá a ideia das tendências e inclinações naturais do ser humano e enxergará que é a partir delas que surge o direito. Nesse ponto residem os germes das noções de sujeito de direito e de direitos subjetivos, conforme esclarece Villey, acerca do pensamento de Cícero:

---

378 VILLEY, Michel. *A formação do pensamento jurídico moderno*. Trad. de Claudia Berliner. São Paulo: Martins Fontes, 2009, p. 461.

379 VILLEY, Michel. *A formação do pensamento jurídico moderno*. Trad. de Claudia Berliner. São Paulo: Martins Fontes, 2009, pp. 463/464.

380 VILLEY, Michel. *A formação do pensamento jurídico moderno*. Trad. de Claudia Berliner. São Paulo: Martins Fontes, 2009, p. 489.

> O direito nasce das tendências próprias ao homem, que fazem sua natureza específica. O homem se distingue dos animais e dos outros seres vivos porque traz em si a razão (...) que o leva a se reunir com seus semelhantes, com os quais comunga por esse elemento racional, porque o *logos* faz apenas um. É daí que nascerá o direito. (...) o que deu origem à sociedade e ao direito, aquilo que é sua fonte, é essa parcela do *lógos*, presente nos homens e que os leva a se associarem. Portanto, é o homem que é o construtor de seus próprios agrupamentos sociais. O homem deixou de ser um "animal político" e, por conseguinte, as pólis deixaram de ser elas mesmas naturais. O homem, agora, só é "sociável" por natureza, isto é, graças à razão que a natureza pôs nele, apta para *criar* o direito. (...) a ciência do *direito*, por sua vez, só pode recorrer a uma fonte *subjetiva*: a *razão* disseminada nas almas dos homens (...).[381]

O juspositivismo será uma decorrência do pensamento ciceroniano, pois, na medida em que a fonte do direito é a razão humana, tem-se que as leis postas pelo homem, em obediência aos ditames de sua razão, devem ser obedecidas. Logo, haverá uma identificação entre direito e lei. A razão universal possui origem divina. Considerando que a razão divina é impenetrável em toda a sua essência, a razão humana deve ser a norteadora das condutas. Essa razão exprime-se sobretudo nos ensinamentos dos sábios, mas também nas "palavras dos oradores, e desses homens da elite romana, ricos, cultos, influentes, cheios de *auctoritas*, e dos *prudentes*".[382]

Villey salienta que Cícero acreditava estar ao lado de Aristóteles e contra os voluntaristas que colocavam o direito no "querer arbitrário dos indivíduos". Contudo, o jusfilósofo francês observa que o orador romano, na verdade, estava mais perto de seus adversários

---

381 VILLEY, Michel. *A formação do pensamento jurídico moderno*. Trad. de Claudia Berliner. São Paulo: Martins Fontes, 2009, pp. 476-478.

382 VILLEY, Michel. *A formação do pensamento jurídico moderno*. Trad. de Claudia Berliner. São Paulo: Martins Fontes, 2009, p. 482.

do que poderia supor, dado que, ao restringir o direito natural à reta razão, ter-se-ia, na prática, o fato de que o direito passaria a representar a vontade da classe dominante. Assim, sob o manto da racionalidade, escamotear-se-ia a arbitraridade. Para Villey, a astúcia de Cícero terminava por "transferir o prestígio do 'direito natural' para as leis positivas existentes", pois, na perspectiva por ele anunciada, "o próprio 'homem' produziu seu direito" e "ele o desenvolve e modifica ao longo da história, sem que nenhum limite seja imposto pela natureza exterior ao seu poder criador".[383]

O jurista francês destaca o conservadorismo inerente ao pensamento de Cícero, na medida em que o direito será instrumento de manutenção das estruturas sociais já dadas e não visará mais, como no direito natural aristotélico, a correção das injustiças, por meio do estabelecimento de uma justa distribuição. Resta, portanto, patente a oposição em relação às originais concepções da justiça particular de Aristóteles. Em Cícero, a justiça perde o seu intrínseco caráter social. Sobre esse ponto, Villey esclarece:

> Prossigamos com nossa comparação com o direito natural clássico. Segundo esta última filosofia, o fim da justiça é, acima de tudo, uma justa distribuição dos bens entre os cidadãos; é um objeto bastante ambicioso, que, muito provavelmente, o jurista só poderá satisfazer de modo muito imperfeito, mas para o qual não deve cessar de tender. Parece que, em Cícero, as coisas são bem mais simples: conservar para cada um o que ele tem, o que ele possui de fato, seja qual for a fonte de onde provenha, de uma "ocupação" primeira, da "vitória" ou de uma convenção... Impedir todo roubo. Conservar. A finalidade do direito (...) é a conservação do que nele pode haver de equidade nos bens e nos assuntos dos cidadão segundo as leis e os usos. (...) Em vez de visar a restabelecer o justo equilíbrio

383 VILLEY, Michel. *A formação do pensamento jurídico moderno*. Trad. de Claudia Berliner. São Paulo: Martins Fontes, 2009, pp. 485/486.

> das fortunas, necessário para a sobrevivência e o bem-estar da pólis (há mil maneiras de fazê-lo: na fundação da pólis, por uma partilha adequada; por boas leis sucessórias, pelos impostos ou pelas liturgias que competem aos ricos; e também por ocasião de cada processo), o direito se contentará em manter a divisão existente de fato, em consolidar as posses: tudo o que existe não é justo, já que é produzido pelo lógos que governa a história? Reconhece-se aí o amor fati, o gosto pela submissão ao destino da moral estoica. Eis, no tocante à primeira parte de um sistema de direito privado, aquela que concerne ao direito dos bens, o princípio de grandes transformações: em vez da justiça, o culto ao direito de propriedade. A solução não desagradou – seria possível encontrar outra mais apropriada a granjear a aprovação dos proprietários, e veremos com que favor a acolherão os juristas modernos.[384]

Assim, no pensamento de Cícero, embebido da racionalidade estoica, podem ser encontrados os longínquos germes da subjetividade jurídica e do juspositivismo que irão influenciar o pensamento moderno. Contudo, insta salientar que, para Villey, o estoicismo exerceu pouca influência na prática jurídica romana, que continuava se pautando pelo pensamento de Aristóteles.[385]

---

384 VILLEY, Michel. *A formação do pensamento jurídico moderno*. Trad. de Claudia Berliner. São Paulo: Martins Fontes, 2009, pp. 490/491.

385 "Não foi em Roma que o direito se viu reduzido a esses dois princípios de moral – o respeito às posses alheias e a observação das promessas feitas – e à sanção de dois direitos subjetivos que lhes correspondem, a propriedade e o crédito. O sistema romano é muito mais complexo é refinado! (...) Buscar, incansavelmente e em cada caso, a justa parte que corresponde a cada uma das partes – em vez de limitar-se a proteger os pretensos direitos subjetivos subtraídos de qualquer discussão e que a posse ou a promessa fundariam automaticamente –, é este o objetivo dos jurisconsultos. O direito conserva seu conteúdo próprio, ainda não está confundido com a moral comum. Não, a tradição de Aristóteles não se perdeu em Roma (mesmo se com frequência ela foi transmitida apenas indiretamente, inclusive por alguns autores filiados ao estoicismo médio): ao contrário, ela é muito bem entendida e aplicada

3.1.2 Guilherme de Ockham

A origem da noção de sujeito de direito pode ser encontrada na obra de Guilherme de Ockham, segundo Michel Villey.[386] Para o jurista francês, no pensamento do frade franciscano, além do positivismo jurídico, a subjetividade jurídica encontra aí suas raízes filosóficas, diante da mudança de paradigma postulada pelo nominalismo ockhamiano, que se opunha à tradição do realismo clássico de Aristóteles e, por conseguinte, de Tomás de Aquino, como já vimos em parte quando tratamos do problema das origens do juspositivismo.[387] Sobre esse ponto, esclarece Villey:

> (...) o nominalismo também viria a invadir o *direito*. Ele significa o abandono do direito natural (...). O nominalismo (...) habitua a pensar todas as coisas a partir do *indivíduo* (não mais a relação entre vários indivíduos) torna-se o centro de interesse da ciência do direito; o esforço da ciência jurídica tenderá doravante a descrever as qualidades jurídicas do indivíduo, a extensão de suas faculdades, de seus *direitos individuais*. E, quanto às normas jurídicas, não podendo mais extraí-las da própria ordem que antes se acreditava ler na natureza, será preciso buscar sua origem exclusivamente

---

pelos juristas, ao passo que não o será mais no direito da Europa moderna". (VILLEY, Michel. *A formação do pensamento jurídico moderno*. Trad. de Claudia Berliner. São Paulo: Martins Fontes, 2009, p. 504).

386 Nesse sentido Cabanillas ao tratar da questão com base em Villey: "ausência del derecho subjetivo en Roma y aparición del mismo en una obra, en principio, relativamente ajena al mundo jurídico pero indefectiblemente ligada a él por los avatares de la historia: la *Opus Nonaginta dierum* que, alredor de 1332, escribiera Guillermo de Occam". (CABANILLAS, Renato Rabbi-Baldi. *La Filosofia Jurídica de Michel Villey*. Pamplona: Ediciones Universidad de Navarra, 1990, p. 456).

387 "Existe outro tema fundamental dos sistemas jurídicos modernos, mais fundamental ainda que o positivismo jurídico: é o do direito subjetivo. A ideia do direito subjetivo também procede, a nosso ver, do nominalismo, e se explicita com Ockham". (VILLEY, Michel. *A formação do pensamento jurídico moderno*. Trad. de Claudia Berliner. São Paulo: Martins Fontes, 2009, p. 250).

> nas vontades positivas dos indivíduos: o *positivismo* jurídico é filho do nominalismo. Todas as características essenciais do pensamento jurídico moderno já estão contidas em potência no nominalismo.[388]

Conforme ainda elucida Villey, é a obra *Opus nonaginta dierum*,[389] de autoria do frade franciscano, que:

---

388 "Embora, como veremos, essas consequências já estejam presentes em Ockham, só penetrarão o conjunto da ciência jurídica no longo prazo. (Da mesma forma que as ciências positivas experimentais só se desenvolverão plenamente no século XVII, três séculos após a eclosão do nominalismo). Os novos métodos lógicos e a nova visão de mundo de que a filosofia de Ockham introduziu na Escola ainda terão de avançar lentamente na educação dos estudiosos assim como na dos juristas". (VILLEY, Michel. *A formação do pensamento jurídico moderno*. Trad. de Claudia Berliner. São Paulo: Martins Fontes, 2009, pp. 233/234).

389 "As definições do *Opus nonaginta dierum* têm boa chance de serem originais, de serem a obra própria de Ockham, embora este se tenha apoiado nas tendências da língua vulgar. Coube a Ockham, contra os doutos, dar a essas tendências mal definidas, até onde se pode julgar, seu acabamento teórico e, sem dúvida pela primeira vez, conceber o direito subjetivo, consagrar a junção de ideias de *direito* e de *poder*. Dois aspectos tornam tal hipótese provável: primeiro, sua incultura do direito romano (...); Ockham é ignorante o suficiente para modificar profundamente a linguagem romana de boa-fé; (...) em segundo lugar, e sobretudo, sua filosofia que, na falta do direito romano, parece ser a fonte direta de sua definição de direito subjetivo. Resta-nos mostrar por que essa definição decorria do nominalismo, e é isso que nos importa. Pois a data exata de nascimento do direito subjetivo (impossível de determinar, no fim das contas com total certeza) me é bastante indiferente; o que me interessa é compreender com que sistema filosófico essa noção é solidária, e com que sistema de direito. (...) As páginas do *Opus nonaginta dierum* (...) são, na verdade, apenas um episódio secundário na obra de Ockham. Mereceram nossa atenção porque permitem confrontar as linguagens romana e moderna, mas o objeto delas é específico demais, e, além disso, são páginas provavelmente muito pouco conhecidas para terem, elas mesmas, afetado a linguagem comum dos juristas. Com efeito, não creio que a mutação desta se tenha dado antes da época de Grócio. (...) Temos de voltar mais atrás: é o conjunto da filosofia professada por Ockham, destinada, esta sim, a fazer uma longa fortuna, que é a mãe do direito subjetivo". (VILLEY, Michel. *A formação do pensamento jurídico moderno*. Trad. de Claudia Berliner. São Paulo: Martins Fontes, 2009, pp. 278/279).

> (...) podemos aprender claramente a passagem da linguagem romana para a linguagem moderna. Foi ali que Guilherme de Ockham teve oportunidade de explicitar o direito subjetivo, e foi, provavelmente, o primeiro a edificar sua teoria.[390]

Interessante notar que a partir de uma controvérsia acerca da palavra *jus*, originada por uma querela em torno dos bens da Ordem Franciscana, a chamada "querela franciscana da pobreza",[391] tal como vimos anteriormente, edificou-se toda uma nova teoria. Ockham estabelece uma distinção entre uso de fato e direito. Na construção teórica ockhamiana, tem-se uma engenhosa oposição ao argumento do Papa João XXII, que pretendia impor aos franciscanos a propriedade dos bens por eles utilizados. Se fosse aplicada a definição romana, não seria possível negar a existência de direitos dos franciscanos, considerando que "eles detêm coisas ou porções de coisas, resultantes de uma partilha justa".[392] Ockham estabelece, então, a identidade entre *jus* e poder, inexistente no direito romano.[393] Assim, "o direito, no sentido técnico da palavra, cessa, então, de designar o *bem* que lhe cabe segundo a justiça (*id quod justum est*), e passa a significar uma noção mais estrita: o poder que se tem sobre um bem".[394]

---

390 VILLEY, Michel. *A formação do pensamento jurídico moderno*. Trad. de Claudia Berliner. São Paulo: Martins Fontes, 2009, p. 265.

391 VILLEY, Michel. *A formação do pensamento jurídico moderno*. Trad. de Claudia Berliner. São Paulo: Martins Fontes, 2009, p. 265.

392 VILLEY, Michel. *A formação do pensamento jurídico moderno*. Trad. de Claudia Berliner. São Paulo: Martins Fontes, 2009, p. 277.

393 "(...) la clé dans la philosophie d'Occam: simplement que la notion de droit s'y trouve résolument *virer* au sens de *pouvoir*". (VIILEY, Michel. "Droit subjectif (La genèse du droit subjectif chez Guillaume d'Occam)". *In*: ______. *Seize essais de philosophie du droit*. Paris: Dalloz, 1969, p. 165).

394 No original: "Le droit, au sens technique du mot, cesse donc de désigner le *bien* qui vous revient selon la justice (*id quod justum est*), il signifie cette notion beaucoup plus étroit: le pouvoir qu'on a sur un bien". VIILEY, Michel. "Droit subjectif (La genèse du droit subjectif chez Guillaume

Na filosofia de Ockham, logra-se "distinguir, *em relação a um mesmo bem*, cujo uso nos é atribuído, o poder que vem do céu de gozar e consumi-lo, e o poder que vem da lei humana"; e "reservar o título de *direito*, no sentido mais estrito, a esta última espécie de poder".[395] A partir daí, Ockham avança no rumo de "demonstrar que a vida mais santa é uma vida que exclui o direito".[396]

Na obra de Ockham, a postulação de que direito é poder subverte toda a tradição clássica.[397] Tal poder é produto da concessão de uma lei positiva e difere, portanto, da simples permissão. Ademais, ele se faz acompanhar sempre de uma sanção. Para ele, "cada direito será especificado pelo *conteúdo* do poder". Assim, "já se delineia aquilo que será a obra da doutrina jurídica moderna, uma *classificação* formal dos direitos subjetivos".[398]

Ockham diferencia assim o *jus poli*, o direito de origem divina, do *jus fori*, que é o direito de origem humana positivado. O *jus poli* caracteriza-se por ser irrenunciável, ao passo que o *jus fori* poderia ser objeto de renúncia.[399] Isso explica o fato de que Jesus e

---

d'Occam)". *In*: ______. *Seize essais de philosophie du droit*. Paris: Dalloz, 1969, pp. 165/166).

395 VILLEY, Michel. *A formação do pensamento jurídico moderno*. Trad. de Claudia Berliner. São Paulo: Martins Fontes, 2009, p. 277.

396 VILLEY, Michel. *A formação do pensamento jurídico moderno*. Trad. de Claudia Berliner. São Paulo: Martins Fontes, 2009, p. 278.

397 "Tout *jus* a pour suite pratique l'exercice d'une potestas (Ainsi s'analyserait peut-être le binôme *jus* 'ac' *potestas* usité dans la langue législative romaine). Il n'est pas cette *potestas* (...)". (VIILEY, Michel. "Droit subjectif (La genèse du droit subjectif chez Guillaume d'Occam)". *In*: ______. *Seize essais de philosophie du droit*. Paris: Dalloz, 1969, p. 156).

398 VILLEY, Michel. *A formação do pensamento jurídico moderno*. Trad. de Claudia Berliner. São Paulo: Martins Fontes, 2009, pp. 274/275.

399 "Occam utilice tout d'abord la notion de droits du ciel, *ius poli*, qu'il identifie à des permissions de Dieu. Occam oppose ensuite ces droits du ciel aux droits de la terre, *ius fori*, qui sont par leur part constitués par las obligations des hommes; ils sont fondés sur la force des lois positives. En somme, l'argumentation d'Occam est donc de permettre aux franciscains de renoncer

Francisco de Assis tenham usado os bens terrenos, ou seja, tenham se alimentado, se vestido e habitado lugares, sem terem o direito de propriedade desses bens. O direito, portanto, em sua humana acepção, seria passível de ser renunciado, de conformidade com a vontade do sujeito.[400] Acerca dessa questão, observa Cabanillas:

> A tese de Ockham é, pois, clara e, em certa medida, inevitável para os efeitos de defender seu peculiar litígio. Porém, separar a noção de *jus* de seu conteúdo material é uma atitude que não é isenta de consequências, já que o direito deixou de ser a *coisa justa*; deixou de ser a parte proporcional dos *bens*, vantagens ou ônus que corresponde a cada um, para passar a ser um mero *instrumento* de coação material: o poder, o direito – descarnado e técnico – de defender-se ante os tribunais.[401]

A subjetividade jurídica, em Ockham, possui um duplo aspecto. No que tange ao poder temporal, ela se lastreia na norma

---

aux droits de la terre et d'identifier leurs biens et charges à des droits du ciel que Dieu leur permet d'utiliser mais qui lui appartiennent exclusivement". (BAUZON, Stéphane. *Le métier de juriste*: du droit politique selon Michel Villey. Québec: Les Presses de l'Université Laval, 2003, pp. 154/155).

400 "Il s'ensuit, que les franciscains peuvent manier toute sorte de biens sans avoir à proprement parler de droit de proprieté; ils ne peuvent accéder à ce droit que si une loi confère et ils peuvent y renoncer comme ils l'on fait en prenonçant leur voeux (...)". (BASTIT, Michel. "Michel Villey et les ambiguités d'Occam". *Droit, Nature et Histoire - VIme Colloque de l'Association Française du Droit (Paris II – 23-34 Novembre 1984) – "Michel Villey, Philosophe du droit"*. Presses Universitaires d'Aix-Marseille, 1985, p. 67).

401 "La tesis de Occam es pues clara y en cierta medida inevitable a los efectos de defender su peculiar litigio. Pero el separar de la noción de *ius* su contenido material es una actitud que no va sin consecuencias, ya que el derecho ha dejado de ser *cosa justa*; ha dejado de ser la parte proporcional de *bienes* ventajas o cargas que corresponde a cada uno para pasar a ser un mero *instrumento* de coacción material: el poder, el hecho – descarnado y técnico – de defenderse ante los tribunales". (CABANILLAS, Renato Rabbi-Baldi. *La Filosofia Jurídica de Michel Villey*. Pamplona: Ediciones Universidad de Navarra, 1990, p. 461).

posta pelo homem, já no seu aspecto divino, nas leis postas por Deus. As leis humanas, por sua vez, são o produto da vontade humana. É da vontade individual que exsurge a norma jurídica e ela adquire a possibilidade de tornar os indivíduos sujeitos de direitos.[402] Trata-se de um duplo movimento, por meio do qual os sujeitos, por sua vontade, outorgam o poder normativo a alguém e a partir da norma, uma vez posta, tornam-se sujeitos de direitos, conforme salienta Michel Bastit:

> (...) não é da coisa que provém o direito mas do poder que possuem ou não os indivíduos. O direito é uma prerrogativa interior conferida por uma lei, que precede todo objeto efetivo e toda relação. (...) O direito não mais encontrando sua fonte na coisa, agora a encontra em uma disposição legal. (...) Suprimindo a coisa, Ockham naturalmente considera que as fontes legais que conferem poder aos indivíduos são separadas e conferem poderes que podem ser opostos. A primeira dessas fontes é o "*jus poli*", que compreende as leis naturais ou divinas, o segundo é o "*jus fori*", que contém todas as leis que têm suas origens em uma convenção humana. (...) A primeira confere ao homem um poder que é devido à sua natureza e lhe assegura superioridade sobre as coisas, a segunda lhe dá poder sobre as coisas após a instauração da cidade. Ockham aparece então como o pai não apenas

402 "Le génie d'Occam consiste aussi en effet à avoir compris que la question de la pauvreté franciscaine mettait en jeu des principes identiques à ceux qui étaient engagés dans la question de la '*plenitudo potestatis*' pontificale. Si l'on considère que la cité est l'ouvre de la volonté des individus agissant directement au nom de leur pouvoir conféré par le 'jus poli', leur œuvre est dans la complète dependance de leur industrie et échappe totalement aux prétentions pontificales fondée sur l'ordination de toute chose, fût-ce la cité, à une domaine surnaturel". (BASTIT, Michel. "Michel Villey et les ambiguités d'Occam". *Droit, Nature et Histoire - VIme Colloque de l'Association Française du Droit (Paris II – 23-34 Novembre 1984) – "Michel Villey, Philosophe du droit"*. Presses Universitaires d'Aix-Marseille, 1985, p. 67).

do direito subjetivo, mas também e correlativamente como o de um positivismo que encerra a cidade em si mesma.[403]

3.1.3 Lutero e Calvino

Martinho Lutero (1483-1546) foi um monge germânico, da Ordem Agostiniana, que se tornou protagonista da chamada "Reforma Protestante". Após estudar teologia e filosofia, bem como exercer funções de professor, Lutero rompe com Roma, tendo como estopim a questão das "indulgências". O perdão dos pecados era objeto de comércio e isso foi considerado um imenso abuso na perspectiva luterana. O monge, então, proferiu sermões contra essa prática e afixou suas *95 Teses* na porta da Igreja do Castelo de Wittenberg. A Igreja reagiu e Lutero foi declarado hegere, após várias disputas, nas quais contou com o apoio dos príncipes alemães. Um dos pontos centrais da teologia luterana é a justificação pela fé e não pelas obras.

---

403 No original: "(...) ce n'est pas de la chose que provient le droit mais du pouvoir que possèdent ou non les individus. Le droit est une prérrogative intérieure conférée par une loi, qui précède tout objet effectif et tout relation. (...) Le droit ne trouvant plus sa source dans la chose le trouve désormais dans une disposition légale. (...) Supprimant la chose Occam en vient donc tout naturellement à considérer que les sources légales qui confèrent le pouvoir aux individus sont séparées et confèrent des pouvoirs qui peuvent être opposés. Le première de ces sources est le '*jus poli*' qui comprend les lois naturelles ou divines, la seconde est le '*jus fori*' qui contient toutes les lois qui ont leurs origines dans une convention humaine. (...) La première confère à l'homme un pouvoir qui tient à sa nature et lui assure la supériorité sur les choses, la seconde lui donne pouvoir sur les choses après l'instauration de la cité. Occam apparaît alors comme le père non seulement du droit subjectif mais aussi et corrélactivement comme celui d'un positivisme qui enferme la cité en elle-même". (BASTIT, Michel. "Michel Villey et les ambiguités d'Occam". *Droit, Nature et Histoire - VIme Colloque de l'Association Française du Droit (Paris II – 23-34 Novembre 1984) – "Michel Villey, Philosophe du droit"*. Presses Universitaires d'Aix-Marseille, 1985, p. 67).

O pensamento luterano caracteriza-se por uma depreciação do direito e dos juristas, em contraposição à tradição católica. Ele valoriza a liberdade do cristão, na medida em que o exonera dos vínculos com o direito canônico e com a lei moral, ao colocar a fé em primeiro plano. Assim, "na vida cristã perfeita, nem mesmo existe direito".[404] Villey salienta que Lutero, ao tornar o cristão "senhor de si" e ao alçar "ao pináculo sua *liberdade*", "em potência, descobriu a *Innerlichkeit*, cara ao pensamento germânico, e a competência normativa da livre subjetividade".[405] A influência do agostinianismo é patente, haja vista a separação entre o reino de Deus e o reino dos homens. A liberdade verdadeira é atributo do verdadeiro cristão, contudo, considerando que os homens são marcados pelo pecado, devem obedecer fielmente às sagradas escrituras. Além disso, para que o plano terrestre não ficasse mergulhado na balbúrdia, Deus encarregou os príncipes do estabelecimento de leis para ordenar o mundo.

A concepção jurídica de Lutero foca-se no caráter repressivo, distanciando-se da concepção de justiça aristotélica e tomista. O direito passa a ter caráter instrumental e sua finalidade é a "repressão aos pecadores".[406] A associação do direito ao "gládio" é frequente, de modo que "o gládio é para ele a marca direito, o

---

404 VILLEY, Michel. *A formação do pensamento jurídico moderno*. Trad. de Claudia Berliner. São Paulo: Martins Fontes, 2009, p. 313.

405 "Nisso, Lutero é moderno; poderíamos relacionar sua posição com as de Montaigne ou de Descartes que, à maneira deles, bem diferentes uma da outra, tendem a fundar no seu eu sua moral, no caso de Montaigne, sua filosofia, no caso de Descartes. Quanto às doutrinas políticas ou ao pensamento jurídico, isso evidentemente evoca a imensa corte dos liberais. Uma das principais obras de Lutero tem, aliás, por título, *Da liberdade cristã*. (...) Em Lutero, contudo, essa liberdade só funciona na esfera religiosa. É do ponto de vista da salvação (...) que o cristão é totalmente livre (...)". (VILLEY, Michel. *A formação do pensamento jurídico moderno*. Trad. de Claudia Berliner. São Paulo: Martins Fontes, 2009, p. 312).

406 VILLEY, Michel. *A formação do pensamento jurídico moderno*. Trad. de Claudia Berliner. São Paulo: Martins Fontes, 2009, p. 315.

símbolo da sua existência".[407] Villey salienta que "lendo Lutero, pareceria que o jurista por excelência é o *carrasco*", assim, "a coerção tornou-se a essência do fato jurídico".[408]

O direito natural é abandonado por Lutero, haja vista que, para ele, a natureza humana está corrompida pelo pecado original.[409] Logo, "resta apenas uma natureza pervertida e, já que a natureza é má, o direito não deve formar-se segundo a natureza, mas ir *contra* a natureza".[410] Portanto, o direito natural teria outra acepção e identificar-se-ia com "a lei promulgada na Sagrada Escritura, tanto antiga como nova, e principalmente no *Decálogo*".[411]

A razão é igualmente combatida pelo pensamento de Lutero, que a qualifica como "a maior prostituta do diabo". Segundo Villey, "é na esteira de Lutero que uma parte do pensamento alemão cairá no irracionalismo – de onde procedem algumas grandezas

---

407 VILLEY, Michel. *A formação do pensamento jurídico moderno*. Trad. de Claudia Berliner. São Paulo: Martins Fontes, 2009, p. 316.

408 VILLEY, Michel. *A formação do pensamento jurídico moderno*. Trad. de Claudia Berliner. São Paulo: Martins Fontes, 2009, p. 317.

409 "No final das contas, não encontramos na doutrina de Lutero nada de muito novo em termos doutrinários. Sua atitude é, antes, bastante arcaizante, reacionária. Ela lembra, digamo-lo mais uma vez, as posições do agostinismo e sobretudo a dos monges da Idade Média que também só tinham olhos para as coisas da salvação e para os textos da Escritura, manifestando a mesma desconfiança em relação à razão humana e à natureza. Também Lutero é discípulo de Santo Agostinho. Mais diretamente, seu pensamento parece ser um prolongamento da escolástica franciscana e nominalista de que tratamos: foi nessa doutrina que foi educado e a marca dela perdurou". (VILLEY, Michel. *A formação do pensamento jurídico moderno*. Trad. de Claudia Berliner. São Paulo: Martins Fontes, 2009, p. 331).

410 VILLEY, Michel. *A formação do pensamento jurídico moderno*. Trad. de Claudia Berliner. São Paulo: Martins Fontes, 2009, p. 321.

411 VILLEY, Michel. *A formação do pensamento jurídico moderno*. Trad. de Claudia Berliner. São Paulo: Martins Fontes, 2009, p. 319.

do gênio alemão, seu misticismo, sua música e sua poesia, mas também seus desvarios".[412]

O positivismo jurídico é uma consequência do luteranismo, tanto em relação às leis divinas quanto com relação às leis humanas, haja vista que, nessa perspectiva, a autoridade do príncipe é, em última instância, atribuída por Deus e, portanto, deve ser respeitada. Diante da natureza viciada do homem, a obediência aos governantes faz-se mister, de modo que "as verdadeiras fontes do direito efetivo que rege o mundo são as *leis positivas humanas*".[413]

Interessante notar que, em Lutero, conforme aduz Villey, não há espaço para humanismo e para direitos individuais. Trata-se assim de um juspositivismo estrito, que afasta conceitos como os de pessoa humana e direitos subjetivos. Sobre esse ponto esclarece o jurista francês:

> (...) no pensamento alemão luterano não haverá mais garantia para o indivíduo. Pois o indivíduo *natural* não é nada no luteranismo, a *pessoa humana* só começa a ser investida de valor e de "dignidade" depois de salva pela fé e no reino espiritual, não em sua condição natural. Não há desenvolvimento dos "direitos naturais do indivíduo" no luteranismo puro. Os camponeses revoltados da Suábia se deixariam facilmente convencer, por sua falsa noção da liberdade evangélica, pela ideia de direito individual. Lutero responde-lhes que sofrer e submeter-se à cruz é o único direito dos cristãos (...). Ordem estrita, autoridade, obediência, subordinação – em alemão *Obrigkeit*, e depois *Gehorsam*, eis as duas palavras que resumem a posição de Lutero. Posição de monge, condicionado à obediência e que, desprezando a razão humana, pretende haurir apenas

---

412 VILLEY, Michel. *A formação do pensamento jurídico moderno*. Trad. de Claudia Berliner. São Paulo: Martins Fontes, 2009, p. 322.

413 VILLEY, Michel. *A formação do pensamento jurídico moderno*. Trad. de Claudia Berliner. São Paulo: Martins Fontes, 2009, p. 324.

> na Escritura os princípios da conduta humana; de monge para quem, afinal, só conta o reino espiritual, e que só quer conhecer o outro de uma maneira negligente e superficial. Porque São Paulo prega aos cristãos a obediência às autoridades superiores, como regra de conduta espiritual, Lutero conclui apressadamente, na ordem temporal, pela autoridade de direito divino dos poderes vigentes e pelo valor absoluto de suas ordens. As considerações exclusivamente religiosas de que partiu levaram-no a uma forma de positivismo singularmente duro e simplista, que exalta sem nenhuma ponderação as leis positivas, mas que faria enorme fortuna na Alemanha luterana.[414]

O francês João Calvino (1509-1564), por sua vez, diferentemente de Lutero, é leigo. Estudou Direito e Teologia e teve sólida formação humanista. A doutrina de Calvino é, em certa medida, um prolongamento das tendências luteranas de justificação pela fé e não pelas obras. Contudo, ele também traz contribuições originais. Além disso, conforme salienta Villey, "Calvino é um filósofo melhor",[415] imprimindo uma melhor sistematização nas questões por ele tratadas. Villey destaca que é possível separar as esferas da moral e do direito no pensamento de Calvino.

Em relação à teologia calvinista, "toda ela está construída segundo o princípio do primado da Palavra de Deus contida exclusivamente no documento da Sagrada Escritura".[416] Assim, tal como esclarece Villey:

---

414 VILLEY, Michel. *A formação do pensamento jurídico moderno*. Trad. de Claudia Berliner. São Paulo: Martins Fontes, 2009, p. 331.

415 VILLEY, Michel. *A formação do pensamento jurídico moderno*. Trad. de Claudia Berliner. São Paulo: Martins Fontes, 2009, p. 337.

416 VILLEY, Michel. *A formação do pensamento jurídico moderno*. Trad. de Claudia Berliner. São Paulo: Martins Fontes, 2009, p. 336.

> (...) desse axioma, de modo já cartesiano, Calvino tirará todas as suas consequências lógicas: destruição sistemática da maioria das instituições da Igreja católica, de sua hierarquia, da maioria de seus sacramentos; severa doutrina da predestinação.[417]

No que tange ao aspecto moral, "o método de Calvino prolonga o adotado por Lutero", ou seja, "Calvino não pretende fazer outra coisa senão submeter a vida do cristão à lei moral contida na Sagrada Escritura". Não obstante, a conduta moral não seja apta a justificar o cristão – na medida em que a salvação se dá pela graça de Deus atribuída aos seus eleitos de maneira predestinada – ela deve ser obedecida.[418]

Os preceitos morais, para Calvino, deveriam ser uniformes para toda a cristandade, em contraposição ao catolicismo que apregoa uma moral diferenciada para padres e monges, como, por exemplo, deveres de castidade, ascetismo, pobreza, dentre outros. Villey observa, na esteira de Max Weber, "que as negações de Calvino visam precisamente a parte da antiga moral que constituía um entrave para o trabalho, para o enriquecimento, para a propagação da espécie".[419] Para Calvino, "Deus não ordena esse desapego aos bens terrenos", pelo contrário, "mandou frutificar, multiplicar, adquirir as riquezas que eram objetos da bênção

---

417 VILLEY, Michel. *A formação do pensamento jurídico moderno*. Trad. de Claudia Berliner. São Paulo: Martins Fontes, 2009, p. 336.

418 VILLEY, Michel. *A formação do pensamento jurídico moderno*. Trad. de Claudia Berliner. São Paulo: Martins Fontes, 2009, p. 340.

419 VILLEY, Michel. *A formação do pensamento jurídico moderno*. Trad. de Claudia Berliner. São Paulo: Martins Fontes, 2009, p. 345.

divina".[420] Ele abole, inclusive, a proibição da usura.[421] Assim, "a moral de Calvino se instala no temporal".[422]

Um ponto importante é que a moral calvinista preconizava o trabalho com base na *Bíblia*. Logo, o ócio no qual viviam os monges seria contrário aos preceitos divinos. A vontade de Deus reside na prosperidade, nos diversos tipos de labores, tanto agrícolas quanto comerciais, e no respeito aos contratos. Villey sobre isso observa:

> Eis como Calvino se dirige aos camponeses, aos artesãos e aos comerciantes de Genebra; e é essa parte da doutrina de Max Weber (que, aliás, escolhe seus exemplos na moral dos puritanos, mais do que na do próprio Calvino) considerava historicamente significativa. Pois, embora essa pregação siga escrupulosamente a *Bíblia,* nem por isso deixa de estar adaptada aos interesses da burguesia moderna.[423]

---

420 VILLEY, Michel. *A formação do pensamento jurídico moderno*. Trad. de Claudia Berliner. São Paulo: Martins Fontes, 2009, p. 345.

421 "Quando os tomistas proscreviam o empréstimo com juros de modo quase generalizado, não o faziam com base nos textos do Antigo Testamento (que não bastam para fundar uma proibição radical), mas essencialmente de acordo com a lição de Aristóteles e de sua teoria da justiça comutativa. Sobre a usura, Calvino defendeu uma doutrina bastante moderada, que deixa aberta a porta para o empréstimo da produção, doutrina esta tirada, ao contrário, da Bíblia, interpretada com mais cuidado do que Lutero fizera, e com base numa análise concreta das realidades de seu tempo: a doutrina de que precisava a economia do século XVI. Mas vários outros deveres sociais desaparecem junto com o sistema da moral aristotélica (de que faz parte o sistema da justiça dita 'distributiva' ou 'comutativa')". (VILLEY, Michel. *A formação do pensamento jurídico moderno*. Trad. de Claudia Berliner. São Paulo: Martins Fontes, 2009, p. 346).

422 VILLEY, Michel. *A formação do pensamento jurídico moderno*. Trad. de Claudia Berliner. São Paulo: Martins Fontes, 2009, p. 345.

423 VILLEY, Michel. *A formação do pensamento jurídico moderno*. Trad. de Claudia Berliner. São Paulo: Martins Fontes, 2009, p. 347.

Em relação ao direito, a doutrina de Calvino culmina no positivismo jurídico e, em certa medida, ultrapassa-o, pois preconiza uma espécie de positivismo decorrente do próprio fato. Isso ocorre justamente em consequência de sua teologia, para a qual, assim como em Lutero, toda autoridade provém, em última instância, de Deus, que, inclusive, por meio de acontecimentos providenciais, estabelece as situações que se põe de fato na sociedade. Assim, não compete ao homem questionar os desígnios divinos e buscar transformar as estruturas sociais, mas deve resignar-se ao dado. Portanto, o respeito às leis é fundamental e mais do que isso, o respeito aos fatos sociais estabelecidos, sendo que a tarefa do jurista é eminentemente conservadora.

O fato passa a ser a fonte do direito e deve nortear a atividade legislativa. O direito deve manter os bens tais como dispostos por Deus. Ao juiz, por sua vez, caberá manter o que pertence a cada um. Aqui é nítida a oposição ao pensamento aristotélico que concebia a justiça como o ato de dar a cada um o que é seu, procurando estabelecer justas partilhas, corrigindo as injustiças. Assim, caberia ao pobre resignar-se à sua pobreza e abster-se de atentar contra a propriedade do rico. Acerca desse ponto, comenta Villey:

> Por que essa submissão ao fato? A teologia de Calvino sabe fornecer uma razão clara: é porque as situações existentes nos são dadas tais quais pela Providência. Eis o sentido específico da noção calvinista (bem diferente da noção de ordem natural aristotélica tomista) de ordem providencial. (...) foi Deus quem operou a partilha dos bens tal como está dada de antemão perante nossos olhos (...). (...) E, como a moral é respeito às Leis da Sagrada Escritura, também o direito (em sentido estrito) é respeito ao fato histórico que procede da Providência. Portanto, os direitos de propriedade devem simplesmente calcar-se nas posses existentes, os direitos de crédito, na letra das convenções. (...) A razão de ser dos juristas é preservar as fortunas tal como preexistem. Foi uma solução que não desagradou, pois era favorável

> aos abastados desse mundo, quer se trate de indivíduos, de classes ou de nações. Ela é provavelmente o vício do direito da Europa moderna. (...) Assim, agora a doutrina de Calvino parece mais comprometida com o *positivismo* num novo sentido, mais completo e filosófico. Ela é doutrina de submissão ao *fato positivo*. *Aceitação*: é essa a atitude do fiel, cuja razão de Deus incita a curvar ante o dado providencial. Aceitação dos mandamentos da autoridade estabelecida (...). Mas, para além disso, aceitação, da parte do legislador, da desigualdade dos bens e das condições tal como as fez a Providência. Temo que esta seja a última palavra do ensino de Calvino sobre o direito.[424]

3.1.4 Francisco de Vitória

Religioso católico e teólogo espanhol, Francisco de Vitória (1483-1546) "é o introdutor da *Suma* como autoridade principal em teologia".[425] Michel Villey observa que Vitória resgatou aspectos importantes do pensamento de Tomás de Aquino, contudo, premido pelas circunstâncias de seu tempo histórico, terminou por distanciar-se em muitos aspectos do pensamento tomista, especialmente da concepção de direito natural.[426]

Francisco de Vitória faz uma interpretação extensiva ao conceito de *jus gentium*, que "é um produto de origem romana", para poder aplicá-lo ao direito internacional, de modo a estabelecer "regras expressas".[427] Para isso, ele "supõe que os homens

---

424 VILLEY, Michel. *A formação do pensamento jurídico moderno*. Trad. de Claudia Berliner. São Paulo: Martins Fontes, 2009, pp. 360/361.

425 VILLEY, Michel. *A formação do pensamento jurídico moderno*. Trad. de Claudia Berliner. São Paulo: Martins Fontes, 2009, pp. 381/382.

426 VILLEY, Michel. *A formação do pensamento jurídico moderno*. Trad. de Claudia Berliner. São Paulo: Martins Fontes, 2009, p. 382.

427 VILLEY, Michel. *A formação do pensamento jurídico moderno*. Trad. de Claudia Berliner. São Paulo: Martins Fontes, 2009, pp. 387/388.

se entendem universalmente sobre certos preceitos de direito, que sua razão comum, ao refletir a natureza humana, lhes dita".[428] Desse processo racional, exsurgem as regras formuladas, como, por exemplo, "a liberdade dos mares" ou "o direito dos embaixadores".[429] Tais regras serão imutáveis, medida em que são oriundas da razão.[430]

Para Villey, essa forma de interpretar o *jus gentium* contraria o seu espírito original, uma vez que o direito não é mais extraído da natureza, mas dos princípios subjetivos da razão humana. Logo, tem-se um direito racional e não mais um direito natural. Esse direito racional repousa sobre a "vontade positiva dos homens", pois, segundo Vitória, "desde as origens da história", "teria havido uma espécie de pacto" sobre o qual se funda a autoridade das "grandes regras do direito das gentes".[431] Assim, "a verdadeira fonte do direito não é mais tanto a ordem cósmica e sim a vontade racional dos indivíduos".[432] A consequência disso, conquanto aparentemente esteja fundada em uma pretensa razão universal humana, é o juspositivismo, conforme nota Villey, haja vista que essas tais regras racionais serão objeto de positivação e deverão ser respeitadas.[433]

Em relação à sua doutrina da propriedade, Vitoria, em sua leitura do *jus gentium*, postula que "o consentimento universal da

---

428 VILLEY, Michel. *A formação do pensamento jurídico moderno*. Trad. de Claudia Berliner. São Paulo: Martins Fontes, 2009, p. 388.

429 VILLEY, Michel. *A formação do pensamento jurídico moderno*. Trad. de Claudia Berliner. São Paulo: Martins Fontes, 2009, p. 388.

430 VILLEY, Michel. *A formação do pensamento jurídico moderno*. Trad. de Claudia Berliner. São Paulo: Martins Fontes, 2009, pp. 387/388.

431 VILLEY, Michel. *A formação do pensamento jurídico moderno*. Trad. de Claudia Berliner. São Paulo: Martins Fontes, 2009, p. 388.

432 VILLEY, Michel. *A formação do pensamento jurídico moderno*. Trad. de Claudia Berliner. São Paulo: Martins Fontes, 2009, p. 389.

433 VILLEY, Michel. *A formação do pensamento jurídico moderno*. Trad. de Claudia Berliner. São Paulo: Martins Fontes, 2009, pp. 388/389.

humanidade fixou a regra de que os bens, e sobretudo as terras, seriam do primeiro ocupante".[434] Villey observa que essa teoria não se encontrava presente no direito romano, porém nele se apresentava apenas em germe em alguns textos relativos à aquisição de animais. Para o jurista francês, a doutrina de Vitória é a "antítese da justiça distributiva", pois "o direito não consiste mais na *parte* que vos é atribuída, mas no *poder* que vos é conferido relativamente a esses objetos".[435]

Destarte, Vitória acaba desembocando em uma concepção de direito subjetivo totalmente contrária ao pensamento tomista, haja vista que, em Tomás, essa noção era ausente. Na realidade, ela é fruto do desenvolvimento do pensamento nominalista de Duns Escoto e Guilherme de Ockham. Portanto, para Villey, embora Vitória tenha em diversos momentos baseado-se em Tomás, termina por falsear a doutrina tomista, aproximando-se do individualismo moderno.[436]

3.1.5 Francisco Suárez

Francisco Suárez (1548-1617) foi um jesuíta, filósofo e jurista espanhol. Em relação à obra de Suárez, Villey destaca que, muito embora ela tenha o rótulo de tomista, na verdade, em vários aspectos, ela vai na contramão do pensamento de Tomás, especialmente no que tange ao pensamento jurídico. O jurista francês chega a asseverar: "de minha parte, a ortodoxia tomista de Suárez me parece ainda mais contestável que a de Vitória".[437]

---

434 VILLEY, Michel. *A formação do pensamento jurídico moderno*. Trad. de Claudia Berliner. São Paulo: Martins Fontes, 2009, p. 389.

435 VILLEY, Michel. *A formação do pensamento jurídico moderno*. Trad. de Claudia Berliner. São Paulo: Martins Fontes, 2009, pp. 389/390.

436 VILLEY, Michel. *A formação do pensamento jurídico moderno*. Trad. de Claudia Berliner. São Paulo: Martins Fontes, 2009, p. 392.

437 VILLEY, Michel. *A formação do pensamento jurídico moderno*. Trad. de Claudia Berliner. São Paulo: Martins Fontes, 2009, p. 401.

Em Suárez, tem-se o abandono da concepção clássica de direito, o qual, por sua vez, passa a ser sinônimo tanto de direito subjetivo quanto do conjunto de leis expressas. Assim, tem-se uma cisão do próprio significado de direito, conforme salienta Villey.[438]

O direito natural, na visão do pensador espanhol, é concebido como "a *vontade* de Deus à qual devemos obedecer".[439] Logo, como aponta Villey, ao "conceber o direito natural como um conjunto de normas, oriundas da legislação divina", verifica-se que "no fundo, toda lei, para Suárez, é originalmente positiva – inclusive as leis naturais".[440]

Insta salientar que essas leis naturais não são objetos de revelação, mas podem ser conhecidas por intermédio "da *razão* que Deus depositou no homem desde a origem de sua criação e que faz parte de nossa natureza".[441] Nessa concepção de Suárez, vislumbra-se a influência do estoicismo, na medida em que se trata de uma "reta razão".[442] Trata-se de um jusracionalismo, no qual se postula que as regras podem ser deduzidas da razão e então deverão ser positivadas.[443] Para o jesuíta espanhol, nós somos "capazes de *deduzir*, a partir dos 'princípios' contidos na nossa razão, regras suficientemente precisas e carregadas de substância para constituir

---

438 VILLEY, Michel. *A formação do pensamento jurídico moderno*. Trad. de Claudia Berliner. São Paulo: Martins Fontes, 2009, p. 405.

439 VILLEY, Michel. *A formação do pensamento jurídico moderno*. Trad. de Claudia Berliner. São Paulo: Martins Fontes, 2009, p. 412.

440 VILLEY, Michel. *A formação do pensamento jurídico moderno*. Trad. de Claudia Berliner. São Paulo: Martins Fontes, 2009, p. 412.

441 VILLEY, Michel. *A formação do pensamento jurídico moderno*. Trad. de Claudia Berliner. São Paulo: Martins Fontes, 2009, p. 412.

442 VILLEY, Michel. *A formação do pensamento jurídico moderno*. Trad. de Claudia Berliner. São Paulo: Martins Fontes, 2009, p. 412.

443 VILLEY, Michel. *A formação do pensamento jurídico moderno*. Trad. de Claudia Berliner. São Paulo: Martins Fontes, 2009, p. 412.

regras de direito".[444] Da razão humana originavam-se, inclusive, as regras do *jus gentium*, confirmadas pelo consentimento universal.[445]

Suárez também começa a desenvolver a noção de direito subjetivo, que, para ele, consiste em "um atributo do *sujeito* humano, *subjectus*".[446] Inclusive, ele aprofunda a análise desse conceito, tal como aponta Villey, na medida que "esforça-se para melhor distinguir o sentido específico da palavra *jus* da noção geral de *potestas*; pois *potestas* pode significar uma simples licença para agir, na palavra *jus* há um pouco mais: um poder de dominação".[447] Contudo, para Suárez, há uma certa submissão do direito subjetivo à lei, que se consubstancia no principal significado do direito.[448]

Em relação à lei, ela é concebida somente como "essa realidade atual, o preceito claramente promulgado", "pela intervenção voluntária do legislador".[449] A lei, não obstante deva ser dotada de um caráter racional, é sobretudo obra da vontade. Por sua vez, "a finalidade da lei é 'mover' a conduta humana, coagir, obrigar moralmente; ela desempenha o papel de causa 'impulsiva'".[450] Villey destaca que "Suárez pensou a lei apenas no sentido positivo dos

---

444 VILLEY, Michel. *A formação do pensamento jurídico moderno*. Trad. de Claudia Berliner. São Paulo: Martins Fontes, 2009, p. 413.

445 VILLEY, Michel. *A formação do pensamento jurídico moderno*. Trad. de Claudia Berliner. São Paulo: Martins Fontes, 2009, pp. 413/414.

446 VILLEY, Michel. *A formação do pensamento jurídico moderno*. Trad. de Claudia Berliner. São Paulo: Martins Fontes, 2009, p. 406.

447 VILLEY, Michel. *A formação do pensamento jurídico moderno*. Trad. de Claudia Berliner. São Paulo: Martins Fontes, 2009, p. 407.

448 VILLEY, Michel. *A formação do pensamento jurídico moderno*. Trad. de Claudia Berliner. São Paulo: Martins Fontes, 2009, pp. 407/408.

449 VILLEY, Michel. *A formação do pensamento jurídico moderno*. Trad. de Claudia Berliner. São Paulo: Martins Fontes, 2009, p. 409.

450 VILLEY, Michel. *A formação do pensamento jurídico moderno*. Trad. de Claudia Berliner. São Paulo: Martins Fontes, 2009, p. 410.

juristas".[451] Assim, "a lei é a norma tal como sai da vontade legislativa", de sorte que "nada existe além do texto".[452] De todo modo, no sistema de Suárez, as leis positivadas decorriam das leis naturais, assim tinha-se "um código de leis racionais, superposto ao código das leis de origem positiva humana".[453] Desse sistema racional, em última instância, erigiam-se os direitos subjetivos do indivíduo.[454]

3.1.6 Johannes Althusius

Johannes Althusius (1557-1638), jurista e filósofo alemão, ligado ao calvinismo, humanista e precursor da moderna escola do direito natural, foi professor de Direito e exerceu também outras atividades, de caráter político, ao longo de sua vida. Nas obras de Althusius, apresenta-se um distanciamento entre o mundo dos fatos e o mundo do direito, em oposição realismo aristotélico.

Para o pensador alemão, era necessário primeiramente conhecer os fatos, ou seja, as situações e contextos sociais para depois se passar ao estudo do direito. Por isso, ele procura estudar os agrupamentos humanos, desde os menores aos maiores, de modo a entender a estrutura social. Ele utiliza o conceito de "comunidades simbióticas" para definir "grupos humanos em que uma parte da vida humana é comum".[455] Embora cite Aristóteles, conforme observa Villey, a obra de Althusius se mostra contrária ao pensamento do filósofo grego, uma vez que "para ele, os agrupamentos

451 VILLEY, Michel. *A formação do pensamento jurídico moderno*. Trad. de Claudia Berliner. São Paulo: Martins Fontes, 2009, p. 410.

452 VILLEY, Michel. *A formação do pensamento jurídico moderno*. Trad. de Claudia Berliner. São Paulo: Martins Fontes, 2009, p. 410.

453 VILLEY, Michel. *A formação do pensamento jurídico moderno*. Trad. de Claudia Berliner. São Paulo: Martins Fontes, 2009, p. 415.

454 VILLEY, Michel. *A formação do pensamento jurídico moderno*. Trad. de Claudia Berliner. São Paulo: Martins Fontes, 2009, p. 415.

455 VILLEY, Michel. *A formação do pensamento jurídico moderno*. Trad. de Claudia Berliner. São Paulo: Martins Fontes, 2009, p. 617.

simbióticos são apenas o *quadro* no qual se exerce o direito, não será *dentro* desses agrupamentos que situará a fonte do direito".[456]

A inspiração de Althusius reside no pensamento de Cícero, cujo sistema filosófico era embasado na noções de natureza do homem e de lei racional. Para Cícero, a sociabilidade é um atributo do homem, por sua própria natureza. Do mesmo modo pensava Althusius. Aqui reside uma grande diferença em relação ao pensamento de Aristóteles, que apresentava o homem como "naturalmente político", assim, "a pólis é tão 'natural' quanto o homem; tão primeira como o indivíduo; portanto, a pólis, com as relações jurídicas entre cidadãos que contém, a observação da pólis são fonte de direito natural".[457] Já para Cícero e, por conseguinte, para Althusius, a pólis "é apenas um produto secundário".[458]

No sistema teórico de Althusius, o humanismo se faz presente, na medida em que, para ele, o ser humano possui atributos que lhe são intrínsecos por sua própria natureza e direitos que lhe são inerentes devido à sua condição humana. Assim, os direitos do indivíduo precedem a existência do corpo social. Tem-se, por conseguinte, em Althusius, um sistema de direitos subjetivos.

O filósofo, após estudar os grupos sociais, passa ao estudo do direito. Para Althusius, o direito se identifica com a lei. Como calvinista, ele distingue as leis de origem divina das leis humanas. As leis divinas foram reveladas e são o resultado da vontade de Deus. Por sua vez, a lei comum é aquela que decorre da vontade do corpo social, adaptada, portanto, às especificidades de cada "comunidade simbiótica". O legalismo é uma característica do pensamento de

---

456 VILLEY, Michel. *A formação do pensamento jurídico moderno*. Trad. de Claudia Berliner. São Paulo: Martins Fontes, 2009, pp. 617/618.

457 VILLEY, Michel. *A formação do pensamento jurídico moderno*. Trad. de Claudia Berliner. São Paulo: Martins Fontes, 2009, p. 618.

458 VILLEY, Michel. *A formação do pensamento jurídico moderno*. Trad. de Claudia Berliner. São Paulo: Martins Fontes, 2009, p. 618.

Althusius, já que, para ele: "a finalidade da lei é servir ao interesse dos particulares", "a lei será seguida estritamente", "ela governa o grupo simbiótico como Deus governa o universo".[459]

A separação entre fato e direito é a principal característica da concepção jurídica de Althusius. O direito é visto como "uma vantagem anexada ao indivíduo".[460] O jurista procede a uma divisão e sistematização dos direitos subjetivos,[461] bem como dos modos de aquisição e perda desses direitos, além da formas de defesa dos referidos. Villey salienta que esses desenvolvimentos teóricos de Althusius influenciaram os pandectistas e o pensamento jurídico moderno. Sobre o pensamento de Althusius, Villey assim se manifesta:

> Althusius, com seu método, já disseca, cinde, desintegra o que Aristóteles reunia; vemo-lo substituir o mundo unitário de Aristóteles por um mundo de essências separadas, um mundo de ideias que é governado mais pelo afã da ordem lógica exigida pela mente humana que por uma preocupação

---

459 VILLEY, Michel. *A formação do pensamento jurídico moderno*. Trad. de Claudia Berliner. São Paulo: Martins Fontes, 2009, pp. 620/621.

460 VILLEY, Michel. *A formação do pensamento jurídico moderno*. Trad. de Claudia Berliner. São Paulo: Martins Fontes, 2009, p. 627.

461 "Althusius procede à divisão do direito subjetivo em suas diferentes espécies: *dominium* e *obligatio*. Subdivide o *dominium* em poder sobre coisas e pessoas; em plena propriedade das coisas e em direito real secundário (*dominium minus plenum*); em poder sobre si (*libertas*) e sobre o outro (*in alium*); em *potestas domestica* (poder paterno, marital etc.) e *publica* (soberania etc.). Subdivide ainda os direitos de crédito (*obligationes*) numa linguagem ainda um tanto desajeitada. Já disse que a criação da linguagem do direito subjetivo era uma das principais obras desses tratados sistemáticos, esboçados no século XVI, e que a escola moderna do direito natural continuará. Vemos como o sistema de Althusius, com sua lógica rigorosa, contribuiu para dar destaque a essa noção. (...) A ciência do direito em sentido estrito (que se insere no quadro mais amplo da ciência *nicaelogicae*) passará agora a ter por objeto de estudo *direitos subjetivos*. Eis o que fica claramente estabelecido no que talvez seja a primeira teoria geral do direito". (VILLEY, Michel. *A formação do pensamento jurídico moderno*. Trad. de Claudia Berliner. São Paulo: Martins Fontes, 2009, pp. 627/628).

de realismo. A separação que ele opera firmemente entre fato e direito pressagia os dualismos modernos. Conduz a que se instale, no topo das fontes do direito, a *lei moral da consciência*, como fará o racionalismo moderno, e, quanto ao conteúdo do direito, a dispô-lo em torno da noção de *direito subjetivo*.[462]

3.1.7 Hugo Grócio

Hugo Grócio (1583-1645), jurista e filósofo holandês, de formação calvinista, teve uma atuação acadêmica, jurídica e política bastante precoce, é considerado um dos fundadores do direito internacional. A influência de Cícero se faz presente na obra de Grócio, que concebe o direito natural à maneira estoica, em detrimento da visão aristotélica. A separação entre direito e fato, tal como em Althusius, é uma característica da concepção jurídica de Grócio, porém ainda mais radicalizada. Para Grócio, "as regras de direito são deduzidas da *natureza do homem*".[463] Insta salientar que não se trata de natureza das coisas, ou natureza exterior, logo, para Grócio, "não há mais direito fora do pensamento subjetivo de Deus ou do homem".[464]

Embora calvinista, o humanismo é uma marca do pensamento grociano, que, inclusive, visava ao ecumenismo, de modo a se lograr a paz. Assim, "o justo só pode estar no homem, na sua razão, já que a razão é a essência da natureza humana".[465] A moralidade apresenta-se como fonte do direito, norteadora de seus

---

462 VILLEY, Michel. *A formação do pensamento jurídico moderno*. Trad. de Claudia Berliner. São Paulo: Martins Fontes, 2009, p. 630.

463 VILLEY, Michel. *A formação do pensamento jurídico moderno*. Trad. de Claudia Berliner. São Paulo: Martins Fontes, 2009, pp. 650/651.

464 VILLEY, Michel. *A formação do pensamento jurídico moderno*. Trad. de Claudia Berliner. São Paulo: Martins Fontes, 2009, p. 651.

465 VILLEY, Michel. *A formação do pensamento jurídico moderno*. Trad. de Claudia Berliner. São Paulo: Martins Fontes, 2009, p. 651.

princípios, e isso se dá, segundo Villey, em virtude do calvinismo e do estoicismo, nos quais Grócio se formou. A moral apresentava-se como instrumento para a paz tão necessária aos negócios da burguesia, consoante esclarece Villey:

> (...) a burguesia mercantil, à qual pertence Grócio, precisa da paz, precisa ampliar, sejam quais forem as querelas dos teólogos, suas posses coloniais, precisa desenvolver seu comércio, suas artes, sua cultura e seu luxo: faz sua a causa da riqueza e do poder da Europa moderna. Grócio foi advogado da Companhia das Índias Holandesas e tornou-se advogado da paz e da humanização das guerras. (...) Moral para a ordem e para a paz. As novas classes dirigentes exigem o retorno da segurança das posses individuais. A moral estoica é apta a prestar esse tipo de serviço, com a condição, como veremos, de ser um pouco violentada. A burguesia europeia não pede outra coisa do direito.[466]

O respeito ao direito de propriedade, aos contratos e o dever de reparação dos danos são erigidos em princípios jurídicos. Consoante aponta Villey, a confusão entre direito e moral é característica do método de Grócio, o qual consiste em "deduzir o direito – *a priori* – dos princípios da razão moral".[467] Para o jurista holandês, "o direito é decididamente *regras*", de modo que a lei adquire o sentido de "regra racional que dirige a conduta humana".[468]

As regras são oriundas da razão humana e sua presunção de racionalidade decorre da sua aceitação pela "universalidade dos homens". Conforme observa Villey, trata-se de uma forma de

466 VILLEY, Michel. *A formação do pensamento jurídico moderno*. Trad. de Claudia Berliner. São Paulo: Martins Fontes, 2009, pp. 635 e 658.

467 VILLEY, Michel. *A formação do pensamento jurídico moderno*. Trad. de Claudia Berliner. São Paulo: Martins Fontes, 2009, p. 659.

468 VILLEY, Michel. *A formação do pensamento jurídico moderno*. Trad. de Claudia Berliner. São Paulo: Martins Fontes, 2009, p. 659.

pensar extremamente conformista, de aceitação do dado. Nesse contexto, o juiz encontra-se submetido à regra, de sorte que a casuística aristotélica é abandonada.[469] Cumpre salientar que, segundo constata o jurista francês, a razão, em Grócio, ainda era uma espécie de "razão cristianizada", uma espécie de fusão entre humanismo e cristianismo.[470]

Um ponto importante no pensamento de Grócio, destacado por Villey, é sua teorização acerca dos direitos subjetivos. Para ele, "o direito seria, pois, uma *qualidade da pessoa*, que a torna apta a possuir ou a realizar uma certa ação, sem que a moral seja ofendida"; "o direito 'estritamente entendido' é qualificado de '*facultas*' ou de '*potestas*'".[471] Insta salientar que a fundamentação racional dos direitos subjetivos, na concepção grociana, também estava na moral. Sobre esse ponto, interessante a observação de Rebecca Fernandes Dias:

> Se Ockham foi responsável pela formação do embrião dos direitos subjetivos, Grócio o tornará um feto formado e pronto para ser alimentado por diversos filósofos ao longo da Modernidade, como Hobbes, Locke, e Kant, que prosseguiriam na busca pela fundamentação desses direitos, os

---

469 "Eis algo que não é somente uma mudança de forma sem consequência: o juiz romano não está submetido, por exemplo, à regra que, elaborada pela doutrina, a definição do *furtum* poderia então constituir. Ao contrário, o juiz moderno está sujeito às regras gerais: em princípio, ele deve, por exemplo, e o fez no século XIX, condenar, em nome da regra do respeito à propriedade, o miserável ladrão de pão – ou então obrigar, em virtude do artigo 1382, o autor de um dano qualquer a repará-lo se for culpado". (VILLEY, Michel. *A formação do pensamento jurídico moderno*. Trad. de Claudia Berliner. São Paulo: Martins Fontes, 2009, p. 660).

470 VILLEY, Michel. *A formação do pensamento jurídico moderno*. Trad. de Claudia Berliner. São Paulo: Martins Fontes, 2009, p. 648.

471 VILLEY, Michel. *A formação do pensamento jurídico moderno*. Trad. de Claudia Berliner. São Paulo: Martins Fontes, 2009, p. 666.

> quais ao longo das construções teóricas serão cada vez mais relacionados com o homem e sua "natureza humana".[472]

Villey observa que a moral estoica influencia diretamente a concepção jurídica grociana, não obstante, o jurista francês destaca que a recepção dos ensinamentos estoicos por parte de Grócio se dá de maneira peculiar e dissociada dos fundamentos originários daquela filosofia, na medida em que "não havia nada originariamente mais estranho às intenções dos moralistas estoicos que determinar direitos".[473] Grócio, ao buscar retirar consequências jurídicas dos preceitos morais, distancia-se tanto do estoicismo quanto do pensamento aristotélico, inaugurando, portanto, uma forma própria de pensar o direito. Sobre esse ponto, esclarece Villey:

> A moral dos estoicos tinha por fim único a virtude, o *valor* do indivíduo. Os filósofos qualificam-na de moral "do valor". Nisso, ela se opõe ao direito. Como ainda se diz, num estilo um tanto escolástico, a moral de tipo estoico só diz respeito ao sujeito: ela é dita "*unilateral*" (ao passo que o direito seria pelo menos "bilateral" ou, melhor, "multilateral"). Isso explicaria o extremo rigor dos deveres morais nesse tipo de moral. "Não roubarás" queria dizer, no espírito dessa moral: em prol de tua virtude, abstém-te de pegar o bem que o outro possui (...). Isso de forma nenhuma significava que o outro tivesse o *direito de* conservar esse bem. A mesma moral dizia ao rico, por um outro preceito igualmente unilateral, para distribuir generosamente suas riquezas. (...) Em Grócio, a coisa é outra: do fato de que você tem o *dever*

472 DIAS, Rebecca Fernandes. *Vida e Direito – Poder, subjetividade no contexto biopolítico*. Curitiba: Universidade Federal do Paraná, 2007, p 53. Dissertação (Mestrado em Direito). Disponível em: https://www.acervodigital.ufpr.br/bitstream/handle/1884/10593/rebeca_final.pdf?sequence=1&isAllowed=y;VIDA. Acessado em: 12.10.2019.

473 VILLEY, Michel. *A formação do pensamento jurídico moderno*. Trad. de Claudia Berliner. São Paulo: Martins Fontes, 2009, p. 670.

> de não me roubar, ele pretende poder tirar a conclusão de que tenho o *direito* de conservar tudo o que possuo. (...) Eis como Grócio garante a subsistência dos direitos subjetivos, contrariando o alcance da regra moral, desviando a virtude mais ideal para propósitos utilitários. Disso decorre a profunda *injustiça* das soluções que ele propõe. Apesar de seu declarado desprezo pela justiça distributiva, Grócio faz obra de jurista: é nesse sentido que dizíamos que nele as regras morais tornaram-se regras de direito (...).[474]

Villey observa que Grócio "realizou a passagem de uma doutrina moral das relações internacionais para um *direito* internacional".[475] O jurista francês tece críticas à maneira pela qual tal processo se deu, pois tal representou uma ruptura com a concepção aristotélica acerca do direito, de modo a atender aos interesses econômicos da burguesia:

> O *de jure belli ac pacis* determina os direitos de cada um, de cada Estado ou particular – mas da maneira mais grosseira, mais mecânica possível, sem levar em conta, como queria a filosofia de Aristóteles, as circunstâncias de cada causa, sem buscar o *id quod justum est*, a justa parte que corresponde a cada um numa situação dada em relação à parte dos outros, em suma, *escamoteando a busca da justiça distributiva*. A solução de Grócio é automática; é a que se deduz da regra. Com efeito, ela consiste sempre em tomar partido dos que possuem, seja (em direito internacional) das nações mais desenvolvidas, seja (em direito civil) das classes mais abastadas.[476]

---

474 VILLEY, Michel. *A formação do pensamento jurídico moderno*. Trad. de Claudia Berliner. São Paulo: Martins Fontes, 2009, p. 670.

475 VILLEY, Michel. *A formação do pensamento jurídico moderno*. Trad. de Claudia Berliner. São Paulo: Martins Fontes, 2009, p. 671.

476 VILLEY, Michel. *A formação do pensamento jurídico moderno*. Trad. de Claudia Berliner. São Paulo: Martins Fontes, 2009, p. 672.

Para Villey, Grócio deu "impulso ao sistema do direito 'liberal' e 'capitalista' moderno".[477] O jurista francês esclarece:

> Seu sistema dos direitos subjetivos é totalmente apropriado para proporcionar a garantia das posses estabelecidas, a garantia das transações, a tranquilidade necessária para o desenvolvimento econômico, a limitação das violências, mas em detrimento da justiça. Responde à necessidade de ordem suscitada pela conjuntura política e econômica. É o produto de um espírito pragmático, que soube explorar de forma genial, tendo em vista os fins temporais perseguidos pela sociedade de seu tempo, uma ideologia reinante.[478]

3.1.8 René Descartes

O filósofo e matemático francês René Descartes (1596-1650) é um expoente do racionalismo. O conhecimento para ele centrava-se no sujeito e não no objeto. Sua célebre frase "penso, logo existo", constante em seu *Discurso sobre o método*, bem demonstra que o método cartesiano não se lastreava na experiência, mas na razão, consistindo em um acentuado idealismo subjetivista.

Para Descartes, a ciência deveria partir de "intuições inerentes ao próprio pensamento", de modo que o progresso da ciência se dava por dedução.[479] Conforme esclarece Villey, "Descartes se inspira no modelo da matemática, cuja principal função não é mais medir os campos ou contar moedas, mas ser o instrumento de toda

---

477 VILLEY, Michel. *A formação do pensamento jurídico moderno*. Trad. de Claudia Berliner. São Paulo: Martins Fontes, 2009, p. 672.

478 VILLEY, Michel. *A formação do pensamento jurídico moderno*. Trad. de Claudia Berliner. São Paulo: Martins Fontes, 2009, p. 672.

479 VILLEY, Michel. *A formação do pensamento jurídico moderno*. Trad. de Claudia Berliner. São Paulo: Martins Fontes, 2009, p. 602.

a filosofia".[480] Portanto, as ferramentas da escolástica medieval são abandonadas, assim como a dialética. Nessa perspectiva, "a dedução torna-se soberana, reinará até no *direito*".[481]

O apego à ordem é uma das características do pensamento cartesiano, como meio de se chegar à verdade com segurança. Descartes, para chegar ao conhecimento, partia tanto de princípios inatos quanto de "postulados" ou "hipóteses", contudo, o recurso à experiência sensível teria sempre caráter provisório. Para ele, "a ciência, em seu estado último, aparecerá como um sistema perfeitamente axiomático que demonstra as consequências a partir dos princípios".[482]

Villey salienta que a metafísica cartesiana apresenta uma cisão entre alma e corpo, entre pensamento e matéria. Esse dualismo é totalmente diverso da unidade característica da filosofia aristotélica, a qual considerava que:

> (...) a alma e o corpo constituíam apenas elementos solidários, conjuntos, mutuamente imbricados, sendo a alma a "forma" do corpo, unidade até mesmo do *cosmos*, também ele tecido simultaneamente de inteligência e de matéria.[483]

Essa visão de mundo cindida postulada por Descartes é uma característica da filosofia moderna, que tende a separar sujeito e objeto, homem e natureza, ser e dever-ser. A partir daí tem-se o completo abandono do realismo clássico, que é substituído por um

---

480 VILLEY, Michel. *A formação do pensamento jurídico moderno*. Trad. de Claudia Berliner. São Paulo: Martins Fontes, 2009, pp. 602/603.

481 VILLEY, Michel. *A formação do pensamento jurídico moderno*. Trad. de Claudia Berliner. São Paulo: Martins Fontes, 2009, p. 603.

482 VILLEY, Michel. *A formação do pensamento jurídico moderno*. Trad. de Claudia Berliner. São Paulo: Martins Fontes, 2009, pp. 603/604.

483 VILLEY, Michel. *A formação do pensamento jurídico moderno*. Trad. de Claudia Berliner. São Paulo: Martins Fontes, 2009, p. 605.

método idealista, com impactos diretos no pensamento jurídico, conforme destaca Villey:

> Por que precisaríamos, nós que somos apenas historiadores da filosofia do direito, evocar essa parte tão conhecida da filosofia cartesiana? Primeiro, porque ela sela da maneira mais absoluta a morte da filosofia clássica do direito natural. A ideia de que se possa extrair um direito, por observação, da natureza – já o enfatizamos inúmeras vezes – só tem sentido a partir da noção clássica de natureza, aristotélico-tomista: de uma natureza que contém ao mesmo tempo matéria e espírito, de uma natureza em que se podem ler – porque ela mesma tem um sentido e está orientada para as causas finais –, além de fatos, valores, um modelo de ordem e de justiça. (...) A metafísica cartesiana destrói essa noção unitária; desintegra-a; cinde-a em dois universos separados, pondo de um lado o pensamento e do outro a matéria, de um lado o dever-ser e do outro os fatos. Ora, quando se adota essa maneira de considerar o mundo, não se pode mais pensar o direito residindo a um só tempo nas coisas, na natureza, e dotado de valor normativo; perde-se a chave da autêntica doutrina do direito natural. (...) Por conseguinte, a metafísica cartesiana não implica apenas a exclusão do antigo direito natural clássico. Ela impõe ao pensamento jurídico moderno suas duas novas direções: racionalismo e naturalismo. É até mesmo a explicação, a razão de ser filosófica dessa diversidade de doutrinas, ou mesmo das *contradições* do pensamento jurídico moderno. Pois, num mundo dissociado entre o pensamento e a matéria, o direito, que, por essência, pertence ao mesmo tempo a esses dois domínios, não sabe mais onde fincar o pé: oscila, tratado ora como norma dependente da esfera do pensamento, ora como fenômeno dependente da ciência objetiva das coisas; e ora como dever-ser, ora como fato

> sociológico. (...) Era inevitável que o dualismo metafísico de Descartes engendrasse um dualismo jurídico.[484]

3.1.9 Thomas Hobbes

Na leitura villeyana, tem-se, na obra do filósofo inglês Thomas Hobbes (1588-1679), o ponto de virada da filosofia moderna, no qual se passa a efetiva ruptura com as formas anteriores do pensamento jurídico, de matriz aristotélica. Não obstante as construções teóricas de Guilherme de Ockham e Hugo Grócio, por exemplo, é a filosofia hobbesiana que apresenta a arquitetura fundamental do direito moderno. Nas palavras de Villey:

> (...) o conjunto da construção hobbesiana (o mesmo podendo ser dito da maioria dos sistemas dos juristas modernos) gravita em torno da noção de direito subjetivo. Ela está no limiar do edifício, como princípio do contrato social; permanece em ato na vida social como liberdade natural que subsiste no corpo político; e a encontramos no fim, sob a forma dos direitos civis. (...) o *direito* natural do indivíduo que está no princípio do sistema (...). É sobre esse direito do indivíduo que está constituído todo o edifício (...). O pacto deriva do direito subjetivo. Ora, o pacto será a fonte de toda a ordem jurídica positiva (...). Do pacto nascerão Leviatã e, por Leviatã, todas as leis, todas as leis no sentido pleno da palavra, aquelas que criarão para os sujeitos uma obrigação externa. (...) Todo o direito é reconstruído por Hobbes, em etapas sucessivas, tendo como primeiro degrau o direito subjetivo, e é nisso que ele derruba a ciência jurídica anterior. Em Aristóteles, a lei da natureza (com efeito, uma lei não escrita, cujo teor era sempre objeto de investigação para o jurista) engendrava a ordem jurídica; imensamente rica em potência, a lei da natureza devia regular (pelo menos

---

484 VILLEY, Michel. *A formação do pensamento jurídico moderno*. Trad. de Claudia Berliner. São Paulo: Martins Fontes, 2009, pp. 606-608.

> quanto ao essencial) as "distribuições" e trocas. Para Grócio ainda, havia multiplicidade das leis naturais, proibindo, por exemplo, o roubo e o dano; de onde já se tentava deduzir um regime das propriedades. Tudo isso desaparece em Hobbes: já não há justiça distributiva e comutativa naturais (...), já não há o *meu* e o *teu* segundo a natureza. No topo da ordem jurídica, só uma e única regra, a que proíbe violar os pactos. Mas essa própria regra deriva do direito natural do indivíduo. É este o novo rochedo sobre o qual Hobbes constrói sua política.[485]

Villey ressalta que o *jus* dos romanos "está definido no *Digesto* como aquilo que é justo (*id quod justum est*)", de tal sorte que quando "aplicado ao indivíduo, a palavra designa a parte que deveria ser-lhe atribuída (*jus suum cuique tribuendum*) com relação aos outros".[486] Por sua vez, no pensamento moderno, "Robinson sozinho, na sua ilha, é sujeito de direito".[487] Nessa esteira, tem-se que o homem no "estado de natureza", pensado por Hobbes, já era portador de subjetividade jurídica. Assim, Villey observa que "o direito só está ligado ao *sujeito* do direito", portanto, apresenta-se como "uma qualidade inerente ao indivíduo".[488]

Para o pensador inglês, o direito subjetivo, no "estado de natureza", apresenta-se identificado como a liberdade ilimitada do homem. Posteriormente ao pacto social, compete ao Estado limitar

---

485 VILLEY, Michel. *A formação do pensamento jurídico moderno*. Trad. de Claudia Berliner. São Paulo: Martins Fontes, 2009, pp. 703-705.

486 VILLEY, Michel. *Filosofia do Direito*: definições e fins do direito: os meios do direito. Trad. de Márcia Valéria Martinez de Aguiar. São Paulo: Martins Fontes, 2008, p. 142.

487 VILLEY, Michel. *Filosofia do Direito*: definições e fins do direito: os meios do direito. Trad. de Márcia Valéria Martinez de Aguiar. São Paulo: Martins Fontes, 2008, p. 142.

488 VILLEY, Michel. *Filosofia do Direito*: definições e fins do direito: os meios do direito. Trad. de Márcia Valéria Martinez de Aguiar. São Paulo: Martins Fontes, 2008, p. 142.

e tornar efetivo o direito subjetivo, o qual, então, manifesta-se como poder. Acerca do estado de natureza em Hobbes, esclarece Stéphane Bauzon:

> O estado de natureza hobbesiano é um estado de guerra de todos contra todos devido à ambição concorrente dos homens. Para sair dessa insegurança permanente, o homem passa então aos pactos de não-agressão sem todavia renunciar à possibilidade de voltar desse abandono de poder em caso de perigo de vida. Resulta disso a necessidade de seguir as leis dos pactos. Derrogá-los é recusar a paz social. O depositário do pacto social é o Estado, legitimado em todas as suas ações para prevenir o retorno a um estado de natureza.[489]

Villey assinala os impactos das mudanças econômicas e políticas na filosofia de Hobbes. O pensador inglês vive em um momento histórico de ascensão da burguesia, diante do mercantilismo que imperava na Europa, ao mesmo tempo, o absolutismo é o dístico da política. Além disso, ele também é influenciado por aspectos religiosos[490] e por outros filósofos que lhe antecederam, como, por exemplo Ockham, bem como pela ciência moderna.[491]

---

489 No original: "L'etat de nature hobbesien est un état de guerre de tous contre tous due aux convoitises concurrents des hommes (...). Pour sortir de cette insécurité permanente, l'homme passe alors des pactes de non-lésion sans toutefois renoncer à la possibilité de revenir sur cet abandon de pouvoir en cas de danger pour sa vie. Il en découle la nécessité de suivre les lois des pactes. Y déroger revient à refuser la paix sociale. Le dépositaire du pacte social est l'État, légitimé dans toutes ses actions pour prévenir le retour à un état de nature". (BAUZON, Stéphane. *Le métier de juriste*: du droit politique selon Michel Villey. Québec: Les Presses de l'Université Laval, 2003).

490 "O anticlericalismo de Hobbes tem suas raízes na religião". (VILLEY, Michel. *A formação do pensamento jurídico moderno*. Trad. de Claudia Berliner. São Paulo: Martins Fontes, 2009, p. 683).

491 "Houve sobretudo o contato, em Pádua, com Galileu e o método de Pádua: o famoso método chamado 'resolutivo-compositivo' que procede por análise das coisas em elementos primeiros, e depois recompõe os fenômenos a partir desses elementos, e também o mecanismo que dá conta da gênese dos

Assim, "Hobbes não foi um meteorito que caiu do céu da razão",[492] mas, de certo modo, é um produto de seu tempo.[493]

O sistema jurídico hobbesiano possui caráter positivista, como já vimos, embora o caráter da lei seja instrumental, considerando que a finalidade do direito reside no direito subjetivo. Pensadores como Kant, Fichte e os pandectistas serão herdeiros dessa concepção hobbesiana, de caráter idealista, conforme esclarece Villey:

> Haverá, durante o pandectismo alemão no século XIX, uma enxurrada de literatura a respeito da noção de direito subjetivo. Este será definido como "*Willensmacht*", poder de ação livre, potência da vontade do sujeito; ou como benefício do sujeito, a "proteção jurídica do seu interesse". Sobre esta base operou mesmo uma separação nova entre direito e *moral*: a moral ditaria acima de tudo ao indivíduo seus

---

fenômenos pelos *movimentos* dessas partículas. A ambição de Hobbes passou a ser esta: transpor a física galileana para a 'filosofia civil', ou seja, o que é uma pena, para a moral e para a política". (VILLEY, Michel. *A formação do pensamento jurídico moderno*. Trad. de Claudia Berliner. São Paulo: Martins Fontes, 2009, p. 683).

492 "Não é fácil identificar as fontes do pensamento de Hobbes. Ele raramente cita seus autores. Entramos em sombra de dúvida, com Descartes e com ele, na era do racionalismo em que, libertando-se dos métodos da escolástica, procura-se demonstrar tudo: o raciocínio tem de bastar; não é necessário citar nomes de pessoas e imagina-se que ninguém deve nada às 'autoridades' (...) Que isso não nos induza ao erro. É impossível compreender Hobbes adequadamente se nos deixamos enganar pela aparência de tudo construir geometricamente. (...) Não se pode fazer abstração do que ele toma de seus predecessores, até mesmo de escritores políticos ou dos teóricos do direito". (VILLEY, Michel. *A formação do pensamento jurídico moderno*. Trad. de Claudia Berliner. São Paulo: Martins Fontes, 2009, pp. 683/684).

493 "Hobbes é um homem de seu tempo, isto é, desse nobre século XVII, desse mundo cristão e burguês (não desprovido de um resquício de espírito feudal e do senso de honra nobiliária), encantado com o individualismo, e que quer que cada um seja responsável por si mesmo e por todos os seus atos, perante Deus, perante sua consciência, perante sua razão pessoal". (VILLEY, Michel. *A formação do pensamento jurídico moderno*. Trad. de Claudia Berliner. São Paulo: Martins Fontes, 2009, p. 709).

> *deveres*, o direito lhe conferiria *poderes* para agir, distinção que se foi progressivamente afirmando na escola do direito natural, culminando nas obras de Kant e de Fichte. Talvez fosse melhor dizer que o direito assim entendido forma uma parte da moral, mas de uma moral utilitarista e apoiada pela polícia do Estado burguês.[494]

Villey demonstra profundo incômodo em face da filosofia do direito burguesa, em razão do caráter idealista inerente a esse modo de pensar o fenômeno jurídico, o qual, para ele – fiel às tradições de matriz aristotélica –, jamais poderia ser concebido separadamente da concretude das relações sociais.

Na leitura villeyana, o núcleo principal da esfera jurídica, a partir do advento da modernidade, passa a ser o sujeito de direito. Nesse contexto, Hobbes apresenta-se como filósofo fundamental dessa nova visão do fenômeno jurídico.[495] Nas palavras de Villey:

> Dizíamos anteriormente que o direito subjetivo parecia ser "a palavra-mor do direito moderno" (a palavra "moderno" acompanhando a era da Europa dita burguesa). Hobbes foi seu filósofo, mais do que qualquer outro. Tentaremos acompanhar sua obra definindo o direito subjetivo, em conformidade com sua visão do homem e da sociedade,

---

494 VILLEY, Michel. *Filosofia do Direito*: definições e fins do direito: os meios do direito. Trad. de Márcia Valéria Martinez de Aguiar. São Paulo: Martins Fontes, 2008, pp. 143/144.

495 "Le principal apport de Hobbes ne me semble pas cependent clairement défini la notion de droit subjectif; puisqu'il avait sur ce point des prédécesseurs. Ce me paraît beaucoup plutôt d'avoir construit sur cette notion, originairement étrangère à la sphère du juridique, la science du droit tout entière". (VILLEY, Michel. "Droit Subjectif II (Le droit de l'individu chez Hobbes)". *In*: ______. *Seize essais de philosophie du droit*. Paris: Dalloz, 1969, p. 193).

> e depois desenhando o bosquejo de uma ciência jurídica centrada no indivíduo.[496]

O jurista francês apresenta Hobbes como o grande antagonista do pensamento clássico e salienta que isso se deu em razão do fato de que Hobbes, diferentemente de seus antecessores, iniciou sua ofensiva justamente no terreno da política, ou seja, a partir da fonte do sistema jurídico aristotélico e isso permitiu ao filósofo inglês construir um edifício completamente novo, haja vista que sobre bases diversas. Nas palavras de Villey:

> O que é próprio de Hobbes, todos sabem. Foi ter levado o combate contra as concepções clássicas às últimas consequências. Ter enfrentado o problema do direito subjetivo, não pelo viés da moral (como os estoicos) ou da lógica determinista, mas na fonte: começando por demolir e substituir a *Política* de Aristóteles, de onde brotava precisamente a antiga concepção de direito. Hobbes forja uma nova imagem do fenômeno da sociedade, uma nova ciência social *profana*, racional, não mais escrava da teologia como era a dos espanhóis, e radicalmente *moderna* (ao contrário da de Althusius, ou dos humanistas neo-estoicos). Hobbes é não só um cristão humanista, mas um adepto da ciência moderna, tal como ela acaba de eclodir; ele faz de Galileu seu modelo, assim como de seu amigo Harvey; tem como pretensão edificar (não será o último a se propor a tal empresa) uma ciência social sobre o modelo da ciência física moderna. (...) Mais precisamente, o método que Hobbes pretende transportar para a ciência social é o da escola de Pádua, *resolutivo-compositivo*, que procede pela dissecação dos corpos, e depois por sua recomposição, pela *análise* seguida da síntese. (...) As sociedades serão resolvidas em seus átomos constituintes, em suas causas geradoras; essas

496 VILLEY, Michel. *A formação do pensamento jurídico moderno*. Trad. de Claudia Berliner. São Paulo: Martins Fontes, 2009, p. 689.

> partículas elementares vão ser os indivíduos, sem que se possa levar mais adiante, no que concerne à política, o processo de decomposição (Hobbes trata à parte da *filosofia civilis*). Em seguida, tudo será reconstruído a partir dos indivíduos. Nada combina melhor com o *nominalismo* recebido em Oxford, da escola de Ockham, já que para o nominalismo existem apenas coisas singulares, e todo resto é construção. (...) Assim, Hobbes desemboca na hipótese do "estado de natureza", (...) em que os homens estariam separados, desprovidos de qualquer laço social. O homem não é mais social "por natureza", mas "naturalmente livre". (...) Hobbes vai na contramão de Aristóteles, ao mesmo tempo que recupera antigos mitos poéticos individualistas, mas sobretudo o tema estoico, e as velhas ideias cristãs de igualdade e de liberdade fundamentais de todos os homens. E faz disso o princípio de uma política nova – berço de sua ciência jurídica, primeira fonte de sua noção de direito.[497]

Villey destaca que Hobbes, tal como Aristóteles, busca extrair o direito da natureza. Contudo, as concepções de natureza entre ambos são completamente distintas. Em Aristóteles tem-se uma visão cósmica da natureza, de modo que o direito era o fruto da observação dos grupos sociais. Já em Hobbes, apresenta-se uma ótica individualista, na medida em que as relações sociais são ausentes no estado de natureza hobbesiano e o direito "é extraído do indivíduo, de um indivíduo separado pela análise científica de toda a ordem social preexistente, do próprio 'sujeito': é verdadeiramente um direito 'subjetivo'".[498] O direito então deixa de ser, como no pensamento aristotélico, "uma coisa distribuída ao sujeito", e passa a ser um "*atributo* essencial", "uma *qualidade* do

---

497 VILLEY, Michel. *A formação do pensamento jurídico moderno*. Trad. de Claudia Berliner. São Paulo: Martins Fontes, 2009, pp. 695/696.

498 VILLEY, Michel. *A formação do pensamento jurídico moderno*. Trad. de Claudia Berliner. São Paulo: Martins Fontes, 2009, p. 699.

sujeito".[499] Assim, Hobbes funda o direito sobre "uma lei interna ao ser humano individual, que cada um encontra na sua consciência ou no seu instinto natural".[500]

No que tange ao Estado, "Leviatã só se constituira pela negação da natureza", haja vista que o contrato social significa a pactuação de renúncia dos indivíduos ao estado de natureza, de modo que "a existência de Leviatã é uma criação contínua das vontades individuais".[501] Impende salientar que "os cidadãos, ao concluírem o contrato social, não abdicam de *toda* a sua liberdade", mas "conservam uma parcela declarada inalienável".[502] Contudo, por se tratar de um momento histórico no qual a política possuía caráter absolutista, "o príncipe para com seus súditos pode tudo", ou seja, ele não está sujeito às mesmas limitações impostas aos cidadãos.[503] Ademais, era patente o individualismo inerente ao poder do soberano, pois "o único direito que o nominalismo hobbesiano concebe é individual", de sorte que o "direito só pode ser manejado por um indivíduo real".[504]

No pensamento hobbesiano, a arte do justo deixa de existir, haja vista que a partilha e os limites impostos ao direito são dados

---

499 VILLEY, Michel. *A formação do pensamento jurídico moderno*. Trad. de Claudia Berliner. São Paulo: Martins Fontes, 2009, pp. 698/699.

500 No original: "Si Hobbes fonde le droit sur une loi, c'est seulement une loi interne à l'être humain individuel, que chacun trouve dans sa conscience ou dans son instinct naturel (...) et qui l'oblige moralmente, ou l'incline, à se conserver; se conduire, selon sa raison (...)". (VILLEY, Michel. "Droit Subjectif II (Le droit de l'individu chez Hobbes)". *In*: ______. *Seize essais de philosophie du droit*. Paris: Dalloz, 1969, p. 189).

501 VILLEY, Michel. *A formação do pensamento jurídico moderno*. Trad. de Claudia Berliner. São Paulo: Martins Fontes, 2009, p. 708.

502 VILLEY, Michel. *A formação do pensamento jurídico moderno*. Trad. de Claudia Berliner. São Paulo: Martins Fontes, 2009, p. 708.

503 VILLEY, Michel. *A formação do pensamento jurídico moderno*. Trad. de Claudia Berliner. São Paulo: Martins Fontes, 2009, p. 707.

504 VILLEY, Michel. *A formação do pensamento jurídico moderno*. Trad. de Claudia Berliner. São Paulo: Martins Fontes, 2009, pp. 705-708.

pela vontade do soberano e apenas de modo indireto pela vontade dos cidadãos. Destarte, "a 'lei' para Hobbes deriva do pacto que, por sua vez, encontra seu fundamento nas liberdades naturais, portanto no indivíduo".[505] Por sua vez, "o direito é esse resto de liberdade que a lei não cortou".[506]

Assim sendo, na concepção hobbesiana, o direito sempre decorre, em última instância, do estado de natureza. Trata-se de um poder do indivíduo, que se identifica com a liberdade e tende ao infinito, embora com as limitações impostas pelo soberano. Villey esclarece que "o direito é um *dominium*, palavra que agora é transformada por Hobbes em sinônimo de *jus*, como não era em Roma".[507] Uma das implicações desse raciocínio, por exemplo, é o poder do indivíduo inglês, sujeito de direito, de realizar a ocupação de terras que ainda não tenham sido destinadas pela lei a nenhum outro cidadão.[508] Verifica-se, então, que as construções teóricas de Hobbes repercutem diretamente naquilo que se convencionou chamar "direito de propriedade", conforme esclarece Villey:

> Ter o direito de propriedade é fazer tudo o que se quer com a sua coisa (...) fazer uso dela como bem imaginar, aliená-la ao preço que se queira. É essa a liberdade de princípio que o jogo do mercado exige. (...) Hobbes é um dos profetas da economia liberal. E essa onipotência absoluta do proprietário sobre sua coisa tornou-se ela mesma *jus*. (...) a linguagem de Hobbes faz a síntese (no estágio da vida política) dos dois termos, distintos em Roma, de *jus* e de *proprietas*

---

505 VILLEY, Michel. *A formação do pensamento jurídico moderno*. Trad. de Claudia Berliner. São Paulo: Martins Fontes, 2009, p. 713.

506 VILLEY, Michel. *A formação do pensamento jurídico moderno*. Trad. de Claudia Berliner. São Paulo: Martins Fontes, 2009, p. 713.

507 VILLEY, Michel. *A formação do pensamento jurídico moderno*. Trad. de Claudia Berliner. São Paulo: Martins Fontes, 2009, p. 713.

508 VILLEY, Michel. *A formação do pensamento jurídico moderno*. Trad. de Claudia Berliner. São Paulo: Martins Fontes, 2009, pp. 713/714.

> (*property*), e de um terceiro termo ainda *dominium*: é o controle absoluto do proprietário, agora reconhecido como um direito, que se vê zelosamente protegido de qualquer intrusão alheia (...). (...) o direito civil pode agora repousar sob a proteção do Estado.[509]

Para o jurista francês, o sistema hobbesiano é fadado ao fracasso, considerando o paradoxo no qual se vê inserido. Com efeito, ao fundar o direito na figura do sujeito, fomenta-se a anarquia e isso enseja a criação do Leviatã, o monstro opressor dos indivíduos.[510] Tal é o "drama do individualismo", o qual "para dar conta da ordem social", "é obrigado a negar a si mesmo".[511]

---

509 VILLEY, Michel. *A formação do pensamento jurídico moderno*. Trad. de Claudia Berliner. São Paulo: Martins Fontes, 2009, pp. 71-715.

510 "La mérite de la doctrine de Hobbes, de sa noble et lucide entreprise, c'est nous forcer à comprendre devant quel dillemme nous nous trouvons, nous autres philosophes du droit. C'est une gageure que de fonder le droit, système des rapports entre hommes, sur l'individu séparé; c'est-à-dire de fonder le droit sur la négation du droit. Quadrature du cercle: à partir de l'individu, à partir de son 'droit subjectif', on ne trouvera jamais que l'anarchisme et l'absence d'ordre juridique, on bien se contredisant soi-même, à partir des individus á leur image on fabriquera l'individu artificel, le monstrueux Lévianthan qui écrase les vrais individus. (...) On ne rejoindra jamais le droit à partir du *nominalisme*. La philosophie qui est sortie de Guillaume d'Occam et de Galilée (c'est-à-dire, en gros, la moderne), *ne peut pas rendre compte du droit*. Il faut commencer par admettre que l'homme est animal politique, 'naturellement' politique. Pour notre part, nous ne voyons pas d'autre que issue que de faire retour, par-delà Hobbes, à son adversaire; à la doctrine d'Aristote, qui implique une tout autre notion du droit attribué à l'individu. Ce serait pour nous une conversion nécessaire, bien que difficile". (VILLEY, Michel. "Droit Subjectif II (Le droit de l'individu chez Hobbes)". *In*: ______. *Seize essais de philosophie du droit*. Paris: Dalloz, 1969, pp. 206/207).

511 VILLEY, Michel. *A formação do pensamento jurídico moderno*. Trad. de Claudia Berliner. São Paulo: Martins Fontes, 2009, p. 719.

3.1.10 Immanuel Kant

O prussiano Immanuel Kant (1724-1804), nascido em Königsberg, considerado o último dos filósofos modernos, era oriundo de família de artesãos. Teve uma formação cristã que, de certo modo, influenciou suas construções filosóficas, embora também tenha forjado sua forma de pensar no ambiente do racionalismo moderno.

Costuma-se dividir o pensamento kantiano em três fases. A primeira delas atrelada aos estudos das ciências da natureza. Na segunda, volta-se aos temas filosóficos, com forte inspiração no pensamento racionalista em voga. Na última fase, Kant apresenta concepções dotadas de maior originalidade. Conforme salienta Alysson Leandro Mascaro, nessa fase, "Kant elabora definitivamente os pressupostos de sua metodologia filosófica, tratando do criticismo filosófico de maneira ampla".[512] Desse modo, "rompe com a tradição da metafísica europeia, inaugurando não uma especulação sobre ideias genéricas, mas sim sobre as possibilidades do próprio conhecimento e do juízo".[513] A esse momento de sua produção teórica pertencem obras fundamentais, tais como: *Crítica da razão pura* (1781), *Crítica da razão prática* (1788), *Crítica da faculdade de julgar* (1790), *A fundamentação da metafísica dos costumes* (1785), *À Paz Perpétua* (1795) e *Metafísica dos Costumes* (1797).

Em relação à conceituação kantiana de direito, interessante destacar as palavras do próprio filósofo prussiano acerca do tema:

> O conceito de direito, enquanto vinculado a uma obrigação a este correspondente (isto é, o conceito moral de direito) tem

512 MASCARO, Alysson Leandro. *Filosofia do Direito*. 7ª ed. São Paulo: Atlas, 2019, p. 183.

513 MASCARO, Alysson Leandro. *Filosofia do Direito*. 7ª ed. São Paulo: Atlas, 2019, p. 183.

> a ver, *em primeiro lugar*, somente com a relação externa e, na verdade prática de uma pessoa com a outra, na medida em que suas ações, como fatos, possam ter influência (direta ou indireta entre si). Mas, *em segundo lugar*, não significa a relação da escolha de alguém com a mera aspiração (daí, por conseguinte, com a mera necessidade) de outrem, como nas ações de beneficiência ou crueldade, mas somente uma relação com a escolha do outro. *Em terceiro lugar*, nessa relação recíproca de escolha, não se leva em conta de modo algum a matéria da escolha, isto é, o fim que cada um tem em mente com o objeto de seu desejo; não é indagado, por exemplo, se alguém que compra mercadorias de mim para seu próprio uso comercial ganhará com a transação ou não. Tudo o que está em questão é a *forma* na relação de escolha por parte de ambos, porquanto a escolha é considerada meramente como livre e se a ação de alguém pode ser unida com a liberdade de outrem em conformidade com uma lei universal. (...) O direito é, portanto, a soma das condições sob as quais a escolha de alguém pode ser unida à escolha de outrem de acordo com uma lei universal de liberdade.[514]

Michel Villey esclarece que "a doutrina de Kant é exatamente a antítese do direito natural – tal como a tradição clássica o entendia".[515] Para o jurista francês, "Kant matou o direito natural, porque sua filosofia se emprega muito precisamente para negar que a observação das coisas pudesse conduzir ao dever ser, dos fenômenos tirar um direito".[516] Assim, a filosofia kantiana "erige um abismo entre as coisas e as ordens da razão prática, entre o

---

514 KANT, Immanuel. *A metafísica dos costumes*. 2ª ed. Trad. de Edson Bini. São Paulo: Edipro, 2008, p. 76.

515 VILLEY, Michel. "Kant dans l'histoire du droit". *In*: ______. *Leçons d'histoire de la philosophie du droit*. Paris: Dalloz, 2002, p. 257.

516 VILLEY, Michel. "Kant dans l'histoire du droit". *In*: ______. *Leçons d'histoire de la philosophie du droit*. Paris: Dalloz, 2002, p. 257.

Sein e o *Sollen*".[517] Villey ainda observa que "Kant deduz o direito natural dos princípios *a priori* de sua consciência subjetiva, ele retoma, ao seu modo, o conceito de contrato social".[518]

A filosofia do direito de Villey é frontalmente oposta ao pensamento de Immanuel Kant, segundo observa Aglaé Maryioli: "dificilmente se poderá aludir a um pensador mais antikantiano do que Villey: desdenhando da proibição kantiana de descobrir o universal no empírico, defende a ideia de um direito que seria 'universal *in re*'".[519]

Com efeito, Kant segue pela trilha do jusracionalismo moderno e aponta para um direito natural extraído da razão em nítida contraposição ao realismo clássico professado pelo jurista francês. Nesse sentido, Villey esclarece:

> Como seus antecessores da Escola moderna do Direito Natural, Kant tratou do direito como *moralista*: ele relega sua doutrina do Direito à Metafísica dos Costumes, é para ele a antecâmara da *Tugendlehre*, o direito torna-se o instrumento e a "condição", no estado de coexistência da atividade moral livre. Essa é uma maneira profana de considerar o direito,

---

517 No original: "la doctrine de Kant est exactement l'antithèse du droit naturel – tel que la tradition classique l'avait entendu. Kant a tué le droit naturel, car sa philosophie s'emploie très précisement à nier que de l'observation des choses on puisse conclure au devoir être, des phénomènes tirer un droit: elle dresse un abîme entre les choses et les ordres de la raison pratique, entre le *Sein* et le *Sollen*". (VILLEY, Michel. "Kant dans l'histoire du droit". *In*: ______. *Leçons d'histoire de la philosophie du droit*. Paris: Dalloz, 2002, p. 257).

518 No original: "Kant déduit le droit naturel des príncipes *a priori* de as conscience subjective, il a repris à son compte le thème du contrat social". (VILLEY, Michel. "Panorama des philosophies juridiques modernes occidentales et marxistes du monde socialiste". *In*: ______. *Critique de la pensée juridique moderne – Douze autres essais*. Paris: Dalloz, 2009, p. 168).

519 MARYOLI, Aglaé. "O antimodernismo de Michel Villey". *In*: BILLIER, Jean-Cassien; MARYIOLI, Aglaé. *História da Filosofia do Direito*. Trad. de Pedro Henriques. Lisboa: Instituto Piaget, 2001, p. 320.

visto somente por suas consequências para os interesses da virtude, de um ponto de vista estritamente *individualista*. Acrescentemos que a moral de Kant não é somente a virtude individual por alvo, mas ela pretende ter por *fonte* a consciência do indivíduo, sua razão prática subjetiva, essa moralidade pura sendo por ser essência autônoma. Para ele, a metafísica (os "elementos metafísicos da doutrina do direito"), toda sua filosofia do direito devem proceder de sua própria razão interna, subjetiva. Kant vê o certo apenas em função e a partir do indivíduo (...) Ele impele ao extremo a tendência geral das doutrinas modernas (...) Mas nós, que não fomos nutridos por esta filosofia, que temos dificuldade de conceber que um sistema teórico de direito possa nascer todo armado do cérebro, para quem a "teoria" repousa inicialmente sobre uma visão de coisas – acreditamos que essa empresa está forçosamente fadada ao fracasso. O direito se manifesta a nós como constituído de *relações entre* os membros de um grupo social (ou *entre* grupos), consideramos loucura pretender obter a menor ideia, se não por meio da experiência: *observando* acima de nós mesmos e *fora* de nós mesmos, os grupos, *conjuntos* sociais onde estão inclusas essas relações. A partir do indivíduo, ou da razão pura subjetiva de um indivíduo não saberemos acessar a inteligência que ordena e paira acima dos indivíduos. Se era vão visar encontrar o direito, como os autores da Escola de Direito Natural, a partir da "natureza do homem" quanto mais ainda da razão subjetiva de Kant![520]

---

520 No original: "Comme ses prédécesseurs de l'Ecole moderne du Droit Naturel, Kant trait du droit en *moraliste*: il relègue sa doctrine du Droit dans la Métaphysique des moeurs, elle est pour lui l'antichambre de la *Tugendlehre*, le droit devient l'instrument et la 'condition', dans l'Etat de coexistence de la libre activité morale. C'est là une manière profane d'envisager le droit, vu seulement par ses conséquences pour les intérêts de la vertu, d'un point de vue strictement *individualiste*. Ajoutons que la morale de Kant n'a pas seulement la vertu individuelle pour point de mire, mais elle prétend avoir pour *source* la conscience de l'individu, sa raison pratique subjective, cette pure morale étant par essence autonome. Pour lui la métaphysique (les 'éléments métaphysiques de la doctrine du droit') toute sa philosophie du droit doivent procéder de sa

Assim, a desconsideração em relação à realidade social é um dos graves problemas da filosofia de Kant, na leitura villeyana. O idealismo do filósofo prussiano oblitera o verdadeiro sentido do direito e termina por contemporizar com as injustiças, constituindo-se em uma filosofia bastante atrelada aos interesses burgueses. Sobre esse ponto, comenta Stéphane Bauzon:

> A realidade das coisas desliza sobre o pensamento de Kant como chuva em uma vidraça. Ela permanece ao exterior dessas considerações, ou elas só tocam antes de desaparecer sob o sol da razão. A esse título, Villey reprova Kant por negligenciar as desigualdades sociais de seu tempo. (...) Se Kant contesta a ordem feudal, Villey observa que é apenas para esposar as revindicações burguesas de seu tempo, preocupada com as leis que garantem a propriedade. (...) Trazido de volta à prática do direito, objeto de todas as solicitudes de nosso autor, o pensamento de Kant resulta "em um conformismo do fato histórico presente" (...) condenado por Villey. Em outras palavras, os princípios de Kant são, para Villey, os suplementos de alma para aqueles que se arrependem das

---

raison propre, interne, subjective. Kant ne voit le droit qu'en fonction et qu'à partir de l'*individu*. (...) Il pousse à l'extrême la tendance générale des doctrines modernes. (...) Mais nous, qui n'avons pas été nourris de cette philosophie, qui avons de la peine à concevoir qu'un système théorique du droit puisse naître tout armé du cerveau, pour qui la 'théorie' repose d'abord sur une vision des choses – nous pensons qu'une telle entrepris est vouée forcement à l'échec. Le droit se manifestant à nous comme constitué de *rélations entre* les membres d'un groupe social (ou bien *entre* groupes), nous estimons fou de prétendre en obtenir la moindre idée, si ce n'est par la voie de l'experiénce: en *observant* au-dessus de nous-mêmes et *hors* de nous-mêmes, les groupes, les *ensembles* sociaux où sont inclus ces relations. A partir de l'individu, ou de la raison pure subjective d'un individu nous ne saurions accéder à l'intelligence de ce qui ordonne et surplombe les individus. S'il était vain de viser à rejoindre le droit comme les auteurs de l'Ecole du Droit Naturel, à partir de la 'nature de l'homme' combien plus encore de la raison subjective de Kant!". (VILLEY, Michel. "La 'Rechtslehre' de Kant dans l'histoire de la science juridique". *In*: ______. *Critique de la pensée juridique moderne*: Douze autres essais. Paris: Dalloz, 2009, pp. 150/151).

> injustiças de seu tempo sem tentar remediá-las a não ser por um vago apelo ao Legislador. (...) Villey não pode aceitar que o jurista não possa realizar a partilha dos bens necessários para o bem viver comum (...).[521]

3.2 Villey: anti-humanismo e crítica à subjetividade jurídica

O anti-humanismo jurídico é uma marca do pensamento de Michel Villey que se faz presente em praticamente toda a sua produção teórica, com exceção de alguns escritos iniciais. Stéphane Rials salienta, por exemplo, que a obra *Droit et les droits de l'homme* é caracterizada por um "furor anti-humanista".[522] Com efeito, o jurista francês opõe-se frontalmente aos "delírios do humanismo moderno",[523] ou seja, à construção de um sistema jurídico lastreado nas abstratas noções de homem e sujeito.

---

521 No original: "La realité des choses glisse sur la pensée de Kant comme la pluie sur une vitre. Elle reste à l'extérieur de ces considérations, ou elles ne font que l'effleurer avant de disparaître sous le soleil de la raison. À ce titre, Villey reproche à Kant de négliger les inégalités sociales de son temps. (...) Si Kant conteste l'ordre féodal, Villey remarque que c'est seulement pour épouser les reivendications bourgeoises de son époque, soucieuse de lois garantissant la propriété. (...) Ramenée à la pratique du droit, objet de toutes les sollicitudes de notre auteur, la pensée de Kant aboutit 'à un conformisme du fait historique présent' (...) que condamne Villey. En d'autres termes, les principes de Kant sont pour Villey des suppléments d'âme pour ceux qui regrettent les injustices de leur époque sans chercher à y remédier autrement que par un vague appel au Législateur. (...) Villey ne peut accepter que le juriste ne puisse pas effectuer le partage de biens nécessaires pour le bien-vivre commun (...)". (BAUZON, Stéphane. *Le métier de juriste*: du droit politique selon Michel Villey. Québec: Les Presses de l'Université Laval, 2003, p. 108).

522 "Le *furor* anti-humaniste du *Droits et droits de l'homme*". (RIALS, Stéphane. *Villey et les idoles*. Paris: PUF, 2000, p. 9).

523 VILLEY, Michel. "Phénomenólogie et existencialo-marxisme à la Faculté de droit de Paris". *Archives de Philosophie du Droit*, nº 10 – *Philosophes d'aujourd'hui en présence du droit*. Paris: Sirey, 1965, p. 177.

Não obstante, em alguns textos das décadas de 1940 e 1950, Villey esboça uma valorização das "modernas conquistas" dos direitos individuais, conforme se verifica, por exemplo, no seguinte excerto de sua obra *Le droit romain*, de 1949, na qual ele se referia à antiga sociedade romana: "a ausência total de independência entre os membros da família submetidos à onipotência do pai é própria duma civilização primitiva, em que o indivíduo ainda não goza, enquanto tal, de liberdades".[524]

"Essor et décadence du voluntarisme juridique", publicado originalmente na Revista *Archives de Philosophie du Droit* de 1957, e que passou a integrar posteriormente as duas edições de *Leçons d'Histoire de la Philosophie du Droit*, também é um exemplo de um texto no qual o anti-humanismo ainda não estava presente. Além disso, Villey não tinha atingido o refinamento teórico e a firmeza de posicionamento que o caracterizariam na posteridade, ou seja, "Villey ainda não era villeyiano".[525] Nesse sentido, esclarece com propriedade Stéphane Rials:

> (...) parece-me que em meados dos anos 50, período de sua reflexão hoje acessível por meio das várias publicações reeditadas nas duas versões sucessivas das *Leçons d'histoire de la philosophie du droit* – período, em todo caso, em que, de certo modo, ele se expõe definitiva e deliberadamente ao comentário público na nova disciplina em que vai se impondo a passos largos –, Michel Villey, embora comece a combinar os grandes autores e alguns dos temas que lhe serão caros, ainda não é o pensador que a posteridade conhecerá: não o é nem por sua doutrina, aliás, bastante incerta, nem, a meu ver, pela estatura superior de concepções que mesmo seus

---

524 VILLEY, Michel. *Direito Romano*. Trad. de Fernando Couto. Porto: Rés-Editora, 1991, p. 49.

525 RIALS, Stéphane. "Apresentação – Michel Villey, história e filosofia, história de uma filosofia". *In*: VILLEY, Michel. *A formação do pensamento jurídico moderno*. Trad. de Claudia Berliner. São Paulo: Martins Fontes, 2009, p. XLIX.

> adversários lhe reconhecerão alguns anos depois. (...) Uma comunicação de 1954 – "Essor et décadence du voluntarisme juridique" – parece-me bastante significativa do estado de seu pensamento nessa época.[526]

Nesse texto, Villey se mostra, de certo modo, apegado a uma concepção humanista do direito e da história, com a qual romperá irremediavelmente em período posterior de sua produção teórica. O humanismo do jurista francês fica patente, por exemplo, no seguinte excerto:

> Nada subsistiria, então, das profundas intuições de um Scott, de um Hobbes ou de um Locke? A contribuição do pensamento moderno estaria perdida? Longe de nós emitir tal tese reacionária. As grandes descobertas operadas pela filosofia moderna são irreversíveis. A tomada de consciência, uma vez realizada, não pode desaparecer da liberdade, do poder criador do homem. O homem é um inventor do direito, suscetível de colocar sem cessar regras novas; o sistema estático de Aristóteles foi substituído pela ideia de um direito em evolução, produto da iniciativa humana, e eternamente aberto a seus empreendimentos. Que o próprio regime liberal tenha concedido ao indivíduo o máximo de autonomia para criar um direito contratual, disso surgiu a admirável floração das instituições comerciais e industriais, o enriquecimento da arte jurídica, o extraordinário dinamismo da Europa moderna. Da ideia do contrato social, o potente e multiforme desenvolvimento de nossas constituições políticas.[527]

---

526 RIALS, Stéphane. "Apresentação – Michel Villey, história e filosofia, história de uma filosofia". *In*: VILLEY, Michel. *A formação do pensamento jurídico moderno*. Trad. de Claudia Berliner. São Paulo: Martins Fontes, 2009, pp. L-LI.

527 "Rien ne subsisterai-il donc des profondes intuitions d'un Scott, d'un Hobbes ou d'un Locke? L'apport de la pensée moderne serait-il perdu? Loin de nous cette thèse réactionnaire. Les grandes découvertes opéreés par la philosophie

Contudo, posteriormente, a postura de Villey em relação ao humanismo adquire novas feições. Instado a se pronunciar expressamente sobre a questão, em conferência proferida na Universidade de Salzburg, em 1966, a qual foi publicada inicialmente na revista *Archives de Philosophie du Droit*, em 1968, com o título, "Contre l'humanisme juridique" e republicada na obra *Seize essais de philosophie du droit*, com o título "O humanismo e o direito", destaca que o humanismo – não obstante se tratasse de um tema em voga na época e bastante caro a diversas correntes filosóficas, políticas e religiosas – é "uma palavra que não quer dizer nada, de tanto que quer dizer".[528] Ele ainda assevera:

> Quem não é da classe humanista? *Petrarca, Erasmo, Montaigne, Goethe*. Mas também: *Kant*, porque ele sublinha a dignidade, o valor da pessoa humana, *Fichte*, *Schelling*, *Hegel*, *Feuerbach* – *Marx*, para muitos de seus intérpretes – Jean-Paul *Sartre* porque ele escreveu essa pequena obra "O existencialismo é um humanismo".... (...) Do mesmo modo, existem hoje muitas maneiras contraditórias de se *atacar* o humanismo, assim como o fazem os adversários da cultura clássica, do grego, do latim, de Shakespeare, de Racine, de Goethe, em nome de uma pretensa nova cultura do homem do ano 2000; mas num outro sentido *Heidegger*

---

moderne sont irréversibles. La prise de conscience une fois ne peut disparaître, de la liberté, du pouvoir créateur de l'homme. L'homme est un inventeur de droit, susceptible de poser sans cesse des règles nouvelles; au système statique d'Aristote nous substituons l'idée d'un droit en évolution, produit de l'initiative humaine, et perpétuellement ouvert à ses entreprises. Que même le régime libéral aît laissé à l'individu le maximium d'autonomie pour créer un droit contractuel, il en est sorti l'admirable floraison des institutions commerciales et industriales, l'enrichessiment de l'art juridique, l'extraordinaire dynamisme de l'Europe moderne. De l'idee du contrat social, l'essor puissant et multiforme des nos constitutions politiques". (VILLEY, Michel. "Essor et décadence du voluntarisme juridique". *Archives de Philosophie du Droit – La role de la volonté dans le droit*. Paris: Sirey, 1957, p. 97).

528 No original: VILLEY, Michel. "L'humanisme et le droit". *In*: ______. *Seize essais de philosophie du droit*. Paris: 1969, p. 60.

> (ao menos em relação ao que ele chama de "humanismo metafísico"), ou bem na França, um jovem autor da escola "estruturalista", *Foucault*, cujo livro "Les mots et les choses", virulento contra o humanismo, é em Paris um best-seller.[529]

No referido texto, Villey delimita claramente a acepção na qual toma a palavra humanismo: "nós designaremos (...) pela palavra humanismo, tomada em um sentido menos literário que filosófico, uma tendência a colocar o *homem* no princípio e no fim de tudo".[530] Além disso, ele é expresso ao endereçar sua crítica à leitura humanista acerca do direito: "minha intenção é contestar o humanismo em *suas aplicações ao direito*, melhor preveni-los que me abstenho de denegrir o humanismo em todos os seus sentidos".[531]

Interessante notar, contudo, que, em momento posterior, Villey apresenta uma visão anti-humanista, inclusive, em relação

---

529 "Qui n'est pas classe humaniste? *Pétrarque, Erasme, Montaigne, Goethe.* Mais aussi: *Kant*, parce qu'il souligne la dignité, la valeur de la personne humaine; *Fichte*, *Schelling*, *Hegel*, *Feuerbach* – *Marx*, pour plusieurs de ses interprètes – Jean-Paul *Sartre* parce qu'il a écrit ce petit ouvrage 'L'existencialisme est un humanisme'.... (...) De même, il existe aujourd'hui bien de façons contradictoires de s'*attaquer à* l'humanisme, ainsi que le font les adversaires de la culture classique, du grec, du latin, de Shakespeare, de Racine, de Goethe, au nom d'une prétendue nouvelle culture de l'homme de l'an 2000; mais dans un autre sens Heidegger (au moins à l'égard de ce qu'il nomme 'humanisme métaphysique'), ou bien en France, un jeune auteur de l'école 'structuraliste', Foucault, dont le livre 'Les mots et les choses', virulent contre l'humanisme, est a Paris un best-seller". (VILLEY, Michel. "L'humanisme et le droit". *In*: ______. *Seize essais de philosophie du droit*. Paris: 1969, p. 60).

530 VILLEY, Michel. "L'humanisme et le droit". *In*: ______. *Seize essais de philosophie du droit*. Paris: 1969, p. 61.

531 No original: "Nous désignerons (...) par le mot d'humanisme, pris dans un sens moins littéraire que philosophique, une tendance à mettre l'homme au principe et à la fin de tout (...)". "Et comme mon intention à moi est de contester l'humanisme dans ses applications au droit, autant vous prévenir que je me garde de dénigrer l'humanisme dans tous ses sens". VILLEY, Michel. "L'humanisme et le droit". *In*: ______. *Seize essais de philosophie du droit*. Paris: 1969, p. 61.

à produção teórica. Na passagem abaixo, na qual ele se refere à filosofia de Ockham, resta evidenciado que Villey afastava a existência de um "sujeito do conhecimento", compreendendo que tal se dava a partir de um processo histórico:

> (...) a estrutura do direito moderno só se explica remontando a essa fonte, a essas premissas metafísicas elaboradas pelas escolas do auge da Idade Média. Sua lógica, sua metafísica, embora transmitidas ao direito apenas de modo lento e indireto, são portanto a principal contribuição de Ockham para a história do direito. (É verdade que se Ockham não tivesse instaurado o nominalismo, outros sem dúvida o teriam descoberto na mesma época – pois tais revoluções não são o efeito de um só homem).[532]

Villey esclarece que o humanismo jurídico, cuja proeminência se deu na modernidade, propugna que o direito é uma criação do homem e está a serviço do progresso da espécie humana. Ele sustenta que essa concepção deita suas raízes na filosofia estoica, que influenciou, por exemplo, a redação de alguma das passagens do *Digesto*, como a seguinte: "*Jus hominun causa constitutum est*".[533] Contudo, em sua obra *La formation de la pensée juridique moderne*, ele esclarece que as passagens do *Digesto*, que traziam a marca da inspiração estoica, possuíam apenas caráter ornamental,

---

532 VILLEY, Michel. *A formação do pensamento jurídico moderno*. Trad. de Claudia Berliner. São Paulo: Martins Fontes, 2009, pp. 233/234. Nesse ponto, notamos a semelhança com a proposição althusseriana de que "tanto a história quanto a história da produção de conhecimento são processos sem sujeito". (MAGALHÃES, Juliana Paula. *Marxismo, humanismo e direito*: Althusser e Garaudy. São Paulo: Ideias & Letras, 2018, p. 131).

533 VILLEY, Michel. "L'humanisme et le droit". *In*: ______. *Seize essais de philosophie du droit*. Paris: Dalloz, 1969, p. 66.

haja vista que o direito romano se fundava em bases diversas daquelas postuladas pelo estoicismo,[534] como já vimos.

O humanismo renascentista, de matriz estoica, foi a trilha pela qual seguiu o pensamento moderno, embora com algumas alterações estruturais ao longo do tempo. Assim, seguiu-se o mesmo caminho de exaltação do "poder criador do homem, e de seu valor de fim supremo".[535] O jurista francês demonstra preocupação com o fato de que o humanismo tenha ampliado sua influência na esfera do direito e que "toda a ciência jurídica dos séculos posteriores tenha continuado a se inspirar em uma filosofia humanista".[536] Para ele, o grande equívoco do humanismo é colocar o homem como o único criador e como finalidade suprema do direito,[537] em total antagonismo com o direito natural clássico.[538]

---

534 "No verdadeiro direito romano, a filosofia estoica não ocupa um caráter essencial. O direito romano faz de fato menção ao estoicismo – e não poderia ser diferente, já que a moral estoica constitui um dos componentes da vida da elite romana, que o direito tem por missão ordenar. O estoicismo também serve de *ornamento* nas teorias gerais do primeiro título do *Digesto*". (VILLEY, Michel. *A formação do pensamento jurídico moderno*. Trad. de Claudia Berliner. São Paulo: Martins Fontes, 2009, p. 505).

535 VILLEY, Michel. "L'humanisme et le droit". *In*: ______. *Seize essais de philosophie du droit*. Paris: Dalloz, 1969, p. 61.

536 VILLEY, Michel. "L'humanisme et le droit". *In*: ______. *Seize essais de philosophie du droit*. Paris: Dalloz, 1969, p. 61.

537 "Je porterai contre l'humanisme deux très vieux chefs d'accusation: (...) Premièrement d'avoir prétendu faire de l'homme le seul auteur du droit. Et secondement, de feindre que l'homme soit la fin suprême du droit. (...) Deux propositions qui me semblent *sous-tendre la pensée de la plupart des juristes* contemporains. Cependant, je les contesterai". (VILLEY, Michel. "L'humanisme et le droit". *In*: ______. *Seize essais de philosophie du droit*. Paris: Dalloz, 1969, p. 62).

538 "Eh bien, je voudrais vous proposer quelques arguments *contre* l'humanisme juridique ainsi entendu et ce que j'entends lui opposer, c'est le droit naturel classique, qui est à mon avis le contraire de l'humanisme juridique moderne". (VILLEY, Michel. "L'humanisme et le droit". *In*: ______. *Seize essais de philosophie du droit*. Paris: Dalloz, 1969, p. 61).

Villey esclarece que o humanismo e o individualismo, lastreados na noção de "natureza do homem", são noções emprestadas do renascimento que ganharão proeminência na época moderna, em conformidade com os interesses e aspirações da burguesia. Assim, o fato de essas ideias terem ganho destaque foi, de certo modo, fruto de um processo de mudança da sociedade. Nas palavras dele:

> O que a filosofia moderna emprestou do Renascimento? Recapitulemos: a) O *humanismo*. O humanismo se interessa pelos homens. Inicia-se a época da exaltação do homem, que vai substituir Deus. Como escreveu Michel Foucault (na verdade para um outro momento da história moderna), a literatura dessa época vai focalizar-se no sujeito humano. b) O *individualismo*. Todos os seres humanos são autônomos. A "natureza do homem", que se tornará um tema privilegiado, será a natureza do homem isolado; mais ou menos sociável, mas não mais "naturalmente" político. O que convinha às condições da vida burguesa: o burguês moderno, ao contrário do homem medieval, deixa de estar preso a liames (as comunidades senhoriais). Crê depender menos dos outros. Pode aspirar a viver por si.[539]

Na perspectiva do humanismo, o direito se apresenta como fruto da razão ou da vontade do homem. Assim sendo, tem-se que do mesmo tronco humanista procedem tanto os ramos racionalistas quanto os empiristas-positivistas. O jusracionalismo desenvolveu-se com a chamada "escola moderna de direito natural" – que nada tem a ver com o direito natural na acepção clássica – para a qual o direito se desenvolvia a partir da razão humana. Sobre essa corrente de pensamento, Villey observa:

---

539 VILLEY, Michel. *Filosofia do Direito*: definições e fins do direito: os meios do direito. Trad. de Márcia Valéria Martinez de Aguiar e revisão Técnica de Ari Solon. São Paulo: Martins Fontes, 2008, p. 130.

> Trata-se da razão humana; a razão dos pensadores modernos perdeu cada vez mais as ligações que ela tinha, no estoicismo, com a Razão do Universo, para se tornar a *consciência* do homem, sua consciência moral – subjetiva – mesmo se ela devesse se tratar de uma consciência comum a toda a *humanidade*, peça integrante e específica daquilo que se chama "natureza humana".[540]

Por sua vez, os empiristas ensinam que o direito procede da vontade do homem: "vontade do legislador, a qual supostamente representa a vontade dos cidadãos, que tem mandato por contrato social".[541] O resultado dessa corrente de pensamento é que o direito se apresenta como um conjunto de regras que foram postas a partir da atuação do homem e, nessa esteira, tem-se o juspositivismo.[542] Villey aduz que, ao se partir dessas premissas, somente se pode chegar a um direito vazio ou arbitrário.[543]

540 VILLEY, Michel. "L'humanisme et le droit". *In*: ______. *Seize essais de philosophie du droit*. Paris: Dalloz, 1969, p. 63.

541 No original: "volonté du législateur, laquelle est censée représenter la volonté des citoyens, qui l'ont mandatée par le contrat social". (VILLEY, Michel. "L'humanisme et le droit". *In*: ______. *Seize essais de philosophie du droit*. Paris: Dalloz, 1969, p. 63).

542 "De tout cela Kant a fait la synthèse. Mais je préfère vous citer un aphorisme de Jean-Paul Sartre qui a repris (certes en la forçant et sans l'appliquer spécialment à la philosophie du droit: Sartre ne connaît rien au droit) cette formule d'origine kantienne: 'l'homme n'a d'autre législateur que lui-même'. Ce dont l'opinion contemporaine est (avec des nuances diverses) intérieurement persuadée. Le corollaire de ce théorème est que le droit consiste en *règles*, comme on le dicte aux étudiants, au moins français, et le jour même de leur entrée à la faculté. (...) Car (...) il est évident que des règles, des lois juridiques expresses, ne peuvent avoir que des hommes pour auteur. Elles ont été *posées* par l'homme... Et dans ce sens *tous les modernes* (...) parce qu'ils conçoivemnt le droit comme règles, ne peuvent être qu'adhérents du 'positivisme juridique'....". (VILLEY, Michel. "L'humanisme et le droit". *In*: ______. *Seize essais de philosophie du droit*. Paris: Dalloz, 1969, p. 63).

543 "Comment un bon partage des biens *entre* membres d'une société sortirait-il de la volonté particulière de ces membres?". (VILLEY, Michel. "L'humanisme

A saída para esse impasse, então, pode ser encontrada no direito natural clássico que é o fruto da "observação da natureza", "da natureza exterior, das coisas".[544] Nesse contexto, o direito é descoberto não a partir das regras expressas, mas das relações sociais dadas, das justas proporções e partilhas dos bens e das honras na sociedade. Para Villey, devemos "olhar ao redor de nós lá onde está a verdadeira fonte do direito".[545] No entanto, esse não deve ser um olhar frio ou mecânico, mas sim uma mirada sensível aos valores positivos e negativos de cada grupo social.[546]

Villey insurge-se em face da noção de progresso e evolução da humanidade, as quais constituem uma mistificação.[547] Para ele, a história não deve representar necessariamente movimento, haja

et le droit". *In*: ______. *Seize essais de philosophie du droit*. Paris: Dalloz, 1969, p. 64).

544 VILLEY, Michel. "L'humanisme et le droit". *In*: ______. *Seize essais de philosophie du droit*. Paris: Dalloz, 1969, p. 64.

545 "Alors, si des groupes sont nés de la sorte, spontanément (sans que nul projet explicite, ou cogitation de penser, y soit pour rien) nous pourrons découvrir du droit à l'intérieur de ces groups sociaux: non pas bien sûr des règles expresses (ces règles expresses seront plus tard l'addition de l'artifice des hommes, ce complément qu'est le droit positif, appelé *dikaion nomikon*), mais déjà des justes rapports: de justes proportions, de bons partages de biens ou honneurs réalisés entre les classes dans une cité, ou dans une famille (...). Regarder *en dehors de nous* là où est lavrai source de notre droit". (VILLEY, Michel. "L'humanisme et le droit". *In*: ______. *Seize essais de philosophie du droit*. Paris: Dalloz, 1969, pp. 64/65).

546 "Je *vois* la beauté la beauté de ce paysage. Je m'estime sensible aux *valeurs* qu'inclut la nature, positives ou negatives. (...) De même qu'il y a dans un jardin, à cotê de plantes ou de fleurs qui ont bien réussi leur croissance, une foule d'autres ayant avorté ou qui ne sont devenus en acte que de pauvres tiges déviées, informes, rabougries et inharmounieuses, de même naît autour de nous, à coté de cités ou de familles relativement harmounieuses, d'autres qui le sont moins, des familles où ce sont les enfants qui gouvernent ou bien le père ou la mère qui sont des tyrans". (VILLEY, Michel. "L'humanisme et le droit". *In*: ______. *Seize essais de philosophie du droit*. Paris: Dalloz, 1969, p. 65).

547 VILLEY, Michel. "Phénomenólogie et existencialo-marxisme à la Faculté de droit de Paris". *Archives de Philosophie du Droit*, nº 10 – *Philosophes d'aujourd'hui en présence du droit*. Paris: Sirey, 1965, p. 177.

vista que a continuidade se faz mister e é importante identificar "o que *vale* ser conservado".[548] Assim sendo, para romper com a estrutura de pensamento individualista que se reflete na noção de direito subjetivo, Villey postula um retorno ao direito natural clássico.

O jurista francês afirma que é da concepção humanista e, por conseguinte, individualista do direito que deriva a noção de direito subjetivo. Nas palavras dele:

> De toda maneira, é o homem sozinho que é o fim do direito, e na quase totalidade da opinião dos juristas, sobretudo o homem individualmente. (...) É porque, a noção primeira de nossa linguagem jurídica, dessa linguagem jurídica da Europa moderna que se formou entre o século XVI e o século XIX, é de longe a noção de *direito subjetivo*: propriedade, direitos reais ou direitos pessoais, hoje direito à cultura ou aos lazeres, liberdades públicas, direitos sagrados da pessoa humana, vantagens asseguradas ao homem ou "poderes da vontade". O jurista cultiva, modela e protege os direitos subjetivos, como o jardineiro cuida dos seus frutos.[549]

Villey sustenta que a visão humanista sobre o direito engendra uma concepção do fenômeno jurídico altamente equivocada, haja vista que se deixa de lado o fundamento principal do direito

---

548 VILLEY, Michel. *O direito e os direitos humanos*. Trad. de Maria Ermantina de Almeida Prado Galvão. 2ª ed. São Paulo: Martins Fontes, 2016, p. 15.

549 "De toute manière, c'est l'homme seul qui est le but du droit, et dans la presque la totalité de l'opinion ds juristes, surtout l'homme individuellement. (...) C'est pourquoi, la notion première de notre langage juridique, de ce langage juridique de l'Europe moderne qui s'est formé entre le XVIe et le XIXe siècle, est loin la notion de *droit subjectif*: propriété, droits réels ou droits personnels, aujourd'hui droit à la santé ou à la culture ou aux loisirs, libertés publiques, droits sacrés de la personne humaine, avantages assurés à l'homme ou 'pouvoirs de la volonté'. Le juriste cultive, modèle et protège les droits subjectifs, comme le jardinier soigne ses fruits". (VILLEY, Michel. "L'humanisme et le droit". *In*: ______. *Seize essais de philosophie du droit*. Paris: Dalloz, 1969, p. 67).

que é a justa partilha, a qual pode ser lograda a partir de uma valorização do conjunto e não do sujeito isolado. Para ele, a arte jurídica não deve estar a serviço do indivíduo, ainda que esse sujeito se apresente como um determinado grupo social, como, por exemplo, na leitura marxista que – na visão dele – propugna que o direito deve servir ao proletariado.[550] De igual modo, ele aponta como absurda a visão utilitarista de Bentham.[551] Villey argumenta que um jurista não deve procurar o útil, mas "o justo, o *dikaion*", tal como ensinava Ulpiano, "os juristas são sacerdotes da justiça – *sacerdotes justitiae* – ele não dizia que os juristas fossem os padres do interesse, nem de alguma pessoa humana, nem da pessoa moral que seria a coletividade".[552]

O pensador de Caen se mostra um ferrenho crítico da noção de subjetividade jurídica, a qual, para ele, constitui-se em um obstáculo à efetiva realização do direito, tornando-o impossível. Nas palavras dele:

> Estaria na hora de desvencilhar-se da noção de *sujeito de direito*. É legítimo falar de sujeitos em moral, se a moral tem por objetos comportamentos; os atos que a moral ordena ou que proíbe realizar têm efetivamente "sujeitos". O direito não conhece sujeitos (...). Impossível falar de direito fazendo abstração dos outros.[553]

---

550 VILLEY, Michel. "L'humanisme et le droit". *In*: ______. *Seize essais de philosophie du droit*. Paris: Dalloz, 1969, p. 68.

551 VILLEY, Michel. "L'humanisme et le droit". *In*: ______. *Seize essais de philosophie du droit*. Paris: Dalloz, 1969, p. 68.

552 No original: "les juristes sont les prêtes de la justice – *sacerdotes justitiae* – il ne disait pas que les juristes fussent les prêtes de l'intérêt ni d'aucune personne humaine ni non plus de cette personne morale que serait la collectivité". (VILLEY, Michel. "L'humanisme et le droit". *In*: ______. *Seize essais de philosophie du droit*. Paris: Dalloz, 1969, p. 68).

553 VILLEY, Michel. *O Direito e os direitos humanos*. Trad. de Maria Ermantina de Almeida Galvão. São Paulo: Martins Fontes, 2007, p. 98.

Villey insurge-se em face da filosofia moderna derivada do nominalismo, justamente pelo fato de ela se contrapor ao sistema jurídico concebido na antiguidade-greco romana, que tinha por foco a justa partilha das coisas e não os sujeitos. Ele enxerga o problema da subjetividade jurídica atrelado aos interesses das classes dominantes ou de grupos políticos poderosos, em detrimento de uma efetiva realização da justiça, a qual deve ser o verdadeiro escopo do direito. Sobre essa questão, ele traz interessantes considerações:

> Toda filosofia que deriva do nominalismo não pode conhecer a justiça no sentido autêntico da palavra. Através dela, os juristas foram de fato reduzidos ao papel de servidores dos direitos subjetivos de uma oligarquia, representada pelos textos do poder vigente: os "lacaios do capitalismo", ou de tal ou qual "classe dominante". Ou dos *lobbies*, ou dos poderosos do sindicalismo, ou dos oportunistas do Partido. (...) Que aberração esta de pretender medir um direito que é relação entre várias pessoas, a partir de um sujeito único. O sistema individualista esquece a justiça. O esforço em direção à justa divisão é *escamoteado* ou remetido às calendas gregas. (...) O pensamento jurídico moderno mostrou-se impotente para engendrar uma filosofia consistente da finalidade do direito. Mais vale, *como* jurista, renunciar à busca destes objetivos: a "maximização" benthamiana dos "prazeres de todos", ou a miragem dos "direitos do homem" e dos "direitos subjetivos" forjados pelo individualismo moderno.[554]

A crítica villeyana à subjetividade jurídica não possui caráter estrutural no sentido de postular uma ruptura com a estrutura social que a engendra e constitui, tal como fará, por exemplo, a leitura marxista pachukaniana, conforme veremos nos próximos capítulos. Em Villey, tem-se que a subjetividade jurídica representa

---

554 VILLEY, Michel. *Filosofia do Direito*: definições e fins do direito: os meios do direito. Trad. de Márcia Valéria Martinez de Aguiar e revisão Técnica de Ari Solon. São Paulo: Martins Fontes, 2008, p. 158.

uma degenerescência do direito, de modo que precisa ser extirpada por meio de um retorno ao direito natural clássico, sobre o qual ele esclarece:

> A expressão "direito natural" (*jus naturale*) não significa, no *Digesto*, um conjunto de regras, supostamente tiradas da razão subjetiva do homem e suscetíveis de formar um bloco unitário, mas designa um conjunto de *coisas*.[555]

O jurista francês não desconsidera as transformações ocorridas na sociedade e tem uma clara visão acerca do fato de que a noção de sujeito de direito forjou-se e consolidou-se de modo a atender aos interesses da burguesia. Assim sendo, ele não postula uma volta ao modo de vida greco-romano, mas sim o resgate da concepção jurídica do mundo antigo, de matriz aristotélica, a qual tem necessariamente um olhar para as relações sociais concretas que se dão no momento presente de cada sociedade. Nesse sentido, o seguinte excerto:

> O direito (...) se exerce no temporal e no presente, no mundo da partilha e da escassez. Em um domínio, onde o indivíduo não é mais tudo, mas o membro de um todo social, onde a espécie humana é, ela mesma, apenas parte do universo. Em um reino natural de divisão – que sem dúvida não pode nos bastar e que talvez seja provisório, mas é atualmente nosso.[556]

---

555 VILLEY, Michel. *O Direito e os direitos humanos*. Trad. de Maria Ermantina de Almeida Galvão. São Paulo: Martins Fontes, 2007, p. 73.

556 No original: "Le droit (...) s'exerce dans le temporel, et dans le présent, dans le monde du partage et de la rareté. Dans un domaine, où l'individu n'est plus tout, mais le membre d'un tout social, où l'espèce humaine n'est, elle-même, qu'une partie de l'univers. Dans un royaume *naturel* de la division – qui sans doute ne peut nous suffire et qui est peut-être provisoire, mais c'est actuellment le nôtre". (VILLEY, Michel. "L'humanisme et le droit". *In*: ______. *Seize essais de philosophie du droit*. Paris: Dalloz, 1969, p. 71).

O anti-modernismo de Michel Villey reside justamente no combate ao antropocentrismo exsurgido na modernidade. Esse é um aspecto fundamental para a compreensão do pensamento do jurista francês, de acordo com Aglaé Maryioli:

> O ponto central do conjunto das críticas de Villey focaliza-se, para além do sujeito e do indivíduo, na ideia de que o próprio *homem* seria "o fim do direito" e de que só poderia haver relações jurídicas entre os homens. Deste modo, o antropocentrismo evidenciado pelo pensamento moderno deve ser revogado. É um logro que é necessário superar regressando, à margem do homem, ao direito enquanto tal (...) Posto isso, compreende-se no que consiste a dupla rejeição de Villey. Por um lado, insurge-se contra o positivismo jurídico insistindo na ideia de um direito impossível de ser estabelecido pelo homem, mas que antes o precede, visto que estaria inscrito na ordem das coisas. O artificialismo do pensamento jurídico e político moderno é, pois, revogado. Por outro, Villey pretende igualmente denunciar o direito natural moderno como a segunda figura possível do antropocentrismo. Este direito pretende ser o do sujeito, anteriormente a qualquer inscrição em regras positivas, e decorre do homem, de um modo igualmente absurdo, através de hipóteses como as do "estado de natureza". O descentramento proposto por Villey é uma espécie de revolução copernicana em sentido inverso: o homem deve gravitar em torno do direito, e não o direito em torno do homem. Por conseguinte, contra a globalidade do pensamento moderno, Villey defende um retorno ao *naturalismo antigo*, que, segundo ele, deve ser entendido como um realismo. (...) a doutrina de Villey é a doutrina de uma sujeição do homem a "uma ordem das coisas".[557]

557 MARYIOLI, Aglaé. "O antimodernismo de Michel Villey". *In*: BILLIER, Jean-Cassien; MARYIOLI, Aglaé. *História da Filosofia do Direito*. Trad. de Pedro Henriques. Lisboa: Instituto Piaget, 2001, pp. 321-323.

Apesar de possuir certa aparência conservadora, interessante notar que a crítica villeyana ao humanismo possui grande potencial crítico, aproximando-se, inclusive, do pensamento de Karl Marx, em sua maturidade, na leitura proposta pelo filósofo francês Louis Althusser, o qual aponta o anti-humanismo teórico como característica intríseca ao marxismo, conforme abordaremos com maior profundidade nos capítulos seguintes de nosso livro.

3.3 Villey e os direitos humanos

Alysson Leandro Mascaro descreve Michel Villey "como um vigoroso crítico não juspositivista dos direitos humanos".[558] Com efeito, o jurista francês empreende um ferrenho combate em face dos direitos humanos, buscando, inclusive, destrinchar as raízes teóricas dessa sistemática. Villey debruçou-se sobre o tema em diversos textos, dentre os quais se destaca o livro *Le droit et les droits de l'homme*, o qual se revela, nos dizeres de Bjarne Melkevik, "verdadeiro manifesto contra os direitos do homem".[559] A obra foi concebida em um momento em que a Igreja havia encampado o discurso de defesa dos direitos humanos e isso motivou, inclusive, a dedicatória do texto ao Papa João Paulo II, conforme observa Melkevik:

> O ano de 1978 é também o fim papal do tomismo. João Paulo II não é só o primeiro Papa não italiano em quatrocentos anos senão também o primeiro Papa moderno não tomista. Com

---

558 MASCARO, Alysson Leandro. "Direitos humanos: uma crítica marxista". *Lua nova*, São Paulo, nº 101, p. 114, 2017. Disponível em: http://www.scielo.br/scielo.php?script=sci_arttext&pid=S0102=64452017000200109-&lng=en&nrm=iso. Acessado em: 23.06.2018.

559 No original: "verdadeiro manifesto contra los derechos del hombre". (MELKEVIK, Bjarne. "Villey y la Filosofía del Derecho. Leyendo 'Les Carnets'". *Anuario de Filosofía Jurídica y Social/Associación Argentina de Derecho Comparado*, nº 20. Trad. de Patricia Bastidas e Gabriela Quintanilla e revisão da trad. e notas por Renato Rabbi-Baldi Cabanillas. Buenos Aires: Abeledo-Perrot, 2000, p. 194).

> efeito, não podemos deixar de mencionar que João Paulo II professa uma filosofia fenomenológica com alguma ligeira ou com nenhuma afinidade com o intelectualismo tomista. Uma das mudanças mais significativas para a Igreja Católica foi que, devido às intervenções do Santo Padre, ela se converteu em campeã dos direitos humanos. (...) E com respeito a Villey? São anos onde a luta contra os direitos humanos se evidencia finalmente em 1983, com a publicação de seu livro *Le droit et les droits de l'homme* (...). Nesta batalha, vemos que Villey vai abertamente contra os direitos humanos, contra João Paulo II, optando por uma reafirmação do rechaço dos direitos do homem (...). Esta dissidência existencial tomista contra João Paulo II se concretiza na dedicatória, por certo sarcástica, que faz em seu livro: "A João Paulo II, fraternalmente, algumas reflexões suscitadas a partir de seu discurso sobre os Direitos do homem".[560]

---

560 No original: "El año de 1978 es también el fin papal del tomismo. Juan Pablo II no es sólo el primer Papa no italiano en cuatrocientos años sino también el primer Papa moderno no tomista. En efecto, no podemos dejar de mencionar que Juan Pablo II profesa una filosofia fenomenológica con alguna ligera o ninguna afinidad con el intelectualismo tomista. Uno de los cambios más significativos para la Iglesia Católica fue que, debido a las intervenciones del Santo Padre, ella se convertió en la campeona de los derechos humanos. (...) Y com rispecto a Villey? Son años donde la lucha contra los derechos humanos se evidencia finalmente en 1983 con la publicatión de su libro *Le droit et les droits de l'homme* (...). En esta batalla vemos que Villey va abiertamente contra los derechos humanos, contra Juan Pablo II optando por una reafirmatión del rechazo por los derechos del hombre (...) Esta disidencia existencial tomista contra Juan Pablo II se concreta en la dedicatória, por certo sarcástica, que hace en su libro: 'A Juan Pablo II, fraternalmente, algunas reflexiones suscitadas a raíz de su discurso sobre los Derechos del hombre'". (MELKEVIK, Bjarne. "Villey y la Filosofía del Derecho. Leyendo 'Les Carnets'". *Anuario de Filosofía Jurídica y Social/ Associación Argentina de Derecho Comparado*, nº 20. Trad. de Patricia Bastidas e Gabriela Quintanilla e revisão da trad. e notas por Renato Rabbi-Baldi Cabanillas. Buenos Aires: Abeledo-Perrot, 2000, pp. 194/195).

Para Villey, "os direitos do homem são um produto da época moderna"[561] e uma decorrência direta da noção de subjetividade jurídica.[562] A filosofia moderna caracteriza-se pelo idealismo e pela idolatria do progresso da racionalidade. No Estado foram depositadas as esperanças da modernidade. A partir daí, exsurge o positivismo jurídico identificado pela postulação de que "toda a ordem jurídica procede do Estado e está fechada em suas leis".[563] O jurista francês afirma, acerca do juspositivismo, que "sua função foi legitimar, sob o capitalismo liberal, excessivas desigualdades, que se perpetuam em diversas regiões do globo".[564] Nesse contexto, os "direitos do homem" aparecem como uma tentativa de evitar os excessos do juspositivismo. Nas palavras de Villey:

> Todo excesso gera seu contrário. Não se poderia resignar-se à instalação do "melhor dos mundos" nem se contentar com o "direito tal como é". Ao positivismo jurídico foi necessário um *antídoto*. Os modernos opuseram-lhe a figura dos "direitos humanos", tirada da filosofia da Escola do Direito

---

561 VILLEY, Michel. *O direito e os direitos humanos*. Trad. de Maria Ermantina de Almeida Prado Galvão. 2ª ed. São Paulo: Martins Fontes, 2016, p. 2.

562 "Para el filósofo Francés los derechos humanos serían la máxima expresión de la moderna noción de derechos subjetivos y por lo tanto le alcanzaría toda la crítica que Villey realiza a la noción misma de derecho subjetivo que teniendo origen en Ockam y siguiendo por Grocio, Hobbes, etc. pasa de una concepción objetivista del derecho como era la concepción clássica a otra subjetivista como la moderna y justamente aqui radica el pecado original de esta nueva forma de concebir el derecho. Por lo tanto, para Villey al igual que la noción genérica de derechos subjetivos, los derechos humanos (que son una especie de aquella), también serían una invención de los pensadores modernos ignorantes del derecho que por lo tanto no responden a ninguna necesidad ontológica pudiendo prescindir de ellos si desaparecieran las causas históricas que le dieron origen". (HERRERA, Daniel A. *La noción de derecho en Villey y Kalinowsky*. Buenos Aires: Educa, 2005, pp. 443/444).

563 VILLEY, Michel. *O direito e os direitos humanos*. Trad. de Maria Ermantina de Almeida Prado Galvão. 2ª ed. São Paulo: Martins Fontes, 2016, p. 2.

564 VILLEY, Michel. *O direito e os direitos humanos*. Trad. de Maria Ermantina de Almeida Prado Galvão. 2ª ed. São Paulo: Martins Fontes, 2016, p. 3.

> Natural, cujo desaparecimento muitos teóricos do século XIX erradamente anunciaram.[565]

Ele afirma que "o humanismo é responsável por nossa falsa noção de *direitos do homem*", ao abandonar o direito natural clássico.[566] O percurso histórico-filosófico de surgimento e consolidação dos direitos do homem, para ele, tem suas origens no nominalismo. Villey reconstrói todo esse caminho em seus textos, através do qual a concepção de direitos humanos ganhou seus contornos definitivos, especialmente após o advento das filosofias moderna e contemporânea.

O jurista francês destaca as contribuições dos sistemas teóricos de Grócio, Hobbes e Locke para a moderna concepção de direitos naturais do homem, conforme podemos observar no seguinte trecho:

> Os *direitos* naturais dos indivíduos. Fruto do casamento do sistema de Hobbes e da Escola do direito natural, Locke mescla ao sistema de Hobbes um argumento emprestado de Grócio, que se dedicara a deduzir da lei *natural* a existência de direitos subjetivos naturais ao indivíduo.[567]

Hobbes é apontado por Villey como portador de um papel fundamental na gênese dos direitos humanos, através de sua filosofia, estruturada a partir de um "mítico estado de natureza". Ele também aduz que as noções modernas de natureza humana

---

565 VILLEY, Michel. *O direito e os direitos humanos*. Trad. de Maria Ermantina de Almeida Prado Galvão. 2ª ed. São Paulo: Martins Fontes, 2016, p. 3.

566 "(...) l'humanisme est responsable de notre fausse notion des *droits de l'homme*". (VILLEY, Michel. "L'humanisme et le droit". *In*: _______. *Seize essais de philosophie du droit*. Paris: Dalloz, 1969, p. 71).

567 VILLEY, Michel. *Filosofia do Direito*: definições e fins do direito: os meios do direito. Trad. de Márcia Valéria Martinez de Aguiar. São Paulo: Martins Fontes, 2008, p. 147.

resultaram nos direitos subjetivos dos pandectistas e nas Declarações de Direitos do Homem, por exemplo. Nas palavras de Villey:

> É no sistema Hobbes, o fundador por excelência da linguagem jurídica moderna, que se pode melhor perceber origem dos "direitos do homem". Em vez de partir da observação das relações sociais, Hobbes parte do "homem", da "natureza" do homem (Primeira parte do Leviatã). E em seguida, ele lança a fantástica hipótese do "estado da natureza": esse estado mítico em que os homens teriam que existir juntos, mas como um pó de Robinsons, em desordem, sem que nenhuma lei viesse organizar essa coexistência. Qual é então a condição, o *status* do homem (seu "direito") em relação aos outros? Postulando-se que no estado de natureza não há obrigação, cada homem (*each man*) teria plena liberdade para agir em seu interesse pessoal (...). Aqui temos a expressão e o conceito de "direito do homem". (...) Cada um conhece o imenso sucesso alcançado pelos direitos do homem no Ocidente moderno. Nem tanto o próprio Hobbes. Pensador rigoroso, ele compreende o que engendraria "o estado da natureza" assim definido: a anarquia, a guerra permanente, a insegurança. Essa liberdade total seria impraticável; tanto que os homens resolveriam cedê-la em benefício do Estado. Não! Pelo contrário, é *contra* o estatismo e o positivismo jurídico aos quais se conduzia o sistema que os liberais tornarão os direitos naturais do homem a arma defensiva dos indivíduos. (...) De outro modo, chamados "direitos inatos", ou mais tarde, pelos pandectistas, simplesmente de direitos "subjetivos" (uma vez que alegavam ser inferidos da natureza livre do sujeito humano). Esses direitos invadiram os Tratados da Escola do direito natural e conquistaram um lugar nos Códigos do final do Antigo Regime. Eles constituíram as raízes do nosso moderno "direito privado", mas, acima de tudo, preencheram as famosas Declarações de direitos do homem que proliferam, sempre baseadas no mito do estado da natureza: "Os homens nascem iguais e livres". E como o filósofo Christian Wolff ensinou, antes de outros, o homem tem por natureza vocação para o pleno desenvolvimento de

> seu ser, fomos agraciados com uma variedade superabundante de direitos, à vida, à saúde, ao trabalho, à cultura superior, etc. Esses direitos que o homem petensamente extrairia de sua "natureza" estão agora no seu zênite.[568]

A moderna teoria dos direitos do homem é objeto da crítica villeyana, haja vista que, para ele, ela se apresenta como "um pensamento que concebe o homem como uma espécie de deus novo do mundo, em uma concepção abstrata das prerrogativas naturais

---

568 No original: "C'est dans le système de Hobbes, le fondateur par excellence du langage juridique moderne, que se laisse au mieux apercevoir l'origine des 'droits de l'homme'. Au lieu de partir de l'observation des rapports sociaux, Hobbes part de 'l'homme', de la 'nature' de l'homme (Première partie du *Léviathan*). Et ensuite, il lance l'hyphotèse fantastique de 'l'état de nature': cet état mythique où les hommes auraient à exister ensemble, mais comme une poussière de Robinsons, dans le désordre, sans qu'aucune loi vienne organiser cette coexistence. Quelle est alors la condition, le statut de l'homme (son 'droit'), par rapport aux autres? Étant postulé qu'en l'état de nature n'existe aucune obligation, chaque homme (*each man*) y disposerait de la pleine liberté d'agir dans son intérêt personnel (...). Nous tennons ici l'expression et le concept de 'droit de l'homme'. (...) Chacun sait l'immense fortune que fit aux droits de l'homme l'Occidente moderne. Non tant Hobbes lui-même. Penseur rigoureux, il comprend ce qu'engendrerait 'l'état de nature' ainsi défini: l'anarchie, la guerre permanent, l'insécurité. Cette totale liberté serait impraticable; si bien que les hommes se résoudraient à s'en dessaisir, au profit de l'État. Non! C'est plutôt *contre* l'étatisme et le positivisme juridique auxqueles conduisait le système que les libéraux feront des droits naturels de l'homme l'arme défensive des individus. (...) Autrement appelés 'droits innés', ou plus tard, par les Pandectistes, tout simplement droits 'subjectifs' (puisqu'ils se prétendaient inférés de la nature libre du sujet humain). Ces droits envahirent les Traités de l'École du droit naturel, et se taillèrent une place dans les Codes de la fin de l'Ancien Régime. Ils ont constitué les racines de notre 'droit privé' moderne, mais remplissent sourtout les fameuses Déclarations des droits de l'homme qui prolifèrent, toujours fondé sur le mythe de l'état de nature: 'Les hommes sont nés égaux et libres'. Et comme, enseignait aprés d'autres le philosophe Christian Wolff, l'homme a de nature vocation au plein épanouissement de son être, nous fûmes gratifiés d'une surabondante panoplie des droits, à la vie, à la santé, au travail, à la culture supériure, etc. Ces droits que l'homme prétendument tiendrait de sa 'nature' son maintenant à leur zénith". (VILLEY, Michel. "Le droit naturel". *In*: ______. *La nature et la loi*: une philosophie du droit. Paris: Les éditions du Cerf, 2014, livro digital Kobo).

da qual cada um seria dotado" e que não leva em consideração as relações sociais dos "seres humanos concretos entre si" e com os "objetos concretos".[569] Para Villey, o ser humano não poderia ser concebido de maneira individualista, idealista e, por conseguinte, dissociada dessas relações.[570] Não é possível, portanto, para ele, conceber um sistema jurídico embasado em noções genéricas e abstratas acerca do ser humano. Conforme observa Julien Freund "esses pretensos direitos parecem-lhe como uma ideologia de caráter jurídico, secretada pelo triunfo do direito subjetivo".[571]

Villey ressalta a conveniência dos direitos do homem para os interesses da burguesia, de modo a manter uma estrutura de privações para a grande massa da população e toda a sorte de abusos. Além disso, ele aponta seu uso por parte de pretensos regimes socialistas, como fundamento ideológico para a manutenção do totalitarismo:

> Supondo-se que sejam levados a sério os *direitos-liberdades*, a propriedade e a liberdade contratual, chega-se a privar as massas laboriosas de seu direito ao mínimo vital, a essas

---

569 FRISON-ROCHE, Marie-Anne. "L'actualité de la pensée de Michel Villey". *In*: DELSOL, Chantal; BAUZON, Stéphane. *Michel Villey*: le juste partage. Paris: Dalloz, 2007, p. 185.

570 "Il affirmait la nécessité de considérer d'une façon directe et première chaque être humain vivant en société, dans une sorte d'individualisme objectif, où l'individu ne peut être abstrait de ses relations aux choses et aux autres. (...) En revanche, notamment dans son ouvrage *Le droit et les droits de l'homme* (...), il critiquait la théorie moderne des droits de l'homme, c'est-à-dire une pensée qui conçoit l'homme comme une sorte de dieu nouveau du monde, dans une conception abstraite des prérrogatives naturelles dont chacun serait doté, sans qu'on doive distinguer ni les êtres humains concrets les uns par rapport aux autres ni les objets concrets sur lequels portent ces prérrogatives". (FRISON-ROCHE, Marie-Anne. "L'actualité de la pensée de Michel Villey". *In*: DELSOL, Chantal; BAUZON, Stéphane. *Michel Villey*: le juste partage. Paris: Dalloz, 2007, p. 185).

571 No original: "ces soi-disant droits lui apparaissent comme une idéologie de caractère juridique, sécrétée par le triomphe du droit subjectif". (FREUND, Julien. "Michel Villey et le renouveau de la philosophie du droit". *Archives de philosophie du droit*, nº 37 – *droit et économie*. Paris: Sirey, 1992, p. 12).

> monstruosas e colossais desigualdades no bem-estar material que o capitalismo produziu. Sobre esse ponto, a crítica de Marx é dificilmente refutável. (...) Como os direitos humanos "formais" têm alguma responsabilidade na miséria dos proletários do século XIX, e até no tráfico negreiro, os direitos substanciais serviram de argumento ideológico para o estabelecimento dos regimes socialistas totalitários.[572]

Para Villey, ainda que os direitos humanos, na atualidade, possam ser um antídoto indispensável para servirem de instrumento de proteção em face dos abusos do positivismo jurídico, na realidade, eles carecem de materialidade e são irrealizáveis,[573] haja vista que "cada um dos pretensos direitos humanos é a negação do outro", de sorte que o exercício em separado de cada um deles é "gerador de *injustiças*".[574] O jurista francês entende que os direitos humanos podem se prestar aos mais variados interesses, sempre em detrimento de alguns ou de muitos e jamais em benefício de todos:

---

572 VILLEY, Michel. *O direito e os direitos humanos*. Trad. de Maria Ermantina de Almeida Prado Galvão. 2ª ed. São Paulo: Martins Fontes, 2016, pp. 7/8.

573 "Inutile de nous attarder sur l'incohérence de la notion des 'droits de l'homme'. Si le recours aux droits de l'homme nous apparaît indispensable dans le climat actuel qui règne aujourd'hui, parce qu'il faut bien opposer un contre-poison au positivisme juridique, le terme n'en pas moins trompeur. Comme il était faux d'ériger en obligation juridique le devoir moral de tenir toujours ses promesses, ce fut un bévue de nommer droits des aspirations, quelques honorables fussent-elles, de 'l'homme' envisagé individuellement, abstraction faite de ses rapports avec ses semblables... Qu'est um droit? La *part* attribuable à chacun par rapports aux autres, à l'intérieur d'un groupe social; part qui doit être déterminée avec précision, et limitée de telle manière qu'elle puisse être revendiquée, qu'elle soit réellement exigible. Aucun de nos prétendus 'droits de l'homme' n'est tel qu'il puisse être exige en fait devant um tribunal. Nos Déclarations des droits de l'homme promettent ce qu'elles ne peuvent tenir. Elles parlent un langage mesonger". (VILLEY, Michel. "Le droit naturel". *In*: ______. *La nature et la loi*: une philosophie du droit. Paris: Les éditions du Cerf, 2014, livro digital Kobo).

574 VILLEY, Michel. *O direito e os direitos humanos*. Trad. de Maria Ermantina de Almeida Prado Galvão. 2ª ed. São Paulo: Martins Fontes, 2016, p. 8.

> Ferramenta de mil usos. Usaram-na em proveito das classes operárias ou da burguesia – dos malfeitores contra os juízes – das vítimas contra os malfeitores. Mas atenção! Cumpre escolher: ou bem de uns, ou bem dos outros. Nunca se viu na história que os direitos humanos fossem exercidos em proveito de todos. O problema com os direitos humanos é que ninguém poderia tirar partido deles senão em detrimento de alguns homens. A que se deverá o enorme sucesso desse lugar-comum dos direitos humanos na retórica contemporânea? Ao fato de que ele consegue esconder o reverso: militando por esses direitos contra o xá do Irã, teremos ajudado a instauração do regime de Khomeini. (...) Esse é o estado das coisas, no terreno da política e do direito, que o discurso sobre os direitos humanos se atribuiu a tarefa de ocultar. O direito é *relação* entre *homens*, multilateral. Tenha ou não consciência disso, quando você usa a palavra "direito", trata-se de uma relação. Como é que se poderia inferir uma *relação*, que abrange vários termos, de um termo único: o Homem? (...) O aparecimento dos direitos humanos atesta a decomposição do conceito do direito. Seu advento foi o correlato do eclipse ou da perversão, na filosofia moderna individualista, da ideia de justiça e de seu instrumento, a jurisprudência. Ela tinha por finalidade a mensuração de justas relações. Essa arte autônoma cumpria uma função própria, insubstituível. As filosofias da Europa moderna deixaram-na de lado. O cuidado de uma justa repartição desapareceu de suas obras. Esses não juristas, que foram os inventores dos direitos humanos, sacrificaram-lhe a justiça, sacrificaram o direito. (...) Duvido que esse fosse um progresso. Vejo nele apenas uma perda, devido à ignorância.[575]

O jurista francês refuta a ideia de que os direitos humanos são frutos do progresso da humanidade. Para ele, pelo contrário, eles

575 VILLEY, Michel. *O direito e os direitos humanos*. Trad. de Maria Ermantina de Almeida Prado Galvão. São Paulo: Martins Fontes, 2007, p. 162.

constituem um retrocesso em comparação com o conceito de direito herdado dos romanos. O excerto a seguir é bastante elucidativo:

> Quanto à expressão *direitos do homem*, vejo-a surgir em meados do século XVII, e seus pródromos já na Idade Média, no seio da teologia. Por isso é uma tese difundida entre os filósofos da história progressista que os direitos humanos seriam uma conquista devida ao cristianismo, a não ser que sua razão seja atribuível às mutações econômicas. De qualquer maneira, um progresso. (...) Ou então o efeito da incultura, e de uma regressão da ciência jurídica? (...) Ficou-nos clara, já no primeiro capítulo, a insuficiência dessa noção, confusa, ilusória. Mas em que consiste seu *vício* radical? Seria possível, sem contradição, proceder à mescla dessas duas ideias: o *homem*, no singular, a natureza genérica do homem, e a noção de *direito*?[576]

Para Villey, a consolidação dos direitos do homem está atrelada à ascensão política da burguesia, de modo que a crítica de Marx se mostra bastante apropriada, conforme ele salienta no seguinte excerto:

> Acho, portanto, fundamentada a crítica de Marx; ela se dirigia, em *A questão judaica*, contra as formulações da *Declaração* de 1789, que são um eco da doutrina de Locke. Esses direitos do homem "formais" (liberdades) não são para todos, mas para *alguns*. Serviram para a destruição da monarquia, mas a substituíram por uma oligarquia. Significaram a dominação política da classe burguesa; na economia, do capitalismo. *Um terceiro fruto dos "direitos do homem"*.[577]

---

576 VILLEY, Michel. *O direito e os direitos humanos*. Trad. de Maria Ermantina de Almeida Prado Galvão. 2ª ed. São Paulo: Martins Fontes, 2016, pp. 16/17.

577 VILLEY, Michel. *O direito e os direitos humanos*. Trad. de Maria Ermantina de Almeida Prado Galvão. 2ª ed. São Paulo: Martins Fontes, 2016, p. 161.

A incompatibilidade dos direitos humanos em relação ao direito natural clássico é total na ótica villeyana. Desse modo, ele destoa totalmente das interpretações que procuram, por exemplo, encontrar na antiguidade clássica elementos que pudessem servir de respaldo à atual concepção de direitos do homem que, para alguns, teriam como germe o direito natural. Para Villey, os direitos humanos são um produto do pensamento moderno. Nesse sentido, observa Michel Bastit:

> Esse último avatar da modernidade jurídica, mesmo que pudesse ser usado contra os totalitarismos, também é uma maneira de substituir o direito, seja por uma regra moral, seja por pretensões injustificadas. De fato, para Villey, o direito não decorre de um conhecimento metafísico, ele decorre antes de um conhecimento prático enxertado em uma física, evidentemente não uma física mecanicista, mas em uma física do tipo aristotélico, onde as formas estão na matéria e onde as realidades são, de fato, imperfeitas e, no entanto, orientadas.[578]

A linguagem dos direitos do homem é, para Villey, dissociada da realidade, na medida em que tem como foco os indivíduos tomados isoladamente, de maneira idealizada e apartada da concretude das relações sociais, conforme destaca Norbert Campagna:

578 No original: "Ce dernier avatar de la modernité juridique, même s'il a pu être utilisé contre les totalitarismes, est aussi une manière de remplacer le droit soit par une règle morale, soit par des prétentions injustifiées. C'est qu'en réalité pour Villey le droit ne relève pas d'une connaissance méthaphysique, il relève plutôt d'une connaissance pratique greffée sur une physique, évidemment pas une physique mécaniste mais une physique de type aristotélicien, où les formes sont dans la matière et où les réalités sont de ce fait imparfaites et néan-moins orientées". (BASTIT, Michel. "Michel Villey". *In*: ARABEYRE, Patrick; HALPÉRIN, Jean-Louis; KRYNEN, Jacques. *Dictionnaire historique des juristes français*: XIIe – XXe siècle. 2ª ed. Paris: PUF, 2015, p. 1005).

> Villey se coloca como crítico da linguagem dos direitos do homem. Essa linguagem condiciona nossa percepção do direito – de um direito que nós não conseguimos distinguir da moral – assim como nossa percepção do mundo. Mas essa linguagem, estima Villey, é inadaptada à realidade: seu pressuposto fundamental, o indivíduo isolado, não tem nada a ver com os homens de carne e osso que povoam o mundo real; sua maneira de conceber as exigências desse indivíduo não tem em conta as contingências e limitações que marcam a realidade social e política; sua tendência a reinterpretar cada exigência do indivíduo em termos de direito impede de ver que as exigências dos indivíduos são frequentemente contraditórias ou incompatíveis umas com as outras, que tem por efeito conduzir a direitos que não podem ser realizados ao mesmo tempo. (...) Uma tal linguagem – e pouco importa que ela seja concebida como uma linguagem jurídica ou como uma linguagem moral – não é capaz de proteger o homem concreto.[579]

O anti-humanismo de Villey e o combate por ele travado aos direitos humanos podem ser incômodos para muitos e, inclusive, apontados como fruto do conservadorismo villeyano. Contudo, um exame mais atento de sua obra é capaz de revelar a argúcia do jurista francês e o potencial crítico presente em suas postulações, as quais,

---

579 "Villey se pose en critique du langage des droits de l'homme. Ce langage conditionne notre perception du droit – d'un droit que nous ne parvenons plus à distinguer de la morale – ainsi que notre perception du monde. Mais ce langage, estime Villey, est inadapté à la réalité: son présupposé fondamental, l'individu isolé, n'a rien à voir avec les hommes en chair et en os qui peuplent le monde réel; sa manière de concevoir les exigences de cet individu ne tient pas compte des contingences et limitations qui marquent la réalité sociale et politique; sa tendance à reinterpreter chaque exigence de l'individu en termes de droits l'empêche de voir que les exigences des individus sont souvent contradictoires ou incompatibles les unes avec les autres, ce qui a pour effet de conduire à des droits qui ne peuvent être réalisés en même temps. (...) Un tel langage – et peu importe qu'il soit conçu comme langage juridique ou comme langage moral – n'est pas à même de proteger l'homme concret". (CAMPAGNA, Norbert. *Michel Villey*: le droit ou les droits? Paris: Éditions Michalon, 2004, p. 58).

ainda que não sejam capazes de atingir o âmago da materialidade geradora das construções jurídicas modernas e contemporâneas, são capazes de expôr com maestria as profundas transformações ocorridas no pensamento jurídico, a partir da modernidade, eivado de incongruências e moldado, em larga medida, ao sabor dos interesses da burguesia.

CAPÍTULO IV

VILLEY E O MARXISMO

4.1 Villey, Marx e os marxistas

4.1.1 Villey, leitor de Marx

Em suas manifestações sobre Karl Marx, Michel Villey demonstra ter bastante conhecimento da produção teórica do pensador alemão e, inclusive, tece considerações bastante elogiosas ao pensamento jurídico marxista. Nas palavras do jurista francês: "(...) a crítica de Marx ultrapassa o horizonte restrito habitual aos teóricos do direito; ela se situa muito alto, no nível da filosofia geral".[580] A insurgência de Marx em face da filosofia do direito burguesa exsurgida na modernidade também é especialmente apreciada por Villey. Para o pensador de Caen, Marx, de certo modo, é um

---

580 No original: "(...) la critique de Marx dépasse l'horizon restreint habituel aux théoriciens du droit; elle se situe très haut, au niveau de la philosophie générale". (VILLEY, Michel. "Panorama des philosophies juridiques modernes occidentales et marxistes du monde socialiste". *In*: ______. *Critique de la pensée juridique moderne – Douze autres essais*. Paris: Dalloz, 2009, p. 173).

produto do seu tempo, haja vista que o motor de sua produção teórica foi justamente a filosofia burguesa, contra a qual ele lutou.

O combate travado por Marx contra o idealismo alemão é particularmente valorizado por Villey, na medida em que o filósofo francês também se mostra radicalmente contrário a tais concepções filosóficas, em cujo horizonte se situam Immanuel Kant e Georg Wilhelm Friedrich Hegel. No prefácio da obra *Réflexions sur la philosophie et le droit - les carnets*, Blandine Kriegel e François Terré destacam o antagonismo da filosofia villeyana ao idealismo alemão:

> Michel Villey combateu vivamente, em seus escritos, o idealismo alemão. Ele não poupou críticas a Kant. E os *Livres de Pages* atestam diversas vezes uma divergência radical em relação à Hegel. Isso que o autor reprova ao filosofo de Jena, é a ausência de fatos em sua construção prodigiosa, de sorte que ela não se concretiza. Suas visões são antípodas, pois, para ele, os fatos tem primazia.[581]

O jurista francês é categórico ao apontar a superioridade da filosofia marxista em relação à hegeliana, conforme se verifica no excerto a seguir:

> É verdade que essa ultrapassagem da filosofia dualista e a invenção da dialética já são obra de Hegel. Mas Hegel, ainda enredado no idealismo, não sabia como concluir essa reforma filosófica; ele fez do espírito, da Ideia, o sujeito da história, que deteria a história e cortaria o caminho

---

581 "Michel Villey a vivement combattu dans ses écrits l'idéalisme allemand. Il n'a pas ménage ses critiques à Kant. Et les *Livres des pages* attestent à maintes reprises une divergence radicale par rapport à Hegel. Ce que leur auteur reproche au philosophe de Iéna, c'est l'absence de faits dans as construction prodigieuse de sorte que celle-ci n'est pas concrétise. Sa vision est aux antipodes puisque, pour lui, les faits sont premiers". (KRIEGEL, Blandine; TERRÉ, François. "Préface". *In*: VILLEY, Michel. *Réflexions sur la philosophie et le droit - les carnets*. Paris: PUF, 1995, p. VI).

> para uma ciência realmente positiva; o verdadeiro sujeito da história é a ação dos homens no mundo, uma ação que nunca para, é a luta incessante do homem contra a natureza, o desenvolvimento da produção e as ideias seguem, tendo apenas sua função parcial nesse movimento histórico. Hegel "confundiu o sujeito e o predicado"; absolutizando a ideia (que só pode ser a de nosso tempo e o reflexo de nossa organização social atual), ele próprio valorizou e perpetuou falsamente a realidade de nosso tempo (oferecendo às suas contradições apenas uma conciliação ilusória e unicamente conceitual) detendo indevidamente o progresso: é o pecado por excelência contra a dialética. Daí o interesse fundamental das obras do jovem Marx que criticam Hegel e, em particular, a crítica de sua filosofia do Estado; e a superioridade decisiva da filosofia marxiana.[582]

Villey ressalta que Marx pode ser efetivamente considerado um filósofo do direito, inclusive, com uma formação que lhe permitia tal, haja vista que, dentre os principais pensadores que embasaram a filosofia do direito burguesa, Marx estava em

582 No original: "Il est vrai que ce dépassement de la philosophie dualiste, et l'invention de la dialectique, sont déjà ouvre de Hegel. Mais Hegel, encore empêtré dans l'idealisme, n'a point au su mener à son terme cette réforme philosophique; il a fait de l'esprit, de l'Idée le sujet de l'histoire, ce qui était arrêter l'histoire et se couper les voies d'une science vraiment positive; le vrai sujet de l'histoire, c'est l'action des hommes dans le monde, action qui ne s'arrête jamais, c'est l'incessante lutte de l'homme contre la nature, le développement de la production, et les idées suivent, tenant seulement leur fonction partielle dans ce mouvement historique. Hegel a 'confondu le sujet et le prédicat'; en absolutisant l'Idée (qui ne peut être que celle de notre temps et le reflet de notre actuelle organisation sociale) il a lui même valorisé et faussement pérennisé la réalité de notre temps (n'offrant à ses contradictions qu'une conciliation illusoire et uniquement conceptuelle) arrêté indûment le progrés: c'est le peché par excellence contre la dialectique. D'où l'intérêt fondamental des ouvres de jeunesse de Marx critiquant Hegel, et notamment de la critique de sa philosophie de l'Etat; et la décisive supériorité de la philosophie marxienne". (VILLEY, Michel. Un ouvrage récent sur Marx et le droit Umberto Cerroni, Marx e il diritto moderno. Archives de Philosophie du Droit nº 11 – La Logique du Droit. Paris: Sirey, 1966, p. 334).

vantagem, justamente por possuir uma formação em Direito. Para Villey, o fato de Marx não ter se proposto a produzir especificamente uma filosofia do direito "não impede que ele não mereça ser contado entre os maiores mestres, ou ao menos os mais importantes da filosofia do direito".[583] Villey valoriza a crítica que Marx faz em relação à noção de subjetividade jurídica desenvolvida na modernidade que vinha ao encontro dos interesses da burguesia. Destaca também o aspecto de que o pensamento de Marx procurava abarcar a totalidade das relações sociais, contrapondo-se à analítica do pensamento burguês.[584] Para Villey, "o essencial da contribuição de Marx na filosofia do direito é (...) seu retorno a

---

583 VILLEY, Michel. "Panorama des philosophies juridiques modernes occidentales et marxistes du monde socialiste". *In*: ______. *Critique de la pensée juridique moderne – Douze autres essais*. Paris: Dalloz, 2009, p. 172.

584 "Au vrai, Marx ne s'est point avoué philosophe du droit ni juriste. 'Ma spécialité', écrit-il dans l'Avant Propos à la Critique de l'Economie politique, 'c'était la jurisprudence. Mais je ne donnai jamais à cette discipline que le second rang, après la philosophie et l'histoire' - et l'économie. Marx n'a pas eu le dessein de construire une philosophie du droit qui soit distinct, spécialisée. (...) Or, cela n'empêche pas du tout qu'il ne mérite d'être compté parmi les maîtres les plus grands, ou du moins les plus importants, de la philosophie du droit. En fin de compte il est bien plus philiosophe du droit que les philosophes fondateurs de la pensée juridique bourgeoise, Hobbes, Locke, Rousseau, Kant, Hegel; bien autrement qu'eux il a eu l'expérience et le souci du droit. C'est que lui avait commencé par être juriste étudiant (avec quelle ardeur et quelle puissance de travail) aux facultés de droit de Bonn et de Berlin où il suivait les cours de Gans et de Savigny et jetai les bases d'un traité personnel de 'droit naturel'. Sa spécialité c'était bien la jurisprudence. Il n'est pas sûr qu'il l'ait quittée autant qu'il croit devoir affirmer. Toute sa vie il s'est occupé des 'rapports sociaux', des échanges, de la distribution des revenus, du partage des intérêts entre membres des groups sociaux. Il s'est bien plus soucié du droit que Locke, Kant, Hegel. Et s'il ne l'a pas appelé 'droit', c'est que le terme était confisqué malheurement par ajutre chose, comme le terme de 'philosophie' se trouvait alors compromis avec seul idéalisme. Et si Marx a pensé le droit en l'intégrant dans l'économie et histoire et non pas comme un spécialiste de la discipline juridique, c'est justement en cela que consiste sa rupture avec les errements de la pensée juridique moderne". (VILLEY, Michel. "Panorama des philosophies juridiques modernes occidentales et marxistes du monde socialiste". *In*: ______. *Critique de la pensée juridique moderne – Douze autres essais*. Paris: Dalloz, 2009, pp. 172/173).

uma atitude realista".[585] A valorização do pensamento marxista acerca do direito fica clara no excerto a seguir:

> É preciso concordar com os marxistas, está-se longe de fazer justiça a Marx em nossa filosofia do direito. Fazemos muito barulho em torno de tal ou qual exercício escolar aplicando sobre o direito as filosofias da moda, que nunca são mais do que variantes da mesma canção; e a poderosa revolução que Marx tentou promover em nosso pensamento jurídico, cem anos depois, permanece amplamente desconhecida. (...) E onde Marx é invocado, como ele está em quase todas as páginas das produções soviéticas, às vezes também no Ocidente, ele é frequentemente objeto interpretações superficiais que perdem a base de seu pensamento.[586]

Embora reconheça a importância do pensamento de Marx, bem como a profundidade da crítica marxista acerca da filosofia do direito burguesa, Villey insurge-se contra o humanismo, o economicismo a visão evolucionista e determinista da história presentes, a seu ver, no pensamento marxista. Em certa medida, ele entende

---

585 No original: "l'essentiel de l'apport de Marx dans la philosophie du droit est (...) son retour à une atitude realiste". (VILLEY, Michel. "Panorama des philosophies juridiques modernes occidentales et marxistes du monde socialiste". *In*: ______. *Critique de la pensée juridique moderne – Douze autres essais*. Paris: Dalloz, 2009, p. 185).

586 No original: "Il faut le concéder aux marxistes, on est loin de rendre justice à Marx dans notre philosophie du droit. Nous faisons beaucoup de bruit autour de tel ou tel exercice scolaire plaquant sur le droit les philosophies à la mode, qui ne sont jamais que des variantes de la même chanson; et la puissante révolution que Marx a tenté de promouvir dans notre pensée juridique, cent ans après, reste largement méconnue. (...) Et là où Marx est invoqué, comme il l'est presque à chaque page dans les productions soviétiques, quelquefois aussi em Occident, il est le plus souvent l'objet d'interprétations aplatissantes qui perdent la pointe de sa pensée". (VILLEY, Michel. "Un ouvrage récent sur Marx et le droit. Umberto Cerroni, Marx e il diritto moderno". *Archives de Philosophie du Droit*, nº 11 – *La Logique du Droit*. Paris: Sirey, 1966, p. 329).

que Marx caiu em algumas armadilhas engendradas pela própria filosofia burguesa que ele tanto combatia. Nas palavras de Villey:

> Assim Marx inverte as bases de toda a doutrina dos modernos. Certamente nós podemos ser céticos sobre o que Marx colocou no lugar: um culto imoderado da história, como se tudo – mesmo a verdade – estivesse sujeito ao movimento e decorresse da *Ciência* histórica. Pior, uma *filosofia* da história, o preconceito do *progresso* fatal ou quase fatal – herdeiro de Hegel ou de Kant ou mesmo de uma tradição religiosa – Um sonho de libertação total da humanidade, que encontrava sua fonte apenas na ascendência da filosofia alemã sobre o jovem Marx; e além de Hegel, Fichte e Kant, se vinculava ao humanismo da Renascença – senão ainda à mística judaico-cristã – A escolha platônica em favor da comunidade, a imolação hegeliana do indivíduo ao "todo" social. Além disso Marx conserva do idealismo o *espírito de sistema*; ele se acredita em condições de compreender o sentido da história. E quando por outro lado ele afirma o primado da economia, e inclina-se em direção ao determinismo, não é que ele tenha se libertado mal do materialismo vulgar, que nos parecia agora a outra face e o reverso do idealismo? Eis aí os chefes de acusação que se lançaram contra Marx. Deixemos lá os marxólogos e marxistas se debaterem... Isso não impede que Marx tenha trazido à filosofia do direito da Europa burguesa moderna críticas de tal modo profundas e provavelmente pertinentes, que longe de se perderem, seus princípios devem ainda fecundar além de um século toda uma filosofia do direito.[587]

---

587 "Ainsi Marx renverse les bases de tout la doctrine des modernes. Certes nous pouvons être sceptique sur ce que Marx a mis à la place: un culte immodéré de l'histoire, comme si tout - même la vérité – était sujet au mouvement et relevait de la *Science* historique. Pire, une *philosophie* de l'histoire, le préjugé du *progrés* fatal ou presque fatal – héritage de Hegel ou de Kant et même d'une tradition religieuse – Un rêve d'affranchissement total de l'humanité, qui ne trouverait aussi sa source que dans l'ascendant chez le jeune Marx, de la philosophie allemand; et par delà Hegel, Fichte et Kant, se rattacherait à

Muitas das críticas que o estudioso francês empreende ao marxismo, estão, na verdade, endereçadas à leitura humanista do marxismo, lastreada na produção teórica do jovem Marx. Assim, se tomarmos o pensamento de Marx, devidamente expurgado de todo o humanismo, na esteira da proposta de Louis Althusser, como veremos mais adiante, encontraremos uma maior possibilidade de aproximação entre a leitura marxista do direito e aquela empreendida por Villey.

O jurista francês destaca o mérito de Marx de ter rompido com o dualismo kantiano entre "o mundo das ideias, da razão" e o "mundo dos fatos". Villey aduz que, em certa medida, tal ruptura fora iniciada por Hegel, mas que apenas Marx logrou efetivamente se libertar das amarras do idealismo até então vigente, na medida em que deixou para trás as concepções hegelianas que "faziam do Espírito, da Ideia, o sujeito da história".[588]

Villey ainda louva o avanço teórico empreendido por Marx, no sentido de ir além das leituras tradicionalmente assentadas do fenômeno jurídico, justamente por se distanciar do idealismo

---

l'humanisme de la Renaissance, sinon encore à la mystique judéo-chrétienne – Le choix platonicien en faveur de la communauté, l'immolation hegelienne de l'individu au 'tout' social. Et puis Marx garde l'idéalisme l'*esprit de système*; il se croit en mesure de comprendre le prétendu sens de l'histoire. Et lorsque par ailleurs il affirme le primat de l'économie, et penche vers le déterminisme, n'est-ce pas qu'il s'est mal dégagé du materialisme vulgaire, qui nous paraissait tout à l'heure d'être l'autre face et le revers de l'idéalisme? Voilà des chefs d'accusation qui ont été lancés contre Marx. Laissons là-dessus les marxologues et marxistes s'entredéchirer.... Il n'empêche que Marx a porte à la philosophie du droit de l'Europe bourgeoise moderne des critiques tellement profondes et probablement pertinentes, que loin de se perdre ses principes devaient encore féconder au-delà d'un siècle toute une philosophie du droit". (VILLEY, Michel. "Panorama des philosophies juridiques modernes occidentales et marxistes du monde socialiste". *In*: ______. *Critique de la pensée juridique moderne – Douze autres essais*. Paris: Dalloz, 2009, pp. 177/178).

588 VILLEY, Michel. Un ouvrage récent sur Marx et le droit. Umberto Cerroni, *Marx e il diritto moderno*. Archives de Philosophie du Droit nº 11 – La Logique du Droit. Paris: Sirey, 1966, pp. 333/334.

reinante. Ele também salienta a importância do esforço de Marx de se afastar das visões que buscam isolar o direito da realidade social, procurando demonstrar que o surgimento do direito, tal como hoje se apresenta, está necessariamente ligado ao advento do modo de produção capitalista e, por conseguinte, tenderá a perecer com o fim desse modo de produção. Nesse sentido, as seguintes considerações de Villey:

> Em vez dessas realidades simples, distintas e singulares postuladas pelo idealismo, em vez deste mundo dividido (entre espírito e matéria, valor e fato, fenômeno e coisa em si), a doutrina marxiana supõe uma realidade única; realidade constituída não de substâncias individuais, mas de conjuntos, tecida de *relações*; não de essências imóveis, mas de conjuntos em movimento, *dinâmicos*, em virtude do jogo dialético das contradições inerentes aos elementos que os compõem. (...) E para Marx, o próprio pensamento é apenas uma das engrenagens, um dos momentos dessa totalidade em movimento; ele não é uma realidade primeira independente do ser (o *Sein* é anterior ao *Bewusstsein*) nem, por outro lado, um reflexo passivo, puramente especulativo do ser, mas uma de suas partes constituintes, e ele exerce um papel ativo no movimento do todo; ele não cria um mundo à parte e que escaparia às leis do todo; não existe um mundo de *ideias* em si. (...) Somente essa filosofia explica por que Marx rompeu de maneira tão audaciosa e radical com todas as doutrinas do direito professadas na Europa moderna. (...) Todas essas doutrinas lhe parecem infectadas com o mesmo vício fundamental do idealismo; edificado sobre a base falsa e ilusória das *ideias*: seja a ideia do indivíduo, da natureza do "homem" (no campo individualista), seja da "sociedade", do organismo, da "nação" ou da família superior aos indivíduos, ou mesmo da "justiça". Ele, Marx, reintegra o direito na realidade total, porque o direito não é um ser em si (mundo fechado de normas), mas uma *função* em um todo. O direito não deve ser pensado à parte do que apenas lhe dá sentido, "a infraestrutura", a luta do homem

com a natureza em relação a outros homens e, portanto, principalmente da economia. (...) Mais precisamente, o direito faz parte da *história* da economia, uma vez que a própria economia está em transformação e o direito segue essa transformação. E tanto como não há essência fixa do homem, da sociedade humana ou da justiça, não há essência do direito que seja estável e intertemporal. (...) Depois disso, Marx descreve a gênese do que é o direito propriamente dito, ou do que nós chamamos como tal, ligado à economia das trocas, e que aparece progressivamente com o nascimento das cidades e apenas floresce plenamente no mundo *burguês* a partir do século XVI. Em uma estrutura agora ampliada, o comércio domina a produção. Ao mesmo tempo, o sistema de propriedade privada deve ser confirmado e generalizado, um sistema de contratos e equivalências entre mercadorias deve nascer: é para essa *função* que o direito passa a existir. E como esse regime, estendido ao contrato de trabalho, é exercido especialmente para o benefício dos capitalistas que contratam a força de trabalho de outros, então o direito expressa o interesse dos ricos, representa a vontade da classe dos proprietários; é, de uma maneira mais mascarada, mas não menos real do que no velho mundo escravagista, um instrumento de dominação; por isso, assume a forma de leis estatais expressas, sendo o Estado um meio de coerção a serviço da classe dominante. (...) Marx anuncia que em breve a massa unificada do proletariado tendo conquistado o poder destruirá o regime imposto pela classe burguesa no poder. Ou, as condições que anteriormente deram origem ao nascimento do direito deixarão de estar presentes (isso quer dizer a produção privada, que implicava a propriedade e a livre troca de mercadorias) (...). Tese do "perecimento" do direito, previsto para um futuro próximo.[589]

---

589 No original: "Au lieu de ces réalités simples, distinctes et singulières que postulait l'idéalisme, au lieu de ce monde scindé (entre l'esprit et la matière, la valeur et le fait, le phénomène et la chose en soi), la doctrine marxienne suppose une réalité unique; réalité constituée non de substances individuelles, mais d'ensembles, tissée de *rapports*; non pas d'essences immobiles, mais

d'ensembles mouvants, *dynamiques*, en vertu du jeu dialectique des contradictions inhérentes aux éléments que les composent. (...) Et pour Marx, la pensée elle-même n'est qu'un des rouages, un des moments de cette totalité mouvante; elle n'est pas une réalité première indepéndente de l'être (le *Sein* est avant le *Bewusstsein*) ni d'ailleurs un reflet passif, purement spéculatif de l'être, mais une de ses parts constitutives, et elle exerce un rôle actif dans le mouvement du tout; elle ne se taille pas un monde à part et qui échapperait aux lois de l'ensemble; il n'y a pas de monde d'*idées* en soi. (...) Cette philosophie seule explique que Marx ait brisé d'une manière si audacieuse et radicale avec toutes les doctrines du droit professées dans l'Europe moderne. (...) Toute ces doctrines lui apparaisssent comme infectées du même vice fondamental d'idéalisme; edifiées sur la base fausse et illusoire des *idées*: qu'il s'agisse aussi bien l'idée de l'individu, de la nature de 'l'homme' (dans le camp individualiste), que de la 'société', de l'organisme, de la 'nation' ou de la famille supérieure aux individus, ou encore de 'la justice'. Lui, Marx réintègre le droit dans la réalité totale, car le droit n'est pas un être en soi (monde clos des normes), mais une *fonction* dans un ensemble. Le droit ne doit pas être pensé à part de ce qui seulement lui donne sens, 'l'infra-structure', la lutte de l'homme avec la nature en relation aux autres hommes, donc premièrement l'économie. (...) Plus précisement le droit s'insère dans *l'histoire* de l'economie, puisque l'économie elle-même est en devenir et que le droit suit ce devenir. Et que pas plus que d'essence fixe de l'homme ou de la société humaine ou de la justice, il n'existe d'essence du droit qui soit stable et intertemporelle. (...) Après quoi Marx décrit la genèse de ce qu'est le droit proprement dit, ou que nous appelons tel, lié à l'économie d'échanges, et qui apparaît progressivement avec la naissance des villes et ne s'épanouit pleinement que dans le monde *bourgeois* à partir du XVIe siècle. Dans un cadre maintenant élargi, le commerce domine la production. Il faut en même temps que se confirme et se généralise le régime de la propriété privée, que naisse un système des contrats et équivalences entre marchandises: c'est pour cette *fonction* que le droit vient à l'existence. Et comme ce régime, étendu au contrat de travail, s'exerce surtou au bénéfice des capitalistes qui louent la force de travail d'autrui, alors le droit se trouve exprimer l'intérêt des riches, représenter la volonté de la classe des propriétaires; il est, de façon plus masquée mais non moins réelle que dans l'ancien monde esclavagiste, un instrument de domination; aussi vient-il à prendre forme de lois étatiques expresses, l'Etat étant moyen de contrainte au service de la classe dominante. (...) Marx annonce que bientôt la masse unifiée du prolétariat s'étant emparé du pouvoir détruirá le régime qu'imposait la classe bourgeoise dominante. Or les conditions qui jadis suscitèrent la naissance du droit ayant cesse d'être presentes (c'est-à-dire la production privée, qui impliquait la propriété, et l'échange libre de marchandises) (...). Thése du 'déperissement' du droit, prévu pour un avenir proche". (VILLEY, Michel. "Panorama des philosophies

Ele elogia expressamente as críticas de Marx aos direitos do homem e mostra avançada compreensão da construção teórica do pensador alemão, em muitos aspectos, na medida em que sabe distingui-la da prática dos países que se denominavam socialistas no século XX, consoante se observa no excerto abaixo:

> Houve a crítica de Marx na *Questão judaica*. Dirão que seus ataques eram dirigidos contra as "liberdades formais" de 1789: o direito natural absoluto dos proprietários e a liberdade contratual, que serviram sobretudo para privar as massas operárias de suas propriedades reais e dos meios de discutir cláusulas de seus contratos de trabalho. Mas receio que o argumento seja dirigido contra os direitos do homem "substanciais", atualmente prestigiados no mundo socialista.[590]

As obras dos juristas marxistas, tais como Resjner, Stuchka e Vichinsky, por exemplo, não eram desconhecidas de Villey, conforme é possível verificar em seus textos. Contudo, ele confere destaque especial à obra do jurista russo Evguiéni Pachukanis, que se mostrava fiel ao pensamento de Marx ao postular o perecimento do direito. Ele nota, inclusive, que as teorias de um direito socialista se contrapunham ao pensamento de Pachukanis.[591]

---

juridiques modernes occidentales et marxistes du monde socialiste". *In*: ______. *Critique de la pensée juridique moderne – Douze autres essais*. Paris: Dalloz, 2009, pp. 173-176).

590 VILLEY, Michel. *O direito e os direitos humanos*. Trad. de Maria Ermantina de Almeida Prado Galvão. 2ª ed. São Paulo: Martins Fontes, 2016, p. 5.

591 "La nouvelle thèse officielle, prenant le contrapied des idées de Pachoukanis et son école, est que le droit et la théorie du droit socialiste, fussent-ils encore transitoires, posséderaient une 'forme spécifique', une 'essence' nouvelle. Car le droit socialiste serait effectivement démocratique, comme exprimant la volonté du peuple mantenant unifié puisqu'il n'existe plus de classe; et sourtout, au lieu de viser au maintien de l'exploration, le droit socialiste aurait pour but la construction du communisme; il est instrument de progrès, non de réaction". (VILLEY, Michel. "Panorama des philosophies juridiques modernes

Villey afirma que o "mundo comunista" caminhava na contramão do pensamento de Marx e Pachukanis, pois, na realidade, observava-se um prolongamento da "fase transitória" e um reforço das características burguesas do direito, inclusive, "sobre as próprias razões, ideológicas, que Marx provara a inconsistência: sobre 'a vontade geral', sobre o consentimento de todos e até mesmo sobre justiça, e os direitos subjetivos do homem e a 'liberdade'".[592]

Ele também destaca, em tom crítico, a popularidade do "humanismo marxista" e traz como exemplo o pensamento do

---

occidentales et marxistes du monde socialiste". *In*: ______. *Critique de la pensée juridique moderne – Douze autres essais*. Paris: Dalloz, 2009, p. 181).

592 "(...) il nous semble y voir un retour aux catégories les plus plates de la pensée dite bourgeoise. C'est que le droit dans le monde communiste, n'a pas prolonge, et l'espoir qu'elle touche à sa fin s'estompe au loin de l'horizon: 'Les spéculations théoriques sur l'éventuel dépérissement du droit et de l'état, avait prononcé Vychinsky, ne sont pas dans l'intérêt de l'Etat sovietique'. Cela peut aisément s'expliquer par les conditions historiques: le fait que la Révolution n'ait réussi à triompher que dans 'un seul pays', et économiquement arriéré, la nécessité de rattraper ce retard de l'industrialisation, le manque de maturité des masses, le conflit toujours persistant avec le monde capitaliste, les besoins de la guerre... Que l'Etat et le droit et la dictature du Parti survivent dans ces conditions n'infirme pas les prévisions de Marx. Mais voici maintenant proclamé, à l'encontre de Pachoukanis, et devenu dogme officiel, que l'Etat et le droit se *renforcent* dans la société socialiste. Aujourd'hui encore un auteur tel qu'Alexeiev développe complaisamment le thème de l'acroissement du droit", en ce qui concerne le droit civil dans la période post-kroutchevienne, qui pourtant volontiers se donne pour 'constructrice du communisme'. (...) Alors et toujours selon Marx, il ne nous surprend pas que cette doctrine du droit socialiste réassume tous le caractères de la théorie juridique du capitalisme finissant: étatisme, normativisme, légalisme positiviste (le thème de la légalité connaissant un essor nouveau contre l'arbitraire stalinien). C'est l'esprit du législateur (la dictature du parti gouvernement) qui paraît produire le droit, la 'superstructure' en venant à dominer l''infrastructure'. Mieux encore, on renforcé le droit en l'appuyant à peu près sur les mêmes raisons idéologiques, dont Marx prouvait l'inconsistance: sur la 'volonté générale', sur le consentement de tous et même aussi sur la 'justice', et les droits subjectifs de l'homme et la 'liberté' (Kerimov)". (VILLEY, Michel. "Panorama des philosophies juridiques modernes occidentales et marxistes du monde socialiste". *In*: ______. *Critique de la pensée juridique moderne – Douze autres essais*. Paris: Dalloz, 2009, p. 181).

filósofo marxista alemão Ernst Bloch, que "chega a encontrar no direito marxista o instrumento mais autêntico da dignidade do homem e uma espécie de 'direito natural'".[593]

O humanismo presente no pensamento dito marxista – como veremos mais detalhadamente a seguir, nas obras do jovem Marx e de alguns autores marxistas – é bastante incômodo para Villey. No entanto, as críticas do marxismo ao subjetivismo do pensamento jurídico eram bastante apreciadas pelo jurista francês, na medida em que, de certo modo, iam ao encontro de suas próprias convicções sobre essa problemática.

Interessante notar que Michel Villey, ainda que não fosse um profundo estudioso do marxismo, tinha plena consciência das múltiplas interpretações acerca das obras de Karl Marx e de Friedrich Engels, conforme se verifica no excerto a seguir:

> Expor a filosofia do direito de Marx e Engels é uma tarefa aleatória, porque dela existem ainda hoje interpretações diversas, tão opostas quanto múltiplas. Marx, autor mais fecundo que claro, ambicioso em agir ao mesmo tempo e antes de especular, não deixou seu pensamento filosófico em geral exposto em perfeita forma, mas por uma boa parte de rascunhos que ele pode tomar por provisórios e dos quais muitos permaneceram inéditos por um longo tempo. Não se pode confiar plenamente nos manuscritos de sua juventude, que são os mais filosóficos, mas representam apenas uma etapa na formação de seu pensamento; não mais do que as fórmulas de Engels, que estão longe de concordar sempre

---

593 "Ernst Bloch en Allemagne en arrive à retrouver dans le droit marxiste l'instrument le plus authentique de la dignité de l'homme; et une sort de 'droit naturel'. Le thème de 'l'humanisme marxiste' connaît une riche fortune non pas seulement chez des auteurs paracommunistes de l'*intelligentsia* de l'Occident, mais dans les nations socialistes à l'heure présente...". (VILLEY, Michel. "Panorama des philosophies juridiques modernes occidentales et marxistes du monde socialiste". *In*: ______. *Critique de la pensée juridique moderne – Douze autres essais*. Paris: Dalloz, 2009, p. 181).

> inteiramente com as de Marx. E, talvez, em definitivo, a filosofia do próprio Marx não seja perfeitamente firme nem de uma coerência total; ela é certamente ambígua.[594]

Na realidade, embora por caminhos bastante divergentes, pode-se dizer que as concepções villeyanas e marxistas – tomando-se como base especialmente as obras de maturidade de Marx, efetivamente marxistas, – guardam certa similitude no que tange às críticas ao humanismo e ao direito burguês. No entanto, é preciso deixar claro que Villey estava muito longe de ser um adepto do marxismo[595] e que, em nenhum momento, ele efetivamente incorpora a leitura marxista acerca do direito em suas próprias

---

594 No original: "Exposer la philosophie du droit de Marx et d'Engels est une tâche aléatoire, car il en existe encore aujourd'hui des interprétations diverses, opposées autant que multiples. Marx, auteur plus fécond que clair, ambitieux d'agir en même temps et plutôt que de spéculer, n'a point laissé de sa pensée philosophique en general d'exposé parfaitement en forme, mais pour une bonne part des brouillons qu'il a pu tenir pour provisoirs et dont beaucoup sont restés longtemps inédits. On ne peut pas faire pleine confiance aux manuscrits de sa jeunesse, qui sont les plus philosophiques, mais ne représentent qu'une étape dans la formation de sa pensée; non plus qu'aux formules d'Engels qui sont loin de concorder toujours entièrement à celles de Marx. Et peut-être en définitive la philosphie de Marx lui-même n'est-elle pas parfaitement ferme ni d'une cohérence totale; elle est certainement ambigue". (VILLEY, Michel. "Panorama des philosophies juridiques modernes occidentales et marxistes du monde socialiste". *In*: _____. *Critique de la pensée juridique moderne – Douze autres essais*. Paris: Dalloz, 2009, pp. 171/172).

595 Villey era um crítico do marxismo, conforme se verifica, por exemplo, no excerto a seguir: "Mais jusqu'ici les sectateurs de l'histoire scientifique, en procédant par 'analyses' – c'est-à-dire en décomposant la réalité en atomes – suivies de '*synthèses*', obtenues par voie 'd'induction', ont engendré quantités de *thèses* historiques absurdes, bientôt remplacées par des thèses adverses non moins arbitraires (ainsi la marxiste, celle du matérialisme historique et du primat de l'économie dans l'explication historique)". (VILLEY, Michel. "Signification philosophique du droit romain". *Archives de philosophie du droit*, nº 26 – *l'utile et le juste*. Paris: Sirey, 1981, p. 386).

reflexões, as quais eram eminentemente embasadas nas concepções aristotélico-tomistas do direito.[596]

4.1.2 Villey, paradigma de juristas marxistas na França

Antoine Jeammaud – jurista francês e um dos fundadores da associação *Critique du droit* – destaca que, na época de Michel Villey, o espaço da filosofia do direito e da teoria geral do direito nas faculdades francesas era bastante restrito. Nesse contexto, revela-se o valor de Villey, pois mesmo praticamente isolado nessa seara, manteve-se ativo e abriu, inclusive, espaço para novos pesquisadores. Tal situação de quase total desprezo pela filosofia no

596 "Or suggérons pour terminer une voie de recherche: elle a peu de chances d'être suivie tant reste puissant autour de nous le préjugé chronolâtrique. Mais il en est qui résisteront à ce préjugé. Ou mieux retrouver le secret d'une philosophie réaliste, que dans l'ancienne philosophie, – aristotélicienne-thomiste – *contre laquelle* s'est constituée l'idéalisme des modernes? Pas plus que Marx, elle ne coupait le droit de la 'nature' des choses, ne méconnaissait sa souplesse et sa relation nécessaire aux situations changeantes des hommes et de leurs groupements naturels. Pas plus que Marx elle ne versait dans l'individualisme abstrait. Seulement elle avait su reconnaître que les valeurs incluses dans les choses et que nous y reconaissons, ne peuvent être sans une source transcendante, que la nature comporte aussi des pôles de stabilité, et qu'une certaine autonomie doit être réservée dans le groupe au profit de l'individu; plus modeste que celle de Marx, elle apparaissait affranchie de tout sprit de système, et de ces vestiges de l'idéalisme qui peuvent être décelés chez Marx. Il n'y aurait pas tant de marxistes si cette ancienne philosophie n'etait pas tombée dans l'oubli. Je suis persuadé que la synthèse que nous commande de rechercher l'amour de la Paix et le souci de la vérité trouve ses clés dans Aristote, élève de Platon mais capable, à la différence de Platon, d'observer le monde en tout ce qu'il a de sensible et de fluctuant sans le remplacer par les *idées* trop simples que nous nous faisons du monde. La philosophie juridique aristotélicienne-thomiste est de celle qui connaissent aujourd'hui une renaissance em Occident". (VILLEY, Michel. "Panorama des philosophies juridiques modernes occidentales et marxistes du monde socialiste". *In*: ______. *Critique de la pensée juridique moderne*: Douze autres essais. Paris: Dalloz, 2009, pp. 185/186).

campo do direito começou a mudar com o despontar de juristas de pensamento crítico, conforme aponta Jeammaud:

> A única figura no quadro da Filosofia do Direito, nos anos posteriores à Segunda Guerra Mundial, era Michel Villey, um partidário de uma visão aristotélico-tomista, mas em minha opinião muito desvinculada das formas concretas de manifestação da juridicidade em nossas sociedades. E nesse âmbito que buscávamos construir uma teoria alternativa, essencialmente com referência ao materialismo histórico, o chamado marxismo (...). E para nós, por exemplo, a contribuição althusseriana à renovação do pensamento, da teoria, da teoria do pensamento, da teoria marxista, tinha sido algo extremamente importante. Especialmente com o conceito de *instância jurídica*, etc., etc., e o projeto era aproveitar-se de uma parte da contribuição de autores marxistas daquele tempo, como Althusser, para contribuir para o aprofundamento de uma Teoria Crítica do Direito. Não se tratava, para nós, de difundir uma teoria marxista, senão uma Teoria Crítica com referência principalmente ao marxismo, quer dizer, à obra do próprio Marx, e também a obras de seguidores dele, sem permanecer fechados a outras correntes de pensamento crítico (...). Assim, o projeto de construir aquela teoria, de difundi-la através do ensino do Direito, nas faculdades de Direito, através de uma renovação pedagógica também, aproveitou-se da existência de uma pequena revista que tínhamos no Instituto de Estudos Políticos de Grennoble, e também – o que foi determinante para o programa – um projeto editorial, que foi da editora Masperò, naquele tempo uma editora emblemática de produção dos setores do pensamento de esquerda (...).[597]

---

597 No original: "La única figura en el marco de la Filosofia del Derecho en los años posteriores a la segunda guerra mundial, era Michel Villey, un partidário de una visión aristotélico-tomista, pero en mi opinión muy desvinculada de las formas concretas de manifestación de la juridicidade e nuestras sociedades. Y era en ese ámbito donde tratábamos de construir una teoría alternativa, essencialmente referida al materialismo histórico, al llamado

O jurista francês Michel Miaille, por sua vez, salienta que, em geral, na França, o juspositivismo era o caminho dominante entre os juristas e pensadores do direito e que, apenas a partir da década de 1960, essa situação começou a mudar, quando a perspectiva crítica do direito começou a ganhar espaço. Miaille, inclusive, destaca o espaço concedido por Villey a juristas marxistas. Nesse sentido, o seguinte excerto:

> A perspectiva "crítica" é um dos fundamentos da filosofia ocidental tradicional. No entanto, ela não tem realmente um grande impacto na França, sobre o domínio jurídico, pelo fato de que a separação instaurada, a partir do século XIX, entre a filosofia e a ciência do direito. O positivismo é quase exclusivo e relega toda a discussão "crítica", com algumas exceções, para áreas ignoradas pelos juristas. Esta situação era confortada pelo economicismo do marxismo ortodoxo que, ao dar ao direito um *status* de reflexo da base econômica, tirou-lhe muito do seu interesse. (...) Os

---

marxismo (...) Y para nosotros, por ejemplo, la contribución althusseriana a la renovación del pensamiento, de la teoría, de la teoría del pensamiento, de la teoría marxista, había sido algo sumamente importante. Especialmente el concepto de *instancia jurídica*, etcétera etcétera, y el projecto era aprovecharse de uma parte de la contribuición de autores marxistas de aquel tempo, como Althusser, para contribuir a la profundización de una Teoría Crítica del Derecho. No se trataba, para nosotros, de difundir uma teoría marxista, sino una Teoría Crítica referida principalmente al marxismo, es decir, a la obra des próprio Marx, y también a obras de seguidores del mismo, sin estar, sin quedar cerrados a la influencia de otras corrientes del pensamiento crítico (...). Así, el proyecto de construir aquella teoría, de difundirla a través de la ensenãnza del derecho, en las facultades de derecho a través de una renovación pedagógica tabién, se aprovechó de la existência de uma pequena revista que teníamos em el Instituto de Estudios Politicos de Grennoble, y también lo cual fue muy determinante del programa, un proyecto editorial, que fue el de la editorial Masperò, en aquel tempo una editorial emblemática de la producción de los sectores del pensamiento de izquierda (...)". JEAMMAUD, Antoine. "La Crítica Jurídica em Francia. Veinte Años Después". *Revista Crítica Jurídica*, nº 25, jan.-dez. 2006, p. 107. Disponível em: http://revistas.unibrasil.com.br/cadernosjuridico/index.php/juridico/article/view/22. Acessado em: 04.11.2019.

anos 60 assistiram a uma mudança importante: uma nova escola marxista althusseriana e a redescoberta de Gramsci, um interesse renovado pelo direito por parte dos economistas e dos historiadores, especialmente M. Foucault. Este movimento de ideias foi acompanhado, e algumas vezes suscitado, por um movimento social e econômico (...). (...) Nenhuma coerência se instaurou no início. No campo jurídico clássico, alguns autores continuaram uma pesquisa crítica: P. Amselek e M. Troper, alunos de C. Eisemann. M. Villey defende a dialética tomista contra a concepção moderna de direito. Ele acolheu, em suas "Archives de Philosophie du droit", alguns alunos: A. J. Arnaud e N. Poulantzas. Outro autores, a partir do marxismo, assumem a figura de fundadores: notadamente N. Poulantzas em seus artigos científicos, B. Edelman em suas crônicas e num trabalho (subtítulo: por uma teoria materialista do direito) ou mesmo J. M. Vincent em seu prefácio à primeira tradução francesa do texto fundamental de E. Pasukanis, "Théorie générale du droit et le marxisme" (1970). Mais ou menos na mesma época, alguns docentes se reuniam regularmente, em um seminário perto de Lyon, e compartilhavam suas reflexões dentro de um objetivo comum: dar lugar a uma crítica do direito nas Faculdades de Direito. A este grupo originário essencialmente de Lyon, Saint-Étienne e Grenoble, se ligaram docentes de Montpellier (M. Miaille, autor de uma *Introduction critique au Droit*, em 1976), de Nice (especialmente R. Charvin e G. Farjat), Paris (M. Jeantin) e Toulouse (J. Poumarède). (...) A associação "Crítica do Direito" nasceu em 1978. Publicou a partir daquele ano um "manifesto", que é o texto fundador do movimento, e lançou uma coleção de obras com objetivos pedagógicos e científicos, além de uma revista, *Procès*, como orgão do movimento.[598]

598 MIAILLE, Michel. "Crítica 1 – Crítica do Direito". *In*: ARNAUD, André-Jean (Coord.). *Dicionário Enciclopédico de Teoria e Sociologia do Direito*. Trad. de Patrice Charles, F.X. Willaume. Rio de Janeiro: Renovar, 1999, pp. 188/189.

Com efeito, Nicos Poulantzas e André-Jean Arnaud foram jovens juristas marxistas que tiveram Michel Villey como paradigma intelectual, na medida em que foram seus discípulos academicamente. A influência de Villey se fez sentir também em outros juristas próximos ao marxismo, como o próprio Michel Miaille que, em diversos momentos de sua obra *Une Introduction Critique au Droit*, por exemplo, utiliza Villey como referência.[599]

Em relação ao jurista marxista francês Bernard Edelman, embora não se situe no rol dos discípulos ou dos juristas franceses que foram direta e explicitamente influenciados por Michel Villey, cumpre observar que é possível encontrar relativa similitude no pensamento de ambos, especialmente no que tange à problemática da subjetividade, dentre outros temas que permearam as produções de cada um, ainda que sigam por caminhos teóricos completamente distintos entre si.

Edelman produziu livros e artigos importantes para o pensamento jurídico marxista e alcançou notoriedade internacional. Dentre suas obras, no que tange à leitura marxista acerca do direito, destacam-se *Le droit saisi par la photographie* e *Légalisation de la classe ouvrière*. Nelas, Edelman tece acuradas críticas à subjetividade jurídica e ao humanismo, em uma perspectiva marxista, embasado especialmente nas ideias de Louis Althusser e Evguiéni Pachukanis. No excerto a seguir resta evidenciado que Edelman, tal como Villey – porém em horizonte teórico distinto –, era um profundo crítico dos direitos humanos:

> Devemos tomar cuidado com o uso dos direitos do homem! Se num primeiro momento, e por um curto período, eles podem constituir uma base para a luta, se, em certo sentido, a extensão desses direitos aos trabalhadores pode significar um "progresso", esse "progresso" carrega seus

---

599 MIAILLE, Michel. *Uma Introdução Crítica ao Direito*. Trad. de Ana Prata. 3ª ed. Lisboa: Editorial Estampa, 2005.

> próprios limites. Porque a reivindicação de igualdade que não deixa o campo do direito não pode ir além da igualdade jurídica, logo das relações de produção capitalistas. (...) A reivindicação jurídica da igualdade não pode ir além do estreito horizonte do direito burguês; ela pode e deve levar à falência do direito, a seu perecimento.[600]

Interessante notar que, na década de 1990, quando Edelman já estava trabalhando em produções teóricas diversificadas, em polêmica com o filósofo Luc Ferry sobre temas de bioética, é acusado pelo filósofo humanista de se assemelhar ao pensamento de Michel Villey.[601]

---

600 EDELMAN, Bernard. *A legalização da classe operária*. Trad. de Marcus Orione (Coord.). São Paulo: Boitempo, 2016, p. 76.

601 Eis alguns dos excertos do texto inicial de Ferry endereçado a Edelman: "Je voudrais seulement indiquer comment les deux arguments majeurs qu'Edelman développe contre ce qu'il nomme l'humanisme juridique passent littéralement à côté du sujet qu'il prétend traiter. (...) Quels sont donc les deux arguments qui incriminent de façon si décisive l'humanisme juridique? (...) Le premier est bien connu: on le retrouve sous de formes diverses dans toutes les critiques néo-conservatrices de la modernité, depuis Maistre et Bonald jusqu'à Strauss et Villey. Le droit subjectif ayant perdu tout lien avec l'antique idée de nature, il ne servirait plus que d'instrument à la réalisation infinie des désirs narcissiques de l'individu (...). Car c'est bien sûr la critique de la 'méthaphysique de la subjectivité' qui anime encore aujourd'hui la plupart des positions philosophiques néo-conservatrices. (...) Heidegger qui, en effet, ne fut pas un démocrate – et très précisément pour cette raison, parce qu'il ne pensait pas qu'on pût par la démocratie relever le défi lancé par la technique – l'a dit de façon tout à fait nette: une conception authentique du droit, de la limite imposée à la subjectivité ne peut que renvoyer à des sources extérieures à la subjectivité. Voici, par exemple, ce que dit à ce propos la fameuse *Lettre sur l'humanisme* à laquelle Edelman se réfère (...) Toute la question, bien sûr, est de donner une traduction concrète à un principe qu'on me permettra de trouver quelque peu négatif. Contre les deux visages concurrents du monde de la technique que sont à ses yeaux le libéralisme américain et le socialisme soviétique, Heidegger a cru pouvoir trouver un recours dans un nazisme porté par une nation, l'Allemagne, qui offrait selon lui le mérite d'incarner, au propre comme au figuré, le centre de l'Europe. (...) Il va de soi qu'on peut trouver sans peine des versions moins pénibles du principe néo-tradicionaliste: les œuvres de Léo Strauss ou de Michel Villey nous en offrent des exemples

O posicionamento teórico villeyano, em seu combate ao pensamento jurídico burguês hegemônico, de caráter eminentemente técnico e idealista, ensejou, em certa medida, a abertura de caminhos para os juristas marxistas na França.

4.1.2.1 Nicos Poulantzas

O grego Nicos Poulantzas, nascido em Atenas em 1936, tornou-se um pensador de destaque nos meios marxistas franceses e internacionais, sendo que, até hoje, passadas décadas de sua trágica morte, ocorrida em 1979, sua obra ainda continua a ser objeto de estudos e pesquisas em diversas partes do mundo.

---

bien connus. Mais dans tous le cas, le néotraditionalisme implique un rejet explicite de *tout* ce qui appartient à la philosophie des droits de l'homme et à l'héritage de la grande Révolution. Chez Villey, par exemple, la critique du droit moderne s'adosse à une vision aristotélo-thomiste de l'ordre juridique selon laquelle il existerait *vraiment* un cosmos objectif à partir de l'interprétation duquel il serait possible de déterminer en toute équité ce qui revient à chacun. Je ne dis pas qu'une telle philosophie soit absurde. Simplement, elle est en tout point incompatible avec la modernité politique, scientifique et philosophique". (FERRY, Luc. "L'humanisme juridique en question – Réponse a Bernard Edelman". *Droits – Revue Française de Théorie Juridique*, nº 13. Paris: PUF, 1991, pp. 44, 45, 51, 52 e 53). A seu turno, Edelman responde indignado: "Je serais conservateur ou réactionnaire puisque je ferais jouer à la 'nature' e rôle de....*droit naturel*! Ainsi me situerais-je, au choix, dans la lignée de Heidegger (...) de L. Strauss ou de Villey (...). Je suis effaré e cet *énorme contresens*". (EDELMAN, Bernard. "Bernard Edelman/Luc Ferry. Controverse". *Droits – Revue Française de Théorie Juridique*, nº 13. Paris: PUF, 1991, p. 56). E Ferry apresenta uma réplica: "Vous vous indignez de ce que je mette en relation votre conception du droit et de la nature avec celle de Villey: ce n'etait pas dans mon esprit, et vous savez fort bien, puisque nous nous sommes souvent rencontrés à son séminaire, une comparaison injurieuse. J'essayais seulement de trouver une cohérence à votre critique, ô combien virulente et explicite, de l'humanisme juridique ainsi qu'a l'idée de droits subjectifs sans en percevoir, comme Villey l'avait fait à sa façon, les conséquences". (FERRY, Luc. "Bernard Edelman/Luc Ferry. Controverse". *Droits – Revue Française de Théorie Juridique*, nº 13. Paris: PUF, 1991, p. 59).

Consoante observa Luiz Eduardo Motta, a obra de Poulantzas foi influenciada, dentre outros, por três célebres filósofos franceses do século XX: Jean-Paul Sartre, Louis Althusser e Michel Foucault. O impacto do pensamento desses autores na produção teórica de Poulantzas gerou mudanças significativas em cada fase de seu percurso intelectual.[602] Thiago Arcanjo Calheiros de Melo ressalta que "as continuidades e descontinuidades de Poulantzas colocam-se também pela mudança de temas desenvolvidos".[603] Cumpre destacar que a trajetória do pensamento do autor grego é analisada de maneira aprofundada no livro *Nicos Poulantzas: Marxist Theory and Political Strategy*, de Bob Jessop.

Poulantzas formou-se em Direito e em seu Doutorado, em Paris, foi orientado por Michel Villey.[604] No prefácio à obra *Na-*

---

602 MOTTA, Luiz Eduardo. "Poulantzas e o Direito". *Dados - Revista de Ciências Sociais*, vol. 53, nº 2. Rio de Janeiro: Instituto de Estudos Sociais e Políticos da Universidade do Estado do Rio de Janeiro, 2010, p. 368.

603 "No início de sua trajetória, tratou de realizar tanto uma crítica a uma abordagem positivista o direito, como, de igual modo, a um certo ressurgimento de um direito natural no momento imediatamente posterior à Segunda Guerra Mundial. Após essa crítica, no final da década de 60, já imerso na zona de influência de Althusser, passa à investigação da natureza do Estado capitalista, tema que o guiará até o final de sua vida". (MELO, Thiago Arcanjo Calheiros de. *O direito na obra de Nicos Poulantzas*. São Paulo: Universidade Presbiteriana Mackenzie, 2012, p. 14. Dissertação (Mestrado em Direito). Disponível em: http://tede.mackenzie.br/jspui/bitstream/tede/1048/1/Thiago%20Arcanjo%20Calheiros%20de%20Melo.pdf. Acessado em: 12.10.2019).

604 "A relação de Poulantzas com o direito começou em seu lar. Seu pai, Aristides Poulantzas, era uma liderança no campo jurídico grego, tanto como advogado quanto como acadêmico, ensinando grafologia forense. Poulantzas ingressou na Faculdade de Direito da Universidade de Atenas em 1953 e formou-se em 1957, destacando-se como um excelente aluno. Embora tenha sido registrado na Associação de Advogados de Atenas, nunca exerceu a profissão de advogado. Em vez disso, preferiu continuar estudando direito, em nível de pós-graduação, na Alemanha. Residiu durante um tempo em Munique, em 1960. Contudo, devido às influências do nazismo que ainda perduravam na Alemanha, mudou-se para Paris – o lar da diáspora dos intelectuais gregos exilados, como Kostas Axelos e Cornelius Castoriadis – e lecionou Filosofia do Direito na Universidade Pantheón-Sorbonne. Lá, preparou sua dissertação,

ture des choses et droit - Essai sur la dialectique du fait et de la valeur – a tese de Doutorado de Poulantzas transformada em livro –, Villey tece grandes elogios aos valores intelectuais do texto e do autor. Ao se referir ao autor grego, ele afirma:

> Poulantzas é homem de uma escola, ele se integra em uma corrente, seus mestres são Marx, e atrás do marxismo, Hegel, e de uma outra parte os filósofos existencialistas, sobretudo Sartre, e de Sartre sobretudo sua última obra: "Crítica da Razão Dialética"; é um existencial-marxismo (...) do qual nosso autor resolveu fazer aplicação ao direito.[605]

Com efeito, a obra *Nature des choses et droit - Essai sur la dialectique du fait et de la valeur* pertence à fase existencialista-marxista da obra de Poulantzas, a qual será posteriormente rejeitada por ele, que impedirá, inclusive, a republicação do livro.[606] Essa

---

intitulada O *Renascimento do Direito Natural na Alemanha após a Segunda Guerra Mundial*. Em seguida, elaborou também sua tese de doutoramento, sob orientação de Michel Villey, intitulada *Natureza das Coisas e Direito: Um Ensaio sobre a Dialética do Fato e do Valor*". (MOTTA, Luiz Eduardo. "Poulantzas e o Direito". *Dados - Revista de Ciências Sociais*, vol. 53, nº 2, pp. 367/368. Rio de Janeiro: Instituto de Estudos Sociais e Políticos da Universidade do Estado do Rio de Janeiro, 2010). Cf. JESSOP, Bob. *Nicos Poulantzas*: Marxist Theory and Political Strategy. London: Macmillan, 1985.

605 No original: "M. Poulantzas est l'homme d'une école, il s'intègre dans une courant, ses maîtres sont Marx, et derrière le marxisme, Hegel, et d'autre part les philosophes existencialistes, sourtout Sartre, et de Sartre sourtout son dernier ouvrage: 'Critique de la Raison Dialectique'; c'est un existencialo-marxisme (...) dont notre auteur a résolu de faire application au droit". (VILLEY, Michel. "Préface". *In*: POULANTZAS, Nicos. *Nature des choses et droit – Essai sur la dialectique du fait et de la valeur*. Paris: Librairie Générale de Droit et de Jurisprudence, 1965, p. VIII).

606 "For in later years Poulantzas consigned his dissertation, so to speak, to 'the gnawing criticism of the mice' and refused to countenance its republication. He charged it with historicism and humanism and disowned it in favour of a more structuralist analysis. Accordingly it could prove interesting to consider not only the merits (if any) of Poulantzas's early work but also to use it to illustrate the criticisms he later makes of historicism and humanism".

mudança de perspectiva teórica, com o abandono do humanismo marxista[607] e do existencialismo, dar-se-á por influência da leitura althusseriana do marxismo.

(JESSOP, Bob. *Nicos Poulantzas*: Marxist Theory and Political Strategy. Londres: Macmillan, 1985, p. 42). Cf. MOTTA, Luiz Eduardo. "Poulantzas e o Direito". *Dados - Revista de Ciências Sociais*, vol. 53, nº 2, p. 375. Rio de Janeiro: Instituto de Estudos Sociais e Políticos da Universidade do Estado do Rio de Janeiro, 2010.

607 O humanismo marxista de Poulantzas fica evidenciado, por exemplo, no seguinte excerto: "Nous avons en effet exposé en quel sens la liberté pratique de l'homme dans et par la liberté pratique d'autrui est possible au niveau de la collectivité humaine: cette liberté pratique consisterait en un rapport de reconnaissance réciproque des hommes réels-sujets, à travers la réalisation et objectivation de leur être dans leur travail, matériel et spirituel, en commun, pour la conquête de la nature et création d'un monde 'humain'. On a parallèlement constaté que les societés dont il a été question dans cette étude, présentent une structure donnant naissance à des phénomènes qui constituent *en fait* la *négation même* des índices axiologiques fondés sur la totalité structurale du fait et de la valeur, sur l'existence humaine et la praxis sociale. L'homme, comme Marx, dans le sillage de Hegel, l'a montré, y est dégradé en 'objet' mécaniquement déterminé par des réflexes conditionnés. Son travail et ses produits, qui réalisent son existence, sont érigés en entités étrangères à l'homme; l'homme, découpé de sa propre 'humanité', devient un Autre insaisissable pour lui-même, ne reconnaît plus l'homme en l'être qu'il est, *il est aliéné*. Les valeurs qualitatives, créations de la liberté pratique de 'faire' de l'homme, sont remplacées par les valeurs quantitatives, appliquées, par des forces qui revêtent la forme d'hypostases mystérieuses et transcendantes, aux 'choses', à l'univers humain chosifié lui-même. Les rapports humains sont dégradés en rapports antagonistes du moi contre autrui-objet, la liberté pratique et la reconaissance de l'homme par l'homme, la dignité humaine, deviennent 'pratiquement' chimériques, sont annihilées dans cet univers de 'choisification' universalisée, l'homme *est* lui-même et au premier chef *réifié*. L'être par l'avoir se substitue ainsi à la praxis par le faire, les idoles prennent la place de la vocation de l'homme. (...) L'aliénation et la réification humaines nous sont à leur tour apparues comme 'génétiquement' et dialectiquement liées à un certain système économique et social, fondé sur une certaine organisation du marché et sur une certaine division du travail et les conséquences qu'elles engendrent". (POULANTZAS, Nicos. *Nature des choses et droit – Essai sur la dialectique du fait et de la valeur*. Paris: Librairie Générale de Droit et de Jurisprudence, 1965, p. 347).

Interessante notar que, não obstante as divergências teóricas em relação às concepções adotadas por seu pupilo, Villey dava grande valor intelectual a Poulantzas. Isso fica evidenciado no fato de que Villey, além de prefaciar o livro de Poulantzas, escreveu um artigo intitulado *Phénoménologie et existencialo-marxisme à la Faculté de droit de Paris*, publicado na *Archives de Philosophie du Droit*, em 1965, no qual chega a abordar especificamente as pesquisas filosóficas do autor grego.[608]

Villey destaca que a filosofia moderna, "a uma 'natureza' agora concebida como inerte, sem causa final nem valor, ela opõe o espírito, que seria o único portador de valor e de sentido (...) ela opõe fatos e valores como pertencentes a dois mundos incomunicáveis", de modo que, diferentemente dos antigos, "e da observação da natureza não se pode mais então tirar o direito", ou seja, deu-se "a morte do direito natural, no sentido clássico da palavra".[609] O jurista francês esclarece que essa dicotomia produziu terríveis efeitos no pensamento jurídico, como, por um lado, o jusracionalismo kantiano e por outro o juspositivismo e o positivismo sociológico. Nesse cenário, a tese de Poulantzas teria a inteligência e a perspicácia de buscar reunir esses dois mundos.[610] O caminho seguido

---

608 "M. Poulantzas nous apporte l'*existencialisme*: plus exactement un cocktail d'existencialisme et de dialectique hégélienne revisée par Marx". (VILLEY, Michel. "Phénomenólogie et existencialo-marxisme à la Faculté de droit de Paris". *Archives de Philosophie du Droit*, nº 10 – *Philosophes d'aujourd'hui en présence du droit*. Paris: Sirey, 1965, p. 167).

609 No original: "A une 'nature' désormais conçue comme inerte, sans cause finale ni valeur, elle oppose l'esprit, qui serait seul porteur de valeur et de sens. (...) ella opose faites et valeurs comme appartenant à deux mondes incommunicables (...) e l'observation de la nature on ne peut donc plus tirer du droit (...) 'a mort du droit naturel, au sens ancien classique du mot'". (VILLEY, Michel. "Préface". *In*: POULANTZAS, Nicos. *Nature des choses et droit – Essai sur la dialectique du fait et de la valeur*. Paris: Librairie Générale de Droit et de Jurisprudence, 1965, p. VIII).

610 "Or, une telle dichotomie produit des effets malheureux dans la philosophie du droit. Il est de fait qu'elle a conduit notre pensée juridique dans une double impasse. Car le juriste, écartelé entre ces deux mondes séparés de ce qui est

pelo autor grego, para isso, é um "monismo dialético", com vistas à totalidade. Assim, operar-se-ia a junção desses dois mundos por meio de uma síntese dialética.[611]

---

et de ce qui doit être, ou bien s'en est allé quérir la source des solutions justes dans une 'Raison' séparée, privée de substance, intemporelle, mais on s'est vite aperçu que cette source est stérile, que l'on n'y puisse que des utopies ou de vagues principes sans consistance, tel le prétendu 'droit naturel' de Kant et des néokantiens, cette 'bouteille vide décorée d'une belle étiquette'. Ou bien, se tournant de l'autre côté, le juriste en vient à se livrer à la dicture du Fait. Il confond le droit avec les règles existant en fait ('positivisme juridique'); ou, bien pire, avec les conduites effectives dans un tel groupe social ('positivisme sociologique'). (...) Nul plus que le juriste n'est tenus de se rebeller contre le dualisme du fait et de la valeur, que le triumphe autour de nous de la philosophie moderne semble imposer depuis quatre siècles, parce qu'il est le premier responsable de la crise actuelle du droit ou de la pensée juridique. Et c'est pourquoi nous estimons que M. Poulantzas, par un coup d'essai qui est un coup de maître, en excellent clinicien, a très exactement posé le doigt sur la plaie, choisissant pour thème central de ses réflexions l'étude des relations du fait et de la valeur, et la recherche d'un dépassement de ce dualisme". (VILLEY, Michel. "Préface". *In*: POULANTZAS, Nicos. *Nature des choses et droit – Essai sur la dialectique du fait et de la valeur*. Paris: Librairie Générale de Droit et de Jurisprudence, 1965, p. IX).

611 "(...) au dualisme que nous léguait la philosophie kantienne, dissociant le fait et le valeur, voilà que nous avons substitué un *monisme dialectique*. La 'raison dialectique' rassemble et perçoit d'un seul coup d'oil comme 'totalité' ce qui selon Kant relevait de deux raisons séparées (la spéculative pour le fait – la pratique, pour le devoir être); et il est vrai qu'acte et valeur constituent pour elle *deux moments* dialectiques distincts, mais qui viennent à se 'totaliser' dans la synthèse dialectique. Ainsi la valeur peut se trouver incluse dans le fait: un fait décidément plus riche que celui du scientisme moderne, mais rempli lui-même de sens. (...) La doctrine de M. Poulantzas n'est d'ailleurs pas que toute ces valeurs procédant des actes humaines soient équivalentes. Il est une valeur des valeurs, critères des 'valeurs valables'; c'est la liberté, qui est le fondement de l'existence humaine et donc de toutes les autres valeurs, sans laquelle aucune valeur ne pourrait accéder à l'être; la liberté universelle, parce que l'homme 'est avec les autres', qu'il a besoin pour exister de la libre reconnaissance des autres. Aussi l'acte sera-t-il préférable qui mène à la maximation de la liberté de tous les hommes. Ce thème – lui encore sartrien – tien une grande place dans le système de M. Poulantzas et lui permettra, nous le verrons, de s'écarter apparemment du positivisme". (VILLEY, Michel. "Phénomenólogie et existencialo-marxisme à la Faculté

Não obstante reconheça os méritos do texto de Poulantzas e recomende enfaticamente a leitura, Villey demonstra uma divergência teórica em relação ao autor grego, em razão do humanismo e do idealismo presentes nas concepções defendidas na tese, as quais se distanciavam da leitura villeyana que propugnava um retorno ao direito natural clássico. Acerca do caminho seguido por Poulantzas, Villey observa:

> Poulantzas não admite que o valor seja pré-constituído e imposto pela natureza; nesse ponto ele permanece moderno. E tomando por premissas as teses do existencialismo sartreano, ele coloca que o homem cria os valores, pelo seu "projeto livre". Somente, além disso, Poulantzas explorará as pesquisas da dialética hegeliana-marxista (e de Sartre, por último), e nos mostrará o valor, em um primeiro momento surgido do projeto do homem, encarnar-se, em seguida, nas coisas, porque as coisas são produto do trabalho do homem; então, a "natureza" transformada pela ação humana. Tudo remonta, então, como quer Marx, a uma *práxis* originária, mas dialeticamente o valor se "totaliza" com o fato em uma natureza que é enriquecida e humanizada por um devir incessante, e se encontra assim carregada de sentido e acrescida ela própria de valor. (...) E mesmo Poulantzas parece timidamente restaurar até a ideia de "direito natural" quando, ressentindo as fragilidades da tese existencialista que não se importa com qual projeto humano mesmo "gratuito" e todo arbitrário seria criador de valor, ele afirma suas preferências pelos projetos e as ações que servem à liberdade humana, o florescimento universal da liberdade no mundo; unicamente as ações seriam produtoras de "valores válidos". (...) É um novo empréstimo a Sartre por último, e atrás daquele que me parece fazer avistar a sombra de Kant, e sua noção de

---

de droit de Paris". *Archives de Philosophie du Droit*, nº 10 – *Philosophes d'aujourd'hui en présence du droit.* Paris: Sirey, 1965, pp. 170/171).

> "direito natural". Poulantzas terá até o fim mantido suas promessas de nos livrar dos erros do idealismo?[612]

Villey se mostra crítico à filiação de Poulantzas ao que ele chama "dogma marxista do progresso", o qual sustenta que a "história caminha fatalmente em direção à liberdade".[613] Interessante notar que, conforme veremos mais adiante, as críticas empreendidas por Villey são comungadas pela leitura althusseriana do marxismo.

Para o intelectual francês, o esforço de Poulantzas para ultrapassar a dicotomia entre fato e valor, não obstante seja notável, não logra o intento almejado e termina por recair no positivismo

---

612 No original: "M. Poulantzas n'admet pas que la valeur soit préconstituée et imposée par la 'nature'; en ce point il demeure moderne. Et prenant pour prémisses les théses de l'existencialisme sartrien, il pose que l'homme crée les valeurs, par son 'projet libre'. Seulement, en outre, M. Poulantzas exploitera les ressources de la dialectique hégelienne-marxiste (et de Sartre, dernière manière), et nous montrera la valeur, en un premier moment surgie du projet de l'homme, s'incarner ensuite dans les choses, parce que les choses sont le produit du travail de l'homme; donc la 'nature' transformée par l'action humaine. Tout remonte donc, comme le veut Marx, à une praxis originaire, mais dialectiquement la valeur se 'totalise' avec le fait dans une nature qui est enrichie et humanisée par un devenir incessant, et se retrouve ainsi chargée de sens et grosse elle-même de valeur. (...) Et même M. Poulantzas paraît timidement restaurer jusqu'à l'idée de 'droit naturel' lorsque, ressentant les faiblesses de la thèse existencialiste que n'importe quel projet humain même 'gratuit' et tout arbitraire serait créateur de valeur, il affirme ses préférences pour les projets et les actions qui servent la liberté humaine, l'épanouissement universel de la liberté dans le monde; seules ces actions seraint productrices de 'valeurs valables' (...) C'est un nouvel emprunt à Sartre dernière manière, et derrière lequel il me semble apercevoir l'ombre de Kant, et sa notion de 'droit naturel'. M. Poulantzas aura-t-il jusqu'au bout tenu ses promesses de nous affranchir des errements de l'idéalisme?". (VILLEY, Michel. "Préface". *In*: POULANTZAS, Nicos. *Nature des choses et droit – Essai sur la dialectique du fait et de la valeur*. Paris: Librairie Générale de Droit et de Jurisprudence, 1965, pp. IX-X).

613 VILLEY, Michel. "Préface". *In*: POULANTZAS, Nicos. *Nature des choses et droit – Essai sur la dialectique du fait et de la valeur*. Paris: Librairie Générale de Droit et de Jurisprudence, 1965, p. XI.

juridíco justamente por não conseguir se desvencilhar das amarras do idealismo moderno.[614]

Poulantzas, na ótica villeyana, tem a perspicácia de identificar corretamente o problema instrínseco à filosofia dualista moderna, contudo, não é bem sucedido na forma de resolver a questão, haja vista que a forma de opor-se à dicotomia seria recorrer à filosofia aristotélico-tomista, a única capaz de resolver o problema. O retorno ao direito natural clássico seria a maneira de superar a dicotomia entre fato e valor engendrada pela modernidade. Assim, Villey se contrapõe à noção de progresso da filosofia, aliás, a própria

614 "M. Poulantzas a choisi en reallité de reconnaître comme valeur suprême l'exaltation de la puissance de l'humanité, ce qui est un choix très bien porté dans notre societé moderne (...) Admettons pourtant, puisque tels sont les préjugés de notre temps, admettons provisoirement que la liberté absolue de chacun soit le bien suprême, et ceci cadre avec le reste du système de M. Poulantzas. Je demande à M. Poulantzas quel fruit il en pourra tirer pour la philosophie du droit. (...) Le droit a pour office de partager les biens et honneurs entre les parties aux procès, ou les membres d'un groupe social, d'attribuer à chacun le sien. Comment l'idée de *liberté*, notion strictement relative à l'individu, me fournirait-elle un critère pour cette répartitions de biens? En quoi pourrait-elle nous aider à concevoir le contenu de cet ordre juridique nouveau, que dans le dernières pages de son livre l'auteur semble appeler de ses vouex par la voie révolutionnaire? Aussi bien M. Poulantzas nous invite, en définitive, à modeler le droit sur l'état effectif de l'infrastructure, résultat de l'activité effective des hommes dans l'histoire; il est seulement sous-entendu que cette activité se dirige nécessairement vers le progress; que l'histoire vers l'épanouissement des libertés de tous les hommes (il m'est hélas impossible de participer à cette mystique irrationnelle, mystique marxiste qui est le secret du système de M. Poulantzas). (...) En fin de compte, M. Poulantzas retombe dans le positivisme; la source du droit c'est bien le fait, *n'importe quel fait*, même qui n'a point de 'valeur valable', n'importe quel acte de homme (car il est gratuit de supposer que ce fait serve la liberté), c'est tribunal de l'histoire. M. Poulantzas ne s'est pas dégagé du lourd héritage (et sans doute pourrait-on le dire tout aussi bien des philosophes qui ont été ses inspirateurs) du positivisme moderne. Je ne crois-pas qu'il ait vraiment réussi le dépassement de la dichotomie moderne entre le fait et la valeur". (VILLEY, Michel. "Phénomenólogie et existencialo-marxisme à la Faculté de droit de Paris". *Archives de Philosophie du Droit*, nº 10 – *Philosophes d'aujourd'hui en présence du droit*. Paris: Sirey, 1965, p. 175).

concepção de progresso em seu aspecto material é contestada por Villey, como já vimos.[615]

No artigo *Historique de la nature des choses*, publicado na revista *Archives de Philosophie du Droit*, em 1965, Villey traça uma distinção entre a visão de "natureza das coisas" dos antigos e dos modernos. No texto, ele se refere ao pensamento de Poulantzas que, na época, vinculava-se a uma concepção exististencialista-marxista e a partir daí buscava a sua definição para a natureza das coisas. Nesse texto, Villey assim se manifesta:

> O direito natural não está morto. Que, por exemplo, teorias de Maihofer ou Poulantzas (...) me desculpem, mas isso que nas suas teorias da natureza das coisas é talvez o mais sedutor me parece ser uma reprise do direito natural de Aristóteles.

---

615 "(...) puisque c'est à titre principal la philosophie des modernes d'où sort l'actuelle dichotomie entre le fait et la valeur, il aurait été expédient de lui opposer la doctrine adverse, c'est-à-dire les philosophies que l'ont précédée. (...) On ne me pardonnerait pas de redire quelle était la philosophie d'Aristote et de Saint-Thomas (...) et ce n'en est pas ici le lieu; mais dans cette philosophie, on trouve justement une réponse au problème de M. Poulantzas. Cette philosophie réunit, réconcilie être et valeur: *Ens et bonun convertantur* écrivait du moins Saint Thomas. M. Poulantzas le sait bien. Le droit naturel n'etait donc selon ces auteurs point tiré d'une raison 'pure'. Mais de l'être même mais des 'choses', mais de l'observation des œuvres ou institutions humaines (...). Et non seulement le droit naturel d'Aristote et de Saint Thomas sait beaucoup mieux retrouver la valeur incluse dans la nature des choses, que ne fait la philosophie de M. Poulantzas; mais il fonde en particulier les *valeurs du droit*, la justice, le juste rapport entre les biens partagés entre les personnes, à quoi ne parvient pas tout le système de M. Poulantzas. (...) Pour cette philosophie classique, l'homme est 'politique'; les cités mêmes sont spontanément des produits conformes au plan de la nature et donc nous pouvons découvrir *dans* certains groupements sociaux tels que les réalisent les hommes de substantiels *modéles de droit*. Pour nous juristes, le dépassement de la séparation moderne entre les faits qu'observe la science et une prétendue raison pure dont naîtraient les normes, c'est jusqu'à plus ample informé dans le droit naturel classique qu'il nous convient de chercher". (VILLEY, Michel. "Phénomenólogie et existencialo-marxisme à la Faculté de droit de Paris". *Archives de Philosophie du Droit*, nº 10 – *Philosophes d'aujourd'hui en présence du droit*. Paris: Sirey, 1965, p. 176).

> Aristóteles ensinava já que o direito não é criação pura do intelecto humano; mas isso que o intelecto humano haure na vida social histórica, no produto das ações humanas (porque os atos humanos, segundo ele, revelariam a ordem da natureza). E, aliás, os inspiradores de Poulantzas, Hegel, o próprio Marx, devem muito a Aristóteles. (...) Ou talvez esses autores recentes seriam antes esquartejados entre a herança persistente do nominalismo moderno e a nostalgia do retorno ao realismo clássico? Ou verdadeiramente conseguiram, graças aos métodos originais da dialética, da intuição fenomenológica, no seu sentido novo de existência, um salto à frente, a síntese entre os sistemas "clássicos" e modernos da natureza das coisas? Eu espero com curiosidade ver se eles fazem melhor do que Aristóteles.[616]

Insta salientar, como dissemos, que a tese de Doutorado de Poulantzas foi orientada por Villey e, de algum modo, a influência do orientador se fez sentir. Conquanto Villey fosse um professor que tinha como marca o respeito constante pelo caminho teórico seguido por seus alunos – conforme destaca, por exemplo,

---

616 No original: "Le droit naturel n'est pas mort. Que par exemple théories de M. Maihofer ou M. Poulantzas (...) m'en excusant, mais ce qui dans leurs théories de la nature de choses est peut-être le plus séduisant me paraît être une reprise du droit naturel d'Aristote. Aristote enseignait dejà que le droit n'est pas création pure de l'intellect humain; mais ce que l'intellect humain le puise dans la vie sociale historique, dans le produit des actes humains (parce que ces actes humains, selon lui, révèleraient l'ordre de la nature). Et d'ailleurs les inspirateurs de M. Poulantzas, Hegel, Marx lui-même, devaient beaucoup à Aristote. (...) Ou peut-être ces auteurs récents seraient-ils plutôt écartelées entre l'héritage persistant du nominalisme moderne et la nostalgie du retour au réalisme des classiques? Ou vraiment ont-ils réussi, grâce aux méthodes originales dela dialectique, de l'intuition phénoménologique, à leur sens nouveau de l'existence, un bond en avant, la synthèse entre les systèmes 'classiques' et modernes de la nature des choses? J'attends avec curiosité de voir s'ils font mieux qu'Aristote". (VILLEY, Michel. "Historique de la nature des choses". *Archives de Philosophie du Droit*, nº 10 – *Philosophes d'aujourd'hui en présence du droit.* Paris: Sirey, 1965, p. 283).

Arnaud,[617] – nota-se certa ascendência do mestre na obra de Poulantzas. Afinal, o incômodo em face da dicotomia entre fato e valor característica da filosofia moderna e a busca de sua superação são questões típicas do pensamento villeyano. A diferença entre mestre e discípulo reside no trajeto escolhido para a superação do referido dualismo. A oposição ao juspositivismo também é um traço presente na tese de Poulantzas,[618] tal como seu mestre Villey – ainda em que uma perpspectiva teórica distinta –, e nesse sentido o autor grego é enfático ao afirmar: "constata-se já nossa oposição ao positivismo jurídico".[619]

Interessante notar que o anti-humanismo característico da leitura althusseriana do marxismo, que influenciará decisivamente

---

617 ARNAUD, André-Jean. "Michel Villey: une tolérance insinuante. Portrait d'un maître". *Revista da Faculdade de Direito da Universidade de São Paulo*, São Paulo, p. 869, jan. 2012. Disponível em: http://www.revistas.usp.br/rfdusp/article/view/67970/70578. Acessado em: 23.06.2018.

618 "Nous avons ainsi tenté d'établir que toute valeur, norme ou règle juridique est totalisée structurellement et dialectiquement avec le fait. Tout phénomène juridique existant, déjà là, a sa source génétique dans la réalité humaine. Cependant n'hésitons pas à dire les choses par leur nom: notre étude ne paraît-elle pas aboutir à un positvisme juridique dont les conséquences néfastes sont trop bien connues pour que nous y insistions? En effet, si le fait même qu'une valeur se soit matérialisée dans un ordre juridique positif signifie qu'elle est totalisée avec la seule source de valeur que nous ayons reconnue, la nature des choses, la praxis humaine, cela ne conduit-il pas au fameux 'amor fati', à l'adoration du fait accompli, à la reconnaissance de cette valeur comme, par ce fait même, 'valable'? (...) Ayant rejeté toute notion et valorisatrice d'une quelconque transcendance, dans le sens classique du terme, ayant, qui plus est, constaté la totalisation *génétique* de la valeur e du fait, sommes-nous pour autant acculés au positivisme? Nous croyons en fait que nos analyses conduisent nécessairement au dépassement de ce positivisme". (POULANTZAS, Nicos. *Nature des choses et droit – Essai sur la dialectique du fait et de la valeur*. Paris: Librairie Générale de Droit et de Jurisprudence, 1965, pp. 344/345).

619 No original: "A partir de ces remarques, on constate déjà notre opposition au positivisme juridique". (POULANTZAS, Nicos. *Nature des choses et droit – Essai sur la dialectique du fait et de la valeur*. Paris: Librairie Générale de Droit et de Jurisprudence, 1965, p. 346).

a obra de Poulantzas após sua fase existencialista, significa, de certo modo, e por vias reversas, uma maior aproximação com o pensamento de Michel Villey. O pensamento villeyano, como vimos, é marcadamente anti-humanista e muitas das críticas que Villey tece à tese de Poulantzas são plenamente comungadas pelo marxismo althusseriano. Porém, a distinção entre o pensamento de Villey e o marxismo althusseriano reside, dentre outros diversos pontos, além da diferença de horizontes, no fato de que o althusserianismo postula uma ruptura com a filosofia burguesa e com as estruturas sociais capitalistas, que engendram a ideologia jurídica, e, por sua vez, o jurista francês defende um retorno às concepções clássicas da filosofia e do direito. Ainda assim, talvez as críticas empreendidas por Villey à tese de Poulantzas, de alguma maneira, tenham terminado por exercer alguma espécie influência no pensamento do autor grego.

A aproximação de Poulantzas com o pensamento de Althusser,[620] em obras como *Fascisme et dictature* e *Pouvoir politique et classes sociales de l'état capitaliste*, representará uma ruptura com sua fase sartreana. Posteriormente, contudo, o autor grego também irá se distanciar em alguns pontos do pensamento althusseriano, buscando distinguir as suas próprias concepções teóricas daquelas de Althusser. Isso se dará, por exemplo, na abordagem que Poulantzas fará acerca dos aparelhos ideológicos de Estado e dos aparelhos repressivos de Estado, embora, em linhas gerais, a

620 "Poulantzas was associated with the Althusserian circle at the École Normale Supérieure in the Rue d'Ulm and helped to popularise the structuralist approach in political analysis. For many years Poulantzas regularly met and discussed theoretical and political problems with Althusser on a close and personal basis. But he did not belong to the core of the Althusserian group. This consisted largely in Althusser's students whereas Poulantzas was already an established intellectual figure with a developed theoretical position". (JESSOP, Bob. *Nicos Poulantzas*: Marxist Theory and Political Strategy. Londres: Macmillan, 1985, p. 14).

proximidade com a leitura althusseriana do marxismo seja ainda bastante significativa.[621]

No texto *La théorie marxiste du droit* – publicado em 1967 na Revista *Archives de philosphie du droit*, em um volume inteiramente dedicado ao pensamento marxista acerca do direito, intitulado *Marx et droit moderne* –, Poulantzas já se filia, em grande parte, à leitura althusseriana do marxismo, deixando evidenciado o abandono do humanismo, por parte de Marx, em sua obra de maturidade, conforme se verifica no excerto a seguir:

> O lugar do sujeito é ocupado, no jovem Marx, pelos "indivíduos concretos-homem genérico", essência da sociedade. Os níveis da superestrutura, no caso do direito e do Estado, são considerados de acordo com o modelo de *alienação*: eles constituem fenômenos mentirosos e falsos, mistificações cuja única função é mascarar a essência da realidade social que consistiria, no homem genérico, indivíduos concretos. O Estado e o direito são identificados aqui com a ideologia que recebe o *status* de um fenômeno alienante. É a concepção "humanista" do marxismo que continua atualmente a causar estragos entre os estudiosos marxistas. (...) Por outro lado, Marx da maturidade abandona essa concepção de uma essência do homem como princípio central da sociedade e da história para se referir às *estruturas*. Ao fazê-lo, ele de fato opera uma verdadeira *ruptura teórica* com suas concepções de juventude, abandonando definitivamente a problemática historicista do sujeito. Esse corte se desenha já na *Ideologia alemã* e se solidifica no *Prefácio da Contribuição à crítica à economia política*. (...) De fato, para Marx da maturidade, uma estrutura social, um modo de produção ou uma formação social, consiste em um conjunto de níveis com estruturas próprias e eficácia específica em

621 MOTTA, Luiz Eduardo. "Poulantzas e o Direito". *Dados - Revista de Ciências Sociais*, vol. 53, nº 2, p. 386. Rio de Janeiro: Instituto de Estudos Sociais e Políticos da Universidade do Estado do Rio de Janeiro, 2010.

dominância, em última instância, da economia. A unidade de uma formação social ou de um modo de produção não está de forma alguma relacionada a uma contradição simples e originária – a contradição econômica Capital-Trabalho – produzindo, em seu autodesenvolvimento da essência da existência, os diversos momentos-níveis-elementos em uma equivalência circular. A unidade social é sempre *complexa*, no sentido de que as estruturas econômicas só podem ser localizadas, como dominantes em última instância, no interior dessa unidade (...). O econômico não constitui de modo algum um *sujeito central* da unidade: essa unidade consiste em uma *descentração* dos diversos níveis, em um *deslocamento* originário das instâncias de todo um *complexo* no qual o econômico detém a dominância em última instância. (...) Essas observações nos levam a concluir que a especificidade e a eficácia próprias de um nível particular da estrutura – *digamos o direito* – não dependem de sua *natureza*, mas de seu *lugar* e de sua *função* em um tipo *relações* de nível no interior de uma unidade complexa.[622]

---

622 No original: "La place du sujet est tenue, chez Marx jeune, par les 'individus concrets-homme générique', essence de la societé. Les niveaux de la superesructure, en l'occurance le droit et l'Etat, sont considérés suivant le modèle de l'*aliénation*: ils constituent des phénomènes mensongers et faux, des mystifications dont la seule fonction est de masquer l'essence de la réalité sociale qui consisterait dans l'homme générique-individus concrets. L'Etat et le droit s'identifient ici à l'idéologie qui reçoit le statut d'un phénomène aliénant. C'est la conception 'humaniste' du marxisme qui continue actuellement à faire des ravages parmi les chercheurs marxistes. (...) Par contre, Marx de la maturité abandonne cette conception d'une essence de l'homme comme principe central de la société et de l'histoire pour se référer à des *structures*. Ce faisant, il opère en fait une véritable *coupure théorique* avec ses conceptions de la jeunesse en abandonnant définitivement la problématique historiciste du sujet. Cette coupure se dessine déjà dans l'*Idéologie allemand* et se solidifie dans la *Préface à la Contribution à la critique de l'économie politique*. (...) En effet, pour Marx de la maturité, une structure sociale, un mode de production ou une formation sociale, consiste en un ensemble de niveaux à structures propres et efficace spécifique à dominance, en dernière instance, de l'economique. L'unité d'une formation sociale ou d'un mode de production n'est nullement rapportée à une contradiction simple et originaire – la contradiction économique Capital-Travail – produisant, dans son

O último livro de Poulantzas – que faleceu jovem, aos 43 anos –, *L'État, le pouvoir, le socialisme*, é marcado por uma parcial adesão ao pensamento de Michel Foucault, procurando estabelecer um diálogo entre as concepções teóricas do autor francês e o marxismo, especialmente no que tange ao estudo das relações de poder empreendido por Foucault.[623]

4.1.2.2 André-Jean Arnaud

Tal como Nicos Poulantzas, André-Jean Arnaud foi discípulo de Michel Villey em sua formação intelectual. O orgulho dessa trajetória acadêmica transparece nitidamente em sua conferência proferida na Advocacia Geral da União do Rio de Janeiro, em homenagem a Michel Villey, na data de 23 de maio de 2011, publicada na *Revista da Faculdade de Direito da Universidade de São Paulo*, na qual demonstra profunda admiração e respeito por seu Mestre,[624] na época, já falecido, conforme se verifica no seguinte excerto:

---

auto-développement de l'essence à existence, les divers moments-niveaux-éléments dans une équivalence circulaire. L'unité sociale est toujours *complexe*, en ce sens que les structures économiques ne peuvent être localisées, comme dominantes en dernière instance, qu'a l'intérieur de cette unité (...). L'économique ne constitue nullement un quelconque *sujet central* de l'unité: cette unité consiste une *décentration* des divers niveaux, en un *décalage* originaire des instances d'un tout *complexe* à l'intérieur duquel l'économique détient la dominance en dernière instance. (...) Ces remarques nous conduisent à conclure que la spéficité et l'efficace propres d'un niveau particulier de la structure – *disons le droit* – ne dépend pas de sa *nature*, mais de sa *place* et de sa *fonction* dans un type de *rapports* des niveaux à l'intérieur d'une unité complexe". (POULANTZAS, Nicos. "A propos de la théorie marxiste du droit". *Archives de Philosophie du Droit*, nº 12 – *Marx et le droit moderne.* Paris: Sirey, 1967, pp. 149-151).

623 MOTTA, Luiz Eduardo. "Poulantzas e o Direito". *Dados - Revista de Ciências Sociais*, vol. 53, nº 2, p. 388. Rio de Janeiro: Instituto de Estudos Sociais e Políticos da Universidade do Estado do Rio de Janeiro, 2010.

624 "Michel Villey, em livro publicado em português, afirmou que foi meu Mestre. Esta foi a razão de um honroso convite para dele falar de uma

> Gostaria, antes de terminar essas poucas palavras sobre meu querido Mestre, recordar um acontecimento de caráter pessoal. Isso ocorreu num evento organizado pelo Professor Michel Troper, grande constitucionalista e filósofo do direito, na Universidade de Paris X, sobre o tema do ensino da Filosofia do Direito, pouco antes do falecimento de Michel Villey. Ele falou, como sempre, da impossibilidade de ensinar a Filosofia do Direito. Eu falei, logo após, enfatizando que o ensino da Filosofia do Direito – a meu ver – é antes de mais nada a aprendizagem da crítica, do rigor e da abertura, a partir das leituras dos grandes pensadores. (...) Após o encerramento, Michel Villey e eu nos afastamos para conversar. "Arnaud", disse-me ele, "no final das contas, você terá sido o meu único verdadeiro discípulo". Fiquei muito emocionado. Ainda fico emocionado. Que honra para mim![625]

---

maneira absolutamente informal sem preocupação de uma temática específica. O texto que o leitor encontrará nas páginas seguintes representam uma modesta tentativa de responder a essa expectativa, cujo objetivo era o de homenagear o grande historiador e filósofo do Direito, meu Mestre o Professor Michel Villey, que, infelizmente, deixou-nos há pouco mais de 20 anos. (...) Pessoalmente, tive a chance de conviver de perto com o Michel Villey na minha juventude, em primeiro lugar quando estava escrevendo minha tese de doutorado sob sua orientação, e posteriormente como Pesquisador – Research Fellow e Senior Researcher – no Centro de Filosofia do Direito da Universidade de Paris, que ele dirigia com o Prof. Batiffol, Professor de Direito Internacional Privado e membro da Academia das Ciências Morais e Políticas. Ele e sua família sempre me receberam com muito carinho. Posso confessar que sempre o considerei como um verdadeiro pai, pois nosso relacionamento era como de um pai para filho e de um filho para pai, o que significava conviver também com as muitas divergências e com isso aprendi a crescer. Ele me ensinou tudo". (ARNAUD, André-Jean. "Michel Villey: une tolérance insinuante. Portrait d'un maître". *Revista da Faculdade de Direito da Universidade de São Paulo*, São Paulo, pp. 867/868, jan. 2012. Disponível em: http://www.revistas.usp.br/rfdusp/article/view/67970/70578. Acessado em: 23.06.2018).

625 ARNAUD, André-Jean. "Michel Villey: une tolérance insinuante. Portrait d'un maître". *Revista da Faculdade de Direito da Universidade de São Paulo*, São Paulo, p. 879, jan. 2012. Disponível em: http://www.revistas.usp.br/rfdusp/article/view/67970/70578. Acessado em: 23.06.2018.

Arnaud percorreu trilhas diversas em sua trajetória intelectual, desde o momento em que foi orientado por Villey em seu Doutorado. Sua tese, intitulada *Les origines doctrinales du Code civil français*, foi publicada em 1969 e contou com prefácio de Villey. Nessa obra, Arnaud se debruça sobre o processo de elaboração do Código Civil francês, mapeando as correntes de pensamento que influenciaram a redação do texto legislativo. Nesse ponto, interessante destacar algumas considerações de Arnaud:

> Os defensores da corrente empírica procuraram alcançar um *Código* com o uso de leis positivas, direito romano, costumes, legislação real e eventualmente até direito canônico. Aqueles que defendiam, pelo contrário, a corrente racionalista, primeiro buscavam a conformidade de toda regra à razão. (...) A história do desenvolvimento do *Código Civil* é a de uma constante oscilação entre esses dois movimentos intelectuais antes da vitória final do racionalismo jusnaturalista e axiomático moderno.[626]

A obra *Essai d'Analyse Structurale du Code Civil Français – La Règle du jeux dans la paix bourgeoise*, de 1973, foi produzida no período de aproximação com o marxismo. Nela, o jurista busca demonstrar que o Código Civil francês fora concebido de modo a atender aos interesses da burguesia em ascensão, daí as fortes inspirações humanistas e individualistas típicas do pensamento moderno que presidiram à elaboração do texto legislativo.

---

626 No original: "Les tenants du courant empirique cherchaient à réaliser un *Code* à l'aide des lois positives, Droit romain, coutumes, législation royale, Droit canonique, éventuellement, même. Ceux qui tenaient, au contraire, pour le courant rationaliste, recherchaient d'abord la conformité de toute règle à la raison. (...) L'histoire de l'élaboration du *Code civil*, est celle d'un balancement constant entre ces deux mouvements intellectuels avant la victoire finale du rationalisme jusnaturalistique et axiomatique moderne". (ARNAUD, André-Jean. *Les origines doctrinales du Code civil français*. Paris: Librairie génerale de droit et de jurisprudence, 1969, p. 216).

No prefácio ao livro de André-Jean Arnaud, Villey, logo de início, explicita as diferenças de concepções existentes entre ele e seu discípulo:

> Outros seriam mais qualificados do que eu para apresentar este livro. O que eu somente posso aqui, de minha parte, oferecer ao leitor, é apenas o ponto de vista de um historiador, entregue por seu ofício sensível à verdade superior das antigas tradições esquecidas. E o Sr. Arnaud pertence a outra escola. Ele é um "franco-atirador", destruidor de rotinas intelectuais e dos conformismos presentes, mas sem retornar às velhas ideias.[627]

Villey destaca a interdisciplinaridade que norteia a produção intelectual de Arnaud, que não se restringe às citações bibliográficas de juristas, mas em sua obra recorre à diversos pensadores, tais como Levi-Strauss, Michel Foucault, Karl Marx e até mesmo cineastas como Jean Renoir, Jean-Luc Godard e Pier Paolo Pasolini.

Não obstante os elogios constantes no prefácio, Villey tece críticas à visão marxista de Arnaud acerca dos interesses que presidiram à elaboração do Código de Napoleão. Em certa medida, as colocações constantes no prefácio, demonstram a limitação do potencial crítico do pensamento villeyano. Nas palavras de Villey:

> Mas como Arnaud quer me oferecer o espaço necessário, aproveito-o para dizer minha opinião, pelo menos provisória.

627 No original: "D'autres seraient plus qualifiés que moi pour présenter ce livre. Ce que je puis ici seulement, pour ma part, offrir au lecteur, n'est que le point de vue d'un historien, rendu par son métier sensible à la vérité supérieure d'anciennes traditions oubliées. Et M. Arnaud appartient à une autre école. C'est un 'franc-tireur', destructeur des routines intellectuelles et des conformismes présents, mais sans pour autant retourner aux idées anciennes". (VILLEY, Michel. "Préface". *In*: ARNAUD, André-Jean. *Essau d'analyse structurale du Code Civil Français – La règle du jeu dans la paix bourgeoise.* Paris: Librairie génerale de droit et de jurisprudence, 1973, p. I).

> É verdade que neste trabalho tenho medo de que verdades *parciais* possam ser confundidas com verdades *totais*: às vezes me permito dizer que isso foi erro do estruturalismo. (...) E, certamente, em primeiro lugar, do marxismo. Na minha opinião, a visão marxista da função do direito moderno é apenas abstrata e fragmentária, como tudo o que sai da ciência; e – na medida em que é tomada por uma descrição total – torna-se falsa, grosseiramente caricatural. Arnaud, como marxista, atribui à lei uma função única: servir aos interesses de uma classe. Mas podemos definir um fim ou uma "função" do Código Civil? (...) É bem verdade que Portalis ou Napoleão estavam, em parte, "objetivamente", a serviço das classes possuidoras. Eu não tomo Portalis e seus acólitos por "santinhos"; nem exatamente por "sacerdotes da justiça", como o *Digesto* define os jurisconsultos. Mas a pintura das intenções (inconsistentes) dos autores do Código, parece-me, neste livro, demasiadamente lançada no escuro. Demasiado sistemática: não existe uma ruptura tão radical entre o direito da "época burguesa", daquele das sociedades antigas ou da nossa própria. (Sendo um historiador, eu não posso acreditar tanto quanto os marxistas na história). Portalis certamente guardou de sua educação como jurista, em algum canto de seu cérebro, algum senso do justo. Esse fim do justo que, na linha de Aristóteles e de São Tomás, por nossa parte, nós atribuímos à atividade dos juristas, esse objetivo de uma justa partilha, que supõe o confronto de todos os objetivos particulares e de todas as ideologias, Arnaud o considera nebuloso. Eu acredito, contudo, que ela foi nutrida do melhor e do mais durável da obra dos juristas romanos e de seus sucessores na Europa – e que ela não estava mesmo ausente do texto de 1804. O direito não é o reino da simplicidade, mas uma mistura de bem e de mal, de virtude e de pecado, de intenções díspares e incoerentes. Nenhum jurista se contenta em ser apenas parcial e o Código Civil não atende apenas aos interesses de uma classe.[628]

---

628 No original: "Mais puisque Arnaud veut bien m'offrir l'espace nécessaire, j'en profite pour dire mon avis, au moins provisoire. Il est que dans cette œuvre je crains que des verités partielles ne se prennent pour vérités totales: je me

De certo modo, Villey, em seus textos, comunga de algumas críticas de Arnaud ao pensamento moderno que inspirou as legislações burguesas, como o Código de Napoleão. Contudo, Villey demonstra, no referido prefácio, um certo incômodo com a radicalidade da crítica de Arnaud, uma vez que o seu discípulo focará, não apenas na crítica ao humanismo e ao individualismo burgueses, mas também na questão da luta de classes.

Na referida obra, na esteira de Villey, Arnaud aborda a imbricação entre jusnaturalismo e juspositivismo, conforme se verifica no excerto a seguir:

---

suis quelquefois laissé que c'était le tort du structuralisme. (...) Et, sûrement, d'abord du marxisme. A mon sens, la vision marxiste de la fonction du droit moderne n'est qu'abstraite et que fragmentaire, comme tout ce qui sort de la science; et – dans la mésure où elle se prend pour une description totale – elle devient fausse, grossièrement caricaturale. Arnaud, comme marxiste, attribue au droit une fonction unique: servir les intérêts d'une classe. Mais peut-on définir une fin, ou une 'fonction' du Code civil? (...) Il est très vrai que Portalis ou Napoléon furent pour une part, 'objectivement', au service des classes possédantes. Je ne prends pas Portalis et ses acolytes pour de petit saints; ni tout à fait pour des 'prêtres de la justice', comme le Digeste définit les jurisconsultes. Mais la peinture des intentions (inconsistentes) des auteurs du Code, me semble dans ce livre, trop poussée au noir. Trop systématique: il n'y a pas une rupture aussi radicale entre le droit 'de l'époque bourgueoise', celui des sociétés anciennes, ou le nôtre propre. (Etant historien, je ne puis croire autant que les marxistes à l'histoire). Portalis a sûrement gardé de son éducation de juriste, en quelque recoin de son cerveau, quelque sens du juste. Cette fin du juste que, dans la ligne d'Aristote et de Saint Thomas, pour notre part nous attribuons à l'activité des juristes, cette visée d'un partage juste, qui supose la confrontation de tous les buts particuliers et de toutes les idéologies, Arnaud l'estime nébuleuse. Je croi pourtant qu'elle a nourri le meilleur et le plus durable de l'ouvre des juristes romains et de leurs successeurs en Europe – et qu'elle ne fut pas même absente du text de 1804. Le droit n'est pas le royaume de la simplicité, mais une mélange de bien et de mal, de vertu et de péché, d'intentions disparates et incohérentes. Aucun juriste ne se contente de n'être que partial, et le Code civil ne fait pas que servir les intérêts d'une classe". (VILLEY, Michel. "Préface". *In*: ARNAUD, André-Jean. *Essai d'analyse structurale du Code Civil Français – La règle du jeu dans la paix bourgeoise*. Paris: Librairie génerale de droit et de jurisprudence, 1973, pp. III-IV).

> Geralmente, os jogadores tomam conhecimento das regras do jogo antes de iniciar a partida. Ora, um pouco como no universo kafkiano, isso é tão falso no jogo da Sociedade onde nós nos encontramos colocados, que tivemos que criar o brocardo *Nemo censetur*: ninguém deveria ignorar a lei. É significativo que o brocado data do final do século XIX, ou seja, de uma época em que o Código Civil não se orgulhava mais de uma suposta simplicidade. A regra, que poderia ser jusnaturalista, significando que ninguém poderia ignorar um conjunto de preceitos gravados em seu coração ou em sua Razão, é, pelo contrário, o sinal do triunfo do positivismo jurídico. O direito é uma emanação do poder legislativo, e é dever de todo cidadão se informar da regra do jogo, e de eventuais modificações nela feitas para garantir sempre o bom andamento da partida. (...) Mas, exaltando a oposição ao naturalismo/positivismo, a filosofia do direito burguesa busca encerrar os críticos em um dilema fictício. No que concerne mais precisamente ao Código Civil Francês, a alternativa se resumiria em um paradoxo: como esse Código, que passa por um dos primeiros monumentos, e fundamental, do positivismo jurídico, pôde nascer do jusnaturalismo racionalista "moderno".[629]

---

629 No original: "D'ordinaire, les joueurs prennent connaissance de la règle du jeu avant d'engager la partie. Or, un peu comme dans l'univers kafkaïen, cela est si faux du jeu de Société où nous nous trouvons engagés, qu'il a fallu créer l'adage *Nemo censetur*: personne n'est censé ignorer la loi. Il est significatif que le brocard date de la fin du XIXe siècle, c'est-à--dire d'une époque où le Code civil ne tirait plus fierté d'une prétendue simplicité. La règle, qui eût pu être jusnaturalistique, signifiant alors que nul ne pouvait ignorer un ensemble de préceptes gravés dans sons coeur ou dans sa Raison, est, au contraire, le signe du triomphe du positivisme juridique. Le Droit est émanation du pouvoir législatif, et il est du devoir de tout citoyen de s'informer et de la règle du jeu, et des éventuelles modifications qui y sont apportées pour garantir toujours mieux le bon déroulement de la partie. (...) Mais, en exaltant l'opposition jusnaturalisme/positivisme, la philosophie du Droit bourgeoise cherche à enfermer les critiques dans un dilemme factice. En ce que concerne plus précisément le Code civil français, l'alternative se résumerait en un paradoxe: comment ce Code, qui passe pour l'un des premiers monuments, et fondamental,

Interessante observar que, na obra de Arnaud, o referencial teórico do estruturalismo de Claude Lévi-Strauss se faz bastante presente. O jurista francês chega inclusive a destacá-lo, dentre outros nomes, em seus agradecimentos no início da obra, conforme se verifica no excerto a seguir, no qual também Arnaud expressa sua gratidão ao mestre Villey:

> Um agradecimento especial deve-se àqueles que tiveram a gentileza de me esclarecer com seus conselhos: J. Carbonnier, o civilista; G. G. Granger, o lógico; J. Maillet, o historiador; G. Mounin, o linguista; M. Villey, o filósofo, mestre de meus primeiros ensaios, severo e precioso crítico dos seguintes. (...) Quanto ao autor da *Antropologia Estrutural*, a quem este ensaio deve seu sopro original, é provavelmente a ele que ele deveria ter sido dedicado. Ele não foi por respeito... por medo, apesar/por causa do precioso encorajamento que ele nos deu.[630]

Arnaud chegou a escrever um texto no qual aborda as obra de Georges Sarotte, *Le matérialisme historique dans létude du Droit*, e de Monique Weyl e Roland Weyl, *La part du droi dans la réalite et dans l'action*. No artigo, Arnaud critica o idealismo e o

du positivisme juridique, a pu naître du jusnaturalisme rationaliste 'moderne'". (ARNAUD, André-Jean. *Essai d'analyse structurale du Code Civil Français – La règle du jeu dans la paix bourgeoise*. Paris: Librairie génerale de droit et de jurisprudence, 1973, pp. 145/146).

630 No original: "Que soient ici particulièrement remerciés ceux d'entre eux qui ont bien voulu m'éclairer de leurs conseils: J. Carbonnier, le civiliste; G. G. Granger, le logicien; J. Maillet, l'historien; G. Mounin, le linguiste; M. Villey, le philosophe, maître de mes premiers essais, sévère et précieux critique des suivants. (...) Quant à l'auteur de l'*Antropologie structurale*, à qui le présent essai doit son souffle originaire, c'est probablement à lui qu'il eût dû être dédié. Il ne l'a pas été par respect... par crainte, malgré/en raison des précieux encouragements qu'il nous a prodigués". (ARNAUD, André-Jean. *Essai d'analyse structurale du Code Civil Français – La règle du jeu dans la paix bourgeoise*. Paris: Librairie génerale de droit et de jurisprudence, 1973, p. 1/2).

reformismo[631] presentes nas obras. Interessante notar que, tal como observa também Arnaud, a obra de Sarotte faz diversas referências a Villey,[632] no entanto, em certa medida, faz uma apreciação acerca do direito natural que se distancia do pensamento villeyano e se aproxima do humanismo marxista. Nesse ponto, observa Arnaud:

> Do direito natural, por exemplo, é suficiente para perceber que os homens o usaram historicamente em grandes transformações políticas e sociais, por considerá-lo, acredita Sarotte, como sendo a origem dos grandes princípios progressistas: respeito à vida, da pessoa humana, direito

---

631 "Pourtant, nos auteurs, d'une voix unanime, prêchent le réformisme. 'Il devient probable, écrit Sarotte, dans les conditions actuelles, où existent dans le monde des régimes se répartissant en trois secteurs différents, le secteur du capitalisme impérialiste, celui du socialisme et celui du 'tiers monde', que les révolutions socialistes, puissent s'accomplir en certains pays par les voies légales, mais ce serait à condition qu'ai été auparavent instituée une légalité vraiment démocratique' (S., p. 278). Ce n'est là que déplacer le problème en le situant au seuil de la 'légalité vraiment démocratique'. Mais il est vrai qu'il faut suivre de très près, à ce propos, l'évolution politique du Chili depuis Salvador Allende a été porté par les élections à la présidence de son pays. Et si les Weyl ont raison de limiter la violence 'à ses dimensions léninistes exactes, qui sont celles de la nécéssité, assimilable à la légitime défense' (W., p. 266), du moins, lorsq'on s'aperçoit, en lisant les deux ouvrages, qu'en fin de compte tout se ramène à un problème de 'légalité', on ne se prend à craindre que nos auteurs, juristes de profession, ne soient inévitablement absorbés par le système au sein duquel ils exercent et où l'opposition joue une rôle parfaitement intégré, et qui concourt à 'faire tourner' la machine étatique bourgeoise en place. Croire à un évitement possible de la violence en arguant du fait que le Droit est 'l'instrument de l'ajustement continu' (W., p. 286 et. s.), n'est-ce pas, même en précisant que cet 'évitement de la violence n'est pas acquis d'avance' (W., p. 288 et s.), croire à la possibilite du passage d'un système à un autre système par des moyens tirés du premier? Nous avons démontré, dans nos développements sur l'interprétation juridique, que cela paraissait pour ainsi dire impossible". (ARNAUD, André-Jean. "Regards marxistes français sur le droit actuel". *Achives de Philosophie du Droit*, nº 17 – *l'interpretation dans le droit*. Paris: Sirey, 1972, p. 481).

632 ARNAUD, André-Jean. "Regards marxistes français sur le droit actuel". *Achives de Philosophie du Droit*, nº 17 – *l'interpretation dans le droit*. Paris: Sirey, 1972, p. 475.

> à liberdade, dever de assistência e socorro, ideia de justiça (S., p. 208). Em suma, existe uma relação obrigatória entre direito natural e humanismo. Encontramos ali, não sem certa curiosidade, os grandes temas que enfeitam o livro muito contestável dos PPs. Calvez e Perrin (JY CALVEZ e J. PERRIN, Eglise et Société économique Aubier, 1959. Cf. a excelente parte crítica da análise de M. VILLEY, "Une enquête sur la nature des doctrines sociales chrétiennes", na A.P.D., 1960, p. 37 e segs.). Mas, no fundo, o que há de tão incrível nisso? Na época em que nossos juristas publicaram, Roger Garaudy ainda não estava excluído do Partido e até lançava uma quarta edição ampliada e atualizada de *Perspectives de l'Homme* (PUF, 1969). (...) Para dizer a verdade, todos esses autores concordam em um ponto: sua ignorância fundamental do que é jusnaturalismo.[633]

Com efeito, o humanismo[634] e o evolucionismo se fazem presentes na obra de Sarotte, além de um forte apelo moral, amplamente idealista, conforme se verifica no excerto a seguir:

---

633 No orginal: "Du droit naturel, par exemple, il suffit se rendre compte que les hommes y ont historiquement recours dans les grands bouleversements politques et sociaux, pour le considérer, estime Sarotte, comme étant à l'origine des grands principes progressistes: respect de la vie, de la personne humaine, droit à la liberté, devoir d'assistence et secours, idée de justice (S., p. 208). En somme, il y a un rapport obligatoire entre Droit naturel et humanisme. On retrouve là, non sans une certaine curiosité, les grands thèmes qui émaillent le livre très contestable des PP. Calvez et Perrin (J. Y. CALVEZ et J. PERRIN, *Eglise et Société économique* Aubier, 1959. Cf. l'excellente partie critique de l'analyse de M. VILLEY, 'Une enquête sur la nature des doctrines sociales chrétiennes', dans *A.P.D.*, 1960, p. 37 et s.). Mais, au fond, qu'y a-t-il là de si éttonant? A l'époque où nos juristes publiaient, Roger Garaudy n'était pas encore exclu du Parti et donnait même une 4ª édition, augmentée et mise à jour de *Perspectives de l'homme* (PUF, 1969). (...) A vrai dire, tous ces auteurs se rejoignent sur un point: leur méconnaissance fondamentale de ce qu'est le jusnaturalisme". (ARNAUD, André-Jean. "Regards marxistes français sur le droit actuel". *Achives de Philosophie du Droit*, nº 17 – *l'interpretation dans le droit*. Paris: Sirey, 1972, p. 476).

634 O extrato a seguir é bastante ilustrativo acerca do humanismo de Sarotte: "Mas há princípios antigos que ainda hoje permanecem válidos em todos os

> O progresso da vida social tende a conferir à moral um papel cada vez mais importante, que fará surgir um momento em que ela deixe de disputar ao direito a direção exclusiva da ordem social. Nesta última fase, o direito cede o lugar a uma moral totalmente renovada, em harmonia com os novos tempos. O direito, por sua essência, ao tender à perfeição, nega-se a si próprio, o direito perfeito converte-se em moral.[635]

Arnaud ainda escreveu outros textos de inspiração marxista, como por exemplo, uma análise do direito e da política na obra de Mao Tsé-Tung,[636] mas, posteriormente, seguiu por outros caminhos que o distanciaram, no aspecto teórico, tanto de Villey quanto do marxismo. De todo modo, o respeito por seu mestre permaneceu por toda a sua vida, inclusive, por meio da organização de uma coletânea de estudos em homenagem à Villey, intitulada *Michel Villey, vingt ans déjà*, da qual ele também participa com um texto, cuja proposição é um diálogo imaginário entre Villey e Hayek.[637]

---

regimes, pois exprimem necessidades fundamentais e permanentes da vida das sociedades como, por exemplo, o respeito da vida e da pessoa humana, o direito à liberdade (de início irrestrito, reconhecido depois como regra universal), o dever de assistência e de auxílio, a ideia de justiça. Todos estes princípios se podem reconduzir a três que os englobam: Segurança, Liberdade e Justiça; e estes, por sua vez podem resumir-se na concepção de um humanismo que até hoje ainda não se desenvolveu plenamente; a sua formação é lenta e supõe o conhecimento da unidade fundamental da espécie humana, exprime essencialmente a expectativa de relações fraternas entre todos os seus membros". (SAROTTE, Georges. *O materialismo histórico no estudo do direito*. Trad. de Joaquim Monteiro Matias. Lisboa: Editorial Estampa, 1975, p. 228).

635 SAROTTE, Georges. *O materialismo histórico no estudo do direito*. Trad. de Joaquim Monteiro Matias. Lisboa: Editorial Estampa, 1975, p. 96.

636 ARNAUD, André-Jean. "Politique et Droit dans l'œuvre écrit de Mao Tse-Toung". *Achives de Philosophie du Droit*, nº 16 – *le droit investi par la politique*. Paris: Sirey, 1971, pp. 119-130.

637 ARNAUD, André-Jean. "Présentation – Autour d'un dialogue imaginaire entre Michel Villey et Friedrich A. Hayek". *Droit et Societé*, nº 71 – *Dossier Michel Villey, vingt ans déjà!* Paris: Lextenso Éditions, 2009, pp. 9-25.

4.1.2.3 Michel Miaille

Michel Miaille é um célebre jurista e pensador do direito francês, nascido em 1941, professor emérito da *Université Montpellier.* Foi um dos principais disseminadores da leitura marxista acerca do direito na França, especialmente, a partir da publicação do livro *Une introduction critique au droit*, o qual alcançou repercussão internacional.

A obra de Michel Miaille *Une introduction critique au droit* foi objeto de resenhas feitas por André-Jean Arnaud e Michel Villey, ambas publicadas na Revista *Archives de Philosophie du Droit*, em 1977. Tanto Villey[638] quanto Arnaud[639] ressaltam os méritos do livro de Miaille, embora com algumas ressalvas, especialmente por parte de Villey. No que tange aos pontos positivos da obra, Arnaud destaca a importância da abordagem crítica de Miaille em relação ao fenômeno jurídico e Villey, por sua vez, salienta que o livro representa uma ruptura com o dogmatismo jurídico vigente na França.

Arnaud aponta que Miaille tem razão ao mostrar que o ensino jurídico jamais se apresenta de maneira neutra e que o direito não pode ser apreendido de maneira dissociada das demais esferas da sociedade. Arnaud destaca que Miaille "toma partido" em seu texto, mas que sua obra não é dogmática, pois chega a reconhecer pontos positivos em colocações de autores que condena e, ao mesmo tempo, jamais trata suas fontes como autoridades, já que seu intuito maior é sempre provocar aguçadas reflexões nos leitores. Em relação, à obra de Miaille, Arnaud ainda observa:

---

638 VILLEY, Michel. "Michel MIAILLE. *Une introduction critique au droit.* Paris: Maspéro édit., 1976". *Achives de Philosophie du Droit*, nº 10 - *la responsabilité.* Paris: Sirey, 1977, pp. 271/272.

639 ARNAUD, André-Jean. "Michel MIAILLE. Une introduction critique au droit. Paris: Maspéro édit., 1976". *Archives de Philosophie du Droit*, nº 22 - *la responsabilité.* Paris: Sirey, 1977, pp. 269-271.

> O mérito de M. Miaille é de não se lançar em um projeto epistemológico que iria além do quadro de investigação que ele próprio desenhara. Ele quer mostrar que existem obstáculos reais à construção de uma ciência jurídica, por causa de uma falsa transparência da lei, do idealismo que permeia profundamente as explicações legais e pelo fato de que nossos ensinamentos apenas dão uma certa imagem do conhecimento. Com relação à reconstrução, o autor propôs designar o objeto da ciência jurídica com a expressão "instância jurídica". Comentando um certo número de textos fundamentais de Marx (...), ele leva o leitor a tomar consciência da existência de vários níveis diferenciados na produção da vida social: níveis econômico, político e jurídico, ideológico. Na prática social, os níveis tornaram-se cada vez mais autônomos, correspondendo a esses níveis anteriormente percebidos. Eles definem o número de "instâncias" em que cada um age à sua maneira dentro do todo social. A instância jurídica possui características próprias: ela constitui em particular um sistema "normativo" de troca generalizada entre sujeitos de direito. M. Miaille aproveita a oportunidade para nos convidar a um pouco de humildade. Uma introdução ao direito só pode ser uma introdução ao direito de um tempo e de um lugar. Aqui se situam as definições que o autor não tem medo de dar, do direito, da instituição, da ideologia, da prática social e, mais precisamente, da prática jurídica.[640]

---

640 No original: "Le mérite de M. Miaille est de ne pas se lancer dans un projet d'épistémologie qui déborderait le cadre d'investigation qu'il s'est tracé. Il veut montrer qu'il existe des obstacles réels à la construction d'une science juridique, du fait d'une fausse transparence du droit, de l'idéalisme qui imprègne profondément les explications juridiques, et du fait que nos enseignements ne donnent qu'une certaine image du savoir. S'agissant de reconstruction, l'auteur propose alors de designer l'objet de la science juridique par l'expression 'instance juridique'. Commentant un certain nombre de textes fondamentaux de Marx (...), il amène le lecteur à prendre conscience de l'existence de plusieurs niveaux différenciés dans la production de la vie sociale: niveaux économique, politique et juridique, idéologique. Dans la pratique sociale, des niveaux devenus de plus en plus autonomes correspondant à ces niveaux

Villey, a seu turno, coloca em destaque o resgate da crítica marxista do direito feita por Miaille e o caráter sedutor da obra. Contudo, ao mesmo tempo, tece críticas à historiografia marxista acerca do direito adotada por Miaille. Nas palavras de Villey:

> Nosso corpo profissional se engana, quando em sua grande maioria continua ignorando a crítica marxiana. Isso pode gerar despertamentos brutais. Prevemos amplo sucesso, no mundo dos estudantes e na classe da magistratura, dessa Introdução *crítica*. Esse livro seduz. De uma certa maneira, parece trazer um pouco de ar para a atmosfera sufocante de nossas faculdades. (...) Isso significa que teríamos subscrito o julgamento de André Arnaud, cuja adesão é quase incondicional? E, como historiador e filósofo, muitas das propostas desse livro me parecem suspeitas: o autor afirma que "as formas de reflexão sobre o direito se mantêm inteiras em solidariedade ao sistema social que as sustenta". (...) Mas é o oposto que se verifica. Explicaremos São Tomás a partir dos modos de produção e estruturas sociais da era feudal? A história real oferece mais continuidade do que não se sonhava na mente dos historiadores marxistas.[641]

---

perçus précédemment. Ils définissent autant d'"instances' qui agissent chacune à leur manière au sein du tout social. L'instance juridique a des caractéristiques propres: elle constitue notamment un système 'normatif' de l'échange généralisé entre sujets de droit. M. Miaille en profite pour nos inviter à un peu d'humilité. Une introduction au droit ne peut être qu'introduction au droit d'un temps et d'un lieu. Ici se situent les definition que l'auteur n'a pas peur de donner, du droit, de l'institution, de l'idéologie, de la pratique sociale et, plus précisément de la pratique juridique". (ARNAUD, André-Jean. "Michel MIAILLE. Une introduction critique au droit. Paris: Maspéro édit., 1976". *Archives de Philosophie du Droit*, nº 22 - *la responsabilité*. Paris: Sirey, 1977, pp. 269/270).

641 No original: "Notre corps professionnel se trompe, quand dans sa large majorité il continue à ignorer la critique marxienne. Il purrait y avoir des réveils brutaux. Nous prédisons un large succès, dans le monde des étudiants, et au syndicat de la magistrature, à cette Introduction *critique*. Ce livre séduit. D'une certaine manière, il semble apporter un peu d'air dans l'atmosphère asphyxiante de nos Facultés. (...) Est-ce à dire que nous aurions souscrit au jugement d'André

Em sua obra, Miaille, por sua vez, ressalta Villey como importante pensador do direito, no sentido de trazer uma visão acerca do fenômeno jurídico que destoa do juspositivismo reinante:

> Não que o estudo das regras tal qual elas se apresentam seja errado: é a crença sobre a neutralidade desta atitude nas condições em que ela se realiza que é discutível. A confusão entre a observação de que existem regras de direito e a definição do direito (como objeto de estudo) é quase unânime nos juristas: com uma única excepção, a do professor Villey. Eu subscrevo inteiramente a sua crítica. É na verdade um erro tomar as regras pela essência do direito (...).[642]

Ele também destaca a pertinência da constatação villeyana de inexistência da noção de direitos subjetivos em Roma, citando expressamente o jurista francês na nota de rodapé do comentário a seguir:

> Alguns autores mostraram com pertinência que o pensamento jurídico antigo não conhece a noção de direitos subjetivos. Para os clássicos como Aristóteles, o direito é um conjunto de relações objetivas entre os homens, um equilíbrio entre os homens e as coisas. Assim, a formulação, para nós hoje

---

Arnaud, dont l'adhésion est quasi-inconditionnelle? Et comme historien, et comme philosophe, mainte proposition de ce livre m'apparaît suspect: l'auteur affirme que 'les formes de réflexion sur le droit tiennent toutes entières dans leur solidarité avec le système social qui les porte' (...) Mais c'est le contraire qui se vérifie. Rendrons nous compte de saint Thomas à partir des modes de production et structures sociales de l'époque feodale? L'histoire réelle offre plus de continuité qu'il n'est revé dans les cervaux des historiographes marxiste". (VILLEY, Michel. "Michel MIAILLE. *Une introduction critique au droit.* Paris: Maspéro édit., 1976". *Achives de Philosophie du Droit*, nº 10 - *la responsabilité.* Paris: Sirey, 1977, p. 272).

642 MIAILLE, Michel. *Introdução crítica ao direito.* Trad. de Ana Prata. 3ª ed. Lisboa: Editorial Estampa, 2005, p. 44.

habitual, "tenho o direito de..." é impossível, *impensada* no direito romano.[643]

No entanto, Miaille não comunga do pensamento de Villey no que tange às conclusões extraídas de suas críticas ao juspositivismo. Para Miaille, Villey sucumbe ao idealismo de suas próprias concepções,[644] pois não logra deslindar as determinações materiais que subjazem ao sistema jurídico.

Não obstante as divergências teóricas em relação a Michel Villey, a obra do professor da Universidade de Paris é uma referência importante para Miaille. Além dela, ele também faz uso das obras de André-Jean Arnaud, Nicos Poulantzas, Bernand Edelman e Evguiéni Pachukanis.

Cumpre igualmente destacar que Michel Miaille adota, em muitos aspectos, a leitura althusseriana do marxismo,[645] utilizando-a em seu estudo acerca do fenômeno jurídico. A partir dessa matriz teórica ele avança na compreensão da instância jurídica, em conexão com as demais instâncias da vida social[646] e tece profundas críticas à ideologia jurídica.

---

643 MIAILLE, Michel. *Introdução crítica ao direito*. Trad. de Ana Prata. 3ª ed. Lisboa: Editorial Estampa, 2005, p. 150.

644 "Mas não tiro as mesmas conclusões desta crítica, já que o professor Villey cai, quanto a mim, no erro do idealismo". (MIAILLE, Michel. *Introdução crítica ao direito*. Trad. de Ana Prata. 3ª ed. Lisboa: Editorial Estampa, 2005, p. 45).

645 Nos itens subsequentes de nossa tese, traremos maiores explicações acerca da leitura althusseriana do marxismo.

646 "Demonstrarei que o 'direito' como sistema de regras não tem, nem na sua existência e no seu funcionamento, nem na ideologia que suscita, o mesmo sentido numa sociedade feudal ou numa sociedade capitalista. É pois incorreto não tomar em consideração estas diferenças. O conceito de instância jurídica dá conta desta necessidade. O próprio termo indica que se trata de uma parte de um todo e que, portanto, não tem valor ou não é compreensível senão em função deste todo; mas, por outro lado, significa que este todo, sendo um dos modos de produção teoricamente definidos, dá a esta instância um lugar, uma função, uma eficácia muito particulares. Funcionando o sistema

Miaille é um ferrenho crítico do juspositivismo e das concepções tradicionalmente assentadas do fenômeno jurídico, de cunho eminentemente idealista. Para o jurista francês, a pretensa ciência do direito na realidade extrai suas bases da esfera ideológica e, portanto, distanciada do verdadeiro horizonte científico.[647] O excerto a seguir ilustra bem tal percepção:

> Por mais aberrante que isso pareça, *a ciência jurídica vai tomar como certa a imagem que lhe transmite a sociedade e tomá-la pela realidade.* A sociedade afirma-nos que o Estado é a instituição encarregada do interesse geral? A ciência jurídica responde em eco com uma teoria inteiramente fundada na noção de interesse geral. A troca exige que os portadores de mercadorias se encontrem, e isso em condições tanto mais fáceis quanto mais a troca mercantil tem de generalizar-se? A ciência jurídica "explica" esta troca pela teoria do contrato, fundado sobre a noção de encontro de duas vontades. (...) Vemos a que resultado conduz esse tipo de "explicação". O Estado já não aparece como fenômeno social, ligado a uma história particular, respondendo a certas necessidades: é reduzido ao estatuto de noção que se explica por uma outra noção, o interesse geral. A troca generalizada já não é um fenômeno próprio de uma sociedade dada, torna-se um contrato que se "explica" pela vontade dos contratantes. (...) É o mundo subvertido! Toda

---

de regras jurídicas de modo diferente segundo os modos de produção, é pois necessário abandonar radicalmente a imagem de um 'fenômeno jurídico' que atravessaria as épocas e as sociedades sempre igual em si própria". (MIAILLE, Michel. *Introdução crítica ao direito*. Trad. de Ana Prata. 3ª ed. Lisboa: Editorial Estampa, 2005, p. 84).

647 "Ora, é uma produção de ideias a um tempo espontânea – pelo menos aparentemente – e extremamente desenvolvida de que somos os autores e muitas vezes as vítimas: chamar-lhe-emos ideologia. (...) A função própria ao pensamento ideológico e a do pensamento científico revelam-se radicalmente diferentes. (...) É isso a ideologia, a relação imaginária com o real". (MIAILLE, Michel. *Introdução crítica ao direito*. Trad. de Ana Prata. 3ª ed. Lisboa: Editorial Estampa, 2005, pp. 48-50).

> representação da vida social produzida pela sociedade "se explica" desde então por ela própria: uma noção implica outra e, neste universo doravante totalmente coerente, tudo se passa como num palco e que não aparecessem senão as personagens criadas pela ideologia social. Eis porque podemos dizer que a ciência jurídica não é mais do que uma representação da vida social, não uma explicação. E que esta explicação é profundamente idealista.[648]

Ele salienta que o "universalismo a-histórico"[649] resulta em uma noção do fenômeno jurídico dissociada da realidade social. Por conseguinte, "o 'direito' definido como o conjunto de regras que os homens devem respeitar sob a coação organizada em sociedade aparece como uma 'ideia' que permite dar conta de todo o sistema jurídico".[650]

Para o jurista francês, a compreensão do direito deve se dar a partir do contexto histórico e geográfico no qual é produzido. Ele se insurge em face das concepções evolucionistas e humanistas que

---

648 MIAILLE, Michel. *Introdução crítica ao direito*. Trad. de Ana Prata. 3ª ed. Lisboa: Editorial Estampa, 2005, p. 51.

649 "Que entender pela fórmula, aparentemente complexa, de universalismo a-histórico? Muito simplesmente o efeito pelo qual, tornando-se as 'ideias' explicação de tudo, elas se destacam pouco a pouco do contexto geográfico e histórico no qual foram efetivamente produzidas e constituem um conjunto de noções universalmente válidas (universalismo), sem intervenção de uma história verdadeira (não-história). O pensamento idealista torna-se um fenômeno alimentando-se da sua própria produção. Os termos tornam-se então 'abstratos', a ponto de deixarem de pertencer à sociedade que os produziu mas serem supostos exprimir a razão pura, a racionalidade universal". (MIAILLE, Michel. *Introdução crítica ao direito*. Trad. de Ana Prata. 3ª ed. Lisboa: Editorial Estampa, 2005, p. 53).

650 MIAILLE, Michel. *Introdução crítica ao direito*. Trad. de Ana Prata. 3ª ed. Lisboa: Editorial Estampa, 2005, p. 53.

abordam noções como família, comércio e Estado, por exemplo, como dotadas de caráter perene.[651]

Miaille critica o "mundo fechado e idealizado" dos juristas[652] que permanece desconectado da materialidade das relações sociais. Na esteira do método marxista, ele sustenta que o direito não se

---

651 "É sobre o terreno histórico, na verdade sobre a sua ausência real, que este universalismo mais claramente se manifesta. De fato, da mesma maneira que ele se desenvolve no espaço, o idealismo jurídico invade o tempo: o direito é uma essência idêntica a si mesma, apenas assumindo aspectos diferenciados ao longo da história. Deste modo, será possível designar as instituições muito afastadas no tempo como sendo 'antepassados' de instituições atuais, invocar testemunho de uma 'evolução' para explicar a situação atual. O leitor está convencido de que a família, o comércio ou o Estado e sua administração são realidades presentes em todas as sociedades que se sucedem no tempo: que, portanto, o sistema jurídico as deve reger de uma maneira ou de outra: que, justamente, a história nos 'mostra' a lenta evolução de tais instituições. Aliás, a história não é ensinada nas universidades jurídicas, mas unicamente a 'história das instituições' que confirma o postulado de as instituições terem a sua história! No mesmo sentido a 'história das ideiais políticas': o próprio título é revelador. No seu sentido mais profundo, tudo se passa como se a história fosse o lugar de uma metamorfose progressiva que, desde o início da humanidade até aos nossos dias, desenrolasse um fio ininterrupto: o de acontecimentos que mais não seriam do que a forma de realidades, de essências, existindo em si, de toda a eternidade – é o que pudicamente se chama 'os grandes problemas'; em qualquer sociedade existe 'o problema do poder', o da 'família', o da 'repartição das riquezas'. Os exemplos históricos mostrar-nos-iam como cada sociedade deu uma forma particular a cada um destes problemas. Visão ao mesmo tempo tranquilizante e pessimista. Tranquilizante, porque tende mais ou menos implicitamente a fazer crer que o último estado das instituições jurídicas é um progresso em relação ao estádio precedente: estamos sobre uma linha ascendente que se chama marcha da humanidade. Mas visão pessimista, nisto de cada sociedade estar condenada a resolver problemas eternos, sempre os mesmos: não há nada de novo sob o sol. (...) Assim, apesar de algumas tentativas para 'situar' as questões de direito historicamente, raramente os juristas falam uma linguagem histórica. (...) No fundo, a história não interessa realmente o jurista, porque uma óptica idealista-universalista é precisamente oposta a uma tal reflexão. Este desconhecimento da história é um obstáculo real (...)". (MIAILLE, Michel. *Introdução crítica ao direito*. Trad. de Ana Prata. 3ª ed. Lisboa: Editorial Estampa, 2005, pp. 54/55).

652 MIAILLE, Michel. *Introdução crítica ao direito*. Trad. de Ana Prata. 3ª ed. Lisboa: Editorial Estampa, 2005, p. 112.

apresenta apartado da vida concreta e que o próprio advento de conceitos e noções jurídicas exsurgem de práticas materiais.

O jurista francês observa, por exemplo, que a noção de sujeito de direito é uma decorrência do modo de produção capitalista. Ele sustenta que tal noção estava ausente na antiguidade e no medievo, já que, tanto no escravagismo quanto no feudalismo, a mercantilização da força de trabalho era ausente. Miaille afirma, portanto, "que é preciso, pois, recusar todo o ponto de vista idealista que tenderia a confundir esta categoria com aquilo que ela é suposta representar (a liberdade real dos indivíduos)", "é preciso tomá-la por aquilo que ela é: uma noção histórica".[653] Acerca da imbricação entre subjetividade jurídica e capitalismo, ele ainda esclarece:

> Com efeito, o sujeito de direito é sujeito de direitos virtuais, perfeitamente abstratos: animado apenas pela sua vontade, ele tem a possibilidade, a liberdade de se obrigar, designadamente de vender a sua força de trabalho a um outro sujeito de direito. Mas este ato não é uma renúncia a existir, como se ele entrasse na escravatura; é um ato livre, que ele pode revogar em determinadas circunstâncias. Só uma "pessoa" pode ser a sede de uma atitude destas. A noção de sujeito de direito é, pois, absolutamente indispensável ao funcionamento do modo de produção capitalista. A troca das mercadorias, que exprime, na realidade, uma relação social – a relação do proprietário do capital com os proprietários da força de trabalho –, vai ser escondida por "relações livres e iguais", provindas aparentemente apenas da "vontade dos indivíduos independentes". O modo de produção capitalista supõe, pois, como condição de seu funcionamento a "atomização", quer dizer, a representação ideológica da sociedade como um conjunto de indivíduos

---

653 MIAILLE, Michel. *Introdução crítica ao direito*. Trad. de Ana Prata. 3ª ed. Lisboa: Editorial Estampa, 2005, p. 121.

> separados e livres. No plano jurídico, esta representação toma a forma de uma instituição: a do sujeito de direito.[654]

Em relação ao Estado, ele também condena o idealismo da abordagem jurídica tradicional, que sustenta a neutralidade do Estado e enxerga em suas finalidades a promoção do desenvolvimento e do bem comum. Para ele, "o Estado não é um instrumento mais ou menos dócil e eficaz entre as mãos da classe dominante: ele é a forma sociopolítica dentro da qual esta classe exerce o seu poder".[655]

4.2 O marxismo e o direito

Karl Marx, nascido em Treves, Alemanha, em 1818, e falecido em Londres, Inglaterra, em 1883, deixou vasta produção teórica. Cursou Direito e posteriormente empreendeu estudos filosóficos, doutorando-se em filosofia, com a tese *Diferença entre a filosofia da natureza de Demócrito e a de Epicuro*. Conforme observa Michel Villey, embora Marx tenha deixado de lado o estudo sistemático do direito ao longo de sua trajetória intelectual, é inegável que o pensamento marxista tem impacto direto na compreensão do fenômeno jurídico. Acerca desse ponto, interessante destacar as considerações de Villey:

> Marx, conscientemente, abandonou seus estudos de direito pela história da economia; não é que os problemas jurídicos tenham saído do seu horizonte; ele nunca os negligenciou. Mas não deve haver ciência do direito *separada*; não mais do que sociologia jurídica ou história do direito; não mais do que filosofia do direito que sejam autônomas. Mas

654 MIAILLE, Michel. *Introdução crítica ao direito*. Trad. de Ana Prata. 3ª ed. Lisboa: Editorial Estampa, 2005, p. 118.

655 MIAILLE, Michel. *Introdução crítica ao direito*. Trad. de Ana Prata. 3ª ed. Lisboa: Editorial Estampa, 2005, p. 135.

apenas uma *ciência* unitária. (...) A ciência à qual Marx se dedica a partir de então, e da qual ele pretende extrair uma nova noção de direito, é inteiramente positiva e refere-se a objetos particulares e históricos, situados no tempo. Marx leva em consideração, não mais a ideia intertemporal da sociedade em geral, mas uma sociedade, a do mundo burguês ocidental moderno, que ele analisa em O *capital*. Não mais o direito em geral, mas esse fenômeno peculiar à nossa civilização desde o século XVII ou XVIII, que hoje chamamos direito. E cuja função compreendemos no sistema de produção do mundo moderno. Os economistas detectaram as leis desse modo de produção, sob o domínio do qual o homem moderno está assujeitado – somente o regime de produção e divisão do trabalho da economia de mercado e das troca de mercadorias (a própria força de trabalho se torna uma mercadoria) necessita da criação de um sistema de equivalências entre mercadorias trocadas sob normas aparentemente e formalmente iguais para todos. Isso que aos nossos olhos é o direito. O direito é produto do comércio burguês. Não é uma essência eterna. É específico de uma época. (...) Assim o direito é inserido no tempo. A força do marxismo é seu agudo senso de história. E sabemos que Marx, paralelamente às análises que realizou da sociedade contemporânea, trabalhou imensamente a história das sociedades passadas (...).[656]

---

656 No original: "Marx a sciemment abandonné ses études de droit pour l'histoire de l'économie; ce n'est pas que les problémes juridiques soient sortis de son horizon; il ne les a jamais négligés. Mais il ne doit pas exister de science du droit *séparée*; pas plus que de sociologie juridique ou d'histoire du droit; pas plus de philosophie du droit qui soient autonomes. Mais une seule *science* unitaire. (...) La science à laquelle désormais se consacre a Marx, et de laquelle il entend extraire une nouvelle notion du droit, est intégralement positive, et se réfère à des objets particuliers et historiques, situés dans le temps. Marx prend en considération, non pas l'idée intertemporelle de société en général, mais une société, celle du monde moderne occidental bourgeois, qu'il analyse dans le capital. Non pas le droit en général, mais ce phénomène particulier à notre civilisation depuis le XVIIe ou le XVIIIe siècle, que nous appelons aujourd'hui droit. Et dont on saisit la fonction dans le système de production

O percurso intelectual de Marx foi sistematizado de maneira bastante precisa pelo filósofo francês Louis Althusser, no século XX, ao propor a concepção de corte epistemológico na obra Marx, dividindo-a nas seguintes fases: juventude (1840-1844), corte (1845), maturação (1845-1857) e maturidade (1857-1883).[657] Assim, a produção teórica do pensador alemão não pode ser tratada como um bloco homogêneo, na medida em que apresenta um processo de ruptura com as concepções que embasaram suas primeiras obras.

A leitura althusseriana demonstra que os textos do jovem Marx caracterizavam-se, em grande medida, pelo humanismo, ou seja, apresentavam o homem como ponto de partida de seu pensamento, de modo que, nessa perspectiva, o homem identificava-se como sujeito da história, embora alienado pelas condições de trabalho no capitalismo. Caberia, portanto, ao proletariado, enquanto sujeito revolucionário, a tarefa de emancipar a humanidade dessa estrutura de exploração, permitindo o advento do homem novo, liberto para desenvolver suas potencialidades em plenitude.

Já nos textos a partir do corte, verifica-se um descentramento do homem, de sorte que Marx passa a pensar de maneira estrutural,

---

du monde moderne. Les économistes ont décelé les *lois* de ce mode de production, sous la domination desquelles l'homme moderne est assujetti – Seul le régime de production et de division du travail de l'économie du marché et des échanges de marchandises (la force du travail elle-même étant denevue une merchandise) nécessite la création d'un système d'équivalences entre merchandises échangées sous des normes en apparence et formallement égales pour tous. Cela qui à nos yeaux le droit. Le droit est produit du commerce bourgeois. Ce n'est point une essence éternelle. Il est spécifique d'une époque. (...) Ainsi le droit s'insère dans le temps. La force du marxisme c'est sont sens aigu de l'histoire. Et l'on sait que Marx, parallèlement aux analyses qu'il a données de la société contemporaine, a immensément travaillé l'histoire des sociétés passées (...)". (VILLEY, Michel. Un ouvrage récent sur Marx et le droit. Umberto Cerroni, *Marx e il diritto moderno*. Archives de Philosophie du Droit nº 11 – La Logique du Droit. Paris: Sirey, 1966, p. 335).

657 ALTHUSSER, Louis. *Por Marx*. Trad. de LOUREIRO, Maria Leonor F.R. Campinas: UNICAMP, 2015, p. 25.

buscando destrinchar as categorias nas quais a exploração capitalista se lastreia. Nesse percurso, as construções marxistas adquirirão o apogeu em *O Capital*,[658] obra fundamental do marxismo, na qual Marx se mostra totalmente desapegado do humanismo e desvenda a estruturação do modo de produção capitalista. Althusser apontará que, em seu trajeto de expurgo do humanismo, Marx irá descobrir um novo continente do conhecimento, o Continente-História, e com isso fundará uma nova ciência, tal como Galileu, Tales de Mileto e Freud, por exemplo.[659] A ciência da história fundada por Marx permitirá que se logre uma compreensão estrutural do capitalismo, desatrelada da ideologia humanista que se constituía em um obstáculo epistemológico que obliterava o entendimento daqueles que se propunham a compreender a sociedade capitalista antes de Marx, inclusive, do próprio Marx em sua juventude.

O marxismo trabalhará com os conceitos de modo de produção, relações de produção, forças produtivas, infraestrutura, superestrutura, determinação em última pela economia, luta de classes, formas sociais, mercadoria, dentre outros. Desse modo, o marxismo se consubstanciará em um anti-humanismo teórico, filosófico e político, de acordo com a leitura proposta por Althusser. Assim, a própria noção genérica de homem é compreendida como um constructo ideológico, sendo que não há sujeito da história, mas sujeitos na história. Nessa esteira, a visão subjetivista da história engendrada na modernidade encontra no marxismo seu principal antagonista, conforme observa Alysson Leandro Mascaro:

---

658 "O que é *O capital*? É a grande obra de Marx, à qual ele dedicou toda a sua vida desde 1850 e sacrificou, em provações cruéis, a maior parte de sua existência pessoal e familiar". (ALTHUSSER, Louis. "Advertência aos leitores do Livro I d'O capital". *In*: MARX, Karl. *O Capital*, Livro I. Trad. de Rubens Enderle. São Paulo: Boitempo Editorial, 2013, p. 39).

659 ALTHUSSER, Louis. "A querela do humanismo". *Crítica Marxista*, nº 9. São Paulo: Xamã, 1999, p. 15.

> O subjetivismo, próprio do pensamento moderno, estará definitivamente sepultado pela crítica marxista. Não se trata mais de conhecer o mundo com base no homem em si, ou em sua essência, ou em sua natureza, ou em seus atributos fundamentais.[660]

A história, na leitura althusseriana do marxismo, apresenta-se como um processo sem sujeito nem finalidade, tendo como motor a luta de classes.[661] Logo, tal forma de concepção do marxismo "transcende a subjetividade como sendo o ponto de explicação da sociabilidade, rompendo ainda com uma teleologia do progresso dos modos de produção ou do destino inexorável do socialismo".[662]

Insta salientar que, entre os estudiosos do marxismo, há aqueles que postulam uma identificação entre marxismo e humanismo, calcando essa assertiva nas obras do jovem Marx, especialmente, nos *Manuscritos Econômico-Filosóficos de 1844*, que enxergam como o "ato de fundação do marxismo", contrapondo-se assim, ao althusserianismo, que tem o seu foco principal nas obras de maturidade de Marx. Essa divergência de leitura das obras de Marx tem consequências diretas em diversos campos, inclusive, na compreensão do fenômeno jurídico.

Dentre as várias implicações da leitura humanista do marxismo, podemos destacar que ela não se desapega da noção de sujeito. Portanto, a subjetividade se apresenta como categoria fundamental para se pensar a história, a possibilidade de transformação social e, inclusive, o próprio direito. Por sua vez, na leitura althusseriana, o sujeito é pensado como constructo ideológico e, por sua vez, a

---

660 MASCARO, Alysson Leandro. *Filosofia do Direito*. 6ª ed. São Paulo: Atlas, 2018, p. 274.

661 ALTHUSSER, Louis. "Resposta a John Lewis". *In*: ______. *Posições 1*. Trad. de Carlos Nelson Coutinho. Rio de Janeiro: Graal, 1978, p. 28.

662 MASCARO, Alysson Leandro. *Filosofia do Direito*. 7ª ed. São Paulo: Atlas, 2019, p. 493.

figura do sujeito de direito é entendida como nuclear no âmbito da ideologia e indispensável para a reprodução do capital.

Pensadores marxistas apresentam leituras divergentes em relação ao fenômeno jurídico. Não obstante todas elas levem em conta, de certo modo, a concretude das relações sociais, algumas delas apegam-se em demasia à obra do jovem Marx. Em nosso livro *Marxismo, humanismo e direito: Althusser e Garaudy*,[663] tratamos de maneira aprofundada da questão dos impactos que essa diferença de leitura do marxismo tem sobre a visão do fenômeno jurídico. Nele concluímos que a visão humanista inviabiliza que se possa enxergar o real papel do direito no capitalismo, por se encontrar presa à ideologia jurídica e às concepções teóricas do jovem Marx, que "aproximaram o marxismo do 'socialismo jurídico'", conforme observa Márcio Bilharinho Naves.[664] Acerca desse ponto, traremos alguns esclarecimentos a seguir, tendo como referencial teórico a leitura althusseriana do marxismo.

Louis Althusser, além de trazer uma contribuição fundamental ao sistematizar o pensamento de Marx, levou a teoria marxista da ideologia a grande refinamento teórico, em sua junção com a psicanálise,[665] demonstrando que a operação ideológica se dá

---

663 MAGALHÃES, Juliana Paula. *Marxismo, humanismo e direito*: Althusser e Garaudy. São Paulo: Ideias & Letras, 2018.

664 NAVES, Márcio Bilharinho. "Apresentação". *In*: NAVES, Márcio Bilharinho (Coord.). *Presença de Althusser*. Campinas: Instituto de Filosofia e Ciências Humanas, 2010, p. 7.

665 "O ponto nuclear, ou se preferirmos, a preocupação máxima do pensamento de Althusser, a sua motivação, finalidade e o que, de um modo não desprovido de grande importância, constituirá a base filosófica da sua obra, é, sem dúvida alguma, a construção de uma teoria da ideologia. (...) Com a obra de Louis Althusser inicia-se um novo caminho para a teoria da ideologia. Ele será marcado por dois elementos, constituídos, em primeiro lugar, pela nova leitura que Althusser sugere a respeito da obra de Marx, convidando à elaboração da filosofia que, ausente explicitamente, está latente nela, e, em segundo lugar, pela integração da descoberta freudiana do inconsciente, o qual nos servirá para mostrar a importância que a psicanálise teve na investigação

no inconsciente, atuando na própria constituição subjetiva do indivíduo. Assim, tem-se que o indivíduo é moldado a pensar o mundo em uma perspectiva subjetivista, acreditando-se dotado de plena liberdade de pensamento e escolha, quando, na verdade, a opção ideológica não se dá por um ato de vontade, ou seja, não depende da consciência. Portanto, o indivíduo se apresenta como mero suporte da ideologia e isso se dá a partir da reiteração de práticas materiais.

A ideologia burguesa é oriunda da materialidade capitalista, sendo que a ideologia por excelência, é a ideologia jurídica, por meio da qual os indivíduos se constituem como sujeitos de direito livres e iguais, aptos a transacionarem mercadorias. Assim, os ideais humanistas de liberdade e igualdade apregoados pelas revoluções burguesas prestaram-se a estruturar ideologicamente a sociedade capitalista, garantindo-lhe a reprodução, pois para que o trabalhador possa vender sua força de trabalho no mercado e ser explorado pelo capitalista, é preciso que ele se constitua em sujeito de direito, atributo do qual eram destituídos escravos e servos, de modo que, no escravagismo e no feudalismo, a exploração do trabalho se dava pela força e, no capitalismo, pelo direito.

O direito propriamente dito não é objeto de um estudo pormenorizado por parte de Althusser, mas, com base em suas análises acerca da ideologia jurídica, restam interditadas todas as leituras que postulam uma identificação entre humanismo e marxismo e, por conseguinte, que acreditam no direito como instrumento de transformação social.

Althusser, a partir da obra de maturidade de Marx, aponta que a sociedade capitalista se apresenta como um todo social

---

althusseriana sobre a *ideologia* (...)". (SAMPEDRO, Francisco. "A teoria da ideologia de Althusser". *In*: NAVES, Márcio Bilharinho (Coord.). *Presença de Althusser*. Trad. de Márcio Bilharinho Naves. Campinas: Instituto de Filosofia e Ciências Humanas, 2010, p. 31).

complexo estruturado, composto por instâncias distintas e relativamente autônomas, nas quais a determinação em última instância se dá pela economia.[666] Sobre dessa questão, interessante destacar as considerações de Alysson Leandro Mascaro:

> Para dar conta de explicar com mais refinamento a relação entre as estruturas dentro de uma totalidade social é que Althusser articula os conceitos de *determinação* e *sobredeterminação*. Há sempre na realidade histórica e social uma determinação econômica (determinação em última instância) e uma sobredeterminação (determinação imediata). Daí, a determinação econômica se apresenta, sempre, também com uma sobredeterminação: toda sociedade é determinada pelo nível econômico, mas tal nível econômico não preside, necessariamente, o imediato da vida social. A economia determina de modo último a lógica social, mas, em cada modo de produção, uma sobredeterminação econômica, política ou ideológica pode se fazer presente. (...) O capitalismo é a determinação econômica de nossos tempos, e, nele, ora as determinações políticas – intervencionistas, de bem-estar social – revelam-se como determinações imediatas, ora as determinações econômicas são imediatamente sobredeterminação, como no caso dos tempos neoliberais, nos quais a reprodução econômica pavimenta sua lógica diretamente no campo das relações político-sociais. Para Althusser, a

---

666 "(...) a sociedade capitalista, com o modo de produção a ela inerente, não se constitui numa totalidade com compartimentos estanques, mas sim num todo social complexo estruturado, ou seja, num todo orgânico, de certo modo hierarquizado, contextualizado em seu tempo específico e na sua história peculiar, composto de instâncias que se relacionam constantemente. Assim sendo, "esses 'níveis' são articulados uns com os outros de uma maneira complexa". (...) Logo, ao mesmo tempo em que não se pode negar uma determinação pela economia, em última instância; verifica-se uma conjugação de determinações diversas, gerando o que Althusser denomina de sobredeterminação". (MAGALHÃES, Juliana Paula. *Marxismo, humanismo e direito*: Althusser e Garaudy. São Paulo: Ideias & Letras, 2018, p. 179).

> dialética marxista deve ser pensada a partir dessa riqueza interna de conflitos (...).[667]

Assim, a totalidade marxista, ao romper com o idealismo, distingue-se da hegeliana, na medida em que se apresenta de maneira estruturada e lastreada na concretude das relações sociais. Nesse sentido aponta Althusser:

> Tinha-se em Leibniz e Hegel uma categoria da eficácia do todo sobre os seus elementos ou partes, mas sob condição absoluta de que o todo não fosse uma estrutura. Se o todo for estabelecido como *estruturado*, isto é, como possuindo um tipo de unidade inteiramente diversa do tipo de unidade do todo espiritual, o mesmo acontece: torna-se impossível não somente pensar a determinação dos elementos pela estrutura sob a categoria de causalidade analítica e transitiva, e ainda mais, torna-se *impossível pensá-la sob a categoria de causalidade expressiva global de uma essência interior unívoca imanente a seus fenômenos*. Propor-se pensar a determinação dos elementos de um todo pela estrutura do todo era estabelecer um problema absolutamente novo no maior embaraço teórico, porque não se dispunha de nenhum conceito filosófico elaborado para resolvê-lo. O único teórico que teve a ousadia inaudita de estabelecer esse problema e de lhe esboçar uma primeira solução foi Spinoza. Mas a história, como sabemos, sepultou-o nas trevas da noite. Só com Marx, que todavia o conhecia pouco, é que começamos escassamente a adivinhar os traços desse rosto macerado.[668]

Marx não desenvolve uma análise sistemática acerca do direito, mas sim busca desvendar a estrutura de funcionamento do

---

667 MASCARO, Alysson Leandro. *Filosofia do Direito*. 7ª ed. São Paulo: Atlas, 2019, p. 497.

668 ALTHUSSER, Louis. "O objeto de 'O Capital'". *In*: ______. *Ler O Capital*. vol. II. Trad. de Nathanael C. Caixeiro. Rio de Janeiro: Zahar, 1980, p. 139.

capitalismo, que passa pelo direito. Em textos de juventude, como nos *Manuscritos Econômico-Filosóficos de 1844*, o conceito de alienação desempenhava um papel preponderante, de modo que, nesse período, ele acreditava que seria possível chegar ao comunismo por meio do direito, conforme observa Márcio Bilharinho Naves:

> Nos *Manuscritos de 44*, toda a problemática da alienação se "resolve" em um simples ato jurídico: a supressão da alienação decorreria da *extinção da propriedade privada*. O homem poderia então recuperar sua essência perdida nos objetos que produz, e que lhes "escapam", porque eles não são mais a propriedade dele próprio, mas de um outro, estranho a ele e a ele sobreposto, e que deles se apropria. O direito devolveria ao homem o tecido roto de sua "generalidade", de sua verdadeira condição humana.[669]

Por sua vez, Marx, em sua fase de maturidade, terá uma concepção de direito completamente distinta, demonstrando a imbricação entre o direito e circulação mercantil, lastreada em relações de produção capitalistas. Ele assevera que "a riqueza das sociedades onde reina o modo de produção capitalista aparece como uma 'enorme coleção de mercadorias', e a mercadoria individual como sua forma elementar".[670] Para o pensador alemão, a universalização da forma mercantil se dá quando a força de trabalho se torna mercadoria[671] e, a partir daí, se desenvolvem as demais

---

669 NAVES, Márcio Bilharinho. *A Questão do Direito em Marx*. São Paulo: Outras Expressões; Dobra Universitário, 2014, p. 93.

670 MARX. Karl. *O Capital*. Trad. de Rubens Enderle. São Paulo: Boitempo, 2013, p. 113.

671 "O que caracteriza a sociedade capitalista é, portanto, que a força de trabalho assume para o próprio trabalhador a forma de uma mercadoria que lhe pertence, razão pela qual seu trabalho assume a forma do trabalho assalariado. Por outro lado, apenas a partir desse momento universaliza-se a forma-mercadoria dos produtos do trabalho". (MARX. Karl. *O Capital*. Trad. de Rubens Enderle. São Paulo: Boitempo, 2013, p. 245).

formas sociais burguesas, inclusive a forma jurídica.[672] Assim, característica do capitalismo é que a exploração do trabalho não se dá pela força, mas pelo direito.

Em sua vigorosa crítica à economia política burguesa, Marx avança na construção de uma nova ciência, demonstrando a especificidade do modo de produção capitalista, no qual "o processo de trabalho está imediatamente determinado pelo processo de valorização, ou seja, por um processo cuja finalidade não é a produção de valores de uso, mas a produção de mais-valia".[673] Importa destacar que:

> (...) o valor que a força de trabalho deve receber para repor seu dispêndio de energia física e mental (...), esse valor, que se realiza no salário é totalmente distinto do valor do produto que o trabalhador produz para o capitalista vender.[674]

A mais-valia ou mais-valor[675] – a depender da tradução – é justamente "a diferença entre o que é repassado ao trabalhador

672 "(...) a força de trabalho só pode aparecer como mercadoria no mercado na medida em que é colocada à venda ou é vendida pelo seu próprio possuidor, pela pessoa da qual ela é a força de trabalho. Para vendê-la como mercadoria, seu possuidor tem de poder dispor dela, portanto, ser o livre proprietário de sua capacidade de trabalho, de sua pessoa. Ele e o possuidor de dinheiro se encontram no mercado e estabelecem uma relação mútua como iguais possuidores de mercadorias, com a única diferença de que um é comprador e o outro, vendedor, sendo ambos, portanto, pessoas juridicamente iguais". (MARX. Karl. *O Capital*. Trad. de Rubens Enderle. São Paulo: Boitempo, 2013, p. 242).

673 NAVES, Márcio Bilharinho. *Marx*: ciência e revolução. São Paulo: Quartier Latin, 2008, p. 94.

674 GRESPAN, Jorge. *Marx*. São Paulo: Publifolha, 2008, pp. 29/30.

675 "A força de trabalho e o seu produto são coisas independentes uma da outra, de modo que o seu valor também o é. Se o valor do produto for maior que o da força de trabalho, a diferença dos dois representará um ganho para o capitalista, o 'mais-valor' ou 'mais-valia'. Se for menor, haverá perda, e não valerá a pena para o capitalista contratar mão-de-obra e produzir". (GRESPAN, Jorge. *Marx*. São Paulo: Publifolha, 2008, p. 30).

e o que é acumulado pelo capitalista".[676] Acerca das relações de produção capitalistas, Marx esclarece:

> Em seu próprio desenrolar, portanto, o processo capitalista de produção reproduz a cisão entre força de trabalho e condições de trabalho. Com isso, ele reproduz e eterniza as condições de exploração do trabalhador. Ele força continuamente o trabalhador a vender sua força de trabalho para viver e capacita continuamente o capitalista a comprá-la para se enriquecer (...). Já não é mais o acaso que contrapõe o capitalista e o trabalhador no mercado, como comprador e vendedor. É o beco sem saída [*Zwickmühle*] característico do próprio processo que faz com que o trabalhador tenha de retornar constantemente ao mercado como vendedor de sua força de trabalho e converte seu próprio produto no meio de compra nas mãos do primeiro. Na realidade, o trabalhador pertence ao capital ainda antes de vender-se ao capitalista. Sua servidão econômica é a um só tempo mediada e escondida pela renovação periódica de sua venda de si mesmo, pela mudança de seus patrões individuais e pela oscilação do preço de mercado do trabalho. (...) Assim, o processo capitalista de produção, considerado em seu conjunto ou como processo de reprodução, produz não apenas mercadorias, não apenas mais-valor, mas produz e reproduz a própria relação capitalista: de um lado, o capitalista, do outro, o trabalhador assalariado.[677]

Na sociedade capitalista, o trabalhador encontra-se separado dos meios de produção, os quais pertencem à burguesia, sendo que "é justamente a relação entre essas duas classes, a burguesia

---

676 MASCARO, Alysson Leandro. *Filosofia do Direito*. 7ª ed. São Paulo: Atlas, 2019, p. 251.

677 MARX. Karl. *O Capital*, Livro I. Trad. de Rubens Enderle. São Paulo: Boitempo, 2013, pp. 652/653.

e o operariado, mediada pelos meios de trabalho, que constitui a relação de capital ou capitalismo".[678]

Cumpre observar que Marx não vislumbra uma possibilidade de ruptura estrutural com o capitalismo mediante o aumento de salários, por exemplo, não obstante observe a validade das lutas nessas trincheiras conjunturalmente. Para Marx, "a mais-valia não surge necessariamente da sub-remuneração da força de trabalho".[679] Ainda que a sub-remuneração possa se apresentar, não é dela necessariamente que decorre a extração da mais-valia, mas sim da própria lógica do capitalismo. Interessante, nesse ponto, destacar as próprias palavras de Marx:

> O valor da força de trabalho e sua valorização no processo de trabalho são, portanto, duas grandezas distintas. É essa diferença de valor que o capitalista tem em vista quando compra a força de trabalho. Sua qualidade útil, sua capacidade de produzir fio ou botas, é apenas uma *conditio sine qua non* [condição indispensável], já que o trabalho, para criar valor, tem necessariamente de ser despendido de modo útil. Mas o que é decisivo é o valor de uso específico dessa mercadoria, o fato de ela ser fonte de valor, e de mais valor do que aquele que ela mesma possui. Esse é o serviço específico que o capitalista espera receber dessa mercadoria e, desse modo, ele age de acordo com as leis eternas da troca de mercadorias. Na verdade, o vendedor da força de trabalho, como o vendedor de qualquer outra mercadoria, realiza seu valor de troca e aliena seu valor de uso. Ele não pode obter um sem abrir mão do outro. O valor de uso da força de trabalho, o próprio trabalho, pertence tão pouco a seu vendedor quanto o valor de uso do óleo pertence ao comerciante que o vendeu. O possuidor de dinheiro pagou

---

678 NAVES, Márcio Bilharinho. *Marx*: ciência e revolução. São Paulo: Quartier Latin, 2008, p. 87.

679 GRESPAN, Jorge. *Marx*. São Paulo: Publifolha, 2008, p. 30.

> o valor de um dia de força de trabalho; a ele pertence, portanto, o valor de uso dessa força de trabalho durante um dia, isto é, o trabalho de uma jornada. A circunstância na qual a manutenção diária da força de trabalho custa apenas meia jornada de trabalho, embora a força de trabalho possa atuar por uma jornada inteira, e, consequentemente, o valor que ela cria durante uma jornada seja o dobro de seu próprio valor diário – tal circunstância é, certamente, uma grande vantagem para o comprador, mas de modo algum uma injustiça para com o vendedor.[680]

Acerca dessa questão, são bastante pertinentes os esclarecimentos de Jorge Grespan:

> Independentemente das magnitudes do exemplo de Marx, importa reparar nas palavras: o fato de o valor da força de trabalho ser menor que o da jornada inteira é uma "circunstância", uma "sorte" para o capitalista, é uma realidade criada pelo sistema social e não diretamente pelo capitalista como indivíduo. A mais-valia não decorre de uma atitude imoral, de modo que não há "injustiça contra" o trabalhador. (...) Sem dúvida, uma vez que o sistema está constituído sobre o diferencial entre "trabalho pago" e "não pago", ele abre a possibilidade para a prática da sub-remuneração (...). Mas se não houvesse isso, se todos os indivíduos fossem perfeitamente morais, mesmo assim ocorreria a extração da mais-valia. A falta de escrúpulo individual pode até mesmo aumentar a magnitude do excedente que o capitalista obtém, mas ele o obteria mesmo sendo escrupuloso. Marx enfatiza bastante esse ponto para deixar claro que uma simples reforma moral dos indivíduos não alteraria substancialmente o sistema social em que vivem.[681]

---

680 MARX. Karl. O *Capital*, Livro I. Trad. de Rubens Enderle. São Paulo: Boitempo, 2013, p. 270.

681 GRESPAN, Jorge. *Marx*. São Paulo: Publifolha, 2008, pp. 30/31.

As obras de maturidade de Marx, em especial *O Capital*, permitiram que a compreensão a respeito do fenômeno jurídico no capitalismo pudesse avançar de maneira sem precedentes, abrindo caminho para teóricos posteriores que cuidaram de estudar o direito na perspectiva do marxismo, tais como Evguiéni Pachukanis, por exemplo. Marx destrincha o mecanismo de funcionamento da sociedade capitalista, demonstrando que o direito e a ideologia jurídica a ele atrelada desempenham papel estrutural para a reprodução desse modo de produção, pois a subjetividade jurídica se apresenta como uma decorrência direta das relações de produção capitalistas.

Friedrich Engels (1820-1895), célebre parceiro intelectual de Marx, escreveu importante obra acerca do direito, intitulada *O Socialismo Jurídico*, juntamente com Karl Kautsky, publicada em 1887. Nesse texto, a visão de que o socialismo poderia ser construído no terreno jurídico é combatida pelos autores. A obra é escrita em resposta ao livro de um jurista chamado Anton Menger, *O direito ao produto integral do trabalho historicamente exposto*, de 1866, no qual Menger postulava que o direito poderia ser utilizado como instrumento de transformação social, buscando fazer uma leitura da história por meio do direito, com severas críticas a Marx. Engels e Kautsky combatem duramente "a tentativa de Menger de encaixar à força em seu leito de Procusto jurídico essas pesquisas históricas, que marcaram época".[682] Eles avançam no sentido de demonstrar que, ao se constatar a intrínseca ligação entre direito e capitalismo, a tentativa mengeriana de legalizar a luta dos trabalhadores apenas serviria para reforçar a própria manutenção da exploração capitalista.

Assim, partindo-se de uma leitura marxista – com foco especialmente na obra de maturidade de Marx –, é possível enxergar

682 ENGELS, Friedrich; KAUTSKY, Karl. *O socialismo jurídico*. Trad. de Lívia Cotrim e Márcio Bilharinho Naves. São Paulo: Boitempo, 2012, pp. 34/35.

o direito em sua realidade como forma social inerente ao capitalismo, nucleada na subjetividade jurídica, diretamente atrelada à estrutura exploratória que caracteriza esse modo de produção. Tal será a trilha seguida por Pachukanis, conforme veremos no próximo capítulo.

Importante salientar que a visão marxista do direito, ainda que por vias totalmente distintas, tem certa proximidade com a leitura villeyana do fenômeno jurídico no capitalismo. A própria crítica de Michel Villey aos direitos humanos também está presente no marxismo, embora construída em outras bases, pois fundada em uma análise de cunho material. O marxismo desvenda o fato de que a liberdade e a igualdade apregoadas como direitos inatos do homem fazem parte do arcabouço ideológico típico da sociedade capitalista, lastreado nas relações sociais concretas. Aqui, cumpre destacar as palavras de Marx:

> O processo de consumo da força de trabalho é, ao mesmo tempo, o processo de produção de mercadoria e de valor excedente (mais-valia). O consumo da força de trabalho, como o de qualquer outra mercadoria, realiza-se fora do mercado, fora da esfera da circulação. Por isso, juntamente com o dono do dinheiro e o possuidor da força de trabalho, abandonaremos essa esfera ruidosa, onde tudo ocorre na superfície e à vista de todos, para acompanhá-los ao local reservado da produção, a cuja entrada está escrito: "*No admittance except on business*". (...) A esfera que estamos abandonando, da circulação ou da troca de mercadorias, dentro da qual se operam a compra e a venda da força de trabalho, é realmente um verdadeiro paraíso dos direitos inatos do homem. Só reinam aí liberdade, igualdade, propriedade e Bentham. Liberdade, pois o comprador e o vendedor de uma mercadoria — a força de trabalho, por exemplo — são determinados apenas pela sua vontade livre. Contratam como pessoas livres, juridicamente iguais. O contrato é o resultado final, a expressão jurídica comum de suas vontades. Igualdade, pois estabelecem relações mútuas

> apenas como possuidores de mercadorias e trocam equivalente por equivalente. Propriedade, para cada um só dispõe do que é seu. Bentham, pois cada um dos dois só cuida de si mesmo. (...) Ao deixar a esfera da circulação simples ou da troca de mercadorias, à qual o livre-cambista vulgar toma de empréstimo sua concepção, ideias e critérios para julgar a sociedade baseada no capital e no trabalho assalariado, parece-nos que algo se transforma na fisionomia dos personagens do nosso drama. O antigo dono do dinheiro marcha agora à frente, como capitalista; segue-o o proprietário da força do trabalho, como seu trabalhador. O primeiro, com um ar importante, sorriso velhaco e ávido de negócios; o segundo, tímido, contrafeito, como alguém que vendeu sua própria pele e apenas espera ser esfolado.[683]

Portanto, para o marxismo, considerando que a forma jurídica é produto das relações de produção capitalistas, a ruptura com tal modo de produção deverá também necessariamente resultar no fim do direito.

Villey, embora elogie o pensamento marxista, não logrou compreendê-lo com profundidade, pois, ao que parece, a leitura que o jurista francês fazia do marxismo, em larga medida, identificava-o com o humanismo. Isso fica claro no seguinte excerto da resenha de Villey à obra *Une introduction critique au droit* de Michel Miaille:

> E quem permite avançar com segurança que todas as ideias jurídicas e filosóficas são "produzidas" pelo homem para servir sua "luta contra a natureza"? O marxismo repousa em um conjunto de pressuposições contestáveis: superestimação, que remonta ao nominalismo, da parte "criadora" do homem no conhecimento – superstição de "progresso", esse mito da

683 MARX, Karl. O *Capital*, Livro I. vol. 1 e 2. Trad. de Reginaldo Sant'Anna. 31ª ed. Rio de Janeiro: Civilização Brasileira, 2016, E-Book.

> filosofia do fim do século XVIII – culto positivista da "ciência". O marxismo obtém suas premissas da "ideologia" moderna. (...) o Sr. Miaille tinha razão quando convidou seu leitor a se libertar de um sistema jurídico fechado; repensar o papel do direito no *conjunto* no qual ele se ordena. Nesse ponto eu concordo com ele. Mas não é a ciência marxista que nos dará essa visão de conjunto. Passar de um dogmatismo para outro não é progresso, é sair de um mal e cair em outro.[684]

No trecho transcrito acima, embora fique claro que Villey tivesse uma visão equivocada do marxismo – ou pelo menos, uma concepção acerca do marxismo resultante das obras do jovem Marx e dos marxistas humanistas –, o fato é que Villey também empreende uma crítica às correntes marxistas que, embasadas nas obras de maturidade de Marx, apontam uma imbricação direta entre as manifestações históricas do fenômeno jurídico e os modos de produção. Nesse sentido, por desconsiderar o aspecto econômico como fator determinante da esfera jurídica, Villey distancia-se estruturalmente do marxismo. Contudo, paradoxalmente, é um dos autores não marxistas que mais permite aproximações com o marxismo no que concerne ao campo do direito, justamente por sua crítica ao humanismo e à subjetividade jurídica e por seus esforços em aproximar o direito da vida material.

---

684 No original: "Et qui permet d'avancer avec assurance que toutes les idées juridiques et philosophiques soient 'produites' par l'homme pour servir à sa 'lutte contre la nature'? Le marxisme repose sur une ensemble de présupposés contestables: surestimation, qui remonte au nominalisme, de la part 'créatrice' de l'homme dans la connaissance – superstition du 'progrès', ce mythe de la philosophie du XVIIIe siècle finissant – culte positiviste de la 'science'. Le marxisme tient ses premisses de 'l'idéologie' moderne. (...) M. Miaille avait bien raison lorsqu'il invitait son lecteur à s'affranchir d'un système juridique clos; à repenser le rôle du droit dans l'*ensemble* auquel il s'ordonne. Là dessus je m'accorde avec lui. Mais ce n'est pas la science marxiste qui nous rendra cette vue d'ensemble. Passer d'um dogmatismo à l'autre, n'est pas um progrès, c'est tomber de Charybe em Scylla". (VILLEY, Michel. "Michel MIAILLE. *Une introduction critique au droit*. Paris: Maspéro édit., 1976". *Achives de Philosophie du Droit*, nº 10 - l*a responsabilité*. Paris: Sirey, 1977, p. 272).

CAPÍTULO V

VILLEY E PACHUKANIS: DUAS SUPERAÇÕES DO JUSPOSITIVISMO

5.1 O direito em Evguiéni Pachukanis

Pode-se dizer que o principal pensador marxista para as questões do direito é o jurista russo Evguiéni Pachukanis, por introduzir uma inovadora leitura do fenômeno jurídico a partir a obra de maturidade de Marx.[685] Nascido em 1891, na cidade russa de Staritsa, e desaparecido em 1937, participou do processo revolucionário soviético, tendo adquirido destaque como jurista e pensador do direito. Em sua principal obra, *Teoria geral do direito e marxismo*, dividida em sete capítulos, além da Introdução, Pachukanis busca, seguindo o

685 "O jurista russo Evgeny Pachukanis (1891-1937) é o maior pensador do direito do marxismo. Sua expressividade se deve ao mergulho profundo que empreendeu para extrair, da lógica do próprio Marx - em especial nas suas obras de maturidade, como em *O Capital* –, uma teoria do direito, compreendendo sua especificidade e sua íntima conexão com o capital. (...) Além de inúmeros textos de intervenção política direta, escreveu aquela que é a maior obra do pensamento marxista sobre o direito, o livro *Teoria geral do direito e marxismo*, de 1924". (MASCARO, Alysson Leandro. *Filosofia do Direito*. 7ª ed. São Paulo: Atlas, 2019, p. 408).

método de Marx, desvendar o papel e a especificidade do direito no capitalismo. Portanto, diferentemente das leituras jurídicas tradicionais, ele procurará demonstrar a peculiaridade do fenômeno jurídico na sociedade capitalista. A proposta pachukaniana não é a de uma teoria geral do direito marxista, mas de um estudo da teoria geral do direito à luz do marxismo. Acerca do pensamento de Pachukanis, as seguintes considerações de Michel Villey são bastante pertinentes:

> Deixando as obras de Stuchka e de Rejsner (influenciada pelas doutrinas ocidentais do direito intuitivo, e um pouco heterodoxa), nós apenas levaremos em conta o grande nome de Pachukanis, cuja "Teoria geral do direito do marxismo" (1929) foi um notável empreendimento de sistematizar as ideias marxianas sobre o Direito. Pachukanis soube ordenar as críticas de Marx contra o direito burguês e prosseguir nessas críticas contra as doutrinas desde então elaboradas no Ocidente, que ele estava muito longe de ignorar, ele coloca em destaque a característica histórica do direito, analisa com insistência sua relação com a economia, sobretudo sua relação com o sistema de trocas mercantis como com o sistema de equivalências, então mostra que o direito é anterior às leis formuladas e naturalmente as transcende; mas em um estágio posterior, no capitalismo maduro, interviria progressivamente sua colocação em forma legislativa, a serviço da classe dominante. Pachukanis fazia agora plenamente justiça à grande teoria marxiana do perecimento do direito que tinha igualmente ilustrado, em 1916, um artigo de Bukharin: a classe proletária, que se serve por um tempo para sua luta do instrumento do direito burguês, não cria um novo tipo de direito, ela apenas faz uso para apressar o desaparecimento do Direito. É uma obra admiravelmente vigorosa, ordenada, lúcida, aquela de Pachukanis. Infelizmente, ele foi vítima de uma purga staliniana e sua obra foi condenada. Não foi o direito que desapareceu na URSS, foi Pachukanis...[686]

---

686 No original: "Laissant les ouvres de Stoutchka et de Reisner (influencé par les doctrines occidentales du droit intuitif, et quelque peu hétérodoxe), nous ne retiendrons que le grand nom de Pachoukanis, dont la 'Théorie generale

Pachukanis empreende uma releitura do direito, demonstrando a sua intrínseca ligação com o capitalismo, rompendo com a tradicional visão juspositivista que busca identificar o direito ao arcabouço normativo, desconsiderando as determinações materiais subjacentes ao fenômeno jurídico. O jurista russo apresenta uma crítica contundente à teoria geral do direito tradicionalmente assentada, subvertendo suas bases ao desvendar o "segredo" da forma jurídica, com lastro no ferramental teórico oferecido pelo marxismo. Nesse sentido, observa Márcio Bilharinho Naves:

> A concepção de Pachukanis corresponde inteiramente às reflexões que Marx desenvolve, sobretudo nos *Grundrisse* e em *O capital*, a propósito do *lugar central que ocupa a análise da forma* para compreender as relações sociais capitalistas.[687]

---

du droit et du marxisme' (1929) fut une remarquable entreprise de mise en système des idées marxiennes sur le Droit. Pachoukanis sut rassembler les critiques de Marx contre l'idée du droit bourgeois et poursuivre cette critique contre les doctrines depuis lors élaborées en Occident, qu'il était très loin de ignorer, il met en relief le caractère historique du droit, analyse avec insistence son rapport à l'économie, sourtout sa relation au regime de échanges de merchandises comme au sistème d'equivalences, donc montre que le droit est antérieur aux lois formulées, et foncièrement les transcende; mais en un stade postérieur, dans le capitalisme mûr, interviendrait progressivement sa mise en forme législative, au service de la classe dominante. Pachoukanis fait encore pleinement justice à la grande théorie marxienne du déperissement du droit qu'avait également illustré en 1916 un article de Boukharine: la classe prolétarienne, qui se sert un temps pour sa lutte de l'instrument du droit bourgeois, ne crée pas pour autant de droit d'un type nouveau, elle s'emploie seulement à hâter la disparition du Droit. C'est une ouvre admiravelmente vigoureuse, ordonée, lucide, que celle de Pachoukanis. Malheuresement, il fut victime d'une purge stalinienne et son ouvre fut condamnée. Ce ne fut pas le droit que disparu en U.R.S.S., ce fut Pachoukanis...". (VILLEY, Michel. "Panorama des philosophies juridiques modernes occidentales et marxistes du monde socialiste". *In*: ______. *Critique de la pensée juridique moderne – Douze autres essais*. Paris: Dalloz, 2009, p. 179).

687 NAVES, Márcio Bilharinho. *Marxismo e direito*: um estudo sobre Pachukanis. São Paulo: Boitempo, 2013, p. 48.

A radicalidade das ideias pachukanianas, não obstante a notoriedade atingida pelo jurista russo na então União das Repúblicas Socialistas Soviéticas, acabou originando perseguições por parte do regime stalinista, as quais, por sua vez, geraram forçadas autocríticas por parte de Pachukanis e culminaram na sua morte precoce. A crítica de Pachukanis ao direito, a qual postulava a impossibilidade de um socialismo jurídico, ia na contramão das práticas soviéticas naquele período,[688] conforme observa Márcio Bilharinho Naves:

> A influência da concepção jurídica de Pachukanis exposta em *A teoria geral do direito e o marxismo* se estende de 1924 até 1929, quando se vê forçado a fazer a primeira autocrítica. A essa, outras se sucederão, e Pachukanis iniciará um longo e tortuoso percurso até o abandono de suas posições originais. Com a consolidação da direção stalinista e a promoção, na virada dos anos 20 para os 30, da coletivização forçada dos camponeses e da industrialização pesada, a União Soviética ingressa na via do capitalismo de Estado, o que vai exigir o reforço do aparelho de Estado e a reconstituição

---

688 "O que Pachukanis fez foi uma verdadeira 'revolução copernicana' no âmbito do direito, subvertendo completamente o modo de se compreender esse fenômeno, para além de todas as 'evidências' e 'certezas' consolidadas por séculos de elaboração jurisprudencial. É dele o mérito teórico e histórico de ter buscado, acompanhando as indicações de Marx, especialmente em O *Capital*, a natureza íntima do direito no processo do valor de troca, portanto, o mérito de ter captado a sua especificidade burguesa. A extrema radicalidade teórica e política que decorre desse enunciado basilar, ao implicar na única crítica consequente ao normativismo e na completa interdição de qualquer espécie de 'socialismo jurídico', até mesmo as que se encobriam sob as enganosas vestes de um direito 'popular', 'proletário' ou 'socialista', elevou Pachukanis ao posto de maior influência no front jurídico soviético, mas também foi responsável pelo seu rápido declínio, que culminaria com a sua trágica e prematura morte". (KASHIURA JR., Celso Naoto; NAVES, Márcio Bilharinho. "Pachukanis e a Teoria Geral do Direito e o Marxismo". *Revista Jurídica Direito & Realidade*, vol. 1, nº 2, 2011. Disponível em: www.fucamp.edu.br/editora/index.php/direito-realidade/article/view/245. Acessado em: 16.11.2018).

> do tecido jurídico. (...) A brutal repressão, no campo e nas cidades, o fim de qualquer discordância da linha oficial do partido, a fusão do aparelho partidário e dos sindicatos com a administração, não deixam nenhum espaço fora da submissão e do conformismo. Sob a ameaça permanente da prisão, da tortura e da morte, sua e de seus familiares, Pachukanis vai procurando se acomodar à nova situação, cooperando com a direção stalinista e ajustando as suas antigas concepções às novas orientações teóricas emanadas por Andrey Vichinski, o promotor que se tornaria célebre mais tarde ao atuar nos processos de Moscou, e que passou a liderar o campo jurídico no período stalinista. De nada adiantou a abjuração. Em 4 de janeiro de 1937, Pachukanis é preso pela polícia. O que se passa então ainda é coberto de incertezas. Algumas fontes revelam que ele teria sido executado na sede da própria polícia, e só posteriormente "julgado" por uma Corte militar. Outra, já diz que ele permaneceu preso por vários meses, sendo submetido a incessantes interrogatórios, e, depois de ser julgado pelo Colégio Militar da Suprema Corte, em 4 de setembro de 1937, teria sido executado no mesmo dia.[689]

Piotr Stutchka, célebre jurista contemporâneo a Pachukanis, também trilha um caminho de apartamento em relação ao juspositivismo[690] e, a partir de uma perspectiva marxista, identifica o

---

689 NAVES, Márcio Bilharinho. "Evgeni Bronislavovitch Pachukanis (1891-1937)". *In*: NAVES, Márcio Bilharinho (Coord.). *O discreto charme do direito burguês*: ensaios sobre Pachukanis. Campinas: UNICAMP, 2009, pp. 17/18.

690 "O grande salto teórico de Stutchka é sua identificação do direito na história, como um arranjo que corresponde a um determinado nível da luta de classes. Historicamente tomado, o direito se apresenta como algo distinto do conjunto de técnicas proposto pelo juspositivismo. Ao mesmo tempo, porque este eixo central de sua identificação é dinâmico – luta de classes é variável, matizada, com avanços e retrocessos –, a explicação do direito de Stutchka é valiosa para a análise das situações jurídico-políticas e dos contextos singulares da própria ação revolucionária. Falta-lhe, no entanto, uma mirada mais ampla, que abrigue o casual da luta no estrutural da própria lógica do capital. (...) Pela

direito como "expressão direta da *luta de classes*".[691] Pachukanis reconhece a verdade parcial da proposição de Stutchka, [692] contudo, não se limita a ela, pois busca desvendar o cerne do direito burguês.[693] Acerca da perspectiva teórica de Pachukanis, cumpre ressaltar as suas próprias palavras:

ênfase na luta de classes, poder-se-ia ver em Stutchka o mesmo romantismo revolucionário de certas fases de Marx, que denuncia o poder e inscreve a transformação social na práxis transformadora. Se tomado em base de comparação, com as distâncias devidas, Stutchka é praticamente um ulterior hegeliano de esquerda radical ou um antecipado Carl Schmitt marxista". (MASCARO, Alysson Leandro. "Pachukanis e Stutchka: o direito, entre o poder e o capital". *In*: NAVES, Márcio Bilharinho (Coord.). *O discreto charme do direito burguês*: ensaios sobre Pachukanis. Campinas: UNICAMP, 2009, p. 47).

691 MASCARO, Alysson Leandro. *Filosofia do Direito*. 6ª ed. São Paulo: Atlas, 2018, p. 467.

692 "Evguiéni Pachukanis não funda sua leitura do direito diretamente nas instituições normativas, afastando, assim, o juspositivismo recorrente da autoexplicação dos juristas. Mas também não se situa no patamar intermediário das explicações do direito pelo poder. Esse campo vasto e altamente constratante entre seus pensadores vai de um Carl Schmitt a um Michel Foucault e, insolitamente, congrega boa parte do pensamento jurídico da esquerda – daquela de um direito insurgente ou alternativo – e também do próprio marxismo – como é o caso de Piotr Stutchka". (MASCARO, Alysson Leandro. "Política e crise do capitalismo atual: aportes teóricos". *In*: ______. *Crise e Golpe*. São Paulo: Boitempo, 2018, p. 108).

693 "O camarada P. I. Stutchka, a nosso ver, colocou de modo muito acertado o problema do direito como sendo um problema das relações sociais. Mas, em vez de começar a buscar objetividades sociais específicas, voltou-se para a definição formal habitual, ainda que limitada por questões de classe. Segundo a fórmula geral elaborada pelo camarada Stutchka, o direito já não mais figura como uma relação social específica, mas como o conjunto das relações em geral, como um sistema de relações que corresponde aos interesses da classe dominante e os assegura pelo uso da força organizada. Como consequência, no interior desses sistemas de classes, o direito como relação é indistinguível das relações sociais em geral, e o camarada Stutchka já não está em condições de responder à capciosa questão do professor Reisner sobre como as relações sociais se transformam em instituições jurídicas ou como o direito se transformou no que é. (...) A definição dada pelo camarada Stutchka, talvez por ser produto do Comissariado do Povo para a Justiça, está ajustada às necessidades da prática jurídica. Ela demonstra as limitações empíricas que a histórica sempre coloca à lógica jurídica, mas não expõe as raízes profundas dessa mesma lógica. Essa

> A crítica à jurisprudência burguesa, do ponto de vista do socialismo científico, deve tomar como modelo a crítica à economia política burguesa, como fez Marx. Para isso, ela deve, antes de tudo, adentrar no território do inimigo, ou seja, não deve deixar de lado as generalizações e as abstrações que foram trabalhadas pelos juristas burgueses e que se originam de uma necessidade de sua própria época e de sua própria classe, mas, ao expor a análise dessas categorias abstratas, revelar seu verdadeiro significado – em outras palavras, demonstrar as condições históricas da forma jurídica.[694]

Pachukanis constata que "a forma jurídica em sua versão mais desenvolvida corresponde às relações sociais burguesas capitalistas".[695] Assim, antes do capitalismo, nas sociedades antigas e feudais, havia uma espécie de forma jurídica embrionária.[696] Portanto, a especificidade do direito está imbricada necessariamente com a realidade do capitalismo.

O núcleo da forma jurídica, na leitura pachukaniana, é o sujeito de direito. Logo, "toda relação jurídica é uma relação entre sujeitos", de modo que "o sujeito é o átomo da teoria jurídica".[697] Nessa perspectiva, a subjetividade jurídica não advém da norma, mas da concretude das relações sociais.

---

definição revela o conteúdo de classe contido nas formas jurídicas, mas não nos explica por que esse conteúdo assume tal forma". (PACHUKANIS, Evguiéni. *Teoria Geral do Direito e Marxismo*. Trad. de Paula Vaz de Almeida. São Paulo: Boitempo, 2017, p. 96).

694 PACHUKANIS, Evguiéni. *Teoria Geral do Direito e Marxismo*. Trad. de Paula Vaz de Almeida. São Paulo: Boitempo, 2017, p. 80.

695 PACHUKANIS, Evguiéni. *Teoria Geral do Direito e Marxismo*. Trad. de Paula Vaz de Almeida. São Paulo: Boitempo, 2017, p. 117.

696 PACHUKANIS, Evguiéni. *Teoria Geral do Direito e Marxismo*. Trad. de Paula Vaz de Almeida. São Paulo: Boitempo, 2017, p. 141.

697 PACHUKANIS, Evguiéni. *Teoria Geral do Direito e Marxismo*. Trad. de Paula Vaz de Almeida. São Paulo: Boitempo, 2017, p. 117.

Na sociedade capitalista, o trabalhador é constituído sujeito de direito, livre para vender a sua força de trabalho no mercado. A igualdade jurídica permite que as relações de venda e compra da força de trabalho possam se reproduzir. Uma das grandes peculiaridades da sociedade capitalista é justamente essa, ou seja, a constituição da força de trabalho em mercadoria. Tem-se assim uma ruptura com os modos de produção anteriores.[698]

Assim sendo, o trabalhador assalariado aparece como livre possuidor de sua força de trabalho. Nesse contexto, a constituição dos possuidores de mercadorias como sujeitos de direito torna-se a matriz da reprodução capitalista. Desse modo, de acordo com Pachukanis, "tanto o valor como o direito têm origem num único e mesmo fenômeno: a circulação dos produtos tornados mercadorias".[699] Contudo, na ótica pachukaniana, não se trata de uma mera determinação entre o direito e a circulação, mas de uma "sobredeterminação", conforme esclarece Márcio Bilharinho Naves:

> A esfera da circulação, que determina diretamente as formas do direito, é por sua vez determinada pela esfera

---

698 "(...) *com a instauração do modo de produção especificamente capitalista – como resultado da subsunção real do trabalho ao capital –, o trabalho se torna realmente abstrato, simples dispêndio de energia laborativa indiferenciada, ele se torna completamente homogêneo, perdendo qualquer resquício de qualidade. Assim, totalmente quantificável, ele pode ser comparado a qualquer outro trabalho, e o homem adquire essa condição extraordinária de equivalência viva, isto é, da mais absoluta igualdade. A sua vontade não é mais um atributo para a fabricação da mercadoria, mas tão somente o modo subjetivo de operar os mecanismos do sistema de máquinas no processo de trabalho capitalista.* Aqui, o despotismo da fábrica encontra e se confunde com a liberdade burguesa da esfera da circulação: o homem é livre para criar valor que pertence a outrem e sua vontade é autônoma para se sujeitar a movimentos e gestos comandados pela imensa maquinaria do capital". (NAVES, Márcio Bilharinho. *A Questão do Direito em Marx*. São Paulo: Outras Expressões; Dobra Universitário, 2014, pp. 86/87).

699 PACHUKANIS, Evgeny. *Teoria Geral do Direito e Marxismo*. Trad. de Silvio Donizete Chagas. São Paulo: Acadêmica, 1988, p. 82.

> da produção, no sentido preciso de que só o específico processo de organização capitalista do trabalho permite a produção de mercadorias como tais, isto é, como resultado de um trabalho que se limita a ser puro dispêndio de energia laborativa indiferenciada. Ora, se a forma do direito depende da forma da mercadoria, e esta só se realiza no modo de produção capitalista, então a forma jurídica também depende do modo específico de organização do processo do trabalho decorrente da instauração das relações de produção capitalistas. Podemos, então, dizer que, se o direito "acompanha" o movimento da circulação, uma vez que esse movimento é "comandado" pelas "exigências" da produção, o direito sofre também a determinação dessa esfera, ainda que de modo imediato.[700]

Com efeito, nas palavras de Pachukanis: "a forma do direito, expressa por meio de abstrações lógicas, é um produto da forma jurídica real ou concreta (para usar a expressão do camarada Stutchka), uma mediação real das relações de produção".[701]

No caso das sociedades escravistas, tinha-se uma relação de mando direto entre o senhor e o escravo. O escravo era destituído da condição de pessoa e de sujeito de direito, era coisa, propriedade da qual o senhor pode dispor livremente. Nessas sociedades não havia a universalização da forma sujeito de direito.

No feudalismo, a dominação exercida pelo senhor em relação ao servo também se fazia de modo direto. Não havia intermediação estatal, tal como ocorre na sociedade capitalista. O servo encontrava-se atrelado à terra e dependia do trabalho para a própria subsistência, sendo que o senhor feudal possuía grande extensão de terras e dispunha de força armada própria à sua disposição. A

---

700 NAVES, Márcio Bilharinho. *Marxismo e Direito – Um estudo sobre Pachukanis*. São Paulo: Boitempo, 2013, pp. 72/73.

701 PACHUKANIS, Evguiéni. *Teoria Geral do Direito e Marxismo*. Trad. de Paula Vaz de Almeida. São Paulo: Boitempo, 2017, p. 64.

formação social feudal possuía caráter estamental e impossibilitava a ascensão do servo à condição de senhor. Não havia conceitos como os de igualdade e liberdade universais. Pachukanis observa que, no período feudal, "a ideia de um *status* jurídico formal comum a todas as pessoas, a todos os cidadãos, estava completamente ausente".[702] Ele ainda acrescenta:

> Assim como na Idade Média estava ausente o conceito abstrato de sujeito de direito, também a noção de norma objetiva, endereçada a um círculo amplo e indeterminado de pessoas, misturava-se e confundia-se com a instituição de "liberdade" e privilégios concretos. No século XIII, ainda não encontramos traço de quaisquer concepções claras sobre a diferença entre direito objetivo e direito subjetivo ou sobre as competências jurídicas. Nos privilégios e nos forais concedidos por imperadores e príncipes às cidades, esses dois conceitos aparecem sempre confundidos entre si. A forma mais frequente de instituição de quaisquer regras ou normas gerais é o reconhecimento destas ou daquelas qualidades jurídicas a determinada unidade territorial ou à população no sentido de um coletivo.[703]

Desse modo, conforme ensina Pachukanis, apenas efetivamente há direito quando a mercadoria se torna plena, ou seja, quando a força de trabalho se torna mercadoria. Nas sociedades pré-capitalistas, a mercadoria existia, mas era incidental. Esse caráter parcial decorria do fato de que a mercadoria não fechava todos os circuitos nem se impunha como necessária a todas as relações sociais. Por exemplo, na antiguidade, um senhor de escravos poderia trocar mercadoria com outro senhor de escravos, mas o fundamental que estruturava a produção antiga era a escravidão imposta pela força.

---

702 PACHUKANIS, Evguiéni. *Teoria Geral do Direito e Marxismo*. Trad. de Paula Vaz de Almeida. São Paulo: Boitempo, 2017, p. 126.

703 PACHUKANIS, Evguiéni. *Teoria Geral do Direito e Marxismo*. Trad. de Paula Vaz de Almeida. São Paulo: Boitempo, 2017, p. 126.

No capitalismo, a mercadoria atinge a plenitude pelo fato de que a força de trabalho se torna mercadoria.

Assim sendo, o lastro pachukaniano não está no âmbito da circulação simples, mas na esfera da produção, de modo que a existência de circulação mercantil não é suficiente para caracterizar a presença do direito. Nesse sentido esclarece Naves:

> Pachukanis de modo algum interdita a compreensão da forma jurídica nas formações sociais pré-burguesas. Ao contrário, (...) é justamente a natureza capitalista do direito que permite que se compreenda suas formas "antediluvianas" (...). É que, não obstante nas sociedades pré-capitalistas o produto do trabalho possa se revestir da forma da mercadoria, só na sociedade burguesa ocorre essa "mercantilização" universal, em virtude não só de que praticamente todos os produtos são mercadoria, mas também de que a própria força de trabalho se constitui como mercadoria.[704]

O fundamento da sociedade capitalista está, assim, na mercadoria, especialmente, no fato de que a força de trabalho se torna mercadoria. Essa sociabilidade, então, é orientada pelo capital para o acúmulo de capitais, sendo que o capitalista extrai do trabalhador assalariado o mais-valor. Daí reside a importância do direito como forma necessária e imbricada ao capitalismo. Para que haja o capitalista e o trabalhador assalariado e para que este último possa se vender ao primeiro, é preciso que haja um mecanismo diferente daquele que foi o da escravidão e daquele que foi o do feudalismo. Nessas sociedades e nesses modos de produção, o trabalho era compulsório, feito a partir de uma certa junção, de uma certa imposição que advinha, no caso da escravidão, da força. No feudalismo, em outra perspectiva, fazia-se também uma vinculação

---

704 NAVES, Márcio Bilharinho. *Marxismo e Direito – Um estudo sobre Pachukanis*. São Paulo: Boitempo, 2013, p. 62.

compulsória do trabalhador, já que o servo se punha numa relação de submissão direta às condições impostas pelo senhor feudal. No capitalismo, a forma de exploração se dá com o trabalhador se colocando sob as condições do capitalista, mediante vínculos jurídicos, contratuais. Por essa razão, não é diretamente a força que impõe o capital perante a classe trabalhadora, pois os vínculos dessa relação são jurídicos. Os trabalhadores assalariados vendem sua força de trabalho para o capital, não são levados à força para o trabalho. Assim, temos uma natureza jurídica necessária do capitalismo.[705] Logo, o direito não é um acessório do capitalismo, mas é um dos seus elementos estruturantes.

Portanto, Pachukanis, seguindo o caminho teórico descortinado por Marx, fornece-nos a chave para desvendar a gênese material da subjetividade jurídica e, por conseguinte, do próprio direito, tal como ele se apresenta no capitalismo. Nesse sentido, ele observa:

> Apenas com o completo desenvolvimento das relações burguesas o direito adquiriu um caráter abstrato. Todo homem torna-se um homem em geral, todo trabalho torna-se um trabalho social útil em geral, todo indivíduo torna-se um sujeito de direito abstrato. Ao mesmo tempo, também a norma toma a forma lógica acabada da lei abstrata geral.[706]

---

705 "No pré-capitalismo, esse conjunto de formas sociais não existia. O escravagismo e o feudalismo se impõem pela própria relação pessoal constituída, pela força ou pela posse da terra, entre explorador e explorado. No capitalismo, dado o regime impessoal que determina a produção e a circulação das mercadorias, formas sociais contíguas à forma-mercadoria e uma determinada tecnicidade se impuseram como seus reflexos necessários. Essas formas e técnicas jurídicas específicas se alastram universalmente conforme se desenvolvem as relações capitalistas. Não se trata mais de relação limitada e ensejada por um senhor e seus escravos ou servos. Agora, o capital, indistintamente, explora o trabalho de quem quer que seja". (MASCARO, Alysson Leandro. *Introdução ao Estudo do Direito*. 5ª ed. São Paulo: Atlas, 2015, p. 5).

706 PACHUKANIS, Evguiéni. *Teoria Geral do Direito e Marxismo*. Trad. de Paula Vaz de Almeida. São Paulo: Boitempo, 2017, p. 127.

O jurista russo oferece o substrato teórico que permite romper com as visões juspositivistas, que enxergam o direito como um conjunto de normas postas pelo Estado, na medida em que demonstra a precedência da forma jurídica em relação ao direito posto. Acerca dessa questão, a passagem a seguir é bastante ilustrativa:

> (...) a dogmática jurídica conclui que todos os elementos existentes na relação jurídica, entre eles o próprio sujeito, são gerados pela norma. Na verdade, claro, a condição prévia fundamental por meio da qual todas as normas concretas ganham significado consiste na existência da economia-mercantil-monetária. Apenas mediante essa condição prévia o sujeito de direito tem seu substrato material na pessoa do sujeito econômico egoísta, que a lei não cria, mas encontra diante de si e determina. Assim, onde esse substrato está ausente, a relação jurídica correspondente é *a priori* inconcebível. (...) O poder estatal confere clareza e estabilidade à estrutura jurídica, mas não cria seus pressupostos, os quais estão arraigados nas relações materiais, ou seja, de produção.[707]

O Estado, na perspectiva pachukaniana, não se trata de um instrumento neutro, mas sim de forma política inerente ao capitalismo e, por conseguinte, diversa das estruturas de poder pré-capitalistas.[708] A necessidade de um ente terceiro, apartado das classes, surge justamente da universalização do circuito de trocas mercantis.[709]

---

707 PACHUKANIS, Evguiéni. *Teoria Geral do Direito e Marxismo*. Trad. de Paula Vaz de Almeida. São Paulo: Boitempo, 2017, pp. 103/104.

708 "(...) o Estado é a expressão de uma *forma social* determinada que assumem as relações de domínio, de poder e de exploração nas condições capitalistas". (HIRSCH, Joachim. *Teoria Materialista do Estado*. Trad. de Luciano Cavini Matorano. Rio de Janeiro: Revan, 2010, p. 24).

709 "A máquina do Estado se realiza de fato como 'vontade geral' impessoal, como 'poder de direito' etc., na medida em que a sociedade representa um mercado. No mercado, cada comprador e cada vendedor é um sujeito de

Assim, tem-se que normatividade estatal não constitui a forma jurídica, pois a forma jurídica é um dado social. Na sociedade capitalista, os agentes da produção já se apresentam estruturalmente como sujeitos de direito, constituídos a partir de relações sociais concretas, sendo que tal situação antecede a norma posta.

Destarte, a transformação social em favor do socialismo, para Pachukanis, não passa pelo direito nem pelo Estado, mas deve advir da ruptura material com as relações de produção capitalistas. Logo, na obra do jurista russo, descortina-se um horizonte francamente oposto ao moderno idealismo das instituições burguesas e dos direitos subjetivos. Nesse ponto, podemos encontrar uma das razões da simpatia de Michel Villey para com a obra de Evguiéni Pachukanis, ainda que ambos se utilizem de chaves teóricas completamente distintas e tenham objetivos práticos diversos entre si.

---

direito *par excellence*. A partir do momento que entram em cena as categorias de valor e valor de troca, a vontade autônoma das pessoas que participam da troca passa a ser o pressuposto. O valor de troca deixa de ser valor de troca e a mercadoria deixa de ser mercadoria se a proporção da troca for determinada por uma autoridade que se situa fora das leis imanentes do mercado. A coerção como prescrição de uma pessoa sobre outra, sustentada pela força, contradiz a premissa fundamental da relação entre os possuidores de mercadorias. Por isso, em uma sociedade de possuidores de mercadorias e dentro dos limites do ato de troca, a função de coerção não pode aparecer como função social, já que não é abstrata e impessoal. A subordinação de um homem como tal, como indivíduo concreto, significa para uma sociedade de produção de mercadorias a subordinação ao arbítrio, pois isso equivale à subordinação de um possuidor de mercadorias a outro. É por isso que a coerção não pode aparecer aqui em sua forma não mascarada, como um simples ato de conveniência. Ela deve aparecer como uma coerção proveniente de uma pessoa abstrata e geral, como uma coerção que representa não os interesses do indivíduo da qual provém – já que na sociedade mercantil toda pessoa é egoísta –, mas os interesses de todos os participantes das relações jurídicas. O poder de uma pessoa sobre outra é exercido como o poder do próprio direito, ou seja, como o poder de uma norma objetiva e imparcial". (PACHUKANIS, Evguiéni. *Teoria Geral do Direito e Marxismo*. Trad. de Paula Vaz de Almeida. São Paulo: Boitempo, 2017, p. 146).

Villey, em certa medida, pode ser pensado como um teórico conservador, que não tem pretensões de uma transformação estrutural da sociedade, ao passo que Pachukanis é um revolucionário, que postula uma ruptura com as formas sociais capitalistas.

A transição socialista, para o jurista russo, deve representar uma caminhada rumo à extinção do direito, como decorrência direta da extinção da forma-mercadoria que o engendra. Logo, o comunismo, necessariamente representará o fim do direito:

> Marx, portanto, concebia a transição para o comunismo desenvolvido não como uma transição para novas formas de direito, mas como a extinção da forma jurídica em geral, como uma extinção dessa herança da época burguesa que se destina a sobreviver à própria burguesia.[710]

Na leitura pachukaniana, a forma jurídica é uma especificidade do modo de produção capitalista, que não havia encontrado condições materiais de desenvolvimento no pré-capitalismo e que forçosamente não sobreviverá ao pós-capitalismo.

Pachukanis assevera que "a troca de mercadoria pressupõe uma economia atomizada", sendo que "a conexão entre as unidades econômicas privadas isoladas estabelece uma conexão, caso a caso, por meio de contratos".[711] Destarte, para ele, "a relação jurídica entre os sujeitos é apenas outro lado das relações entre os produtos do trabalho tornados mercadoria".[712] Interessante notar que Villey é expresso ao tecer elogios a essa concepção do jurista russo: "o marxista Pachukanis descreveu maravilhosamente como

---

710 PACHUKANIS, Evguiéni. *Teoria Geral do Direito e Marxismo*. Trad. de Paula Vaz de Almeida. São Paulo: Boitempo, 2017, p. 79.

711 PACHUKANIS, Evguiéni. *Teoria Geral do Direito e Marxismo*. Trad. de Paula Vaz de Almeida. São Paulo: Boitempo, 2017, p. 97.

712 PACHUKANIS, Evguiéni. *Teoria Geral do Direito e Marxismo*. Trad. de Paula Vaz de Almeida. São Paulo: Boitempo, 2017, p. 97.

a noção de contrato nasce de um certo regime de trocas, e previu seu desaparecimento".[713]

5.2 A gênese material da subjetividade jurídica

Michel Villey não empreende um estudo aprofundado a respeito da gênese e do desenvolvimento material da subjetividade jurídica. O foco de Villey é principalmente o estudo da gênese histórico-filosófica dessa categoria. Impende ressaltar que o estudo feito por ele é uma reconstrução da história do pensamento jurídico e não propriamente da história da materialidade das relações ditas jurídicas. Contudo, com base no panorama traçado por ele, é possível inferir algumas considerações acerca da imbricação existente entre a gênese material e o desenvolvimento teórico da noção de subjetividade jurídica, na medida em que o jurista francês, em diversas passagens, como vimos, aponta que a consolidação do sistema de direitos subjetivos vai ao encontro dos interesses da burguesia.

A gênese material da subjetividade jurídica apenas pode ser compreendida a partir das modificações ocorridas na concretude das relações sociais ligadas ao processo de constituição e consolidação do modo de produção capitalista. O ferramental teórico oferecido pelo marxismo permite que se avance nesse terreno, o qual restou interditado a Villey, justamente pela limitação do horizonte filosófico no qual o jurista francês se movimentava.

Insta salientar que a gênese filosófica segue por uma trilha diversa da gênese material. Com relação a essa questão é interessante observar as considerações de Louis Althusser:

---

713 No original: "le marxiste Pachoukanis a merveilleusement décrit comment la notion de contrat naît d'un certain régime d'échanges, et prévu sa disparition". (VILLEY, Michel. "Préface historique à l'étude des notions de contrat". *Archives de philosophie du droit*, nº 13 – *sur les notions du contrat*. Paris: Sirey: 1968, p. 3).

> Em filosofia, nada é *radicalmente novo*, já que Teses antigas, retomadas e deslocadas, sobrevivem e revivem numa nova filosofia. Mas nada é tampouco definitivamente *decidido*; há sempre o vai-vém das tendências antagônicas, o "reavivar das chamas"; e as mais velhas filosofias estão sempre prontas para retormar o assalto, disfarçadas sob novas formas, até mesmo as formas mais revolucionárias. Por que isso acontece? (...) Porque a filosofia é, em última instância luta de classes na teoria (...). No limite, as Teses filosóficas "não têm idade".[714]

Michel Villey, embora não trabalhe com o conceito de luta de classes, tem posição semelhante a Althusser, no sentido de se contrapor a uma concepção evolucionista de filosofia, conforme se verifica no seguinte excerto:

> As mesmas doutrinas fundamentais ressurgem nas diversas épocas, ainda que com diferentes roupagens que podem nos induzir a erro e criar uma impressão de novidade. Em filosofia, não acredito em evolução. Por isso, é perfeitamente possível conceber uma história que não se ocupasse de datas: assim eram em sua grande maioria as histórias da Antiguidade, da Idade Média e do Renascimento. Nem Plutarco nem Diógenes Laércio, em suas vidas dos grandes filósofos, seguiam a ordem cronológica. (...) Mas o que depende muito mais da cronologia (...) é a história da penetração de uma tendência filosófica e do sucesso que possa ter granjeado (...).[715]

Ainda que não se possa falar em "evolução" propriamente dita em filosofia, inegável a existência de desenvolvimentos teóricos

---

714 ALTHUSSER, Louis. "Resposta a John Lewis". *In*: ______. *Posições 1*. Trad. de Carlos Nelson Coutinho. Rio de Janeiro: Graal, 1978, p. 47.

715 VILLEY, Michel. *A formação do pensamento jurídico moderno*. Trad. de Claudia Berliner. São Paulo: Martins Fontes, 2009, p. 451.

de conceitos, os quais se consolidam e ganham seus contornos definitivos ao longo do tempo, sendo que esse processo não pode ser compreendido de maneira dissociada da concretude estrutural de cada sociedade. Isso se aplica à noção de subjetividade jurídica, que filosoficamente apresentou-se de maneira inicialmente embrionária, mas que caminhou até lograr seu pleno estabelecimento teórico. Tal não significa necessariamente um progresso, mas é o produto de uma mudança de paradigmas historicamente constituídos.

No aspecto material, por sua vez, o processo se dá de maneira diversa, dado que o "movimento" é outro. Assim, a subjetividade jurídica – embora tenha tido formas embrionárias no aspecto filosófico desde o século XIV e antecedentes que remontam à antiguidade – exsurge, em seu aspecto material, apenas com o advento do modo de produção capitalista, pelas razões que veremos a seguir.

Importante ressalvar que, conquanto a gênese material deva ser pensada de maneira distinta da gênese filosófica, ambas não se apresentam como compartimentos estanques, mas como determinações que se interpenetram, em um processo denominado por Althusser de sobredeterminação.

Na realidade, compreendendo-se a filosofia como "luta de classes na teoria", conforme assevera Althusser, inegável que, com a ascensão da burguesia, a noção filosófica de subjetividade jurídica encontrou terreno fértil para se desenvolver e se consolidar. Destarte, o encontro do conceito embrionário de sujeito de direito com o capitalismo nascente foi capaz de gerar um novo mundo jurídico, marcado por novas práticas e por concepções teóricas renovadas. Assim, o sucesso alcançado pela moderna filosofia do direito – de caráter individualista e nucleada na figura do sujeito de direito – tem sua explicação na materialidade das relações sociais capitalistas.

Na perspectiva marxista, o que se chamava por direito nas sociedades pré-capitalistas não corresponde à forma jurídica tal como a conhecemos no capitalismo, na medida em que com o advento do capitalismo opera-se uma alteração qualitativa naquilo que se convencionou chamar por direito.[716] Portanto, não se trata simplesmente do desenvolvimento de "formas embrionárias" já presentes em Roma, mas sim do surgimento de uma forma social sem precedentes, ou seja, a forma jurídica, derivada da forma-mercadoria.

Evguiéni Pachukanis chega a apontar para uma espécie de evolução da forma jurídica, que teria ficado por muito tempo em estado embrionário, inclusive, no mundo antigo, conforme se verifica no excerto a seguir:

> A evolução histórica traz em si não apenas uma modificação no conteúdo das normas jurídicas e uma modificação das instituições de direito, mas também o desenvolvimento da forma jurídica como tal. Esta surge em certo estágio e permanece muito tempo em estado embrionário,

---

716 "No escravagismo e no feudalismo, que são anteriores ao capitalismo, não há especificamente uma instância jurídica. Não há uma qualidade de relações que seja só jurídica em meio ao todo da vida social. A religião ordena, regula e manda, e da mesma maneira o rei, o senhor feudal ou o senhor de escravo mandam sem serem subordinados a uma estrutura jurídica externa a si. Se pensássemos a totalidade das relações sociais como um edifício de vários andares, nas sociedades pré-capitalistas não há um andar específico para o direito. No capitalismo, passa a havê-lo. E, no edifício das relações sociais capitalistas, o direito é o andar mais próximo e contíguo ao pavimento do Estado no que tange à sua institucionalização. Mas, ainda mais importante, o direito, como passa a ser o modo pelo qual todas as relações sociais se constituem sob o capitalismo, não só ocupa um andar desse edifício, como é o elemento estrutural de sua totalidade. (...) Em termos históricos, é possível afirmar, então, que esse fenômeno jurídico é tão peculiar ao capitalismo que aquilo que se chama como direito pré-capitalista tornar-se-á praticamente irreconhecível face ao atual direito. (...) Essa transformação histórica qualitativa, que é oriunda dos movimentos mais básicos da atividade capitalista, foi a responsável pela especificidade do direito em face dos demais fenômenos sociais. É o capitalismo que dá ao direito a condição de fenômeno distinto do mando do senhor feudal, do mando da igreja, da crença em ordens sagradas. *O capitalismo dá especificidade ao direito*". (MASCARO, Alysson Leandro. *Introdução ao Estudo do Direito*. 5ª ed. São Paulo: Atlas, 2015, pp. 3/4).

> internamente pouco se diferenciando e não se separando das esferas adjacentes (costumes, religião). Em seguida, ao se desenvolver progressivamente, ela atinge seu máximo florescimento, sua máxima diferenciação e determinação. Esse estágio superior de desenvolvimento corresponde a relações econômicas e sociais determinadas. Ao mesmo tempo, caracteriza-se pelo surgimento de um sistema de conceitos gerais, que reflete teoricamente o sistema jurídico como um todo acabado. (...) Correspondentes a esses dois ciclos de desenvolvimento cultural, temos duas épocas de ápice do desenvolvimento dos conceitos jurídicos gerais: Roma, com seu sistema de direito privado, e os séculos XVII-XVIII na Europa, quando o pensamento filosófico descobriu o significado universal da forma jurídica como uma oportunidade de realizar a vocação da democracia burguesa. (...) Consequentemente, podemos alcançar uma determinação clara e conclusiva apenas se tomarmos como base a análise da forma do direito completamente desenvolvida, que oferece uma interpretação tanto das formas que lhe precederam quanto de sua forma embrionária.[717]

Contudo, com maior rigor teórico nessa questão, a partir de uma leitura sintomal[718] da obra de Pachukanis, deve-se afirmar a existência da forma jurídica apenas no modo de produção capitalista, tal como assevera Márcio Bilharinho Naves:

---

717 PACHUKANIS, Evguiéni. *Teoria Geral do Direito e Marxismo*. Trad. de Paula Vaz de Almeida. São Paulo: Boitempo, 2017, p. 86.

718 "Une simple lecture littérale ne voit dans les arguments que la continuité du text. Il faut une lecture 'symptomale' pour rendre ces lacunes perceptibles, et pour identifier, sous les mots énoncés, le discours du silence qui, surgissant dans le discours verbal, provoque en lui ces blancs, que sont les défaillances de la rigueur, ou les limites extrêmes de son effort: son absence, une fois ces limites atteintes, dans l'espace que portant elle ouvre". (ALTHUSSER, Louis. "L'objet du 'Capital'". *In*: ALTHUSSER, Louis; BALIBAR, Étienne. *Lire le Capital I*. Paris: François Maspero: 1973, pp. 105/106).

> Podemos assim (...) distinguir a forma sujeito de direito, específica do modo de produção capitalista, de outras formas que o indivíduo assume na troca recíproca de bens nas sociedades anteriores ao capital e, por consequência, levando em conta que a forma sujeito é o núcleo jurídico essencial, reconhecer a existência do fenômeno jurídico somente nas sociedades capitalistas.[719]

Interessante notar que, embora Villey não avance no estudo da gênese material da subjetividade jurídica, fornece subsídios importantes para corroborar a tese marxista da distinção entre o direito romano e o direito contemporâneo, ao demonstrar, em suas pesquisas, que a noção de sujeito de direito não pertencia ao mundo jurídico romano.

---

719 NAVES, Márcio Bilharinho. *A Questão do Direito em Marx*. São Paulo: Outras Expressões; Dobra Universitário, 2014, p. 70. Sobre esse ponto, observa Kashiura Jr.: "Note-se que essa tese de Márcio Bilharinho Naves constitui um avanço efetivo no que diz respeito à determinação histórica da forma jurídica, um passo adiante mesmo em relação àquilo que Pachukanis pôde propor, e vem, nesse sentido, cobrir aquilo que o próprio autor define como um 'ponto cego', até então inteiramente exposto, da crítica marxista do direito. O desvelamento do vínculo essencial dentre subsunção real do trabalho ao capital e subjetividade jurídica estabelece uma distinção qualitativa que separa o sujeito de direito, como forma específica da produção propriamente capitalista, e as suas 'formas embrionárias' (para usar a expressão pachukaniana) surgidas em outros modos de produção. Fica assim vedada a perspectiva de uma evolução apenas 'quantitativa' – que acompanharia a expansão da circulação mercantil desde as 'formas embrionárias' ou formas não completamente desenvolvidas do sujeito de direito, correspondentes a uma circulação ainda restrita e anteriores à produção capitalista – e uma forma universalizada e completamente desenvolvida, correspondente à circulação generalizada e típica do capitalismo. Tal perspectiva – pode-se perceber agora com clareza – deixa entreaberta, em última análise, a possibilidade de pensar o sujeito de direito como forma não especificamente capitalista, isto é, como forma que pode desenvolver-se fora das condições específicas da produção capitalista". (KASHIURA Jr., Celso Naoto. *Sujeito de direito e capitalismo*. São Paulo: Outras Expressões; Dobra Universitário, 2014, p. 203).

Cumpre ainda destacar que os estudos de Villey são mais aprofundados do que os de Pachukanis, no que tange à gênese filosófica e conceitual da subjetividade jurídica, já que o jurista russo parece adotar parcialmente as concepções da Escola Histórica, em relação a essa temática, conforme se verifica na parte final do excerto a seguir:

> No desenvolvimento das categorias jurídicas, a capacidade de realizar atos de troca é apenas uma das manifestações concretas das características gerais da capacidade de ação e da capacidade jurídica. Contudo, historicamente, é de fato o ato de troca que dá a ideia de sujeito como portador abstrato de todas as pretensões jurídicas possíveis. Somente em situações de economia mercantil nasce a forma jurídica abstrata, ou seja, a capacidade geral de possuir direitos se separa das pretensões jurídicas concretas. Somente a transferência contínua de direitos que tem lugar no mercado cria a ideia de um portador imutável. No mercado, aquele que obriga simultaneamente se obriga. Ele passa a todo momento da posição de credor à posição de obrigado. Dessa maneira, cria-se a possibilidade de abstrair as diferenças concretas entre os sujeitos de direitos e reuni-los sob um único conceito genérico [Na Alemanha, isso aconteceu apenas no momento da recepção do direito romano, o que prova, entre outras coisas, a ausência de uma palavra alemã para expressar os conceitos de "pessoa" (*persona*) e "sujeito de direito". Cf. O. Gierke, *Geschichte des deutschen Körperschaftsbegriffs* [História do conceito alemão de corporação] (Berlim, Weidmann, 1873), p. 30.].[720]

Entretanto, importa ressaltar que a preocupação de Pachukanis não é com a gênese conceitual ou filosófica da subjetividade jurídica, mas com sua existência material. A originalidade e a

---

720 PACHUKANIS, Evguiéni. *Teoria Geral do Direito e Marxismo*. Trad. de Paula Vaz de Almeida. São Paulo: Boitempo, 2017, pp. 124/125.

importância do pensamento de Pachukanis residem justamente em seu estudo aprofundado da forma jurídica, na esteira do pensamento de Marx. Isso permitiu que o marxismo trilhasse um caminho científico de compreensão do fenômeno jurídico, ao demonstrar a imbricação entre forma jurídica e forma mercantil. Conforme observa Camilo Onoda Caldas, "a inovação pachukaniana consistiu justamente em explicar as questões ligadas ao Estado e ao Direito, compreendendo e aplicando o método utilizado por Marx para analisar a economia".[721]

A leitura pachukaniana mostra que forma jurídica, cujo núcleo é o sujeito de direito, ainda não havia se constituído no mundo antigo, dada a estruturação social lastreada no trabalho escravo. Apenas com o advento do capitalismo e suas correspondentes formas sociais, temos o surgimento da forma jurídica do mundo atual. Nesse sentido, assinala Naves: "toda relação em que a equivalência não existe ou se encontra em posição subordinada, é uma relação de natureza não jurídica".[722] E prossegue: "a rigor, se excluirmos o critério da equivalência, não seria possível distinguir uma norma política de uma jurídica".[723]

Nos regimes escravistas, o escravo era destituído de liberdade e autonomia. Por sua vez, as sociedades feudais eram estamentais e as pessoas na época possuíam um *status* diferenciado entre si, a depender do estamento ao qual pertencessem. No capitalismo, diversamente do que ocorria nas épocas pretéritas, as pessoas apresentam-se livres para escolherem para quem querem trabalhar e os capitalistas são igualmente livres para contratar quem lhes aprouver. Diferentemente do feudalismo, cuja vassalagem fazia

---

721 CALDAS, Camilo Onoda. *A teoria da derivação do Estado e do direito*. São Paulo: Outras Expressões, 2015, p. 112.

722 NAVES, Márcio Bilharinho. *A Questão do Direito em Marx*. São Paulo: Outras Expressões; Dobra Universitário, 2014, p. 87.

723 NAVES, Márcio Bilharinho. *A Questão do Direito em Marx*. São Paulo: Outras Expressões; Dobra Universitário, 2014, pp. 87 e 89.

um vínculo direto e específico e também da escravidão, na qual a força jungia o trabalhador ao senhor; no capitalismo, o artifício que une uma pessoa a outra é um artifício jurídico, é a liberdade, é aquilo que nos termos do direito nós chamamos por autonomia da vontade. Então, o trabalhador por livre manifestação da sua vontade declara vender sua força de trabalho ao capitalista e em troca o capitalista delibera que pagará determinada quantia de dinheiro para o trabalhador. Essa estrutura que temos no capitalismo, essa vinculação presume que a liberdade seja dada mediante uma vontade livre.[724] O direito, desse modo, apenas pode se estabelecer tendo por base sujeitos que sejam iguais entre si e livres.

Para que o capital possa explorar o trabalho é necessário que surja uma categoria central do capitalismo que é a categoria do sujeito de direito. Aquele que estava submetido na escravidão e no feudalismo, estava submetido por razões de força, tradição, posse direta dos meios de produção nas mãos de outro. Era, assim, sujeito pela força, sujeito pela impossibilidade de outros meios. No capitalismo, nós temos que a sujeição se dá pela forma jurídica, por vínculos contratuais, daí o termo "sujeito de direito", ou seja, "sujeito pelo direito".[725] Então, a subjetividade passa a ter uma forma social de vínculo com outras subjetividades, mediante uma instrumentação e mediante uma certa relação que é jurídica. O

---

724 "O capitalista explora o trabalhador valendo-se do artifício de que este, formalmente, trabalha para aquele porque quis, isto é, porque assinou um contrato de trabalho. Ou seja, o vínculo da exploração advém de um instrumento jurídico. O trabalho só passa a ser vendido pelo trabalhador por absoluta necessidade, na medida em que ele é afastado dos meios de produção, mas, formalmente, isso se compreende mediante o artifício jurídico do uso de sua própria vontade. Nascendo as atividades mercantis capitalistas, nascem em conjunto as instituições jurídicas que lhes dão amparo". (MASCARO, Alysson Leandro. *Introdução ao Estudo do Direito*. 5ª ed. São Paulo: Atlas, 2015, p. 5).

725 "Insisto sempre em propor que *sujeito de direito* é tão somente e apenas outro modo de dizer *sujeito pelo direito*". (MASCARO, Alysson Leandro. "Apresentação". *Revista Margem Esquerda*, nº 30. São Paulo: Boitempo, 2018, p. 30).

direito é forma estruturante e necessária do capital exatamente porque no modo de produção capitalista é imprescindível que as pessoas tomem forma social de subjetividade jurídica, a qual não decorre da norma, mas de um vínculo concreto, de caráter material e econômico.

Numa perspectiva marxista, a constituição da subjetividade jurídica se trata de um processo que exsurge de práticas materiais. Conforme destaca Márcio Bilharinho Naves: "todo direito pré-burguês tem, na verdade, uma natureza *incompatível com a forma jurídica*".[726] Portanto, o direito propriamente dito está necessariamente atrelado às formas sociais burguesas. Nesse sentido é a elucidação de Alysson Leandro Mascaro:

> A dinâmica do surgimento do sujeito de direito guarda vínculo, necessário e direto, com as relações de produção capitalistas. A circulação mercantil e a produção baseada na exploração da força de trabalho jungida de modo livre e assalariado é que constituem, socialmente, o sujeito portador de direitos subjetivos.[727]

Destarte, na antiguidade, não se podia falar em subjetividade jurídica, tal como ela se apresenta na sociedade capitalista, pois as estruturas de reprodução social apresentavam-se de maneira completamente distinta. A relação entre senhores e escravos do mundo antigo não possuía caráter contratual, diferentemente do que se passa com as relações de trabalho capitalistas. Sobre esse ponto, observa Márcio Bilharinho Naves:

---

726 NAVES, Márcio Bilharinho. *A Questão do Direito em Marx*. São Paulo: Outras Expressões; Dobra Universitário, 2014, p. 77.

727 MASCARO, Alysson Leandro. *Estado e forma política*. São Paulo: Boitempo, 2013, p. 40.

> A diferença fundamental reside em que a subjetividade jurídica no mundo antigo está presa a determinações qualitativas, ela difere de um homem a outro, colocando-os em posições sociais distintas, de sorte que a capacidade volitiva possui graus variados de expressão.[728]

O capitalismo tem sua reprodução estruturada por meio de formas sociais específicas[729] que lhe são necessárias e inerentes. Pode-se definir formas sociais, segundo Alysson Leandro Mascaro, como "modos relacionais constituintes de interações sociais, objetificando-as", num "processo de mútua imbricação: as formas sociais advêm das relações sociais, mas acabam por ser suas balizas necessárias".[730]

Pachukanis assevera que "a teoria marxista encara qualquer forma social como histórica" e que "a análise da forma do sujeito deriva (...) diretamente da análise da forma da mercadoria".[731]

---

728 NAVES, Márcio Bilharinho. *A Questão do Direito em Marx*. São Paulo: Outras Expressões; Dobra Universitário, 2014, p. 71.

729 "A sociedade capitalista é caracterizada pelo fato de que a relação social dos indivíduos não é estabelecida por eles mesmos de maneira direta e consciente, mas por processos que operam atrás deles, exatamente através da produção privada e parcelizada e da troca de mercadorias. (...) O dinheiro não é assim um simples meio técnico de pagamento e de troca, como se supõe nas ciências econômicas, mas a expressão objetiva e coisificada de uma relação social específica. No capitalismo, os indivíduos não podem nem escolher livremente as suas relações mútuas, tampouco dominar as condições sociais de sua existência através de sua ação direta. Sua relação social se exterioriza bem mais em *formas sociais* coisificadas, exteriores e opostas a eles". (HIRSCH, Joachim. *Teoria Materialista do Estado*. Trad. de Luciano Cavini Matorano. Rio de Janeiro: Revan, 2010, pp. 26/27).

730 "(...) se se assemelhar fôrma à forma que pode ser preenchida por conteúdos variados, a transposição de tal perspectiva ao plano social dirá respeito aos moldes que constituem e configuram os sujeitos, atos e suas relações". (MASCARO, Alysson Leandro. *Estado e forma política*. São Paulo: Boitempo, 2013, p. 21).

731 PACHUKANIS, Evguiéni. *Teoria Geral do Direito e Marxismo*. Trad. de Paula Vaz de Almeida. São Paulo: Boitempo, 2017, p. 119.

Portanto, para que se possa avançar no estudo da gênese material da subjetividade jurídica, é imprescindível que conjugadamente analisemos a gênese da forma-mercadoria.

Conforme observa o economista italiano Gianfranco La Grassa, "nas sociedades pré-capitalistas o bem trocado no 'mercado' não é verdadeiramente mercadoria".[732] Isso se dá pelo fato de que nas sociedades pré-capitalistas as relações de produção eram distintas e não estavam lastreadas na mercantilização da força de trabalho. Portanto, a forma da mercadoria é uma especificidade do capitalismo. Nesse sentido, La Grassa ainda esclarece:

> Com a hipótese abstrata da "sociedade mercantil simples" (ou da sociedade "rude e primitiva" de caçadores de servos e castores), a generalização da troca e a expansão mais completa da forma de mercadoria (e do valor) são colocadas como pressuposto no âmbito de uma estrutura de relações de produção, na qual cada produtor individual é proprietário dos meios de produção. Mas o exato oposto aconteceu! As formas de mercadoria e do valor atingem validade e eficácia *gerais* apenas com o surgimento das relações de produção capitalistas, quando uma classe minoritária de *não*-produtores se apropria de todos os meios de produção e da capacidade de trabalho dos produtores – que não possuem mais propriedades – que se torna ela própria uma mercadoria que é comprada (pelo seu valor) e "explorada" pela classe proprietária.[733]

---

732 No original: "nelle società precapitalistiche il bene scambiato sul 'mercato' non è veramente merce". (LA GRASSA, Gianfranco. *Riflessioni sulla merce*. Roma: Editori Riuniti, 1977, p. 9).

733 No original: "Con l'ipotesi astratta della 'società mercantile semplice' (o della società 'rude e primitiva' di cacciatori di servi e di castori) si pone come presupposto la generalizzazione dello scambio e la piú completa espansione della forma di merce (e di valore) nell'ambito di una struttura dei rapporti di produzione, in cui ogni singolo produttore è proprietario dei mezzi di produzione. Ma è proprio avvenuto il contrario! Le forme di merce e di valore conseguono *generale* validità ed efficacia soltanto con l'affermarsi dei rapporti capitalistici

Cumpre observar, portanto, que tal não se trata de uma mera modificação de caráter quantitativo, ou seja, um aumento do número de mercadorias, porém fundamentalmente de uma alteração qualitativa. Logo, não se deve pensar o processo de transição capitalista como mera generalização das trocas mercantis,[734] pois tal seria uma análise superficial. É preciso que se alcance a determinação econômica fundamental que preside tal processo, consubstanciada na separação do trabalhador dos meios de produção, levando-o a vender sua força de trabalho no mercado. Sobre esse ponto, observa La Grassa:

> As relações sociais fundamentais que caracterizam a sociedade capitalista certamente não são as relações de troca mercantil entre produtores, mas, ao invés disso, as relações entre as classes antagônicas, cuja posição "objetiva" é colocada pelo regime de propriedade ou não propriedade dos meios de produção.[735]

---

di produzione, quando una classe minoritaria di *non* produttori si appropria tutti i mezzi di produzione, e la capacità lavorativa dei poduttori, senza piú proprietà alcuna, diventa essa stessa una merce, che viene acquistata (al suo valore) e 'sfruttata' dalla classe proprietaria". (LA GRASSA, Gianfranco. *Valore e Formazione Sociale*. Roma: Editori Reuniti, 1975, p. 79).

734 "Se pensiamo soltanto in termini di generalizzazione degli scambi, oi preludiamo la possibilità di comprendere dove si situi la 'discontinuità', la 'rottura' del vecchio modo di produzione e l'inizio di una sua transformazione. Il generalizzarsi degli scambi, come fenômeno che si svolge alla 'superficie' di una modificazione del tutto 'graduale' (anche se non lineare) di una certa società, come un 'passagio' da una forma di società all'altra che avviene senza soluzione di continuità". (LA GRASSA, Gianfranco. *Valore e Formazione Sociale*. Roma: Editori Riuniti, 1975, p. 53).

735 No original: "Le relazioni sociali fondamentali che caratterizzano la società capitalistica non sono certo le relazioni di scambio mercantile tra i produttori, ma invece le relazioni tra le classi antagonistiche, la cui collocazione 'oggetiva' è posta dal regime di proprietà o di non proprietà dei mezzi di produzione". (LA GRASSA, Gianfranco. *Valore e Formazione Sociale*. Roma: Editori Riuniti, 1975, p. 59).

Destarte, a forma jurídica, cujo núcleo é a subjetividade jurídica, ainda não se encontrava presente nas sociedades pré-capitalistas, pois a forma-mercadoria ainda não se havia constituído, já que faltava a alteração qualitativa fundamental, ou seja, a mercantilização da força de trabalho. Isso evidencia o fato de que, nas sociedades antigas e feudais, o que se denominava por direito não se trata do mesmo fenômeno social que se apresenta na atualidade.

É no processo de transição ao capitalismo que efetivamente pode ser encontrada a gênese material da subjetividade jurídica, em necessária imbricação com a gênese da forma-mercadoria. Tal processo foi marcado por uma alteração estrutural nas relações de produção, iniciado a partir do período da acumulação primitiva[736] e culminando com o pleno estabelecimento do modo de produção capitalista,[737] conforme esclarece La Grassa:

---

736 "O processo que cria a relação capitalista não pode ser senão o processo de separação entre o trabalhador e a propriedade das condições de realização de seu trabalho, processo que, por um lado, transforma em capital os meios sociais de subsistência e de produção e, por outro, converte os produtores diretos em trabalhadores assalariados. A assim chamada acumulação primitiva não é, por conseguinte, mais do que o processo histórico de separação entre produtor e meio de produção. Ela aparece como 'primitiva' porque constitui a pré-história do capital e do modo de produção que lhe corresponde. (...) A estrutura econômica da sociedade capitalista surgiu da estrutura econômica da sociedade feudal. A dissolução desta última liberou os elementos daquela. (...) O produtor direto, o trabalhador, só pôde dispor de sua pessoa depois que deixou de estar acorrentado à gleba e de ser servo ou vassalo de outra pessoa. (...) O ponto de partida do desenvolvimento que deu origem tanto ao trabalhador assalariado como ao capitalista foi a subjugação do trabalhador. O estágio seguinte consistiu numa mudança de forma dessa subjugação, na transformação da exploração feudal em exploração capitalista". (MARX, Karl. O *Capital*, Livro I. Trad. de Rubens Enderle. São Paulo: Boitempo, 2013, pp. 786/787).

737 "(...) um modo de produção especificamente capitalista, que, com seus próprios métodos, meios e condições, só surge e se desenvolve naturalmente sobre a base da subsunção formal do trabalho sob o capital. O lugar da subsunção formal do trabalho sob o capital é ocupado por sua subsunção

O elemento central da transformação do modo de produção feudal em modo de produção capitalista é representado por toda uma série de mudanças radicais da estrutura das relações de produção. Foram dissolvendo-se as relações sociais feudais típicas (...). Através de toda uma série de processos sociais, essa estrutura de relações de produção entrou em um processo de desintegração, e o resultado essencial alcançado foi a expropriação dos produtores, com referência às condições objetivas de explicação de suas atividades laborativas, e a consequente mercantilização da capacidade laborativa humana, ou seja, a venda da força de trabalho dos produtores expropriados pela classe proprietária dos meios de produção. (...) A transformação do modo de produção *em si*, isto é, das estruturas técnico-organizacionais do verdadeiro e próprio processo produtivo (a fabricação dos produtos), ocorre basicamente em um segundo momento; e aconteceu precisamente com base na relação de produção capitalista já constituída (subordinação *formal* do trabalho ao capital). O conjunto de transformações técnico-organizacionais conduz, finalmente, ao modo de produção *especificamente* capitalista, com a subordinação *real* do trabalho ao capital. (...) Certamente, a relação de produção capitalista, no modo de produção especificamente capitalista, tem novos conteúdos em comparação com a única relação de produção apenas "formalmente" capitalista, que tinha sido formada no período da acumulação primitiva e da primeira manufatura. (...) Com a radical modificação da técnica e da organização do processo de fabricação, com a acentuada divisão (técnica) do trabalho no interior das unidades de produção, com a cisão entre trabalho intelectual e manual, entre quem comanda e dirige e quem obedece e executa, a expropriação do trabalhador torna-se "real". Ele não é mais capaz de fazer seu trabalho, senão no contexto das condições de produção ("internas" ao processo de

---

real". (MARX, Karl. O *Capital*, Livro I. Trad. de Rubens Enderle. São Paulo: Boitempo, 2013, p. 578).

> fabricação) preparadas pela direção capitalista do processo de produção, que usa a ciência e a técnica para esse fim, agora subordinadas pela "lógica" do capital.[738]

Assim, impossível se pensar a gênese material da subjetividade jurídica dissociada do processo de subordinação (ou subsunção) do trabalho ao capital.

A subsunção formal consiste na "situação na qual o trabalhador direto está separado dos meios de produção, mas a

---

738 No original: "L'elemento centrale della trasformazione del modo de produzione feudale in modo di produzione capitalistico è rappresentato de tutta una serie di mutamenti radicali della struttura dei rapporti di produzione. Sono andati dissolvendosi i tipici rapporti sociali feudali (...) Attraverso tutta una serie di processi sociali, questa strutura dei rapporti di produzione è entrata in via di disfacimento, e il risultato essenziale che ne è conseguito è stato l'espropriazone dei prodottori, con riferimento alle condizioni oggetive di esplicazione della loro attività lavorativa, e la conseguente mercificazione della capacità lavorativa umana, ossia la vendita della forza-lavoro dei produttori espropriati alla classe proprietari dei mezzi di produzione. (...) La transformazione del modo di produzione *in sé*, cioè delle strutture técnico-organizzative del vero e próprio processo produtivo (la fabricazione dei prodotti), avviene fondamentalmente in un secondo tempo; e avvienne precisamente sulla base del già costituitosi rapporto di produzione capitalistico (sottomissione *formale* del lavoro al capitale). L'insieme delle transformazioni técnico-organizzative conduce infine al modo di produzione *specificamente* capitalístico com l'avvenuta sottomissione *reale* del lavoro al capitale. (...) Certamente, il rapporto di produzione capitalístico, nel modo di produzione specificamente capitalístico, ha nuovi contenuti rispetto al rapporto di produzione solo 'formalmente' capitalístico, che si era formato nel período dell'accumulazione originaria e della prima manifattura. (...) Con il radicale modificarsi della técnica e dell'organizzazione del processo di fabbricazione, con l'accentuata divisione (tecnica) del lavoro all'interno delle unità produttive, con la scissione tra lavoro intellettuale e lavoro manuale, tra chi comanda e dirige e chi obbedisce ed esegue, l'espropriazione del lavoratore diventa 'reale'. Egli non è più in grado di prestarei il proprio lavoro se non nell'ambito di condizioni produttive ('interne' al processo di fabbricazione) predisposte dalla direzione capitalística del processo produtivo, che si serve a tal fine della scienza e della técnica, suborditate ormai alla 'logica' del capitale". (LA GRASSA, Gianfranco. *Valore e Formazione Sociale*. Roma: Editori Riuniti, 1975, pp. 160-162).

organização do processo de trabalho, do ponto de vista técnico, permanece inalterada".[739] Nesse contexto, "embora o processo de trabalho seja subordinado ao capital, as forças produtivas ainda não foram transformadas, de maneira que um modo de produção especificamente capitalista ainda não se constituiu".[740]

A subsunção real, por sua vez, representa a efetiva constituição do modo de produção capitalista, já que "a força de trabalho dos operários é objetivamente igualada, uma vez que ela é reduzida a mera energia dispendida em um determinado tempo".[741] Tal resulta de uma "transformação das forças produtivas, em particular dos instrumentos de produção".[742]

Márcio Bilharinho Naves observa que "o caráter exclusivamente burguês do direito" está diretamente vinculado ao processo de subsunção real do trabalho ao capital.[743] O pensador brasileiro ainda acrescenta:

> A forma jurídica foi gestada no interior do processo de acumulação primitiva, quando o trabalhador direto é despossuído das condições de trabalho e adquire as condições sociais necessárias para sua inscrição na esfera da circulação.[744]

---

739 NAVES, Márcio Bilharinho. *Marx*: ciência e revolução. São Paulo: Quartier Latin, 2008, p. 98.

740 NAVES, Márcio Bilharinho. *Marx*: ciência e revolução. São Paulo: Quartier Latin, 2008, pp. 98/99.

741 NAVES, Márcio Bilharinho. *Marx*: ciência e revolução. São Paulo: Quartier Latin, 2008, p. 100.

742 NAVES, Márcio Bilharinho. *Marx*: ciência e revolução. São Paulo: Quartier Latin, 2008, pp. 99/100.

743 NAVES, Márcio Bilharinho. *A Questão do Direito em Marx*. São Paulo: Outras Expressões; Dobra Universitário, 2014, p. 79.

744 NAVES, Márcio Bilharinho. *A Questão do Direito em Marx*. São Paulo: Outras Expressões; Dobra Universitário, 2014, p. 79.

Naves, "em analogia com as análises que Marx faz da constituição do modo de produção capitalista, servindo-se das categorias de subsunção formal do trabalho ao capital, e de subsunção real do trabalho ao capital" sustenta que "também a forma sujeito de direito conhece essas duas etapas".[745] Ele aponta que, na subsunção formal, "a subjetividade ainda não adquiriu forma especificamente capitalista, em virtude da não transformação das forças produtivas", sendo que "a vontade do indivíduo ainda dispõe de determinação suficiente para que a fabricação do produto dependa em algum grau de seu exercício", embora essa vontade já esteja "subordinada às exigências do capital".[746] Já na subsunção real, "a vontade é 'esvaziada' de qualquer conteúdo, ela perde qualquer 'qualidade' e se transforma em vontade do capital, em simples dispêndio de energia intelectual comandada pelas exigências da valorização".[747]

A subsunção real do trabalho ao capital representa o momento no qual "o trabalho se torna realmente abstrato", ou seja, "abstraído de todas as suas 'particularidades' e representado como forma de valor na mercadoria".[748] Daí exsurge a forma jurídica, ou seja, "a forma da equivalência subjetiva autônoma",[749] diante da

745 NAVES, Márcio Bilharinho. *A Questão do Direito em Marx*. São Paulo: Outras Expressões; Dobra Universitário, 2014, p. 80.

746 NAVES, Márcio Bilharinho. *A Questão do Direito em Marx*. São Paulo: Outras Expressões; Dobra Universitário, 2014, p. 80.

747 NAVES, Márcio Bilharinho. *A Questão do Direito em Marx*. São Paulo: Outras Expressões; Dobra Universitário, 2014, p. 80.

748 NAVES, Márcio Bilharinho. *Marx*: ciência e revolução. São Paulo: Quartier Latin, 2008, p. 103.

749 "A nosso ver, esse conceito capta as determinações essenciais da análise do direito que Marx realiza em sua obra de maturidade, especialmente em *O capital* e, *considerando a sua análise do processo de subsunção real do trabalho ao capital,* afirma a *especificidade burguesa do direito*, permitindo que se estabeleça uma demarcação nítida entre o fenômeno jurídico e outras formas sociais – consideradas pela tradição como sendo também jurídicas – próprias das formações sociais pré-burguesas". (NAVES, Márcio Bilharinho. *A Questão do Direito em Marx*. São Paulo: Outras Expressões; Dobra Universitário, 2014, p. 87).

evidência de que a circulação da força de trabalho como mercadoria torna necessário o reconhecimento do trabalhador como sujeito de direito, considerando que a força de trabalho está integrada na própria corporeidade do trabalhador.[750] Por conseguinte, é possível afirmar que "só há direito em uma relação de equivalência na qual os homens estão reduzidos a uma mesma unidade comum de medida em decorrência de sua subordinação real ao capital",[751] restando, assim, evidenciada a impossibilidade material de existência da forma jurídica nas sociedades pré-capitalistas.

A subjetividade jurídica, portanto, é uma especificidade do capitalismo e apresenta-se como derivada direta da forma-mercadoria, conforme bem esclarece Marx no seguinte excerto de *O Capital*:

> As mercadorias n*ã*o podem ir por si mesmas ao mercado e trocar-se umas pelas outras. Temos, portanto, de nos voltar para seus guardi*õ*es, os possuidores de mercadorias. Elas s*ã*o coisas e, por isso, n*ã*o podem impor resist*ê*ncia ao homem. Se n*ã*o se mostram sol*í*citas, ele pode recorrer *à* viol*ê*ncia; em outras palavras, pode tom*á*-las *à* força (...). Para relacionar essas coisas umas com as outras como mercadorias, seus guardi*õ*es t*ê*m de estabelecer rela*çõ*es uns com os outros como pessoas cuja vontade reside nessas coisas e que agir de modo tal que um s*ó* pode se apropriar da mercadoria alheia e alienar a sua pr*ó*pria mercadoria em concord*â*ncia com a vontade do outro, portanto, por meio de um ato de vontade comum a ambos. Eles t*ê*m, portanto, de se reconhecer mutuamente como propriet*á*rios privados. Essa rela*çã*o jur*í*dica, cuja forma *é* o contrato, seja ela legalmente desenvolvida ou n*ã*o, *é* uma rela*çã*o volitiva, na qual se reflete a rela*çã*o econ*ô*mica. O conte*ú*do dessa rela*çã*o

750 NAVES, Márcio Bilharinho. *A Questão do Direito em Marx*. São Paulo: Outras Expressões; Dobra Universitário, 2014, p. 86.

751 NAVES, Márcio Bilharinho. *A Questão do Direito em Marx*. São Paulo: Outras Expressões; Dobra Universitário, 2014, p. 87.

> jur*í*dica ou volitiva *é* dado pela própria rela*ção* econômica (...). Aqui, as pessoas existem umas para as outras apenas como representantes da mercadoria e, por conseguinte, como possuidoras de mercadorias. Na sequ*ê*ncia de nosso desenvolvimento, veremos que as m*á*scaras econômicas das pessoas n*ão* passam de personifica*çõ*es das rela*çõ*es econô-micas, como suporte [*Träger*] das quais elas se defrontam umas com as outras.[752]

Nos *Grundrisse* também há passagem bastante elucidativa acerca da questão:

> Ainda que o indivíduo *A* sinta necessidade da mercadoria do indivíduo *B*, não se apodera dela pela força, nem vice--versa, mas reconhecem-se mutuamente como proprietários, como pessoas cuja vontade impregna suas mercadorias. Em decorrência, aqui entra de imediato o momento jurídico da pessoa e da liberdade, na medida em que está contida na primeira. Nenhum deles se apodera da propriedade do outro pela força. Cada um a cede voluntariamente. (...) Pelo próprio ato da troca, o indivíduo, cada um dos indivíduos, está refletido em si mesmo como sujeito exclusivo e dominante (determinante) do ato da troca. Com isso, portanto, está posta a completa liberdade do indivíduo: transação voluntária; nenhuma violência de parte a parte (...). Se, portanto, a forma econômica, a troca, põe a igualdade dos sujeitos em todos os sentidos, o conteúdo, a matéria, tanto individual como objetiva, que impele à troca, põe a *liberdade*. Igualdade e liberdade, por conseguinte, não apenas são respeitadas na troca baseada em valores de troca, mas a troca de valores de troca é a base produtiva, real, de toda *igualdade* e *liberdade*. Como ideias puras, são simples expressões idealizadas dessa base; quando desenvolvidas em relações jurídicas, políticas e sociais,

752 MARX. Karl. *O Capital*, Livro I. Trad. de Rubens Enderle. São Paulo: Boitempo, 2013, pp. 159/160.

> são apenas essa base em uma outra potência. E isso também se verifica historicamente. A igualdade e a liberdade nessa extensão são exatamente o oposto da liberdade e igualdade antigas, que não têm justamente o valor de troca desenvolvido como fundamento, mas se extinguem com seu desenvolvimento. Elas pressupõem relações de produção que ainda não haviam se realizado no mundo antigo nem tampouco na Idade Média.[753]

A gênese material da subjetividade jurídica, portanto, é uma decorrência direta da mercantilização das relações de produção. Os tão louvados atributos de liberdade e igualdade do sujeito de direito são, na realidade, os elementos que permitem a exploração. Assim, nas palavras de Bernard Edelman: "o direito pode então dizer, numa linguagem humanista e abstrata, que o sujeito de direito é um sujeito que quer".[754] Enquanto o escravo se apresenta como "objeto de direito", "o sujeito de direito permite esta espantosa revelação: a produção jurídica da liberdade é *a produção de si-próprio como escravo*".[755]

Destarte, conforme observa Pachukanis, "a esfera do domínio que envolve a forma do direito subjetivo é um fenômeno social atribuído ao indivíduo do mesmo modo que o valor, também um fenômeno social, é atribuído à coisa como produto do trabalho", de maneira que "o fetichismo da mercadoria se completa com o fetichismo jurídico".[756]

---

753 MARX, Karl. *Grundrisse*. Trad. de Mario Duayer e Nélio Schneider. São Paulo: Boitempo, 2011, pp. 187/188.

754 EDELMAN, Bernard. *O Direito Captado pela Fotografia - Elementos para uma teoria marxista do direito*. Trad. de Soveral Martins e Pires de Carvalho. Coimbra: Centelha, 1976, p. 98.

755 EDELMAN, Bernard. *O Direito Captado pela Fotografia - Elementos para uma teoria marxista do direito*. Trad. de Soveral Martins e Pires de Carvalho. Coimbra: Centelha, 1976, p. 99.

756 PACHUKANIS, Evguiéni. *Teoria geral do direito e marxismo*. Trad. de Paula Vaz de Almeida. São Paulo: Boitempo, 2017, p. 124.

5.3 Subjetividade jurídica e norma: entre Villey e Pachukanis

Evguiéni Pachukanis destaca que a "oposição entre o sujeito e as coisas é uma chave para a compreensão da forma do direito",[757] tal como ele se apresenta no modo de produção capitalista. O jurista russo identifica o direito com a forma jurídica, nucleada na subjetividade jurídica, e disso decorre o fato de que o direito é uma especificidade do capitalismo.

Michel Villey, por sua vez, postula que o direito romano, de matriz aristotélica, é o paradigma para a compreensão do fenômeno jurídico. Daí decorre a crítica villeyana ao sistema de direitos subjetivos exsurgido na modernidade, diante da incompatibilidade entre um sistema de direito baseado na subjetividade jurídica e outro fundado na partilha de bens.[758] Ele aponta que o *jus* do antigo direito romano era "coisa" (objeto), enquanto o *jus* dos modernos é sujeito. Desse modo, teria se apresentado uma deturpação do próprio conceito de direito, bem como das práticas jurídicas.

Jacques Michel observa a proximidade de Villey com o marxismo, no que tange à sua constatação de inexistência da noção de direito subjetivo em Roma. Nesse sentido as seguintes considerações:

> O direito de Roma apresenta, de fato, limites devidos à ausência de certos conceitos que seu ambiente político e social o proíbe de produzir. Fazem falta, ao menos de

---

757 PACHUKANIS, Evguiéni. *Teoria geral do direito e marxismo*. Trad. de Paula Vaz de Almeida. São Paulo: Boitempo, 2017, p. 119.

758 "L'essenza del diritto consiste in un'equa divisione dei beni e degli incarichi; essa è il frutto della dialettica. Il diritto non è attributo del soggetto, esso non sfocia unicamente dalla volontà, dalla convenzione o dalla morale. Per cogliere l'essenza del diritto secondo Villey, bisogna uscire da queste astrazioni fomentate dalla teoria del diritto soggettivo, incentrato sul potere dell'individuo". (BAUZON, Stéphane. "L'essenza del diritto secondo Michel Villey". *Supplement to Acta Philosophica FORUM*, vol. 5/2, 2019, no prelo, p. 385).

maneira relativa, os conceitos de homem, por um lado, e de vontade, por outro lado, as duas noções evidentemente estreitamente ligadas. Como disse Bernard Edelman: "o grande ausente do direito romano é o homem, enquanto objeto de direito" (...). As razões pelas quais o homem não surge na sociedade romana clássica devem-se, em grande parte, à sua estrutura política; é muito difícil para uma ideia genérica se desenvolver em uma ordem social fundada sobre a desigualdade. Esta circunstância se reflete no direito; como escreve Michel Villey: "a ciência jurídica romana não é a dos tempos modernos, centrada no indivíduo... Está nas coisas (bens ou encargos) como se encontram partilhadas entre os membros do grupo social, lugar da relação jurídica interpessoal, que se situa para os romanos o objeto central da ciência do direito" (...). Como resultado, o direito, concebido como um meio de distribuir posições e funções sociais, não pode tomar seu impulso em uma categoria geral. Pelo contrário, a igualdade social e política, concedida ou negada por meio de reivindicações jurídicas é um efeito, sobre o indivíduo, de uma reflexão sobre o *status* das coisas. Como disse certa vez Marx, que se encontra ao lado de Michel Villey com base na história: "a igualdade e a liberdade com sua extensão (moderna) são o oposto direto da liberdade e igualdade antigas, que não tiveram justamente como fundamento o valor de troca desenvolvido, mas que, pelo contrário, seu desenvolvimento falhou" (...). A oposição aqui mencionada entre, por um lado, um conteúdo antigo concreto de liberdade e igualdade e, por outro lado, um conteúdo (ou melhor, um significado) moderno é marcada juridicamente pela passagem de um direito objetivo a um direito subjetivo de propriedade.[759]

759 No original: "Le droit de Rome présente en effet des limites dues à l'absence de certains concepts que son environnement politique et social lui interdit de produire. Font défaut, au moins de manière relative, les concepts d'homme d'une part et de volonté d'autre part, les deux notions étant bien évidemment étroitement liées. Comme l'a dit Bernard Edelman, 'le grand absent du droit romain c'est l'homme, en tant qu'objet de droit' (...). Les raisons pour lequelles

Com efeito, Villey faz a importante constatação de que o direito romano não "operava" na base do sujeito de direito, ou seja, essa categoria não tinha lugar no direito romano, ela não existia sequer como construção teórica ou filosófica. Por outro lado, a partir de uma leitura pachukaniana, verifica-se que também no aspecto da materialidade das relações sociais essa categoria era ausente.

O jurista francês, inicialmente, não enxergava uma ruptura plena entre o direito antigo e o direito moderno e contemporâneo. Pode-se dizer que a leitura villeyana sobre essa questão foi de certo modo oscilante até consolidar-se no sentido de constatar uma profunda transformação na concepção de direito ao longo da história. Assim, Villey avançou na demonstração de que as modernas visões juspositivistas e subjetivistas do direito não faziam parte do arcabouço das origens greco-romanas do direito, consoante esclarece André-Jean Arnaud:

---

l'homme n'émerge pas dans la societé romaine classique tiennent pour une grand part à sa structure politique; il est bien difficile pour une idée générique de se dégager à partir d'un ordre social fondé sur l'inégalité. Cette circonstance rejaillit sur le droit; comme l'écrit Michel Villey: 'la science juridique romaine n'est pas celle des temps modernes axée autour de l'individu... C'est dans les choses (biens ou charges) en tant qu'elles se trouvent partagées entre les membre du group social, lieu de la relation juridique interpersonnelle, que se situe pour le Romains l'objet central de la science du droit' (...). De ce fait le droit, conçu comme moyen de distribution des rangs et des fonctions sociales, ne peut prendre son impulsion dans une catégorie générale. Au contraire, l'égalité sociale et politique, octroyée ou refusée par le biais de la revendication juridique est un effet, sur l'individu, d'une réflexion sur le statut des choses. Comme le dit cette fois Marx, qui se trouve voisiner avec Michel Villey sur la base de l'histoire: 'l'égalité et la liberté avec (leur) extension (moderne) sont le contraire direct de la liberté et de l'égalité antiques, qui n'avaient justement pas pour fondement la valeur d'échange développée, mais qu'au contraire son dévellopement a fichues en l'air' (...). L'opposition ici mentionnée entre d'une part un contenu antique concret de la liberté et de l'égalité et d'autre part un contenu (ou plutôt un sens) moderne se marque juridiquemente par le passage d'un droit objectif à un droit subjectif de propriété (...)". (MICHEL, Jacques. *Marx et la société juridique*. Paris: Publisud, pp. 182/183).

> Contra as correntes dominantes do pensamento dos Romanistas e dos Historiadores do Direito, Michel Villey demonstrou, através dos textos dos pensadores, autores e textos jurídicos romanos, que este Direito não é nem o conjunto das regras jurídicas estabelecidas pelo Estado (tal como é o sistema jurídico continental moderno), nem o conjunto das prévias decisões judiciárias (tal como no sistema da Common Law); o Direito é a atribuição, pelo juiz ou pelo legislador, dos bens e dos cargos. O Direito não é o resultado de um poder que impõe relações específicas entre cidadãos. O Direito é a arte de partilhar, Villey dizia "Le droit est partage"! (...) O Direito é relação entre pessoas. O Direito reúne as pessoas para o "bem viver". Mais que a decisão de uma autoridade legítima formalmente competente, o Direito é uma procura intelectual de soluções para a convivência das pessoas na realidade da vida cotidiana. O Direito é o resultado de uma reflexão em movimento permanente através do tempo. (...) Em Roma, o Direito não era uma ciência; o Direito era uma "arte". (...) O Direito Romano não é centrado em torno da pessoa, mas das coisas.[760]

Villey postula, portanto, a ausência da concepção de sujeito de direito no mundo antigo e tece duras críticas às proposições dos romanistas tradicionais que buscam apontar a existência de subjetividade jurídica e de direitos subjetivos no direito romano.[761]

---

760 ARNAUD, André-Jean. "Michel Villey: une tolérance insinuante. Portrait d'un maître". *Revista da Faculdade de Direito da Universidade de São Paulo*, São Paulo, p. 872, jan. 2012. Disponível em: http://www.revistas.usp.br/rfdusp/article/view/67970/70578. Acessado em: 23.06.2018.

761 Essa crítica está presente em diversos livros e artigos do jurista francês como, por exemplo, no seguinte excerto: "O 'direito subjetivo' (essa linguagem cheira à filosofia alemã) é um produto dos pandectistas. (...) Eles o criaram no início do século XIX e dissertaram sobre ele ao longo do tempo. (...) O 'direito subjetivo' tem vida resistente; mantém ainda um largo espaço nas teorias gerais do direito. Os 'direitos humanos' entram, com evidência, no gênero dos 'direitos subjetivos'. (...) Por isso adquiriu-se o hábito de expor a ciência jurídica romana em termos de 'direitos subjetivos'". (VILLEY,

Ao referir-se às *Institutas* de Gaio, ele assinala que o célebre jurisconsulto romano desconhecia a moderna noção de direito subjetivo, bem como todas as classificações dela decorrentes.[762] Por sua vez, reportando-se à "Introdução geral ao direito do *Digesto*", Villey destaca: "nela nada encontrei que parecesse (...) com a ideia moderna subjetivista do direito de liberdade de um sujeito ou mandamento de um poder".[763]

Embora não trabalhe com o conceito de formas e formações sociais, nem com o método marxista, Villey consegue claramente identificar a ausência de subjetividade jurídica tanto no plano das práticas sociais quanto no aspecto normativo e filosófico da antiguidade greco-romana. No que tange especificamente à leitura villeyana do direito romano, o excerto a seguir é bastante esclarecedor:

> Que eu saiba (não afirmo que essa opinião seja recebida em todos os lugares – muito raros são os romanistas que encontram tempo para questionar os princípios do direito romano) o direito romano não era de todo um sistema de "direitos privados", "abstratos", "arbitrário". O direito romano *pressupõe* o Estado (*jus civile - dikaion politikon*) ou, de qualquer forma, sociedades já constituídas porque ele ignora o mito moderno do "estado da natureza"; ele não faz "abstração" dessas comunidades globais ou restritas, assim como não faz das circunstâncias concretas específicas para cada causa, nem da justiça, valor moral. Ele define, não poderes, domínios ("direitos subjetivos") vinculados aos indivíduos, mas relações *entre* membros do grupo social, as *partes* de cada um de acordo com sua própria condição,

---

Michel. *O Direito e os direitos humanos*. Trad. de Maria Ermantina de Almeida Galvão.São Paulo: Martins Fontes, 2007, p. 69).

762 VILLEY, Michel. *O Direito e os direitos humanos*. Trad. de Maria Ermantina de Almeida Galvão. São Paulo: Martins Fontes, 2007, p. 79.

763 VILLEY, Michel. *O Direito e os direitos humanos*. Trad. de Maria Ermantina de Almeida Galvão. São Paulo: Martins Fontes, 2007, p. 68.

> uma *justa* partilha ("*suum cuique*"). O *jus* em Roma não é uma qualidade ou um poder de desenvolvimento de um *sujeito*, é de saída *relacional*.[764]

Para Villey, no âmbito jusfilosófico, seria um anacronismo atribuir as modernas noções de contrato e autonomia da vontade à antiguidade greco-romana.[765] O jurista francês ainda traz importantes considerações com relação à ruptura entre as concepções acerca do direito entre antigos e modernos, conforme se verifica, por exemplo, no seguinte excerto:

> Existe uma grande diferença entre a ideia de direito subjetivo e o *jus* do direito romano clássico. O *jus* está definido no *Digesto* como aquilo que é justo (*id quod justum est*); aplicado ao indivíduo, a palavra designa a parte que deveria ser-lhe

---

764 No original: "A ma connaissance (je n'affirme pas que cette opinion soit reçoit partout – très rares étant les romanistes qui trouvent le temps de s'interroger sur les principes du droit romain) le droit romain n'était pas du tout un système de 'droits privés', 'abstraits', 'arbitrares'. Le droit romain *présuppose* l'Etat (*jus civile – dikaion politikon*) ou en tous cas des sociétés déjà constituées parce qu'il ignore le mythe moderne de 'l'état de nature'; il ne fait pas 'abstraction' de ces communautés globales ou restreintes, pas plus que des circonstances concrètes particulières à chaque cause, ni de la justice, valeur morale. Il définit, non des pouvoirs, des maîtrises ('droits subjectifs') attachés aux individus, mais des rapports *entre* membres du groupe social, les *parts* de chacun en fonction de sa condition propre, un *juste* partage ('*suum cuique*'). Le *jus à Rome n'est pas qualité ou puissance d'épanouissement d'un sujet*, il est d'emblée *relationnel*". (VILLEY, Michel. "Le droit romain dans la 'Philosophie des Rechts' de Hegel". *Achives de Philosophie du Droit*, nº 16 – *le droit investi par la politique*. Paris: Sirey, 1971, p. 286).

765 "Je ne me soucie point de retracer les symptômes d'un voluntarisme de l'antiquité. On a naguère multiplié les tentatives érudites dans cette direction, relevé les signes précurseurs d'une 'théorie de la volonté' dans les contrats grecs, quêté dans la littérature antique greco-romaine les prémices du contrat social, invoqué les tendances consensualistes de certains juristes romains. (...) Il est permis d'être sceptique. Le rapprochement de ces tendances avec la doctrine moderne de l'autonomie de la volonté semble relever de l'anachronisme". (VILLEY, Michel. "Essor et décadence du voluntarisme juridique". *Archives de Philosophie du Droit*, 1957, pp. 87-91).

> atribuída (*jus suum cuique tribuendum*) *com relação aos outros* neste trabalho de repartição (*tributio*) entre vários que é a arte do jurista. Essa parte também pode comportar encargos (...). Para me exprimir ao modo dos sociólogos contemporâneos, o direito constituía uma função social, uma *relação* com os outros. (...) Totalmente ao contrário dos modernos individualistas. Robinson sozinho, na sua ilha, é sujeito de direito; o homem do "estado de natureza" de Hobbes já tem seu direito subjetivo. O direito está ligado ao *sujeito* do direito. Não é mais um *ter*, mas uma qualidade inerente ao indivíduo.[766]

É manifesta a insurgência de Villey em face da subjetividade jurídica, mas sua crítica carece de substância suficiente, uma vez que ele não percebe com clareza a determinação material que engendra o sujeito de direito como forma social típica do modo de produção capitalista. Apenas a leitura marxista permite que se possa compreender de que maneira ocorre a imbricação material entre subjetividade jurídica e capitalismo.

Assim, ao se analisar a questão da subjetividade jurídica sob o prisma do marxismo, consegue-se vislumbrar a razão estrutural que tornava o "direito romano impossível",[767] se tomado em sua moderna acepção, ou seja, o olhar marxista sobre a "história do direito", permite com que consigamos compreender a diferença entre as formas sociais da antiguidade escravocrata e do capitalismo e, dessa maneira, entender a diferença estrutural entre o que se chamava por direito no mundo antigo e o direito tal como ele se apresenta na atualidade.

---

766 VILLEY, Michel. *Filosofia do Direito*: definições e fins do direito: os meios do direito. Trad. de Márcia Valéria Martinez de Aguiar e revisão Técnica de Ari Solon. São Paulo: Martins Fontes, 2008, p. 142.

767 NAVES, Márcio Bilharinho. *A Questão do Direito em Marx*. São Paulo: Outras Expressões; Dobra Universitário, 2014, p. 68.

Villey, ao postular a extração do direito da "natureza das coisas" e não da norma, aproxima-se, de certa maneira, do pensamento de Pachukanis, na medida em que para o jurista russo, o direito se constitui a partir da concretude das relações sociais. Assim sendo, ambos retiram da norma o papel de preponderância que lhe confere a concepção juspositivista do fenômeno jurídico. Contudo, como já pudemos observar, os caminhos seguidos por ambos são bastante distintos e as consequências teóricas também.

No que tange à análise da subjetividade jurídica, insta salientar a diferença entre as apreciações da temática empreendidas por Villey e Pachukanis. Enquanto Villey aborda o sujeito de direito em uma perspectiva filosófica, apontando-lhe o caráter idealizado e artificial construído a partir da filosofia do direito moderna, Pachukanis observa que a subjetividade jurídica é dotada de materialidade com o advento das relações de produção capitalistas. Para o jurista russo, o sujeito de direito não é uma abstração do pensamento filosófico ou uma construção dos teóricos do direito, mas sim é constituído a partir de práticas materiais efetivas. Nessa perspectiva, a subjetividade jurídica é lastreada na concretude social oriunda da universalização da forma da mercadoria, decorrente da subsunção real do trabalho ao capital.

Villey e Pachukanis são críticos das visões idealistas do direito. Assim, Villey postula uma retomada das práticas jurídicas romanas e das concepções aristotélico-tomistas sobre o direito como antídoto realista diante do idealismo que dominou o mundo jurídico burguês. Pachukanis, a seu turno, busca destrinchar as causas materiais que levaram a burguesia a encampar e desenvolver uma leitura idealista acerca do direito. Portanto, a crítica pachukaniana atinge maior profundidade, pois alcança as determinações materiais que engendraram concepções jurídicas modernas e contemporâneas.

Pachukanis afirma que "as teorias idealistas do direito desenvolvem o conceito de sujeito partindo de uma ou outra ideia geral; ou seja, por um caminho puramente especulativo".[768] Logo, "a dogmática jurídica vale-se desse conceito em seu aspecto formal" e "dessa maneira, não coloca a questão sobre quais forças levaram o homem a se transformar de um exemplar de zoológico em um sujeito de direito, uma vez que parte da relação jurídica como uma forma acabada, dada de antemão".[769]

Tal como Villey, Pachukanis insurge-se em face das "'robinsonadas' em voga"[770] e questiona: "Mas o que se pergunta é em que sentido os dois Robinsons, que ignoram a existência um do outro, representam juridicamente sua relação com as coisas quando esta abrange inteiramente uma relação de fato?".[771] O jurista russo, assim, também percebe o idealismo das concepções jurídicas contemporâneas, que tem suas raízes no pensamento moderno, no sentido de apontar a noção de direito subjetivo como atributo de um sujeito isolado. No entanto, a crítica de Pachukanis às "robinsonadas" reveste-se de maior profundidade teórica do que a de Villey, na medida em que tem como lastro a materialidade das relações sociais. Pachukanis demonstra que a subjetividade jurídica é sempre relacional, pois está imbricada ao processo de troca de mercadorias. Destarte, os direitos subjetivos não são meramente uma criação exsurgida da mente de filósofos e juristas, mas têm existência material. Nessa esteira, tanto o jusnaturalismo, em sua moderna acepção, quanto o juspositivismo mostram a sua falência em explicar o fenômeno jurídico, já que a subjetividade jurídica não é um dado oriundo da razão ou da norma, mas é uma decorrência da concretude social. Acerca desse ponto,

768 PACHUKANIS, Evguiéni. *Teoria Geral do Direito e Marxismo*. Trad. de Paula Vaz de Almeida. São Paulo: Boitempo, 2017, p. 118.

769 PACHUKANIS, Evguiéni. *Teoria Geral do Direito e Marxismo*. Trad. de Paula Vaz de Almeida. São Paulo: Boitempo, 2017, p. 119.

770 PACHUKANIS, Evguiéni. *Teoria Geral do Direito e Marxismo*. Trad. de Paula Vaz de Almeida. São Paulo: Boitempo, 2017, p. 130.

771 PACHUKANIS, Evguiéni. *Teoria Geral do Direito e Marxismo*. Trad. de Paula Vaz de Almeida. São Paulo: Boitempo, 2017, p. 130.

Pachukanis traz considerações bastante elucidativas ao tratar do direito subjetivo de propriedade:

> Tanto o valor como o direito à propriedade foram engendrados por um único e mesmo fenômeno: a circulação de produtos tornados mercadorias. A propriedade em sentido jurídico nasce não porque deu na cabeça das pessoas atribuírem-se reciprocamente tal qualidade jurídica, mas porque precisavam trocar mercadorias, o que só era possível apresentando-se como proprietários.[772]

Portanto, a forma jurídica é derivada direta da forma-mercadoria, a qual apenas se constitui no modo de produção capitalista, diante da mercantilização da força de trabalho. O trabalhador, separado dos meios de produção, necessita vender sua força de trabalho no mercado e para que isso ocorra, é preciso que ele se torne sujeito de direito tanto quanto o burguês, proprietário dos meios de produção. Aqui também cabe destacar as palavras de Pachukanis:

> A sociedade capitalista é antes de tudo uma sociedade de proprietários de mercadorias. (...) Mas, se a mercadoria se manifesta como valor independentemente da vontade do sujeito que a produz, a realização do valor no processo de troca pressupõe um ato voluntário, consciente, por parte do possuidor da mercadoria. (...) Dessa maneira, o vínculo social entre as pessoas no processo de produção, reificado nos produtos do trabalho e que assume a forma de princípio elementar, requer para sua realização uma relação particular entre as pessoas enquanto indivíduos que dispõem de produtos, como sujeitos "cuja vontade reside nessas coisas". (...) Por isso, ao mesmo tempo que um produto do trabalho adquire propriedade de mercadoria e se torna o portador de um valor, o homem adquire um valor de sujeito de direito

---

772 PACHUKANIS, Evguiéni. *Teoria Geral do Direito e Marxismo*. Trad. de Paula Vaz de Almeida. São Paulo: Boitempo, 2017, p. 130.

> e se torna portador de direitos. (...) O vínculo social da produção apresenta-se, simultaneamente, sob duas formas absurdas: como valor de mercadoria e como capacidade do homem de ser sujeito de direito. (...) Ao cair na dependência escrava das relações econômicas que se impõem, a suas costas, na forma das leis de valor, o sujeito econômico, já na qualidade de sujeito de direito, recebe como recompensa um raro presente: uma vontade presumida juridicamente que faz dele um possuidor de mercadorias tão absolutamente livre e igual perante os demais quanto ele mesmo o é.[773]

Tanto Villey quanto Pachukanis deixam evidenciadas a limitação do horizonte teórico juspositivista. Contudo, o jurista russo vai além, pois expõe as razões pelas quais uma leitura do direito que se restrinja ao arcabouço normativo é incapaz de revelar a verdade do direito. Pachukanis observa que o momento normativo é apenas uma parcela do fenômeno jurídico, que se estrutura a partir das relações de produção capitalistas.

Pachukanis, na esteira de Marx, demonstra que a relação jurídica antecede o direito posto. Logo, "o núcleo da forma jurídica, o sujeito de direito, não advém do Estado. (...) A dinâmica do surgimento do sujeito de direito guarda vínculo, necessário e direto, com as relações de produção capitalistas".[774] A chancela do Estado ocorre em momento posterior, no qual se dá o "acoplamento derradeiro entre forma jurídica e forma política".[775]

Na estrutura social capitalista, o Estado aparece como ente terceiro apartado dos agentes privados da produção e mostra-se

---

773 PACHUKANIS, Evguiéni. *Teoria Geral do Direito e Marxismo*. Trad. de Paula Vaz de Almeida. São Paulo: Boitempo, 2017, pp. 119-121.

774 MASCARO, Alysson Leandro. *Estado e forma política*. São Paulo: Boitempo, 2013, p. 40.

775 MASCARO, Alysson Leandro. *Estado e forma política*. São Paulo: Boitempo, 2013, p. 40.

atrelado e indispensável à reprodução social, na medida em que, para que a exploração capitalista possa se perpetuar, o domínio da classe burguesa não pode ser exercido de maneira direta, tal como nos modos de produção anteriores. Assim, a especificidade do Estado capitalista reside na sua forma política de caráter peculiar, diversa, por exemplo, do aparato político que caracterizava a sociedade escravista romana, na antiguidade, ou as sociedades feudais, no medievo.[776] Nesse sentido, Pachukanis esclarece:

> Na medida em que a relação de exploração se realiza formalmente como uma relação entre dois proprietários de mercadoria "independentes" e "iguais", dos quais um, o proletário, vende a força de trabalho, e o outro, o capitalista, compra-a, o poder político de classe pode adquirir a forma do poder público. (...) A máquina do Estado se realiza de fato como "vontade geral" impessoal, como "poder de direito" etc., na medida em que a sociedade representa um mercado. No mercado, cada comprador e cada vendedor é um sujeito de direito *par excellence*. (...) A coerção como prescrição de uma pessoa sobre outra, sustentada pela força, contradiz a premissa fundamental da relação entre os possuidores de mercadorias. Por isso, em uma sociedade de possuidores de mercadorias e dentro dos limites do ato de troca, a função de coerção não pode aparecer como função social, já que não é abstrata e impessoal. A subordinação de um homem como tal, como indivíduo concreto, significa para uma sociedade de produção de mercadorias a subordinação ao arbítrio, pois isso equivale à subordinação de um possuidor de mercadorias a outro. É por isso que a coerção não pode aparecer aqui em sua forma não mascarada, como um simples ato de conveniência. Ela deve aparecer como uma coerção proveniente de uma pessoa abstrata e geral, como uma coerção que representa não os interesses do indivíduo

776 MASCARO, Alysson Leandro. *Estado e forma política*. São Paulo: Boitempo, 2013, pp. 56-58.

> da qual provém – já que na sociedade mercantil toda pessoa é egoísta –, mas os interesses de todos os participantes das relações jurídicas.[777]

Portanto, a partir de Pachukanis, o Estado não é visto como mero instrumento neutro de pacificação social, como decorrência de um processo de evolução natural, ou como oriundo de um contrato social, mas sim, como forma política do capitalismo, surgido e atrelado ao modo de produção capitalista, garantindo a sua reprodução. Conforme observa Mascaro, "é na assunção do sistema geral de trabalho assalariado que se estabelecem então as bases da forma política estatal".[778]

Mascaro, em uma perspectiva pachukaniana, ainda esclarece que "o Estado surge historicamente antes; a forma política estatal surge depois", sendo que "o estabelecimento de unidades estatais se dá sobre as específicas relações do feudalismo em fragmentação", já "a forma política em definitivo, que dá identidade ao Estado como instância apartada dos indivíduos e das classes, surgirá com as revoluções burguesas".[779] Isso explica o fato de que "mais intensamente no espaço da Idade Moderna, tanto o econômico interfere e reelabora o político e o jurídico quanto o contrário".[780]A forma política estatal apenas tem condições de se estabelecer quando o trabalho se torna realmente abstrato,[781] justamente por ser esse o momento no qual a forma-mercadoria

---

777 PACHUKANIS, Evguiéni. *Teoria Geral do Direito e Marxismo*. Trad. de Paula Vaz de Almeida. São Paulo: Boitempo, 2017, pp. 144, 146.

778 MASCARO, Alysson Leandro. *Estado e forma política*. São Paulo: Boitempo, 2013, p. 56.

779 MASCARO, Alysson Leandro. *Estado e forma política*. São Paulo: Boitempo, 2013, p. 56.

780 MASCARO, Alysson Leandro. *Estado e forma política*. São Paulo: Boitempo, 2013, p. 56.

781 MASCARO, Alysson Leandro. *Estado e forma política*. São Paulo: Boitempo, 2013, p. 56.

se constitui em definitivo. Acerca do processo de constituição da forma política estatal, Mascaro esclarece:

> Quando as trocas se generalizam e até mesmo o trabalho passa a ser objeto de troca – trabalho assalariado –, os indivíduos, perante o mercado, apagam suas características de classe, de cultura e de condição econômica, reduzindo-se a peças formalmente iguais trocadas livremente – com o dispositivo da autonomia da vontade, tornam-se sujeitos de direito. A forma-valor, que permeia as relações de circulação e produção, está até então derivada em forma jurídica. Mas a forma-valor só pode existir quando também se derivar em forma política estatal. No capitalismo, os aparatos que garantem o vínculo contratual e que jungem contratante e contratado são distintos formalmente de ambas as partes. O contrato exprime a forma-valor e o valor é referenciado em coisas, bens, dinheiro, propriedade privada. O aparato político, terceiro a todos os possuidores e trabalhadores, garante, além dos vínculos de troca e alguns de seus termos, a própria apropriação formal do valor pelo sujeito, ou seja, a propriedade privada. (...) Assim, é o mesmo circuito das relações sociais de produção aquele que enseja a forma-valor, a forma-jurídica e a forma política estatal.[782]

No que tange à relação entre forma jurídica e forma política estatal, tem-se que a atuação estatal opera de modo a traçar os contornos peculiares da subjetividade jurídica, conformando a forma jurídica em termos quantitativos, mas não alterando a sua qualidade. Nesse sentido, a elucidação de Mascaro, que avança no caminho teórico proposto por Pachukanis:

> Não é errado encontrar um vínculo próximo entre forma política e forma jurídica, porque, de fato, no processo histórico

782 MASCARO, Alysson Leandro. *Estado e forma política*. São Paulo: Boitempo, 2013, p. 26.

> contemporâneo, o direito é talhado por normas estatais e o próprio Estado é forjado por institutos jurídicos. Ocorre que o vínculo entre forma política e forma jurídica é de *conformação*, realizando entre si uma espécie de derivação de segundo grau, a partir de um fundo primeiro e necessário que é derivado diretamente da forma-mercadoria. (...) Pode-se entender, então, que as formas política e jurídica, ambas singulares, são derivadas de formas sociais comuns e apenas posteriormente conformadas, reciprocamente. Em tal processo de conformação, os limites nucleares das duas formas são necessariamente mantidos em sua especificidade, como estruturas fundamentais da reprodução do capital.[783]

O vínculo de conformação entre forma política estatal e forma jurídica é representado pelo momento normativo, pois "são as normas estatais que conformam o sujeito de direito a poder realizar vínculos contratuais livremente", a partir de determinados parâmetros, como, por exemplo, uma idade mínima.[784] Contudo, é importante reiterar que "esse sujeito já se impunha na estrutura social por derivação direta da forma-mercadoria".[785]

Assim, em uma leitura pachukaniana, resta evidenciada a fragilidade da visão juspositivista acerca do fenômeno jurídico, que desconsidera as determinações materiais que constituem o direito. O específico do direito não reside no arcabouço normativo, mas na subjetividade jurídica. Disso decorre que, diferentemente de Kelsen, Pachukanis não enxerga a especificidade da norma jurídica no substrato estatal, mas na pressuposição de um sujeito de direito. Nesse sentido, ele esclarece:

---

783 MASCARO, Alysson Leandro. *Estado e forma política*. São Paulo: Boitempo, 2013, p. 41.

784 MASCARO, Alysson Leandro. *Estado e forma política*. São Paulo: Boitempo, 2013, p. 41.

785 MASCARO, Alysson Leandro. *Estado e forma política*. São Paulo: Boitempo, 2013, p. 41.

> A ordem jurídica se diferencia das demais ordens sociais naquilo que projeta sobre os sujeitos privados isolados. A norma jurídica recebe sua *differentia specifica*, que a distingue da massa geral das regras morais, estéticas, utilitárias etc., justamente por pressupor uma pessoa dotada de direitos e que os reivindica ativamente.[786]

Pachukanis, em suas concepções sobre o direito, segue o método de Marx, empreendendo uma crítica às categorias jurídicas burguesas, demonstrando que, na realidade, sua estruturação decorre de relações materiais concretas. Desse modo, o jurista russo se contrapõe ao idealismo juspositivista, ao demonstrar que "a forma jurídica é um dado histórico-social concreto, do plano do ser e não mais do dever-ser, como o foi com toda a tradição metafísica e juspositivista".[787]

Tanto Villey quanto Pachukanis postulam que o direito precisa ser compreendido a partir da concretude social. Contudo, o jurista francês não atinge o pleno entendimento de que a mudança de paradigmas das teorias jurídicas ao longo da história é produto direto das transformações sociais ocorridas.

Importante deixar claro que os próprios conceitos de direito em Villey e Pachukanis são distintos. Villey busca sua concepção de direito no direito romano, bem como nas construções de Aristóteles e de Tomás, já Pachukanis, a seu turno, trata o direito como forma jurídica necessariamente imbricada ao modo de produção capitalista. Essa diferença teórica entre ambos tem impacto direto em suas visões acerca de uma possível extinção da subjetividade jurídica, conforme veremos a seguir.

---

786 PACHUKANIS, Evguiéni. *Teoria Geral do Direito e Marxismo*. Trad. de Paula Vaz de Almeida. São Paulo: Boitempo, 2017, p. 110.

787 MASCARO, Alysson Leandro. *Filosofia do Direito*. 6ª ed. São Paulo: Atlas, 2018, p. 476.

5.4 O perecimento da subjetividade jurídica

Michel Villey e Evguiéni Pachukanis concordam que o direito não é instrumento de transformação social, mas simplesmente de manutenção de estruturas já dadas. A diferença é que enquanto Villey postula um retorno às concepções do direito natural clássico, de modo a buscar o estabelecimento de justas partilhas, Pachukanis pugna pela transformação das estruturas sociais e pela construção de uma nova sociedade, mediante o rompimento com as formas sociais burguesas e, por conseguinte, com a forma jurídica.

O direito burguês é alvo dos ataques de Villey e Pachukanis, no entanto, as armas utilizadas por cada um deles são diferentes. Para o jurista francês, o direito burguês, lastreado na subjetividade jurídica, é uma espécie de não direito, na medida em que suas postulações tornariam o direito impossível em sua verdadeira acepção. Assim, para se construir um sistema jurídico efetivamente justo, ou seja, apto a distribuir justiça, cujo caráter é intrinsecamente social, deveríamos retomar as concepções do direito romano, de matriz aristotélica, sem perder de vista a realidade social atual. Por sua vez, Pachukanis entende que todo o direito é burguês, porque apenas com o advento do capitalismo engendrou-se a forma jurídica, nucleada na subjetividade jurídica, acompanhada das demais formas sociais inerentes a esse modo de produção. E, avançando na trilha proposta por Pachukanis e indo além dele, inclusive, tem-se que o direito romano seria um não direito, pois, na época, a forma jurídica ainda não existia.[788]

Villey e Pachukanis comungam da crença na incapacidade do direito em operar transformações sociais de caráter estrutural. Villey entende que esses anseios pertencem à esfera da moral e que

788 Aqui cabe um esclarecimento: enquanto para Villey, em Roma, temos a invenção do verdadeiro direito, Pachukanis utiliza o termo direito especialmente para se referir à forma jurídica típica do capitalismo.

o direito nada tem a ver com eles. Pachukanis afasta qualquer ideia de moralidade e pleiteia uma alteração material da sociedade.

O jurista francês postula uma retomada do direito natural clássico, como forma de combater a deturpação jurídica engendrada na modernidade. Villey não propugna uma efetiva alteração das estruturas sociais e aí reside, em certa medida, o seu conservadorismo, contudo, ele também não se mostra plenamente resignado em face das injustiças do nosso tempo, inclusive, pelo fato de que, na concepção clássica, compete ao direito a correção das injustiças. Ele simplesmente não consegue vislumbrar o caminho para uma efetiva transformação, de caráter estrutural, por considerar essa proposta utópica demais. Assim, restringe sua apreciação à esfera jurídica, buscando que a justiça possa se manifestar em seu aspecto particular, nos casos em que o direito for chamado a intervir. Para Villey, "a função do jurista é determinar a justa proporção dos bens exteriores compartilhados e disputados entre as pessoas de um grupo social".[789]

Pachukanis, por sua vez, propõe uma ruptura revolucionária com as formas sociais burguesas, de modo a se construir uma nova sociedade, que não mais se lastreie nas relações de produção capitalistas e, por conseguinte, liberta das amarras do direito burguês.

Ambos, contudo, enxergam que a subjetividade jurídica não possui caráter perene, mas se trata de um constructo histórico, filosófico, material e ideológico. Assim sendo, embora por caminhos teóricos diversos, Villey e Pachukanis se afastam das concepções humanistas, que apresentam a subjetividade jurídica como atributo inerente à condição humana.

Nas duas perspectivas, vislumbra-se o perecimento da subjetividade jurídica. Para Villey, esse sistema é insustentável tanto no

---

789 No original: "le rôle du juriste est de déterminer la juste proportion des biens extérieurs partagés et disputés entre personnes dans un groupe social". (VILLEY, Michel. "Préface historique". *Archives de philosophie du droit*, nº 26 – *l'utile et le juste*. Paris: Sirey, 1981, p. 9).

plano filosófico quanto na prática jurídica, diante de seu caráter idealista e desatrelado das realidades sociais. Já para Pachukanis, o desaparecimento da subjetividade jurídica apenas se dará com a destruição da estrutura social lastreada na mercadoria engendrada pelo capitalismo.

Importante recordar que Pachukanis é um teórico marxista, logo, seu horizonte de pensamento tem como premissa fundamental o reconhecimento de que o capitalismo é um modo de produção que se estrutura na exploração e, portanto, precisa ser destruído para que se efetive uma verdadeira transformação social. Tal destruição não deve resultar em um retorno aos modos de produção pré-capitalistas, já que isso seria um retrocesso, mas deve representar um processo de construção de uma nova sociabilidade, liberta das amarras do capital, mediante um longo processo de transição socialista, até a chegada ao comunismo.

Em Pachukanis, o perecimento da subjetividade jurídica e, por conseguinte, do próprio direito, está necessariamente imbricado ao processo de ruptura com o modo de produção capitalista, na medida em que a forma jurídica é diretamente derivada da forma mercantil. Nessa perspectiva, é imprescindível uma alteração estrutural das relações de produção para que a subjetividade jurídica desapareça.

Assim, para Pachukanis, a postulação de um socialismo jurídico se mostra absurda e inviável, pois é justamente o direito que permite a reprodução da exploração capitalista, já que o vínculo entre trabalhadores – que precisam vender sua força de trabalho – e capitalistas – proprietários dos meios de produção – é estabelecido a partir da subjetividade jurídica.

Na sociedade capitalista, a constituição da forma sujeito de direito é uma decorrência da universalização da forma-mercadoria, tal como a forma política estatal, e disso decorre uma imbricação estrutural entre direito, Estado e capitalismo, tal como aponta o jurista russo. Isso resulta no fato de que um acréscimo no rol de direitos, por si só, jamais implicará em uma ruptura com o modo de produção capitalista. Tampouco a mera tomada do poder político estatal pelo proletariado bastará para garantir a derrocada do capitalismo. Nesse sentido, as considerações de Mascaro:

> A partir do referencial pachukaniano, o direito não é instrumento emancipatório nem pode conduzir à superação da sociabilidade capitalista, dado que é uma forma social necessária e estruturante do próprio capitalismo como modo de produção. (...) A forma da subjetividade jurídica é que garante a exploração do trabalho mediante vínculos contratuais e, portanto, a riqueza do capital mediante extração de mais-valor. Também é num possuir por direito – a propriedade privada – que se garante o capital, não numa apreensão mediante a força direta do capitalista. Essa separação entre os capitalistas e uma entidade política distinta e terceira dos agentes da produção gera o Estado, cuja forma social é também necessariamente capitalista. (...). Com isso, o direito não é uma possibilidade de salvação nem de superação do capitalismo, como se outro conjunto normativo pudesse transformar a reprodução econômica. Quantidades distintas de direitos – como os direitos sociais – não logram se opor à qualidade capitalista da própria forma jurídica.[790]

Destarte, em Pachukanis, o caminho da transformação social passa necessariamente pelo fim do Estado e do direito, por meio de um processo revolucionário, provavelmente bastante longo e difícil, diante do acirramento da luta de classes e dos obstáculos que certamente se apresentarão para a ruptura com as formas sociais capitalistas. Conforme assinala Márcio Bilharinho Naves: "esse complexo processo de transformação social é *absolutamente indiferente a qualquer medida de natureza jurídica*",[791] pois se

---

790 MASCARO, Alysson Leandro. "Política e crise do capitalismo atual: aportes teóricos". *In*: ______. *Crise e Golpe*. São Paulo: Boitempo, 2018, p. 110.

791 NAVES, Márcio Bilharinho. *A Questão do Direito em Marx*. São Paulo: Outras Expressões; Dobra Universitário, 2014, p. 96.

trata de transformar as relações de produção e, por conseguinte, também as forças produtivas.[792] No que tange à extinção do direito e do Estado, cabe destacar as próprias palavras de Pachukanis:

> Uma vez dada a forma da troca de equivalentes, está dada a forma do direito e, assim, a forma do poder público, ou seja, estatal, que graças a isso permanece por algum tempo nessas condições, mesmo quando já não existem mais divisões de classes. A extinção do direito, e com ela a do Estado, acontece apenas, de acordo com Marx, "quando o trabalho tiver deixado de ser mero meio de vida e tiver se tornado a primeira necessidade vital"; quando cada um trabalhar livremente nessas condições ou, como diz Lenin, quando estiver ultrapassado "'o estreito horizonte jurídico burguês', que me obriga a calcular, com a crueldade de um Shylock, se eu não teria trabalhado meia hora a mais que o outro, se eu não teria recebido um salário menor que o do outro" – em resumo, quando *finalmente estiver eliminada a forma da relação de equivalência*.[793]

Villey não comunga do horizonte pachukaniano, pois, para ele, o socialismo se trata de algo irrealizável. À maneira de Aristóteles e de Tomás, em Villey tem-se uma espécie de resignação ao dado, sem que essa se confunda com conformismo. Trata-se de uma espécie de retomada da velha prudência aristotélica, sem pretensões de grandes transformações sociais, diferentemente de Platão, por exemplo.[794] Isso não significa que Villey acredite no

---

792 NAVES, Márcio Bilharinho. *A Questão do Direito em Marx*. São Paulo: Outras Expressões; Dobra Universitário, 2014, pp. 95/96.

793 PACHUKANIS, Evguiéni. *Teoria Geral do Direito e Marxismo*. Trad. de Paula Vaz de Almeida. São Paulo: Boitempo, 2017, p. 79.

794 "Naquilo que tange à construção direta de uma filosofia política e do direito revolucionária, que viesse a transformar a realidade, Aristóteles é mais prudente que seu mestre Platão. Este era filho de Atenas, de velhas tradições políticas familiares. Aristóteles era estrangeiro em Atenas, portanto com participação muito limitada na vida política. De fato, ao contrário de Platão,

caráter perene da subjetividade jurídica, mas, para ele, o perecimento da subjetividade jurídica poderá se dar tanto por uma retomada do direito natural de matriz aristotélico-tomista quanto por uma falência do sistema de direitos subjetivos que, segundo ele, porta em si mesmo os germes de sua própria destruição, diante de sua falha intrínseca. Para Villey, é patente a crise da sistemática jurídica contemporânea, conforme se verifica no excerto a seguir:

> Os princípios que recebemos da filosofia moderna e que nossas teorias gerais do direito copiam – soberania total da lei, positivismo jurídico, ideia de que o direito seria constituído de um sistema unitário de normas - direito subjetivo, consensualismo – estão em estado de certa *crise*, o que nos obriga a procurar outra coisa...[795]

A crítica de Villey à subjetividade jurídica, ainda que não atinja o âmago da materialidade das relações sociais capitalistas como logra Pachukanis, é dotada de grande solidez e traz um profundo questionamento em face da filosofia, da teoria e das práticas jurídicas burguesas. Embora o jurista francês não avance para a postulação de ruptura com o capitalismo, com o Estado e com o direito, suas reflexões são de grande valia para todos aqueles

---

que analisava a situação social do seu tempo e estabelecia planos de transformação da realidade, Aristóteles consolida as opiniões, as possibilidades, os fatos e as situações da realidade, mas sem tomar partido maior dos caminhos de mudança ou de alteração do já dado. Aristóteles, mais ponderado e de maior contato com a realidade do que Platão, é menos visionário que seu mestre". (MASCARO, Alysson Leandro. *Filosofia do Direito*. 7ª ed. São Paulo: Atlas, 2019, p. 59).

795 No original: "Les principes que nous avons reçus de la philosphie moderne et que recopient nos théories générales du droit – souveraneité totale de la loi, positivisme juridique, idée que le droit serait constitué d'un système unitaire de normes – droit subjectif, consensualisme – sont en état de *crise* certaine, il nous faut chercher autre chose...". (VILLEY, Michel. "Signification philosophique du droit romain". *Archives de philosophie du droit*, nº 26 – *l'utile et le juste*. Paris: Sirey, 1981, p. 392).

que não se conformam em face do "estreito horizonte do jurídico burguês".[796] Nesse sentido, cabe destacar as palavras de Villey: "não conheço pior aberração que abordar as questões de justiça social a partir do ponto de vista do pretenso 'sujeito de direito'".[797]

796 MARX, Karl. *Crítica do Programa de Gotha*. Trad. de Rubens Enderle. São Paulo: Boitempo, 2012, p. 32.

797 VILLEY, Michel. *O Direito e os direitos humanos*. Trad. de Maria Ermantina de Almeida Galvão. São Paulo: Martins Fontes, 2007, p. 99.

CONCLUSÃO

No presente livro buscamos elucidar a leitura de Michel Villey sobre a subjetividade jurídica, a partir de um olhar marxista. Nosso escopo principal foi esmiuçar a gênese do sujeito de direito, tanto no aspecto filosófico quanto material, demonstrando a radical distinção entre o que se chamava por direito no pré-capitalismo e aquilo que se apresenta como direito na contemporaneidade. Tal compreensão foi possível por meio de uma leitura conjugada dos avanços teóricos empreendidos por Michel Villey e pelo marxismo.

Após a introdução, no primeiro capítulo, intitulado "O direito em Michel Villey", abordamos de maneira ampla o pensamento de Villey, sua trajetória intelectual e as características fundamentais de sua compreensão a respeito do fenômeno jurídico. Observamos que o jurista francês pode ser classificado como um anti-moderno, na medida em que sua postulação filosófica consubstancia-se numa insurgência em relação às concepções jurídicas engendradas na modernidade, de caráter idealista, que ainda têm imensos reflexos nos dias atuais. Villey propugna que o verdadeiro sentido no direito pode ser encontrado na prática jurídica dos romanos, cuja matriz reside no pensamento de Aristóteles. Para ele, a própria concepção de direito natural foi falseada, haja vista que na modernidade, ela passou a referir-se ao direito pautado na razão, em um claro viés subjetivista. No entanto, na antiguidade, seu significado estava atrelado à extração do direito a partir da natureza das coisas.

Em "Villey e o juspositivismo", o segundo capítulo, estudamos a posição de Villey acerca do positivismo jurídico, que, para ele, representa uma degenerescência da própria noção de direito. A mera identificação entre direito e norma é o resultado de um movimento histórico que já se encontrava em germe na filosofia moral estoica e que ganhou raízes a partir do nominalismo de Guilherme de Ockham. Contudo, foi apenas com o advento da modernidade, em especial com a filosofia de Thomas Hobbes, que essa concepção do fenômeno jurídico passou a adquirir seus contornos decisivos. Em Immanuel Kant, essa leitura do Direito robusteceu-se e passou a influenciar os pensadores que lhe sucederam, culminando, já na contemporaneidade, em leituras como as de Hans Kelsen, adepto de um juspositivismo estrito e, por isso, fortemente combatido por Villey.

No terceiro capítulo, "Villey e a subjetividade jurídica", deparamo-nos com um dos pontos fundamentais da concepção do direito de Michel Villey, que é sua reconstrução acerca da gênese histórico-filosófica da subjetividade jurídica. O jurista francês insurge-se contra as leituras tradicionais que buscam encontrar a noção de direito subjetivo já no direito romano. Para Villey, o subjetivismo era uma característica do estoicismo, mas a figura do sujeito de direito somente começa a desenhar-se na filosofia de Ockham. Em Hobbes, ela passa a ser a base de uma nova arquitetura do fenômeno jurídico erigida em contraposição àquela concebida por Aristóteles. A subjetividade jurídica torna-se o fundamento teórico da filosofia do direito moderna e sua influência chega à contemporaneidade, culminando no culto aos direitos do homem. O anti-humanismo villeyano foi um dos pontos explorados nesse capítulo.

No quarto capítulo, "Villey e o marxismo", tratamos da relação de Villey com o pensamento marxista. O jurista francês demonstra ter bastante conhecimento da produção teórica marxista, sendo que, inclusive, teve, entre seus orientandos, André-Jean Arnaud e Nicos Poulantzas, chegando a prefaciar obras de ambos. Villey valoriza o pensamento marxista, no aspecto da postulação de uma compreensão do direito atrelada à concretude das relações sociais. Nesse sentido, ele valoriza a obra do próprio Karl Marx e do jurista soviético Evguiéni Pachukanis. No referido capítulo, também tratamos de modo geral da visão marxista acerca do direito.

"Villey e Pachukanis: duas superações do juspositivismo", o quinto capítulo, trouxe um panorama geral do pensamento de Pachukanis e, posteriormente, uma leitura conjugada das concepções a respeito do direito do jurista russo e de Villey, especialmente no que tange à questão da subjetividade jurídica. O tratamento teórico dado por Villey e Pachukanis à problemática da subjetividade jurídica é distinto, na medida em que enquanto o foco de Villey está na gênese histórico-filosófica da subjetividade jurídica, em Pachukanis o objetivo é elucidar a gênese material, que se mostra necessariamente atrelada às relações de produção capitalistas. Ambos, contudo, concordam que a subjetividade jurídica não foi uma constante naquilo que se convencionou chamar por direito. O perecimento da subjetividade jurídica é vislumbrado por ambos, embora em caminhos teóricos distintos. Para Villey, o idealismo dos direitos subjetivos é insustentável. Para Pachukanis, a forma jurídica, cujo núcleo é o sujeito de direito, apenas desaparecerá por meio da ruptura com as formas sociais burguesas, em especial, com a forma-mercadoria.

A leitura villeyana acerca do direito apresenta notável contribuição para a compreensão do fenômeno jurídico em suas mais distintas manifestações históricas. Interessante notar que, embora o jurista francês careça do método marxista em suas análises, sua aguçada percepção histórico-filosófica permite que possamos ter um aprofundado panorama sobre o longo processo de construção conceitual da subjetividade jurídica, que se desdobrou através dos séculos e encontrou terreno fértil para se desenvolver com a ascensão econômica e política da burguesia. Nesse ponto, é perfeitamente possível postular uma aproximação de Villey com o marxismo – ainda que o jurista francês seguisse por um horizonte teórico totalmente distinto – justamente pela mirada ao concreto típica do pensamento marxista e tão reclamada por Villey, bem como pela constatação marxista de que a subjetividade jurídica está estruturalmente atrelada ao modo de produção capitalista.

REFERÊNCIAS BIBLIOGRÁFICAS

ALTHUSSER, Louis. "A querela do humanismo". *Crítica Marxista*, nº 9. São Paulo: Xamã, 1999.

______. "Advertência aos leitores do Livro I d'O capital". *In*: MARX, Karl. *O Capital*, Livro I. Trad. de Rubens Enderle. São Paulo: Boitempo, 2013.

______. "L'objet du 'Capital'". *In*: ALTHUSSER, Louis; BALIBAR, Étienne. *Lire le Capital I*. Paris: François Maspero, 1973.

______. "O objeto de 'O Capital'". *In*: ______. *Ler O Capital*. vol. II. Trad. de Nathanael C. Caixeiro. Rio de Janeiro: Zahar, 1980.

______. "Resposta a John Lewis". *In*: ______. *Posições 1*. Trad. de Carlos Nelson Coutinho. Rio de Janeiro: Graal, 1978.

______. *Por Marx*. Trad. de Maria Leonor F. R. Loureiro. Campinas: Unicamp, 2015.

ALVES, José Carlos Moreira. *Direito Romano*. 19ª ed. Rio de Janeiro: Forense, 2019 (edição do Kindle).

ARISTÓTELES. *Ética a Nicômacos*. Trad. de Mário da Gama Kury. 4ª ed. Brasília: Editora Universidade de Brasília, 2001.

ARNAUD, André-Jean. "Michel Villey: une tolérance insinuante. Portrait d'un maître". *Revista da Faculdade de Direito da Universidade de São Paulo*, São Paulo, jan. 2012. Disponível em: http://www.revistas.usp.br/rfdusp/article/view/67970/70578. Acessado em: 29.04.2022.

______. "Politique et Droit dans l'œuvre écrit de Mao Tse-Toung". *Achives de Philosophie du Droit*, nº 16 – *le droit investi par la politique*. Paris: Sirey, 1971.

______. "Présentation – Autour d'un dialogue imaginaire entre Michel Villey et Friedrich A. Hayek". *Droit et Societé*, nº 71 – *Dossier Michel Villey, vingt ans déjà!* Paris: Lextenso Éditions, 2009.

______. "Regards marxistes français sur le droit actuel". *Achives de Philosophie du Droit*, nº 17 – *l'interpretation dans le droit*. Paris: Sirey, 1972.

______. *Essai d'analyse structurale du Code Civil Français*: la règle du jeu dans la paix bourgeoise. Paris: Librairie génerale de droit et de jurisprudence, 1973.

ARNAUD, André-Jean. "Michel MIAILLE. Une introduction critique au droit. Paris: Maspéro édit., 1976". *Archives de Philosophie du Droit*, nº 22 - *la responsabilité*. Paris: Sirey, 1977.

AUBENQUE, Pierre. *A prudência em Aristóteles*. Trad. de Marisa Lopes. 2ª ed. São Paulo: Discurso Editorial Paulus, 2008.

BASTIT, Michel. "Michel Villey". *In*: ARABEYRE, Patrick; HALPÉRIN, Jean-Louis; KRYNEN, Jacques. *Dictionnaire historique des juristes français*: XIIe – XXe siècle. 2ª ed. Paris: PUF, 2015.

______. "Michel Villey et les ambiguités d'Occam". *Droit, Nature et Histoire - VIme Colloque de l'Association Française du Droit (Paris II – 23-34 Novembre 1984) – "Michel Villey, Philosophe du droit"*. Presses Universitaires d'Aix-Marseille, 1985.

BAUZON, Stéphane. "L'essenza del diritto secondo Michel Villey". *Supplement to Acta Philosophica FORUM*, vol. 5/2, 2019, no prelo.

______. *Le métier de juriste*: du droit politique selon Michel Villey. Québec: Les Presses de l'Université Laval, 2003.

BERCOVICI, Gilberto. *Soberania e Constituição*: para uma crítica do constitucionalismo. 2ª ed. São Paulo: Quartier Latin, 2013.

BILLIER, Jean-Cassien; MARYIOLI, Aglaé. *História da Filosofia do Direito*. Trad. Pedro Henriques. Lisboa: Instituto Piaget, 2001.

BITTAR, Eduardo Carlos Bianca. *A justiça em Aristóteles*. São Paulo: Almedina, 2016 (livro digital Kindle).

BRIMO, Albert. *Les grands courants de la philosophie du droit et de l'État*. 3ª ed. Paris: Pedone, 1978.

CABANILLAS, Renato Rabbi-Baldi. *La Filosofia Jurídica de Michel Villey*. Pamplona: Ediciones Universidad de Navarra, 1990.

CALDAS, Camilo Onoda. *A teoria da derivação do Estado e do direito*. São Paulo: Outras Expressões, 2015.

CAMPAGNA, Norbert. *Michel Villey*: le droit ou les droits? Paris: Éditions Michalon, 2004.

CANTARELLA, Eva. "III. Persone, família e parentela". *In*: SCHIAVONE, Aldo (Coord.). *Diritto privato romano – Um profilo storico*. Nuova edizione. Torino: Piccola Biblioteca Einaudi, 2010.

CAYE, Pierre. "Michel VILLEY, Les Carnets: Réflexions sur la philosophie et le droit, édités par Marie-Ann Frison-Roche et Christophe Jamim. Paris: PUF, 1995". *Archives de philosophie du droit nº 40 – droit et esthétique*. Paris: Sirey, 1996.

CHORÃO, Mário Bigotte. "Michel Villey, o paladino do realismo jurídico clássico". *Persona y derecho: Revista de fundamentación de las Instituciones Jurídicas y de Derechos Humanos*, nº 25, 1991.

DE CICCO, Cláudio. *História do direito e do pensamento jurídico*. 8ª ed. São Paulo: Saraiva, 2017.

DIAS, Rebecca Fernandes. *Vida e Direito – Poder, subjetividade no contexto biopolítico*. Curitiba: Universidade Federal do Paraná, 2007. Dissertação (Mestrado em Direito). Disponível em: https://www.acervodigital.ufpr.br/bitstream/handle/1884/10593/rebeca_final.pdf?sequence=1&isAllowed=y;VIDA. Acessado em: 29.04.2022.

EDELMAN, Bernard. *A legalização da classe operária*. Trad. de Marcus Orione. São Paulo: Boitempo, 2016.

______. "Bernard Edelman/Luc Ferry. Controverse". *Droits – Revue Française de Théorie Juridique*, nº 13. Paris: PUF, 1991.

______. *O Direito captado pela fotografia - elementos para uma teoria marxista do direito*. Trad. de Soveral Martins e Pires de Carvalho. Coimbra: Centelha, 1976.

ENGELS, Friedrich; KAUTSKY, Karl. *O socialismo jurídico*. Trad. de Lívia Cotrim e Márcio Bilharinho Naves. São Paulo: Boitempo, 2012.

FERRY, Luc. "Bernard Edelman/Luc Ferry. Controverse". *Droits – Revue Française de Théorie Juridique*, nº 13. Paris: PUF, 1991.

______. "L'humanisme juridique en question – Réponse a Bernard Edelman". *Droits – Revue Française de Théorie Juridique*, nº 13. Paris: PUF, 1991.

FREUND, Julien. "Michel Villey et le renouveau de la philosophie du droit". *Archives de philosophie du droit*, nº 37 – *droit et économie*. Paris: Sirey, 1992.

FRISON-ROCHE, Marie-Anne. "L'actualité de la pensée de Michel Villey". *In*: DELSOL, Chantal; BAUZON, Stéphane. *Michel Villey*: le juste partage. Paris: Dalloz, 2007.

GRESPAN, Jorge. *Marx*. São Paulo: Publifolha, 2008.

HERRERA, Daniel A. *La noción de derecho en Villey y Kalinowsky*. Buenos Aires: Educa, 2005.

HIRSCH, Joachim. *Teoria Materialista do Estado*. Trad. de Luciano Cavini Matorano. Rio de Janeiro: Revan, 2010.

JAEGER, Werner. *Paideia - a formação do homem grego*. Trad. de Artur M. Parreira. 3ª ed. São Paulo: Martins Fontes, 1995.

JESSOP, Bob. *Nicos Poulantzas*: Marxist theory and political strategy. Londres: Macmillan, 1985.

JOUANJAN, Olivier. "Les aventures du sujet dans la narration villeyenne". *Droit et Societé*, nº 71 – *Dossier Michel Villey, vingt ans déjà!* Paris: Lextenso Éditions, 2009.

KANT, Immanuel. *A metafísica dos costumes*. Trad. de Edson Bini. 2ª ed. São Paulo: Edipro, 2008.

KASHIURA Jr., Celso Naoto. *Sujeito de direito e capitalismo*. São Paulo: Outras Expressões; Dobra Universitário, 2014.

KELSEN, Hans. *Teoria Pura do Direito*. Trad. de João Baptista Machado. 6ª ed. São Paulo: Martins Fontes, 2000.

KRIEGEL, Blandine; TERRÉ, François. "Préface". *In*: VILLEY, Michel. *Réflexions sur la philosophie et le droit - les carnets*. Paris: PUF, 1995.

LA GRASSA, Gianfranco. *Riflessioni sulla merce*. Roma: Editori Riuniti, 1977.

______. *Valore e Formazione Sociale*. Roma: Editori Riuniti, 1975.

MAGALHÃES, Juliana Paula. *Marxismo, humanismo e direito*: Althusser e Garaudy. São Paulo: Ideias & Letras, 2018.

MAMAN, Jeanette Antonios. *Fenomenologia existencial do direito*: crítica do pensamento jurídico brasileiro. 2ª ed. São Paulo: Quartir Latin, 2003.

MARX, Karl. *Crítica do Programa de Gotha*. Trad. de Rubens Enderle. São Paulo: Boitempo, 2012.

______. *Grundrisse*. Trad. de Mario Duayer e Nélio Schneider. São Paulo: Boitempo, 2011.

______. *O Capital*, Livro I. Trad. de Reginaldo Sant'Anna. vol. 1 e 2, 31ª ed. Rio de Janeiro: Civilização Brasileira, 2016 (e-book).

______. *O Capital*. Livro I. Trad. de Rubens Enderle. São Paulo: Boitempo, 2013.

MASCARO, Alysson Leandro. "A filosofia do direito e seus horizontes". *Revista Cult*. Disponível em: https://revistacult.uol.com.br/home/a-filosofia-do-direito-e-seus-horizontes/. Acessado em: 29.04.2022.

______. "Apresentação". *Revista Margem Esquerda*, nº 30. São Paulo: Boitempo, 2018.

______. "Direitos humanos: uma crítica marxista". *Lua nova*, São Paulo, nº 101, 2017. Disponível em: http://www.scielo.br/scielo.php?script=sci_arttext&pid=S0102-64452017000200109&lng=en&nrm=iso. Acessado em: 29.04.2022.

______. "Pachukanis e Stutchka: o direito, entre o poder e o capital". *In*: NAVES, Márcio Bilharinho (Coord.). *O discreto charme do direito burguês*: ensaios sobre Pachukanis. Campinas: Unicamp, 2009.

______. *Crise e Golpe*. São Paulo: Boitempo, 2018.

______. *Estado e forma política*. São Paulo: Boitempo, 2013.

______. *Filosofia do Direito*. 7ª ed. São Paulo: Atlas, 2019.

______. *Introdução ao Estudo do Direito*. 5ª ed. São Paulo: Atlas, 2015.

______. *Lições de Sociologia do Direito*. 2ª ed. São Paulo: Quartier Latin, 2009.

MELKEVIK, Bjarne. "Villey y la Filosofía del Derecho. Leyendo 'Les Carnets'". *Anuario de Filosofía Jurídica y Social/Associación Argentina de Derecho Comparado*, nº 20. Trad. de Patricia Bastidas e Gabriela Quintanilla e revisão da trad. e notas por Renato Rabbi-Baldi Cabanillas. Buenos Aires: Abeledo-Perrot, 2000.

MELO, Thiago Arcanjo Calheiros de. *O direito na obra de Nicos Poulantzas*. São Paulo: Universidade Presbiteriana Mackenzie, 2012. Dissertação (Mestrado em Direito). Disponível em: http://tede.mackenzie.br/jspui/bitstream/tede/1048/1/Thiago%20Arcanjo%20Calheiros%20de%20Melo.pdf. Acessado em: 29.04.2022.

MIAILLE, Michel. "Crítica 1 – Crítica do Direito". *In*: ARNAUD, André-Jean (Coord.). *Dicionário Enciclopédico de Teoria e Sociologia do Direito*. Trad. de Patrice Charles, F. X. Willaume. Rio de Janeiro: Renovar, 1999.

MIAILLE, Michel. *Introdução crítica ao direito*. Trad. de Ana Prata. 3ª ed. Lisboa: Editorial Estampa, 2005.

MICHEL, Jacques. *Marx et la société juridique*. Paris: Publisud, 1983.

MOTTA, Luiz Eduardo. "Poulantzas e o Direito". *Dados - Revista de Ciências Sociais*, vol. 53, nº 2. Rio de Janeiro: Instituto de Estudos Sociais e Políticos da Universidade do Estado do Rio de Janeiro, 2010.

NAVES, Márcio Bilharinho. "Evgeni Bronislavovitch Pachukanis (1891-1937)". *In*: NAVES, Márcio Bilharinho (Coord.). *O discreto charme do direito burguês*: ensaios sobre Pachukanis. Campinas: Unicamp, 2009.

______. *A Questão do Direito em Marx*. São Paulo: Outras Expressões; Dobra Universitário, 2014.

______. *Marx*: ciência e revolução. São Paulo: Quartier Latin, 2008.

______. *Marxismo e Direito*: um estudo sobre Pachukanis. São Paulo: Boitempo, 2013.

NIORT, Jean-François. "Entre positivisme et réalisme: la modernité de Michel Villey?". *In*: NIORT, Jean-François; VANNIER, Guillaume (Coord.). *Michel Villey et le droit naturel en question*. Paris: Éditions l'Harmattan, 1994.

PACHUKANIS, Evguiéni. *Teoria Geral do Direito e Marxismo*. Trad. de Paula Vaz de Almeida. São Paulo: Boitempo, 2017.

POULANTZAS, Nicos. "A propos de la théorie marxiste du droit". *Archives de Philosophie du Droit*, nº 12 – *Marx et le droit moderne*. Paris: Sirey, 1967.

______. *Nature des choses et droit*: essai sur la dialectique du fait et de la valeur. Paris: Librairie Générale de Droit et de Jurisprudence, 1965.

QUIVIGER, Pierre-Yves. *Le Secret du droit naturel ou Après Villey*. Paris: Classiques Garnier, 2012.

RAMPAZZO, Natale. "Critique de la lecture villeyenne du droit romain". *In*: DELSOL, Chantal; BAUZON, Stéphane (Coord.). *Michel Villey*: le juste partage. Paris: Dalloz, 2007.

RIALS, Stéphane. "Apresentação – Michel Villey, história e filosofia, história de uma filosofia". *In*: VILLEY, Michel. *A formação do pensamento jurídico moderno*. Trad. de Claudia Berliner. São Paulo: Martins Fontes, 2009.

______. *Villey et les idoles*. Paris: PUF, 2000.

SAMPEDRO, Francisco. "A teoria da ideologia de Althusser". *In*: NAVES, Márcio Bilharinho (Coord.). *Presença de Althusser*. Trad. de Márcio Bilharinho Naves. Campinas: Instituto de Filosofia e Ciências Humanas, 2010.

SAROTTE, Georges. *O materialismo histórico no estudo do direito*. Trad. de Joaquim Monteiro Matias. Lisboa: Editorial Estampa, 1975.

SCHIAVONE, Aldo. *Ius*: l'invenzione del diritto in Occidente. Nuova edizione. Torino: Einaudi, 2017.

SÈVE, René. "Qu'est-ce que le positivisme? Qu'est-ce-que le positivisme?". *Droit, Nature et Histoire - VIme. Colloque de l'Association Française du Droit (Paris II – 23-34 Novembre 1984) – "Michel Villey, Philosophe du droit"*. Presses Universitaires d'Aix-Marseille, 1985.

SOLON, Ari Marcelo. *Dever jurídico e teoria realista do direito*. Porto Alegre: SAFE, 2000.

THOMAS, Yan. "Michel Villey, la romanistique et le droit romain". *Droit, Nature et Histoire - VIme. Colloque de l'Association Française du Droit (Paris II – 23-34 Novembre 1984) – "Michel Villey, Philosophe du droit"*. Presses Universitaires d'Aix-Marseille, 1985.

VALLANÇON, François. "Mémoire ampliatif en défense de M. Villey". *In*: NIORT, Jean-François; VANNIER, Guillaume (Coord.). *Michel Villey et le droit naturel en question*. Paris: Éditions l'Harmattan, 1994.

VILLEY, Michel. "Droit subjectif (La genèse du droit subjectif chez Guillaume d'Occam)". *In*: ______. *Seize essais de philosophie du droit*. Paris: Dalloz, 1969.

______. "Abrégé du droit naturel classique". *In*: ______. *Leçons d'histoire de la philosophie du droit*. Paris: Dalloz, 2002.

______. "Des délits et peines dans la philosophie du droit naturel classique". *Archives de philosophie du droit*, nº 28 – *philosophie pénale*. Paris: Sirey, 1983.

______. "Droit Subjectif II (Le droit de l'individu chez Hobbes)". *In*: ______. *Seize essais de philosophie du droit*. Paris: Dalloz, 1969.

______. "Essor et décadence du voluntarisme juridique". *Archives de Philosophie du Droit*, 1957.

______. "François Gény et la renaissance du droit naturel". *In*: ______. *Seize essais de philosophie du droit*. Paris: Dalloz, 1969.

______. "Kant dans l'histoire du droit". *In*: ______. *Leçons d'histoire de la philosophie du droit*. Paris: Dalloz, 2002.

______. "L'humanisme et le droit". *In*: ______. *Seize essais de philosophie du droit*. Paris: Dalloz, 1969.

______. "La 'Rechtslehre' de Kant dans l'histoire de la science juridique". *In*: ______. *Critique de la pensée juridique moderne*: Douze autres essais. Paris: Dalloz, 2009.

______. "Le droit naturel". *In*: ______. *La nature et la loi*: une philosophie du droit. Paris: Les éditions du Cerf, 2014 (livro digital Kobo).

______. "Le droit romain dans la 'Philosophie des Rechts' de Hegel". *Achives de Philosophie du Droit*, nº 16 – *le droit investi par la politique*. Paris: Sirey, 1971.

______. "Nos philosophes en face du droit (Philosophies et théories générales du droit)". *Archives de philosophie du droit*, nº 17 – *l'interprétation dans le droit*. Paris: Sirey, 1972.

______. "Notes sur le concept de propriété". *In*: ______. *Critique de la pensée juridique moderne*: Douze autre essais. Paris: Dalloz: 2009.

______. "Panorama des philosophies juridiques modernes occidentales et marxistes du monde socialiste". *In*: ______. *Critique de la pensée juridique moderne*: Douze autres essais. Paris: Dalloz, 2009.

______. "Phénomenólogie et existencialo-marxisme à la Faculté de droit de Paris". *Archives de Philosophie du Droit*, nº 10 – *Philosophes d'aujourd'hui en présence du droit*. Paris: Sirey, 1965.

______. "Préface historique à l'étude des notions de contrat". *Archives de philosophie du droit*, nº 13 – *sur les notions du contrat*. Paris: Sirey, 1968.

______. "Préface historique". *Archives de philosophie du droit*, nº 26 – *l'utile et le juste*. Paris: Sirey, 1981.

______. "Préface". *In*: ARNAUD, André-Jean. *Essai d'analyse structurale du Code Civil Français*: la règle du jeu dans la paix bourgeoise. Paris: Librairie Génerále de Droit et de Jurisprudence, 1973.

______. "Préface". *In*: POULANTZAS, Nicos. *Nature des choses et droit*: essai sur la dialectique du fait et de la valeur. Paris: Librairie Générale de Droit et de Jurisprudence, 1965.

______. "Signification philosophique du droit romain". *Archives de philosophie du droit*, nº 26 – *l'utile et le juste*. Paris: Sirey, 1981.

______. "Theorie generale du droit et philosophie du droit". *In*: ______. *Critique de la pensée juridique moderne*: Douze autres essais. Paris: Dalloz, 2009.

______. *A formação do pensamento jurídico moderno*. Trad. de Claudia Berliner. São Paulo: Martins Fontes, 2009.

______. *Direito Romano*. Trad. de Fernando Couto. Porto: Rés-Editora, 1991.

______. *Droits et droits de l'homme*. 3ª ed. Paris: PUF, 1998.

______. *Filosofia do Direito*: definições e fins do Direito - os meios do Direito. Trad. de Márcia Valéria Martinez de Aguiar e revisão técnica de Ari Solon. São Paulo: Martins Fontes, 2008.

______. *La formation de la pensée juridique moderne*. 2ª ed. Paris: PUF, 2017.

______. "Michel MIAILLE. *Une introduction critique au droit*. Paris: Maspéro édit., 1976". *Achives de Philosophie du Droit*, nº 10 - *la responsabilité*. Paris: Sirey, 1977.

______. *O Direito e os direitos humanos*. Trad. de Maria Ermantina de Almeida Galvão. São Paulo: Martins Fontes, 2007.

______. *O direito e os direitos humanos*. Trad. de Maria Ermantina de Almeida Prado Galvão. 2ª ed. São Paulo: Martins Fontes, 2016.

______. *Questões de Tomás de Aquino sobre direito e política*. Trad. de Ivone C. Benedetti. São Paulo: Martins Fontes, 2014.

______. *Réflexions sur la philosophie et le droit - les carnets*. Paris: PUF, 1995.

______. "Un ouvrage récent sur Marx et le droit Umberto Cerroni, Marx e il diritto moderno". *Archives de Philosophie du Droit*, nº 11 – *La Logique du Droit*. Paris: Sirey, 1966.

NOTAS

NOTAS

A Editora Contracorrente se preocupa com todos os detalhes de suas obras! Aos curiosos, informamos que este livro foi impresso no mês de junho de 2022, em papel Pólen Natural 80g, pela Gráfica Copyart.